TRANSMATH

Programme 2006

5e

W0396526

Livre du Professeur

Sommaire

Nombres et Calculs

Organisation et gestion de données. Fonctions

Géométrie – Grandeurs et mesures

Reproductions de figures et de tableaux du manuel, à découper ou à compléter, pour animer en classe certaines activités ou certains exercices

Avant-propos

Le mot des auteurs

• Les ouvrages de la collection Transmath collège sont conçus en totale conformité avec les programmes et offrent un très large choix aux enseignants.

• Nous ne proposons pas de progression, néanmoins :

– il nous semble conseillé d'alterner l'étude d'un chapitre de numérique et d'un chapitre de géométrie.

– dans les fiches pédagogiques qui suivent, nous suggérons un partage précis de certains chapitres en deux, afin d'étaler dans le temps l'apprentissage d'une notion donnée et de relier les différentes parties du programme.

• Compte tenu de l'horaire imparti aux mathématiques en 5e, il n'est pas possible d'étudier en classe l'ensemble des activités de chaque chapitre. Elles sont indépendantes les unes des autres (sauf mention contraire exceptionnelle) de façon à ce que l'enseignant puisse choisir en fonction de ses souhaits, son organisation mais aussi du niveau de sa classe.

• Conformément aux souhaits du programme, certaines activités et une rubrique d'exercices sont tournées vers la résolution de problèmes. Il s'agit de situations un peu plus ouvertes, mais, ici encore, c'est à l'enseignant de choisir le bon dosage de telles situations pour sa classe.
La rubrique Exercices d'application (plus de 65 % des exercices) offre pour sa part, un très large éventail d'exercices de base.

• La nouvelle rubrique d'initiation au raisonnement aussi bien en Numérique qu'en Géométrie, doit permettre aussi aux élèves, dans des situations simples, de comprendre la différence entre conjecture et démonstration, de comprendre l'utilité d'une démonstration, …

• De nombreux compléments, utiles pour la pratique de la classe (imagiciels, transparents, …) seront disponibles sur le site compagnon (Nathan).

• Pourquoi proposer une frise (en 6e), un pavage (en 5e) au bas de la dernière page d'exercices ?

La réponse à cette question est multiple :

– petit clin d'oeil aux frises qui venaient orner les pages du cahier de calcul d'autrefois ;

– donner le début d'une frise, d'un pavage et proposer à l'élève de poursuivre exige de lui de l'analyse, de l'observation, beaucoup de soin et de dextérité dans l'utilisation des instruments de géométrie, … colorier finalement la réalisation obtenue laisse place à l'imagination de chacun ;

– bien sûr, il y a d'autres priorités dans l'horaire étroit consacré aux mathématiques, néanmoins ce travail peut être donné quelquefois à la maison, en étude ou bien aux élèves qui terminent avant les autres ;

– peut être aussi, certains élèves ouvriront-ils leur cahier avec plus de plaisir…

Nous vous remercions d'avoir choisi cette collection.
N'hésitez pas à nous faire part de vos réactions, de vos suggestions, afin de concevoir des manuels qui vous apportent le plus de satisfaction possible.

Les auteurs
Editions Nathan
Collèges – Sciences –
25, avenue Pierre de Coubertin 75013 Paris
contact.sciences@nathan.fr

ISBN : 2091711896

CHAPITRE 1

Enchaînement d'opérations

1. Programme de 5e : partie traitée dans ce chapitre

Comme en classe de sixième, cette partie du programme s'appuie fondamentalement sur la résolution de problèmes. Ces problèmes en associant à une situation donnée une situation numérique renforcent le sens des opérations et des diverses écritures numériques et littérales. Dans la continuité de ce qui est fait en classe de sixième, les problèmes proposés sont issus de la vie courante, des autres disciplines ou des mathématiques. Il convient de ne pas multiplier les activités de technique pure. Toutes les activités numériques fournissent des occasions de pratiquer le calcul exact ou approché sous toutes ses formes, utilisées en interaction : calcul mental, automatisé ou réfléchi. À travers ces activités, plusieurs objectifs sont visés, en particulier ceux qui contribuent au développement des capacités à :
- prévoir des ordres de grandeur ;
- opérer en conservant l'écriture fractionnaire ;
- utiliser le vocabulaire approprié (terme, facteur, numérateur, dénominateur).

L'entretien et le développement des compétences en calcul mental sont indispensables, ces compétences étant nécessaires dans de nombreux domaines. Pour ce qui concerne le calcul posé, les nombres utilisés sont de taille raisonnable…

Contenus	Compétences	Exemples d'activités, commentaires
2.1. Nombres entiers et décimaux positifs : calcul, divisibilité sur les entiers		
Enchaînement d'opérations	– Effectuer une succession d'opérations données sous diverses formes (par calcul mental, posé ou instrumenté) uniquement sur des exemples numériques. – Écrire une expression correspondant à une succession donnée d'opérations.	L'acquisition des priorités opératoires dans un cadre numérique sera réinvestie dans la pratique du calcul algébrique. Les questions posées à propos de résultats obtenus à l'aide de la calculatrice peuvent offrir une occasion de dégager les priorités opératoires usuelles. Les exemples numériques traités sont du type : $a + b \times c$; $a \times b \times c$, $a + \frac{b}{c}$, $\frac{a}{b+c}$, $\frac{a}{\frac{b}{c}}$. Une attention particulière est portée à l'interprétation d'écritures comme $\frac{\frac{a}{b}}{c}$ qui selon le cas désigne $\frac{a}{\frac{b}{c}}$ ou $\frac{\left(\frac{a}{b}\right)}{c}$. La signification de $\frac{\frac{a}{b}}{c}$ est bien souvent fournie par la position d'un des deux traits de fraction à hauteur d'un signe d'égalité comme dans $\frac{\frac{3}{4}}{5} = \ldots$ ou à hauteur d'un signe opératoire, comme dans $3 + \frac{\frac{5}{4}}{3}$. Dans tous les cas, l'utilisation de parenthèses permet de lever l'ambiguïté. L'ambiguïté introduite par la lecture courante, comme par exemple « 3 multiplié par 18 plus 5 » pour $3 \times (18 + 5)$, pour l'auditeur qui n'a pas l'écriture sous les yeux, conduit à privilégier l'utilisation du vocabulaire et de la syntaxe appropriée, par exemple : « le produit de 3 par la somme de 8 et de 5 ». C'est l'occasion de faire fonctionner le vocabulaire associé : terme d'une somme, facteur d'un produit.

Distributivité de la multiplication par rapport à l'addition	Sur des exemples numériques ou littéraux, utiliser les égalités $k(a+b) = ka + kb$ $k(a-b) = ka - kb$ dans les deux sens.	L'utilisation de ces égalités recouvre deux types d'activités bien distinctes : le développement qui correspond au sens de lecture de l'égalité indiquée, et la factorisation qui correspond à la lecture « inverse » : $ka + kb = k(a+b)$. L'intégration des lettres dans ce type d'égalités est une difficulté qu'il faut prendre en compte. Elle s'appuie sur des situations empruntées aux cadres numériques ou géométriques dans lesquels des identités comme $5(x+1) = 5x+5$, $2x+2y = 2(x+y)$, $5(3x-4) = 15x-20$ sont travaillées. La convention d'écriture bc pour $b \times c$, $3a$ pour $3 \times a$ est mise en place, ainsi que les notations a^2 et a^3 utilisées dans les formules d'aires et de volumes.

Nos choix :

Nous abordons avec précaution, avec soin, dans ce chapitre, l'intégration de lettres dans les « calculs ». Conformément au programme, nous avons pris le parti de poursuivre progressivement cette introduction au calcul littéral dans les chapitres suivants.

2. Avant et après

a. Classe de 6e

Contenus	Compétences	Exemples d'activités, commentaires
2.1. Nombres entiers et décimaux		
Opérations : addition, soustraction et multiplication. *[Programme cycle 3 ; document d'application p. 25 à 29]*	– Connaître les tables d'addition et les résultats qui en dérivent.	La maîtrise des tables est consolidée par une pratique régulière du calcul mental sur des entiers et des décimaux simples. La multiplication par 10, 100, 1 000 est déjà mise en place à l'école élémentaire. La multiplication par 0,1, 0,01, 0,001 est à mettre en place en sixième en liaison avec le sens de la multiplication par une fraction décimale : « *prendre le dixième (le centième…) d'un nombre* ». La multiplication par ces puissances de dix peut être reliée à des problèmes d'échelles ou de changements d'unités. Le terme « puissance » et la notation a^b sont hors programme.
	– Choisir les opérations qui conviennent au traitement de la situation étudiée.	Le calcul est au service des situations qu'il permet de traiter : le travail sur le « sens des opérations » est essentiel. Pour les problèmes à étapes, la solution peut être donnée à l'aide d'une suite de calculs ou à l'aide de calculs avec parenthèses. L'addition et la soustraction de nombres décimaux sont des acquis du cycle 3. Il en est de même de la multiplication d'un nombre décimal par un entier. La multiplication de deux décimaux est, en revanche, à mettre en place en sixième, aussi bien du point de vue du sens que du point de vue de la technique de calcul posé. Le sens de la multiplication de deux décimaux est en rupture avec celui de la multiplication de deux entiers notamment par le fait que, dans ce cas, « une multiplication » n'agrandit pas toujours.
	– Savoir effectuer ces opérations sous les diverses formes de calcul : mental, posé, instrumenté.	La maîtrise des différents moyens de calcul doit devenir suffisante pour ne pas faire obstacle à la résolution de problème, l'élève étant capable de faire le choix du moyen de calcul le plus approprié dans une situation donnée. Concernant le calcul posé, les nombres doivent rester de taille raisonnable et aucune virtuosité technique n'est recherchée. La capacité à calculer mentalement est une priorité et fait l'objet d'activités régulières.
Ordre de grandeur	– Établir un ordre de grandeur d'une somme, d'une différence, d'un produit. *[SVT, histoire-géographie]*	L'usage d'ordres de grandeur pour contrôler ou anticiper un résultat permet de sensibiliser les élèves à leur intérêt, en s'attachant à faire utiliser, parmi les réponses possibles, celles qui conviennent le mieux à la situation étudiée.

2.2. Division, quotient		
Division euclidienne *[Programme cycle 3 ; document d'application, p. 25 à 29]*	– Reconnaître les situations qui peuvent être traitées à l'aide d'une division euclidienne et interpréter les résultats obtenus. – Calculer le quotient et le reste d'une division d'un entier par un entier dans des cas simples (calcul mental, posé, instrumenté). – Connaître et utiliser le vocabulaire associé (dividende, diviseur, quotient, reste).	L'attention des élèves doit être attirée sur la nécessité d'interpréter les deux résultats fournis (quotient et reste) dans le contexte du problème posé : quotient par défaut ou par excès, reste ou complément du reste au diviseur. Dans ce domaine également, le calcul mental (en particulier approché) constitue l'objectif prioritaire. La mise en place de techniques « expertes » est poursuivie, en se limitant à des diviseurs à un ou deux chiffres. La compréhension des étapes de la division posée en améliore la maîtrise. Dans cette optique, la pose des soustractions intermédiaires et de produits partiels ne doit pas être prohibée. Les élèves utilisent l'écriture de la relation $a = bq - r$ $(r < b)$ pour contrôler le calcul, dans la continuité du travail entrepris à l'école primaire. La forme littérale de la relation est hors programme.
Division décimale	– Calculer une valeur approchée décimale du quotient de deux entiers ou d'un décimal par un entier, dans des cas simples (calcul mental, posé, instrumenté).	À l'école élémentaire, les décimaux ont pu intervenir dans des problèmes de division au-delà de la virgule (partage d'une longueur par exemple), mais aucune compétence technique n'a été mise en place. La division décimale permet d'obtenir soit la valeur décimale exacte (quand elle existe) soit une valeur décimale approchée du quotient. Ce qui est indiqué concernant l'extension de la notation $\frac{a}{b}$ au cas de deux décimaux permet d'aborder le calcul d'un quotient de deux décimaux, sans qu'aucune compétence ne soit exigible à ce sujet.
	– Diviser par 10, 100, 1 000 *[SVT]*	Le lien est fait avec les multiplications par 0,1, 0,01.

b. Classe de 4e

Contenus	Compétences	Exemples d'activités, commentaires
2.1. Calcul numérique		
Opérations $(+, -, \times, :)$ sur les nombres relatifs en écriture décimale ou fractionnaire (non nécessairement simplifiée)	– Sur des exemples numériques écrire en utilisant correctement des parenthèses, des programmes de calculs portant sur des sommes ou des produits de nombres relatifs. – Organiser et effectuer à la main ou à la calculatrice les séquences de calcul correspondantes.	À la suite du travail entrepris en classe de cinquième avec des nombres décimaux positifs, les élèves s'entraînent au même type de calculs avec des nombres relatifs. Ils sont ainsi familiarisés à l'usage des priorités opératoires intervenant dans les conventions usuelles d'écriture ainsi qu'à la gestion d'un programme de calcul utilisant des parenthèses. En particulier, la suppression des parenthèses dans une somme algébrique est étudiée.
	– Comprendre les notations a^n et a^{-n} et savoir les utiliser sur des exemples numériques très simples et pour des égalités telles que : $a^2 \times a^3 = a^5$; $(ab)^2 = a^2b^2$; $\frac{a^2}{a^5} = a^{-3}$ où a et b sont des nombres relatifs non nuls.	Cette rubrique ne doit pas donner lieu à des calculs artificiels sur les puissances entières d'un nombre relatif. Pour des nombres autres que 10, seuls des exposants simples sont utilisés. Les résultats sont obtenus en s'appuyant sur la signification de la notation puissance et non par l'application de formules.
	– Utiliser sur des exemples les égalités : $10^n \times 10^m = 10^{n+m}$; $\frac{1}{10^n} = 10^{-n}$; $(10^m)^n = 10^{mn}$ où m et n sont des entiers relatifs. *[SVT, Physique…]*	En liaison avec les sciences expérimentales, en particulier avec la physique, qui abordent le domaine microscopique d'une part, l'échelle astronomique d'autre part, les activités insistent sur l'usage des puissances de 10. À cet effet, les élèves utilisent largement la calculatrice dont ils doivent maîtriser l'utilisation des touches correspondantes.

3. Fiches pédagogiques des activités

Si on le souhaite, il est possible de ne pas traiter d'un seul bloc la totalité des savoirs abordés dans ce chapitre. On suggère plus loin un découpage précis de ce chapitre. Cette répartition dans l'année, recommandée par ailleurs dans les textes officiels, donne aux élèves un temps d'apprentissage plus long.

Sciences en construction

■ Un peu d'histoire

Les premières « habitudes »

La plupart des hommes sont nés droitiers et cela a eu depuis toujours une incidence sur le sens de circulation.

Les soldats romains utilisaient un grand bouclier qu'ils portaient de la main gauche. Ils marchaient donc sur la droite des voies romaines (qui s'étendirent sur presque toute l'Europe) afin d'être protégés par leur bouclier.

La naissance de la conduite à gauche

En 1100, en Angleterre, les chevaliers circulaient à cheval et portaient leurs épées au côté gauche pour pouvoir la saisir facilement de la main droite.

Ces chevaliers circulaient à gauche pour éviter que leurs épées ne se croisent et ne s'entrechoquent mais aussi pour faciliter la défense ou l'attaque.

Ces chevaliers semblent donc être à l'origine de la conduite à gauche.

Le retour de la conduite à droite

Sous la Révolution par réaction contre une habitude « chrétienne et royaliste » la circulation à gauche fut abandonnée au profit de la droite. Napoléon continua à imposer cette convention. Avant lui les assauts se faisaient d'abord avec la gauche de l'armée ; pour désorienter l'adversaire, ce fin stratège décida d'inverser le sens de ces attaques et de les faire partir de la droite.

Au fur et à mesure de ses conquêtes, il fit adopter la circulation à droite aux pays conquis.

Les premiers colons qui s'installèrent en Amérique du Nord utilisèrent des chariots et comme il n'y avait pas que des émigrés britanniques, l'habitude de rouler à droite fut adoptée.

■ Durée : 15 min

Cette activité peut être l'occasion d'un travail transdisciplinaire avec les professeurs d'histoire-géographie et d'anglais.

■ Déroulement

À la question **a.**, l'Angleterre devrait être la réponse la plus fréquente. On peut à cette occasion rappeler que le Royaume-Uni ne se résume pas à la seule Angleterre.

Environ un tiers de la population mondiale (dont l'Inde) conduit à gauche.

Ces pays sont principalement des anciennes colonies de l'Empire Britannique.

Le Japon, la Thaïlande et l'Indonésie font figures d'exception.

Voici une carte récapitulative, avec en gris les pays qui roulent à gauche.

La question **b.** peut être l'occasion d'un échange au sein de la classe. On mettra en évidence la nécessité d'établir des conventions (au sens d'accord commun) dans la vie quotidienne.

Voici quelques conventions que les élèves peuvent citer :
- le système métrique ;
- l'euro ;
- la priorité à droite ;
- l'école obligatoire ;
- les 35 heures.

On peut aussi citer des conventions propres à l'établissement.

On pourra en conclusion évoquer des conventions mathématiques déjà rencontrées par les élèves comme par exemple les notations [AB], (AB), ...

1 Expression avec + et − ou avec × et :

■ Choix de la situation

Les nombres simples sont choisis de façon à ce que l'élève se concentre uniquement sur les opérations. La convention est donnée : on peut faire un lien entre cette convention et notre façon d'écrire de gauche à droite.

■ Durée : 20 min

■ Déroulement

Avant de proposer cette activité, on peut écrire au tableau « 36 – 10 – 2 » et demander aux élèves d'effectuer ce calcul. On observe les réponses (24 ou 28, sans parler d'éventuelles erreurs de calcul), un tenant de chaque proposition expose sa méthode, la discussion s'engage.

Si seule la bonne réponse apparaît, on fait expliciter la « convention » utilisée implicitement.

Si dans la classe, on trouve encore des calculatrices « quatre opérations », on fait effectuer ce calcul à la calculatrice et on commente les résultats.

On peut ensuite se reporter à l'activité du livre.

■ Synthèse

On devrait retrouver dans les cahiers une erreur du type : « $R = 13 - 5 - 4 = 13 - 5 = 8 - 4 = 4$ ».

On peut au cours de la correction mettre en évidence cet abus du symbole « = » et insister déjà sur la signification de ce symbole.

On énoncera la convention n° 1 que l'on illustrera d'exemples.

Dès ce moment un premier effort sera fait sur la présentation et la gestion des calculs.

2 Expression sans parenthèses

■ Choix de la situation

Là encore les nombres choisis sont simples de façon à pouvoir axer le travail sur la compréhension de cette nouvelle convention et non sur les erreurs de calcul.

■ Durée : 20 min

■ Déroulement

On peut demander à un élève de lire la convention n° 2 à haute voie puis laisser les élèves effectuer individuellement le travail demandé.

■ Synthèse

Même si la convention n° 2 a été énoncée en début d'activité, certains élèves en difficulté risquent d'appliquer la convention n° 1 à cette série de calculs. Pour remédier à cela on peut utiliser des couleurs différentes pour mettre en évidence les différentes opérations. Par exemple on entoure en rouge × et :, en vert + et –. On met alors en évidence la règle suivante :
- si les opérateurs sont tous de la même couleur on applique la convention n° 1 ;
- si les opérateurs sont de couleurs différentes on applique la convention n° 2.

Si l'on dispose de calculatrices non scientifiques on pourra les distribuer aux élèves pour qu'ils puissent comparer les résultats avec leur calculatrice (qui est généralement une calculatrice scientifique).

À la suite de cette activité on pourra proposer aux élèves les exercices interactifs disponibles **sur le site compagnon**. Ces exercices permettent de réinvestir les conventions n° 1 et n° 2.

■ Prolongement

Si l'on dispose d'un vidéoprojecteur on peut projeter la calculatrice d'un ordinateur et effectuer les calculs en mode scientifique ou normal.

Si ce n'est pas le cas, mais si on dispose d'une salle informatique, on peut proposer la fiche-élève suivante.

a. Cliquer sur *Démarrer, Accessoires, Calculatrice* (dans *Affichage*, choisir *Standard* ou *Scientifique*).

b. Compléter le tableau ci-dessous à l'aide de la calculatrice d'un ordinateur.

Calcul	Résultat affichage standard	Résultat affichage scientifique
$B = 4 + 2 \times 5$		
$V = 24 - 3 \times 6$		
$W = 6 + 15 : 3$		
$X = 18 : 4 - 2$		

c. Expliquer les résultats obtenus.

d. Pour calculer une expression sans parenthèses il a été convenu d'effectuer les multiplications et les divisions avant les additions et les soustractions.

Donner alors les valeurs correctes de B, V, W, X.

e. Effectuer les calculs avec votre calculatrice. Les résultats sont-ils conformes à la convention ci-dessus ?

3 De tête

■ Choix de la situation

Le programme invite à travailler le calcul mental chaque fois que cela est possible. Outre l'application des conventions n° 1 et n° 2, cette activité permet d'aborder les points suivants :

- addition et soustraction de deux décimaux dans des cas simples (A et B) ;
- tables de multiplication et de division (C, D et E) ;
- multiplication et division par 10,100 (F) ;
- multiplication par 0,1 (A).

Cette activité peut permettre un premier diagnostic du niveau de la classe en calcul mental.

■ Durée : 10 min

■ Déroulement

Les élèves effectuent le travail demandé puis on demande à certains d'expliciter leur démarche.

■ Synthèse

On pourra, au vu des erreurs rencontrées, travailler plus particulièrement par la suite les situations qui sont le moins maîtrisées.

Les exercices interactifs disponibles **sur le site compagnon** peuvent être un outil supplémentaire pour la mise en œuvre de la pratique du calcul mental.

4 Avec les mêmes nombres

■ Choix de la situation

Contrairement aux conventions n° 1 et n° 2, la convention n° 3 n'est pas une nouveauté. En effet, les élèves connaissent le rôle des parenthèses depuis le cycle 3 de l'école primaire.

Cette activité est articulée autour de l'expression $16 - 2 \times 5 - 3$ qui est « agrémentée » selon les cas de parenthèses.

Ce travail permet dans un premier temps de repréciser le rôle des parenthèses, mais il propose aussi à l'élève une situation nouvelle où il va devoir tour à tour respecter chacune des trois conventions.

Cet exercice est capital, il aborde un objectif important de ce chapitre « savoir effectuer une succession d'opérations ».

Encore une fois, les nombres choisis sont simples afin de concentrer la difficulté uniquement sur les priorités opératoires.

■ Durée : 20 min

■ Déroulement

La question posée n'indique pas clairement à l'élève qu'il doit effectuer les calculs. Il peut être intéressant après avoir fait lire la consigne à haute voix de procéder à un rapide débat à l'intérieur de la classe sur les différentes stratégies que l'on pourrait envisager de mettre en œuvre pour répondre à la question posée.

■ Synthèse

Après avoir précisé le rôle des parenthèses, on fera remarquer que dans un calcul sans parenthèses on doit appliquer les conventions n° 1 et n° 2.

À cette occasion on insistera plus particulièrement sur l'organisation et la rédaction des calculs.

À la fin de cette activité, une méthode pour gérer un calcul doit avoir été dégagée.

■ Prolongement possible

On peut demander aux élèves quels autres nombres on peut obtenir en plaçant des parenthèses dans l'expression $16 - 2 \times 5 - 3$.

5 Résoudre un problème

■ Choix de la situation

Le travail demandé se rapproche du célèbre « compte est bon ».

Cette situation riche oblige l'élève à réfléchir à « l'envers ».

En effet, il ne doit pas se contenter de respecter des règles mais il doit aussi être intuitif et envisager différentes options pour obtenir dans chaque cas le nombre 12.

Ce travail permet donc de mettre l'élève en situation de recherche tout en lui proposant une approche différente du rôle des parenthèses.

■ Durée : 15 min

■ Déroulement

Travail en autonomie des élèves.

Pour gérer l'hétérogénéité de la classe on peut proposer aux élèves les plus rapides l'exercice 90 page 25.

■ Synthèse

On peut envoyer trois élèves au tableau proposer leurs solutions.

■ Prolongement possible

Les exercices 89 à 92 page 25 ainsi que le jeu page 27 proposent le même style de travail.

On peut aussi demander aux élèves de créer un exercice de ce type.

6 De tête

■ Choix de la situation

Cette activité traite, comme le demande le programme, le calcul mental d'une expression.

Outre la gestion d'un calcul, les points rencontrés ici sont :
- tables d'addition, de soustraction, de multiplication et de division ;
- addition et soustraction de deux décimaux dans des cas simples ;
- multiplication par 100 et par 0,1 (c. et e.) ;
- multiplication par 0,5 (d.).

Les crochets sont introduits au **f.** Le cadre « Le saviez-vous ? » devrait permettre de lever les éventuelles difficultés liées à la présence de ces crochets.
Cette activité doit elle aussi permettre d'évaluer le niveau de la classe en calcul mental.

Durée : 15 min

Déroulement
Travail en autonomie des élèves pendant 5 minutes puis explicitation des stratégies.

Synthèse
On rappellera que multiplier par 0,5 revient à prendre la moitié.
On reviendra sur le rôle des crochets en faisant lire à haute voix le cadre « Le saviez-vous ? »

Prolongement possible
On peut demander aux élèves (par groupes ou individuellement) d'écrire une expression dont le calcul mental sera ensuite demandé au reste de la classe.
Les exercices interactifs disponibles sur le site compagnon peuvent constituer un outil supplémentaire pour la mise en place de la pratique du calcul mental.

▲ Test intermédiaire
À l'issue de ce premier temps consacré aux enchaînements d'opérations, on peut proposer le test suivant.
Durée : 25 min

Exercice 1

a. Calculer à la main les expressions suivantes :
$A = 17 - 8 - 5$ $B = 8 \times 4 : 2$
$C = 19 - 7 + 4$ $D = 24 : 4 \times 3$.

b. Énoncer la convention que vous avez dû respecter pour effectuer ces calculs.

Exercice 2

a. Calculer à la main les expressions suivantes :
$E = 5 + 2 \times 3$ $F = 30 - 24 : 6$
$G = 5 \times 8 + 20 : 4$ $H = 25 - 7 \times 2 - 18 : 3$.

b. Énoncer la convention que vous avez dû respecter pour effectuer ces calculs.

Exercice 3
Calculer à la main les expressions suivantes :
$I = 9 \times (5 + 3)$ $J = 18 - (6 - 1) \times 3$
$K = 8 \times 6 - 28 : (7 - 3) - 6 \times (9 - 5)$
$L = 17 - [7 - (12{,}1 - 2{,}1) \times 0{,}4]$.

Exercice 4
Recopier et placer des parenthèses dans chaque expression afin d'obtenir 18 pour résultat.
$M = 3 \times 2 + 1 \times 2$ $N = 7 - 5 \times 6 + 3$
$O = 4 + 9 - 2 \times 2$ $P = 25 - 15 + 6 : 3$.

7 De l'oral à l'écrit et vice versa

Choix de la situation
On suppose que le vocabulaire :
somme, différence, produit, quotient a été revu (par exemple à l'aide de la rubrique « Prendre un bon départ » ou du Formulaire). Cette activité riche doit mettre en avant l'utilité d'un vocabulaire précis en mathématique.
La question **a.** demande la traduction d'une phrase par un calcul. Cette question exige une bonne maîtrise du vocabulaire cité auparavant.
La question **b.** met en avant l'ambiguïté de la lecture courante. Cette question, comme le programme y invite, met en avant la nécessité de privilégier l'utilisation d'un vocabulaire précis et une syntaxe appropriée. En effet, la phrase proposée n'est pas suffisamment précise et peut être interprétée de deux façons différentes.
La question **c.** consiste à traduire différentes expressions par une phrase.
Cet exercice peut s'avérer délicat pour des élèves qui auraient des difficultés à utiliser la langue française.
Cette activité peut donc être l'occasion d'un travail commun avec le professeur de français de la classe.

Durée : 20 min

Déroulement
Un travail écrit individuel est mis en place pour les questions **a.** et **c.**, en revanche la question **b.** doit permettre d'instaurer un débat dans la classe.
On pourra ainsi distinguer les élèves qui auront opté pour $3 \times (18 + 5)$ et ceux qui auront opté pour $3 \times 18 + 5$.

Synthèse
On mettra en évidence la méthode suivante :
« Pour traduire un calcul, on doit déterminer si ce calcul est une somme, une différence, un produit ou un quotient ».
Cette opération étant la dernière que l'on effectue. Par exemple, $3 \times (18 + 5)$ est un produit alors que $3 \times 18 + 5$ est une somme.

8 Avec des écritures fractionnaires

Choix de la situation
Cette situation doit permettre de comprendre que l'utilisation d'un trait de fraction sous-entend que les calculs aux numérateur et dénominateur sont entre parenthèses. Dans des superpositions de traits de fraction, on devra noter celui qui est en face du signe =.

Durée : 15 min

Déroulement
Les élèves travaillent en autonomie puis correction au tableau.

Synthèse
On insistera tout particulièrement sur l'importance de l'emplacement du trait de fraction. Ici encore on insistera sur la présentation et la rédaction des calculs. L'utilisation de différentes couleurs pour mettre en évidence une hiérarchie dans les opérations à effectuer peut être judicieuse.

Prolongement possible
On peut demander aux élèves de traduire par une phrase chacun des quatre calculs.
On peut aussi leur demander de réécrire ces calculs en remplaçant les traits de fraction par le symbole « : ».

On peut une fois encore utiliser l'outil informatique et les exercices interactifs disponibles sur le site compagnon pour travailler cette nouvelle convention.

9 Ordre de grandeur et calculatrice

Choix de la situation
Donner un ordre de grandeur, d'un quotient en particulier, est un travail très utile pour contrôler des réponses par exemple.
Écrire la succession des touches utilisées pour effectuer les calculs avec la calculatrice permet de prendre conscience des parenthèses sous-entendues.

Durée : 15 min

■ Déroulement

Les élèves travaillent individuellement puis correction au tableau.

■ Synthèse

On précisera que pour effectuer un calcul où figurent des traits de fraction on doit veiller dans certains cas à taper les parenthèses qui sont sous-entendues par la convention n° 4.
On peut demander d'écrire la succession de touches utilisées pour calculer $E = \frac{\frac{6}{40}}{5}$ et comparer avec la succession de touches tapées pour calculer D.

10 Les calculs automatiques

■ Choix de la situation

Cette activité a pour objectifs de présenter la convention d'écriture du signe $\times$ mais aussi de présenter une première situation où l'on utilise une lettre pour désigner une variable. Jusqu'à présent l'élève a rencontré des lettres uniquement lorsqu'il a utilisé les formules du périmètre et de l'aire des figures de base.
Cette activité est donc une toute première initiation à la pratique algébrique.
La situation est classique (prix à payer en fonction du nombre n de roses achetées) mais nouvelle pour un élève de 5e.
Interpréter cette situation, *a priori* simple, peut demander une certaine forme d'abstraction.
L'élève doit relier plusieurs concepts :
– n désigne le nombre de roses ;
– pour obtenir le prix à payer on multiplie le nombre de roses par 3 puis on ajoute 0,5 ;
– le prix à payer *en fonction de n* est donc $3 \times n + 0{,}5$ soit $3n + 0{,}5$.

■ Durée : 20 min

■ Déroulement

Les élèves travaillent en groupes de 3 ou de 4.
On laisse une dizaine de minutes de réflexion puis on corrige au tableau la question **a.**.
Pour la question **b.** on peut demander à chaque groupe d'exposer la situation qu'il a imaginé. Ce travail pouvant être donné à faire à la maison.

■ Synthèse

On remarquera que par convention $3 \times n$ se note $3n$. On soulignera aussi que le prix à payer en fonction de n est $0{,}5+3n$ mais que ce prix peut aussi s'écrire $3n + 0{,}5$.
On généralise ces remarques en énonçant la convention suivante :
« On peut ne pas écrire le signe $\times$ lorsqu'il est suivi d'une lettre ou d'une parenthèse ».
On illustrera cette convention ; en particulier on fera remarquer que « $1x$ se note x » et « $0x$ se note 0 ».
À cette occasion on pourra aussi introduire les notations x^2 et x^3.
On fera enfin remarquer que $3n + 5 \neq 8n$.

11 Figures et aires

■ Choix de la situation

L'objectif de cette activité est de mettre en place la distributivité de la multiplication par rapport à l'addition et la soustraction.
Nous avons fait le choix d'un support géométrique où l'on retrouve des valeurs numériques plutôt que des lettres. Ceci afin de concentrer cette activité sur la mise en évidence de la distributivité.

■ Durée : 20 min

■ Déroulement

Les élèves travaillent individuellement puis correction au tableau.

■ Synthèse

Pour chacune des figures on peut faire passer deux élèves au tableau qui exposent deux façons différentes de calculer l'aire du rectangle ABCD.
On pourra faire traduire oralement par des phrases les égalités obtenues à savoir :

$10(12{,}7 + 3{,}3) = 10 \times 12{,}7 + 10 \times 3{,}3$

$10(12{,}7 - 1{,}7) = 10 \times 12{,}7 - 10 \times 1{,}7.$

Cet exercice permettra de réinvestir le vocabulaire produit, somme, différence… mais il permettra aussi de retravailler la traduction d'une expression par une phrase…
Enfin, on donnera la définition des mots développer et favoriser. On pourra cette fois illustrer les égalités par des figures « avec des lettres ».

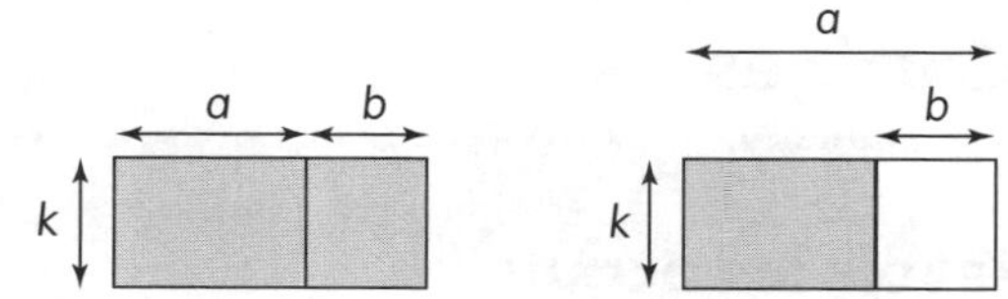

12 La rentrée de Paul

■ Choix de la situation

L'objectif de cette activité est de présenter une utilisation de la distributivité dans un cadre numérique. Le choix de l'expression la plus adaptée pour calculer apparaît ici comme une nécessité et non comme un artifice mathématique.

■ Durée : 15 min

■ Déroulement

L'énoncé est lu en classe, on peut demander des raisons pour lesquelles le prix des paquets de copies n'est pas mentionné dans le magasin.
Selon le niveau de la classe, on peut commencer par faire « fonctionner la situation » en demandant de calculer le prix payé par Paul si $p = 2$ €. Ensuite on abordera la question **a.** en observant le niveau de compréhension de l'expression « en fonction de ». La question **b.** doit permettre de comprendre l'intérêt d'écrire diversement certaines expressions.

■ Synthèse

On fera remarquer qu'une même expression peut avoir différentes écritures et lorsque l'on doit calculer la valeur de cette expression, le choix de l'écriture la plus adaptée peut faire gagner du temps.

▲ Test final
À l'issue de cette étude, on peut proposer le test suivant.
Durée : 40 min

Exercice 1
Calculer à la main les expressions suivantes :
$A = 6(5-2) - 24 : (9-5) + 3 \times 7$;

$B = 8 + \frac{17-2}{5}$; $C = \frac{24}{7+3} - 2$;

$D = \frac{\frac{12}{6}}{2}$; $E = \frac{12}{\frac{6}{2}}$.

Exercice 2
1. Traduire chaque calcul par une phrase.
$F = 14 - 2 \times 5$; $G = (3+4) \times 7$; $H = \frac{52}{9-5}$.
2. Traduire chaque phrase par un calcul.
a. I est le quotient de la somme de 3 et 4 par 5.
b. J est la différence de 12 et du produit de 5 par 2.
c. K est le quotient de 3 par le quotient de 8 par 2.

Exercice 3
x désigne un nombre. ABCD est un carré de côté $x + 1{,}5$.

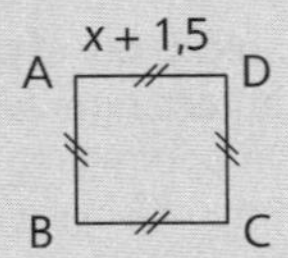

1. Exprimer de deux façons le périmètre de ABCD.

2. Calculer ce périmètre pour :

a. $x = 6$; **b.** $x = 3{,}5$.

Exercice 4
Calculer les expressions suivantes en ligne en indiquant les différentes étapes.

$L = 3{,}14 \times 17 + 3{,}14 \times 83$;
$M = 13 \times 102$;
$N = 87{,}3 \times 18{,}7 - 87{,}3 \times 8{,}7$;
$P = 2 \times 978{,}6 \times 5$.

Exercice 5
Avec un billet de 50 €, Marie décide d'acheter une BD à 12 € et des CD à 8 € l'unité.

a. Écrire une expression qui permet de calculer le nombre de CD que pourra acheter Marie.

b. Calculer ce nombre.

4. Corrigés

Revoir les acquis

1 a. **2** c. **3** b. **4** a. **5** b.

Sciences en construction

a. Non, dans certains pays comme le Royaume-Uni on roule à gauche.

b. Le mètre et le kilomètre sont des unités de longueur utilisées en France mais les Anglo-saxons utilisent plutôt le yard et le mile.
Par convention nous enlevons notre casquette lorsque nous entrons dans une salle de classe.

Activités

1. a. 52 **b.** Sonia
c. $R = 4$; $S = 2$; $T = 16$; $U = 0{,}1$.

2. a. $B = 4 + 2 \times 5 = 4 + 10 = 14$.
b. $V = 6$; $W = 11$; $X = 2{,}5$.

3. $A = 5$; $B = 5$; $C = 20$.
$D = 11$; $E = 20$; $F = 81$.

4. $K = 67$; $L = 3$; $M = 12$; $N = 9$.
$L < N < M < K$. Emile s'est trompé.

5. $A = (6 - 2) \times 3$; $B = 18 : (3 - 1) + 3$;
$C = (7 + 3) \times (2 - 0{,}8)$.

6. a. 8 **b.** 4 **c.** 0,6 **d.** 3,7 **e.** 2 **f.** 7.

7. a. $A = 7 \times (8 + 3)$; $B = 16 - 5 \times 3$.
b. Il existe deux possibilités :
$3 \times 18 + 5$ ou bien $3 \times (18 + 5)$.
c. D est le quotient de la somme de 2 et 14 par 8.
E est le produit de 3 par la différence de 9 et 4.
F est la somme de 5 et du produit de 4 par 3.
G est la différence du quotient de 45 par 10 et de 4.

8. $E = 2$; $F = 9$; $G = 9$; $H = 2{,}25$.

9. $A \approx 40$; $A = 46$. On tape : $8 + 114 : 3$.
$B \approx 6$; $B = 5{,}5$. On tape : $7 - (18 - 6) : 8$.
$C \approx 5$; $C = 5{,}5$. On tape : $9 : (1 + 5) + 4$.
$D \approx 2$; $D = 2{,}6$. On tape : $13 : (20 : 4)$.

10. a. Si n désigne le nombre de roses, le prix à payer en fonction de n est $0{,}5 + 3n$.
b. En mathématiques, les formules de périmètre, d'aires. Dans la vie de tous les jours, selon les réponses des élèves.

11. Premier rectangle :
$10 \times 12{,}7 + 10 \times 3{,}3 = 127 + 33 = 160$
$10 \times (12{,}7 + 3{,}3) = 10 \times 16 = 160$.
Deuxième rectangle :
$10 \times 12{,}7 - 10 \times 1{,}7 = 127 - 17 = 110$
$10 \times (12{,}7 - 1{,}7) = 10 \times 11 = 110$.

12. a. $4p + 5{,}28$ ou $4(p + 1{,}32)$.
b. $p = 2{,}5$; $4 \times 2{,}5 + 5{,}28 = 15{,}28$
$p = 1{,}68$; $4(1{,}68 + 1{,}32) = 4 \times 3 = 12$.

Travail personnel (page 16)

A. 6,6 km. **B.** 4,5 L et 5,10 €.
C. 4,8 gigabits. **D.** 23 h 35 min.
E. **a.** 6,82. **b.** 220,14. **c.** 14,07. **d.** 1,4.
F. **a.** 1,6. **b.** 9,6. **c.** 19,4.
G. **a.** 7. **b.** 22,6. **c.** 1,8.

Exercice d'application

1. $A = 11$; $B = 13{,}08$; $C = 0{,}272$.

2. $D = 10$; $E = 448$; $F = 2$; $G = 2$.

3. $H = 60$; $I = 2$; $J = 45$; $K = 12$.

4. $L = 18$; $M = 10$; $N = 0{,}48$; $P = 0{,}02$.

5. a. $A \approx 120 - 60 - 1 + 10$ soit $A \approx 69$; $A = 71{,}895$.
b. $B \approx 8 \times 20 : 4 \times 0{,}1$ soit $B \approx 4$; $B = 4{,}356$.

6. $A = 2 + 7 \times 4 = 2 + 28 = 30$.
Cindy a une calculatrice scientifique.

7. $2 + 4 \times 3 = 14$; $2 \times 3 - 4 = 2$;
$3 - 4 : 2 = 1$; $12 - 3 \times 2 + 5 = 11$.

8. $A = 103$; $B = 20$; $C = 15$; $D = 66$.

9. $E = 10$; $F = 2{,}25$; $G = 210{,}5$; $H = 3{,}6$.

10. $I = 7$; $J = 18{,}2$; $K = 37{,}5$.

11. $L = 44$; $M = 26$; $N = 17$; $P = 10$.

12. $Q = 7$; $R = 1$; $S = 2$; $T = 27$.

13. $A \approx 1\,200 - 80 \times 8 + 3\,000 \times 0{,}01$ soit $A \approx 590$;
$A = 627{,}676$.
$B \approx 3 \times 40 : 2 - 10 \times 5$ soit $B \approx 10$; $B = 0{,}525$.

14. a. $30 \times 0{,}05 + 42 + 12 \times 0{,}8$.
b. La distance à parcourir est 53,1 km.

15. a. $0{,}98 \times 60\,000\,000 \times 365 : 30\,000$.

b. 715 400 camions sont remplis chaque année.

16. a. Pour calculer en milliards :

$$\frac{1{,}5 - 1{,}3}{2010 - 2005}.$$

b. $\frac{1{,}5 - 1{,}3}{2010 - 2005} = 0{,}04$.

La population chinoise augmentera en moyenne chaque année de 0,04 milliard soit 40 millions d'habitants.

17. a. $3 \times 140 + 13 \times 59$.

b. Il y aura 1 187 supporteurs.

18. $A = 3$; $B = 0$; $C = 26$; $D = 7$.

19. $E = 95$; $F = 63$; $G = 263$; $H = 35$.

20. $I = 71{,}9$; $J = 2{,}4$; $K = 68{,}4$; $L = 9{,}9$.

21. $M = 3$; $N = 18$; $P = 3$; $Q = 7$.

22. $A = 5 + (9 - 2) \times 3 = 5 + 7 \times 3 = 5 + 21 = 26$;
$B = 36 : 2 - (8 - 2) : 3 = 36 : 2 - 6 : 3 = 18 - 2 = 16$.

23. $A \approx 500$, $A = 475{,}86$; $B \approx 7$, $B = 4{,}164$.

24. A : la multiplication est prioritaire.
D et F : on effectue les opérations de la gauche vers la droite.

25. a. $AB = 20 - 6{,}2 \times 2 = 7{,}6$.
Le segment [AB] mesure 7,6 cm.

b. $AB = \frac{20 - 6{,}2}{2} = 6{,}9$.
Le segment [AB] mesure 6,9 cm.

26. a. $5\,000 + 48 \times 250$.

b. $5\,000 + 48 \times 250 - 16\,000$.

c. $5\,000 + 48 \times 250 - 16\,000 = 1\,000$.

27. $(50 + 40) \times 3 - 100 = 170$.
Son score est de 170 points.

28. a. $(27\,893 + 362\,033) - (26\,625 + 359\,644)$
ou $(27\,893 - 26\,625) + (362\,033 - 359\,644)$.

b. 3 657.

29. $A = 5 + \frac{4}{3}$ $B = \frac{2}{7} + 5$; $C = \frac{5 + 4}{3}$.

$D = \frac{2}{7 - 5}$; $E = \frac{\frac{5}{4}}{3}$; $F = \frac{2}{\frac{7}{5}}$.

30. $A = 7 - 3 \times 4 : (1{,}7 + 0{,}3)$; $B = 18 : (9 : 4)$;
$C = (21 : 14) : 16$.

31. $A = 0{,}6$; $B = 6$; $C = 8{,}1$.

32. $A = 12 \times \frac{4}{5} = 12 \times 0{,}8 = 9{,}6$;

$B = 4{,}7 - \frac{6 + 3}{\frac{30}{2}} = 4{,}7 - \frac{9}{15} = 4{,}7 - 0{,}6 = 4{,}1$;

$C = \frac{15}{7 - 3} - 2 \times (8{,}6 - 7{,}1) + 8{,}2 \times 5$

$= \frac{15}{4} - 2 \times 1{,}5 + 41 = 3{,}75 - 3 + 41 = 41{,}75$.

33. $A = 8{,}5$; $B = 0{,}5$; $C = 1{,}1$; $D = 0{,}3$.

34. a. $\frac{220 - 20 - 5 \times 9 - 15 \times 7}{5}$.

b. Il a réalisé 10 bouquets de 5 roses.

35. Les expressions B et D.

36. $A = 7\pi$; $B = 7n$; $C = 7(5 + 8)$;
$D = 7 \times 8$; $E = (3 + 4)(7{,}4 - 5{,}6)$; $F = n\pi$.

37. $A = 10 \times \pi$; $B = 5 \times a \times b$; $C = (3 + 4) \times (7 - 1{,}2)$;
$D = 9 \times (a + 3)$; $E = 5 \times a^2$; $F = 5 \times a + b$.

38. 1. a. $M = 30{,}5$; $N = 8{,}5$; $P = 2{,}75$; $Q = 2$.

b. $M = 97{,}2$; $N = 16{,}8$; $P = 1{,}7$; $Q = 0$.

39. a. $A = \frac{6 + 8}{4}$. **b.** $B = 15 - \frac{21}{3}$. **c.** $C = 2{,}4(5 + 4)$.

40. a. $A = \frac{9}{\frac{3}{4}}$. **b.** $B = \frac{\frac{7}{4}}{10}$. **c.** $C = 5 \times \frac{4}{8}$.

41. A est la somme de 2 et du produit de 3 par 4.
B est le produit de la somme de 2 et 3 par 4.
C est le produit de 7 par la différence de 8 et 3.
D est la différence du produit de 7 par 8 et 3.
E est le quotient de 35 par la différence de 7 et 2.
F est le quotient de 7 par le quotient de 5 par 4.

42. $A = 49$; $B = 125$; $C = 6$; $D = 2{,}25$; $E = 252$.

43. a. 490,625 cm^2. **b.** 490,87 cm^2.

44. $A = 7 \times 14 = 98$ ou $A = 7 \times 10 + 7 \times 4 = 70 + 28 = 98$;
$B = 16 \times 102 = 1\,632$ ou
$B = 16 \times 100 + 16 \times 2 = 1\,600 + 32 = 1\,632$;
$C = 46 \times 2 = 92$ ou $C = 50{,}5 \times 2 - 4{,}5 \times 2 = 101 - 9 = 92$;
$D = 98 \times 4 = 392$ ou $D = 100 \times 4 - 2 \times 4 = 400 - 8 = 392$.

45. $A = 93{,}6 - 21{,}6 = 72$ ou
$A = 7{,}2(13 - 3) = 7{,}2 \times 10 = 72$;
$B = 23 - 3 = 20$ ou $B = 10(2{,}3 - 0{,}3) = 10 \times 2 = 20$;
$C = 4\,567{,}8 + 32{,}2 = 4\,600$ ou
$C = 4{,}6(993 + 7) = 4{,}6 \times 1\,000 = 4\,600$;
$D = 1{,}8 + 7{,}2 = 9$ ou $D = 9(0{,}2 + 0{,}8) = 9 \times 1 = 9$.

46. $A = 23(100 - 1) = 23 \times 100 - 23 \times 1$
$= 2\,300 - 23 = 2\,277$;
$B = 37(63{,}4 + 36{,}6) = 37 \times 100 = 3\,700$.

47. $A = (100 + 2) \times 43 = 100 \times 43 + 2 \times 43$
$= 4\,300 + 86 = 4\,386$;
$B = 87{,}45(86 - 46) = 87{,}45 \times 40 = 3\,498$.

48. 1. $A = 4a + 30$.

2. a. $A = 4(12{,}5 + 7{,}5) = 4 \times 20 = 80$.

b. $A = 4 \times 8{,}25 + 7{,}5 = 33 + 7{,}5 = 40{,}5$.

c. $A = 4 \times 3{,}1 + 30 = 12{,}4 + 30 = 42{,}4$.

49. $A = 5a + 10$; $B = 6b - 18$; $C = 9 - 9x$;
$D = 6a + 15$; $E = 8 - 12b$; $F = 35x - 7$.

50. 1. a. $A = 4(x - y)$.

2. a. $4(7{,}6 - 2{,}6) = 4 \times 5 = 20$.

b. $4 \times 6{,}5 - 4 \times 2{,}25 = 26 - 9 = 17$.

51. $A = (5 + 7)a = 12a$; $B = (7 - 3)b = 4b$;
$C = (7 - 6)x = 1x = x$; $D = (12 - 5 + 3)a = 10a$;
$E = 12x - (5 + 3)x = 12x - 8x = (12 - 8)x = 4x$.

52. $A = (1 + 5)a = 6a$; $B = (5 - 1)x = 4x$;
$C = (4 - 1 - 2)a = 1a = a$.

53. a. $A = 8a$; $B = 2a - 2$; $C = 10a^2$.

b. $A = 28{,}8$; $B = 5{,}2$; $C = 129{,}6$.

54. a. $10{,}5 \times (11{,}75 + 7{,}5)$ ou $10{,}5 \times 11{,}75 + 10{,}5 \times 7{,}5$.

b. La superficie de ce toit est 202,125 m^2.

55. • $14 \times 8 + 14 \times 12 = 112 + 168 = 280$.
• $14(8 + 12) = 14 \times 20 = 280$.

56. a. $A = 3(2 - x)$ ou $A = 6 - 3x$.

b. $3(2-1{,}4)=3\times 0{,}6=1{,}8$; $A=1{,}8\ m^2$.
$6-3\times 0{,}5=6-1{,}5=4{,}5$; $A=4{,}5\ m^2$.

57. 1. $5x+5y$ ou $5(x+y)$.

2. a. $5(6{,}4+3{,}6)=5\times 10=50$; $P=50$ kg.
b. $5\times 10+5\times 7=50+35=85$; $P=85$ kg.

58. $200+4\times 30=200+120=320$.
À un terrain de 200 m^2 on ajoute une parcelle de 4 m sur 30 m.

59. 1. a. 5^2. **b.** 3^3. **c.** 6^2+8^2.

2. a. Le cube de 2 est égal à 8.
b. 121 est le carré de 11.
c. La différence du carré de 7 et du carré de 4 est égale à 33.

60. a. Problème 1 : Alexis achète un CD à 27 € et 3 stylos à 2,75 € l'un. (Calcul C).
Problème 2 : Béatrice achète 27 bracelets rouges et 3 bracelets bleus. Chaque bracelet coûte 2,75 €. (Calcul A).
Problème 3 : Clémence achète 27 boissons à 2,75 € l'une et un livre à 3 €. (Calcul D).
b. Au restaurant Benoît et deux de ses amis se partagent l'addition qui est 27 €.
Benoît décide de donner en plus 2,75 € de pourboire.
Combien a-t-il dépensé ?

61.

Expression initiale	Action	Expression finale
$9(10+4)$ produit	développement	$9\times 10+9\times 4$ somme
$8\times 13-8\times 3$ différence	factorisation	$8(13-3)$ produit
$14\times 19+19\times 6$ somme	factorisation	$19(14+6)$ produit
$(100-3)\times 4$ produit	développement	$100\times 4-3\times 4$ différence

62. a. 252. **b.** 4 653. **c.** 13 986.
d. 144. **e.** 2 475. **f.** 6 237.

63. a. 583. **b.** 2 424. **c.** 74 074.
d. 693. **e.** 4 848. **f.** 37 037.

64. 1. $12\times 1{,}5=12+6=18$; $38\times 1{,}5=38+19=57$.

2. a. 240. **b.** 150. **c.** 37,5.

65. 1. $15\times 18=180+90=270$.

2. a. 510. **b.** 1 080.

66. 1. Avec cette transformation un nombre x donne le nombre $3(x+1)$.
a. 24. **b.** 93.

2. 15.

Faire le point

67. c. **68.** b. **69.** a. **70.** b. **71.** c. **72.** b.
73. a. **74.** c. **75.** c. **76.** a. **77.** b. **78.** c.

Exercice de consolidation

79. a. $(4+1+7)(9+1+6)$.
b. 192 soldats participent au défilé.

80. Ligne bleue : $\dfrac{2\times 5\pi}{2}=5\pi$;
ligne rouge : $\dfrac{2\times 2\pi}{2}+\dfrac{2\times 3\pi}{2}=2\pi+3\pi=5\pi$.
Chaque ligne a une longueur égale à 5π cm.

81. a. $27(700+3)=27\times 700+27\times 3$
$=18\ 900+81=18\ 981$.
b. $27(30+7)=27\times 30+27\times 7$
$=810+189=999$.
c. $27(70+9)=27\times 70+27\times 9$
$=1\ 890+243=2\ 133$.
d. $27(700+30+9)=27\times 700+27\times 30+27\times 9$
$=18\ 900+810+243=19\ 953$.

82. 1. a. 16 cm. **b.** 52 cm. **c.** 22,4 cm.
Pour ces trois valeurs de x les périmètres sont égaux.

2. a. $2(x+4)+2x$. **b.** $4(x+2)$.

3. $2(x+4)+2x=2x+8+2x=4x+8$;
$4(x+2)=4x+8$.

Exercices d'approfondissement

83. 1. $d=200$ m.

2. Antoine peut se garer n'importe où.

3. a. $d=x+100+100-x$. **b.** $d=200$. **c.** Oui.

84. 1. a. • 19 • 17.
b. Les multiples de 3 sont : 18 ; 24 et 45.

2. a. • $n+1$ • $n-1$.
b. $n+n+1+n-1=3n$.
$3n$ est toujours un multiple de 3. Lisa a raison.

85. 1. a. Oui. **b.** Oui. **c.** Non. **d.** Oui.

2. a. Oui.
b. La somme de deux multiples de 7 semble être un multiple de 7.

3. a. $7k$. **b.** $7k'$. **c.** $7k+7k'=7(k+k')$.

86. 1. a. 1. **b.** 5. **c.** 37. **d.** 128.

2. On note n le nombre choisi. On obtient :
$$\frac{(n+n+1)\times 2-2}{4}=\frac{(2n+1)\times 2-2}{4}$$
$$=\frac{4n+2-2}{4}=\frac{4n}{4}=n.$$

87. $A=3x+12+6x+2+x-13=10x+1$
Pour $x=123\ 456{,}789$ on obtient :
$A=10\times 123\ 456{,}789+1=1\ 234\ 568{,}89$.

88. On note r le plus petit des deux rayons, en cm. Le second rayon est égal à $r+1$.
$2\pi(r+1)-2\pi r=2\pi r+2\pi-2\pi r=2\pi$.
La différence des longueurs des deux cercles est égale à 2π cm.

89. $4-4+4-4=0$; $(4+4):(4+4)=1$;
$4:4+4:4=2$; $(4+4+4):4=3$;
$4+(4-4)\times 4=4$; $(4\times 4+4):4=5$;
$4+(4+4):4=6$; $4+4-4:4=7$;
$4+4+4-4=8$; $4+4+4:4=9$.

90. a. $13-(7-3)=9$. **b.** $(8-5)\times(7+2)=27$.
c. $(20-6):2+5=12$. **d.** $15-(6+4):2=10$.

91. $(20+1)\times 17=357$; $(1+50)\times 7=357$;
$16\times 20+37=357$; $700:2+7=357$.

92. a.

Expression	Résultat
$3-(2+1)$	0
$3:(2+1)$	1
$(3+1):2$	2
$3:(2-1)$	3
$3+2-1$	4

Expression	Résultat
$3\times 2-1$	5
$3+2+1$	6
$3\times 2+1$	7
$(3+1)\times 2$	8
$3\times(2+1)$	9

b.

Expression	Résultat
$4-(3+2-1)$	0
$4-3:(2-1)$	1
$4-(3+1):2$	2
$4-3:(2+1)$	3
$4+3-2-1$	4

Expression	Résultat
$4+3:(2+1)$	5
$4+(3+1):2$	6
$4+3:(2-1)$	7
$4+3+2-1$	8
$4+3\times 2-1$	9

c. On remarque que $5-5=0$; $5-4=1$; ...
Par exemple : $5-(4+3:(2+1))=0$;
$5-(4+3-2-1)=1$; ...
Avec 1 ; 2 ; 3 ; 4 ; 5 et 6 on peut remarquer que $6-6=0$; $6-5=1$; .... Par exemple $6-(5+4-3:(2-1))=0$; $6-(5+4-(3+2-1))=1$.

93. Périmètre de MATHS : $3x+18$.
Périmètre de DRU : $3(x+6)=3x+18$.

94. 1. a.

Nombre de DVD	1	5	10	20	30	40	50
Prix à payer en €	6,25	11,25	17,5	30	42,5	55	67,5

b. $p=1{,}25n+5$.

2. $\frac{50-5}{1{,}25}=36$.

95. a. $d=2\,700$ cm $=27$ m.
b. $d=10\,800$ cm $=108$ cm.
c. $x=74$ kilomètres par heure.

96. a.

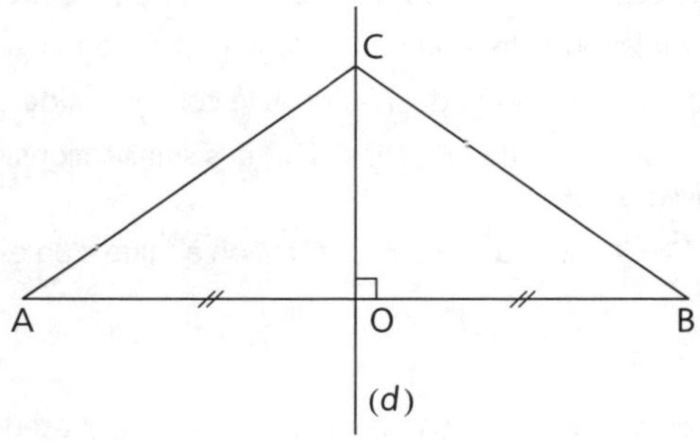

b. C appartient à la médiatrice du segment [AB] donc AC = BC. Le triangle ABC est isocèle en C.

2. a. $P=2x+6=2(x+3)$.
b. Pour $x=5$, $P=16$.
Pour $x=3{,}2$, $P=12{,}4$.
c. $x=\frac{14{,}6}{2}-3=4{,}3$.

3. a. $\mathscr{A}_1=\frac{3y}{2}$ et $\mathscr{A}_2=3y$.
b. Pour $y=4$, $\mathscr{A}_2=12$.
Pour $y=3{,}2$, $\mathscr{A}_2=9{,}6$.
c. $y=\frac{24{,}6}{3}=8{,}2$.

97. Faux. En effet, pour calculer $2\times(5+3)$ on commence par effectuer la somme à l'intérieur de la parenthèse.

98. Faux. En effet, $0{,}1\times 0{,}2=0{,}02$ et $0{,}1+0{,}2=0{,}3$; or $0{,}02<0{,}3$.

99. Faux. En effet, $(0{,}5)^2=0{,}25$; or $0{,}25<0{,}5$.

100. Faux. En effet, $\frac{12}{3}=4$.

101. Vrai. En effet, dans $27-6\times 14+5$, on commence aussi par effectuer 6×14.

102. Vrai. En effet, $(15+6)(18-2)=336$.

103. Faux. En effet, $11x=(10+1)x=10x+x$, donc pour multiplier un nombre par 11, on le multiplie par 10 et on ajoute le nombre.

104. Vrai. En effet, $98x=(100-2)x=100x-2x$.

105.

6	+	8	:	**8**	=	7
×		−		+		−
4	−	**3**	×	**1**	=	1
:		×		−		×
8	×	2	:	**8**	=	2
=		=		=		=
3	×	2	−	**1**	=	5

106. Il y a 28 porcs et 44 oies.

■ Jeu

Tirage n° 1 : $(8+1)\times 25+4=229$.
Tirage n° 2 : $(100+25)\times 7-10+2=867$.
Tirage n° 3 : $(5+1)\times 75-3-9=438$.

CHAPITRE 2

Nombres en écriture fractionnaire

1. Programme de 5e : partie traitée dans ce chapitre

… Toutes les activités numériques fournissent des occasions de pratiquer le calcul exact ou approché sous toutes ses formes, utilisées en interaction : calcul mental, automatisé ou réfléchi, calcul posé, emploi d'une calculatrice. À travers ces activités, plusieurs objectifs sont visés, en particulier ceux qui contribuent au développement des capacités à :
- prévoir des ordres de grandeur,
- opérer en conservant l'écriture fractionnaire,
- utiliser le vocabulaire approprié (terme, facteur, numérateur, dénominateur),
- contrôler ou anticiper des résultats par des calculs mentaux approchés.

Contenus	Compétences	Exemples d'activités, commentaires
2.1. Nombres entiers et décimaux positifs : calcul, divisibilité sur les entiers		
Division par un décimal	– Ramener une division dont le diviseur est décimal à une division dont le diviseur est entier et savoir l'effectuer.	Ce travail est à conduire en relation avec les égalités d'écritures fractionnaires.
Multiples et diviseurs, divisibilité	– Reconnaître, dans des cas simples, si un nombre entier positif est multiple ou diviseur d'un autre nombre entier positif.	Les notions de multiple et diviseur sont entretenues. La reconnaissance de multiples ou de diviseurs est faite soit en utilisant les critères de divisibilité installés en classe de sixième, soit en ayant recours au calcul mental ou à la division (posée ou instrumentée).
2.2. Nombres positifs en écriture fractionnaire : sens et calculs		
Sens de l'écriture fractionnaire	– Utiliser l'écriture fractionnaire comme expression d'une proportion.	La classe de cinquième s'inscrit, pour le travail sur les écritures fractionnaires, dans un processus prévu sur toute la durée du collège. Au cycle 3, l'écriture fractionnaire a été introduite en relation avec la signification « partage » ($\frac{3}{5}$, c'est 3 fois $\frac{1}{5}$). En sixième, la signification a été étendue : $\frac{3}{5}$ désigne le cinquième de 3 (le nombre dont le produit par 5 est égal à 3). En relation avec le travail sur la notion de fréquence, une nouvelle signification est introduite : $\frac{3}{5}$ exprime la relation entre une partie d'une population et la population totale (la proportion de filles dans le collège est de $\frac{3}{5}$). Un travail de mise en relation de ces différentes significations est conduit avec les élèves.
	– Utiliser sur des exemples numériques des égalités du type $\frac{ac}{bc}=\frac{a}{b}$.	L'égalité $\frac{ac}{bc}=\frac{a}{b}$ fait l'objet d'une justification à l'aide d'un exemple générique.
Ordre	– Comparer deux nombres en écriture fractionnaire dans le cas où les dénominateurs sont les mêmes et dans le cas où le dénominateur de l'un est un multiple du dénominateur de l'autre.	En classe de sixième, la simplification a été abordée et est donc utilisée en classe de cinquième. C'est l'occasion d'envisager la notion de fraction irréductible, mais aucune compétence n'est exigible à ce sujet. Différents cas peuvent être envisagés : – dénominateurs égaux, – numérateurs égaux, – dénominateurs et numérateurs différents dans des exemples simples (la généralisation est faite en classe de quatrième).

Contenus	Compétences	Exemples d'activités, commentaires
		Différentes procédures sont mises en œuvre dans ce dernier cas : – comparaison à un même entier (exemple : comparer $\frac{3}{5}$ et $\frac{5}{4}$ à 1) ; – mise au même dénominateur (dans des cas accessibles par le calcul mental) ; – calcul des quotients approchés. La systématisation de la réduction au même dénominateur est traitée en classe de quatrième.
Addition et soustraction	– Additionner et soustraire deux nombres en écriture fractionnaire dans le cas où les dénominateurs sont les mêmes et dans le cas où le dénominateur de l'un est un multiple du dénominateur de l'autre.	Dans le cadre de la résolution de problèmes, les élèves sont confrontés à des sommes de fractions du type $\frac{3}{4}+\frac{7}{6}$: pour les traiter, ils utilisent des procédures réfléchies (qui participent alors du problème à résoudre), mais l'objectif n'est pas d'aboutir à une règle de calcul. Celle-ci sera établie en classe de quatrième.
Multiplication	– Effectuer le produit de deux nombres écrits sous forme fractionnaire ou décimale, le cas d'entiers étant inclus.	Le travail porte à la fois sur les situations dont le traitement fait intervenir le produit de deux nombres en écritures fractionnaires (en relation avec différentes significations de ces écritures) et sur la justification du procédé de calcul. Exemples de calculs : $\frac{7}{8}\times\frac{5}{3}$; $6\times\frac{22}{7}$; $4{,}8\times\frac{5}{11}$; $\frac{5{,}24}{2{,}1}\times\frac{2}{3}$.

2. Avant et après

a. Classe de 6^e^

La notion de quotient occupe une place centrale en sixième, sous ses différentes significations : quotient euclidien, quotient décimal, quotient fractionnaire.

Contenus	Compétences	Exemples d'activités, commentaires
2.2. Division, quotient		
Écriture fractionnaire *Programme cycle 3, document d'application : p. 21 et 22* Division décimale	– Interpréter $\frac{a}{b}$ comme quotient de l'entier a par l'entier *b*, c'est-à-dire comme le nombre qui multiplié par *b* donne *a*. – Placer le quotient de deux entiers sur une demi-droite graduée dans des cas simples	À l'école élémentaire, l'écriture fractionnaire est introduite en référence au partage d'une « unité ». Les activités en sixième s'articulent sur trois idées fondamentales : – le quotient $\frac{a}{b}$ est un nombre (solution du problème évoqué au **2.1.**) ; – le produit de $\frac{a}{b}$ par *b* est égal à *a* ; – le nombre $\frac{a}{b}$ peut être approché par un décimal. Par exemple, $\frac{7}{3}$ est un nombre que l'on pourra envisager comme : – 7 fois un tiers ; – le tiers de 7 ou le nombre qui multiplié par 3 est égal à 7 ; – un nombre dont une valeur approchée est 2,33. La remarque est faite que tout nombre décimal peut s'écrire sous forme de quotient. Par exemple, $0{,}4=\frac{4}{10}=\frac{2}{5}$. En revanche, certains quotients ne sont pas des nombres décimaux : $\frac{7}{3}\neq 2{,}33$. Le vocabulaire relatif aux écritures fractionnaires est utilisé : numérateur, dénominateur.
	– Multiplier un nombre entier ou décimal par un quotient de deux entiers sans effectuer la division.	Il s'agit de « prendre une fraction » d'une quantité. L'utilisation de quotients, sous forme fractionnaire, permet de gérer plus facilement les raisonnements et de repousser la recherche d'une valeur approchée décimale à la fin de la résolution. Le vocabulaire commun, introduit à l'école primaire, est utilisé : double/moitié, triple/tiers, quadruple/quart. Les élèves doivent être entraînés à effectuer mentalement des calculs utilisant ces expressions, sur des nombres entiers ou décimaux simples.

Contenus	Compétences	Exemples d'activités, commentaires
	– Reconnaître dans des cas simples que deux écritures fractionnaires différentes sont celles d'un même nombre.	Le fait qu'un quotient ne change pas quand on multiplie son numérateur et son dénominateur par un même nombre est mis en évidence et utilisé. La connaissance des tables de multiplication est notamment exploitée à cette occasion. La notation $\frac{a}{b}$ peut, à partir de là, être étendue au cas du quotient de deux décimaux et des égalités comme $\frac{5{,}24}{2{,}1}=\frac{524}{210}$ peuvent être utilisées, mais aucune compétence n'est exigible à ce sujet.

b. Classe de 4e

Contenus	Compétences	Exemples d'activités, commentaires
2.1. Calcul numérique		
Opérations (+, −, ×, ÷) sur les nombres relatifs en écriture décimale ou fractionnaire (non nécessairement simplifiée)	– Calculer le produit de nombres relatifs simples. – Déterminer une valeur approchée du quotient de deux nombres décimaux (positifs ou négatifs). – Connaître et utiliser l'égalité $\frac{a}{b}=a\times\frac{1}{b}$. – Multiplier ou diviser deux nombres écrits sous forme fractionnaire dont le numérateur et le dénominateur sont des décimaux relatifs.	Toute étude théorique des propriétés des opérations est exclue. Les élèves ont une pratique de la multiplication des nombres positifs en écriture décimale ou fractionnaire. Les calculs relevant de ces opérations sont étendus au cas des nombres relatifs. La mise en place des règles de calcul peut s'appuyer sur le problème de l'extension de tables de multiplication aux entiers négatifs ou à la généralisation de règles provenant de l'addition, par exemple : $3\times(-2)=(-2)+(-2)+(-2)=-6$. Sur des exemples, la propriété de distributivité de la multiplication par rapport à l'addition est mobilisée pour justifier la règle des signes. Un travail est mené sur la notion d'inverse d'un nombre non nul et les notations $\frac{1}{x}$ et x^{-1} sont utilisées, ainsi que les touches correspondantes de la calculatrice. À cette occasion, le fait que diviser par un nombre non nul revient à multiplier par son inverse est mis en évidence.
	– Calculer la somme de nombres relatifs en écriture fractionnaire.	L'addition de deux nombres relatifs en écriture fractionnaire demande un travail sur la recherche de multiples communs à deux ou plusieurs nombres entiers dans des cas où un calcul mental est possible. La recherche du PPCM et du PGCD pour l'obtention de la forme irréductible est hors programme.

3. Fiches pédagogiques des activités

Le choix a été fait de ne proposer qu'un chapitre sur ce sujet. Ceci présente l'avantage pour le professeur et pour l'élève de retrouver le cas échéant ce qu'il recherche sur un sujet parfaitement identifié, à savoir les écritures fractionnaires.
Il nous semble recommandé de ne pas traiter d'un seul bloc la totalité des savoirs abordés dans ce chapitre. Nous suggérons plus loin un découpage précis de ce chapitre.
Cette répartition dans l'année, recommandée par ailleurs dans les textes officiels donne aux élèves un temps d'apprentissage plus long. La réduction au même dénominateur sera ainsi vue au moins à deux reprises.
Les nombres en écriture fractionnaire sont assurément un point fort du programme de 5e, le traiter en une seule fois risque de se faire au détriment de la construction du sens. Pour aller vite à la réussite, l'élève va recourir à des savoir-faire par cœur, ce qui est sûrement préjudiciable pour l'avenir.

Sciences en construction

■ Un peu d'histoire

La notation fractionnaire est considérée comme un grand pas dans l'évolution des mathématiques.
Cette notation semble provenir de celle des Indiens : Bhāskara utilisait déjà couramment au XIIe siècle la notation actuelle mais privée de la barre de séparation, à savoir, par exemple : $\begin{matrix}1\\7\end{matrix}$ au lieu du $\frac{1}{7}$ actuel.
Diophante, au IVe siècle écrivait déjà des fractions sous une forme semblable *dessus-dessous* mais le dénominateur était placé au-dessus.
Vers la même époque, les Romains utilisaient une forme ${}^{x}y$ pour désigner le quotient $\frac{y}{x}$.
Nicole ORESME, prélat et savant français (1325-1382), a contribué à l'amélioration de ces notations dans son traité *Algorismus proportionum*. Il écrivait $\boxed{\frac{1}{7}}$ pour notre $\frac{1}{7}$ actuel.
Il définit les appellations *numérateur* et *dénominateur* qui seront définitivement adoptées par le mathématicien français

Nicolas Chuquet cent ans plus tard (1484) :
« *Le nombre qui est au-dessus de la barre, on l'appelle numérateur, quant à celui qui est sous la barre, on l'appelle dénominateur* »
La notation fractionnaire moderne fut adoptée par les Arabes ; on le constate en particulier avec l'algébriste Al Qalasadi (1412-1486) qui vécut en Andalousie puis à Tunis.
C'est à De Morgan (1845) que l'on doit l'usage de la notation a/b (usage du *solidus = barre oblique*, également appelé *slash*) pour désigner le quotient de a par b.
C'est à Leibniz que l'on doit la notation $a : b$ (division ou écriture fractionnaire) et la multiplication implicite (ab au lieu de $a \times b$).

■ **Durée :** 5 à 10 min

■ **Déroulement**

L'exercice est donné en classe en début de leçon, il permet de faire le point sur le vocabulaire : en effet, il n'est pas rare de voir des élèves confondre numérateur et dénominateur.
L'approche historique montre que le choix pour la notation n'a pas été immédiat, les élèves qui confondent les deux mots seront sûrement intéressés par cet apport.
On peut également remarquer que la lecture donne d'abord le numérateur alors que dans une approche expérimentale de la fraction-partage, pour prendre, par exemple $\frac{2}{3}$, on doit d'abord envisager le partage en 3, c'est-à-dire traiter en premier l'information donnée par le dénominateur.

■ **Synthèse**

On peut envisager une affiche sur laquelle sont précisés les deux mots : numérateur et dénominateur afin de remédier à la confusion entre les deux mots.
La question **b.** permet de rappeler la comparaison à l'unité.
À ce sujet, le raisonnement suivant peut être relevé :
$\frac{3}{5} < 1$ et $\frac{5}{3} > 1$ donc $\frac{3}{5} < \frac{5}{3}$.

1 Fraction et quotient

■ **Choix de la situation**

La forme de l'unité choisie est un rectangle ; la grandeur sur laquelle on va travailler est l'aire, ce qui semble plus riche qu'un segment : pour les longueurs, les segments ne peuvent qu'être mis bout à bout alors que pour les aires les rectangles peuvent s'accoler, on le verra, soit sur la largeur, soit sur la longueur.
L'unité choisie est facile à dessiner sur papier quadrillé et de plus peut se représenter sans difficulté dans diverses positions ; les fractions choisies ont pour dénominateur 5, ce qui demande à l'élève de compter à chaque fois sur le dessin et lui permet pour la dernière question d'avoir une réponse rapide puisque l'exercice va jusqu'à faire retrouver l'écriture décimale.
L'objectif est de voir avec un exemple illustré les différentes façons de comprendre l'écriture fractionnaire $\frac{3}{5}$.

■ **Durée :** 15 min environ

■ **Déroulement**

Les élèves travaillent sur papier quadrillé ; ils peuvent sans difficulté représenter ce qui est demandé dans chacune des questions. Seules les dispositions des unités peuvent varier d'un élève à l'autre. On peut montrer, si les élèves ne les proposent pas, des dessins différents. Par exemple, pour $3 \times \frac{1}{5}$, on peut donner :

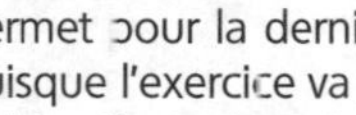

mais aussi :

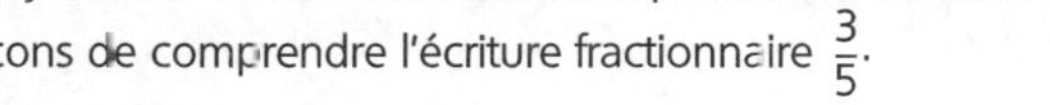

et encore …

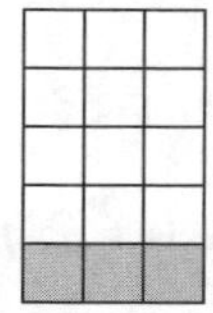

Le dernier dessin peut également illustrer la question **b.** pour laquelle on peut aussi avoir :

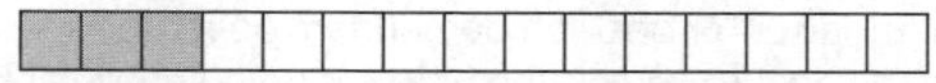

Il ne faut pas hésiter à faire changer les élèves de point de vue. Il faut demander que les différentes représentations soient relevées. Ils se rendent compte qu'un même dessin peut se lire de plusieurs façons, ce qui les conduit à identifier toutes les écritures et les façons de les voir.

■ **Synthèse**

Les égalités semblables à celles du cours sont énoncées et écrites sur le cahier, à côté des dessins et la question **c.** permet d'énoncer que $\frac{3}{5}$ est le nombre qui multiplié par 5 donne 3.

Matériel : rétroprojecteur, tableau ou ordinateur.
On peut prévoir des feuilles quadrillées à rétroprojeter, ou un tableau quadrillé, afin de reproduire au plus vite les dessins réalisés par les élèves.
On peut aussi découper dans du « transparent » de petites unités, afin de les assembler de façons différentes en les déplaçant.
On peut aussi télécharger sur le site compagnon un imagiciel où des unités sont mobiles dans le plan, on peut les partager en 5, en 3, …, en colorer 1 ou 2 ou … parts, et ensuite les coller.

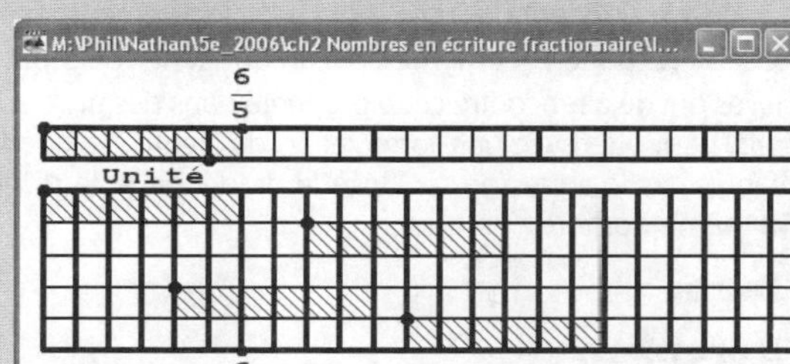

■ **Prolongement possible**

On peut reprendre les questions avec la fraction $\frac{2}{3}$, qui est celle proposée dans le cours.

2 Résoudre un problème

■ **Choix de la situation**

La situation qui semble familière à des élèves de cet âge oblige naturellement à donner une valeur approchée. La somme proposée est facile à illustrer, si besoin est, par des billets et des pièces de monnaie.
Il ne s'agit nullement ici de définir, au sens mathématique, ce qu'est une valeur approchée, ce ne serait pas dans l'esprit du programme.
Entre nous, rappelons cependant qu'on appelle valeur approchée ou approximation d'un réel x à ε près, un réel a tel que $a - \varepsilon \leqslant x \leqslant a + \varepsilon$; si l'approximation est par défaut, alors $a \leqslant x \leqslant a + \varepsilon$ et si elle est par excès alors : $a - \varepsilon \leqslant x \leqslant a$.
En revanche pour l'arrondi, on est plus exigent avec les élèves.

■ **Durée :** 5 à 10 min

■ **Déroulement**

Après une rapide recherche individuelle, la correction est donnée. La situation se prête naturellement à donner une valeur approchée.

■ **Synthèse**

$\frac{32}{3}$ est le quotient de 32 par 3, c'est le nombre qui multiplié par 3 donne 32.
Quelques phrases que l'élève peut noter :
« 10 est une valeur approchée à l'unité », « 10 est l'arrondi à l'unité », « 10,67 est l'arrondi au centième ».

■ **Prolongement possible**

On peut modifier l'énoncé en demandant de rembourser à trois une somme de 32 € ou d'acheter à trois un objet coûtant 32 € : dans ce cas là, on doit donner des valeurs approchées par excès. C'est l'occasion de préciser qu'en mathématiques, « arrondi » a une définition qui n'a pas à s'adapter à la situation contrairement à ce que le langage de tous les jours peut laisser à penser.

3 Des quotients égaux

■ **Choix de la situation**

Là encore le choix des rectangles a été retenu tant il est riche de « jouer » avec l'aire. Les différents quadrillages illustrent simplement les écritures différentes d'un même quotient. Pour chaque dessin, il suffit de compter les parts pour écrire la proportion de parts colorées.
a. met en scène des « fractions-partage », ce n'est qu'avec la question **b.** que le mot quotient prend tout son sens puisqu'elle fait intervenir $\frac{1,5}{\dots}$.

L'illustration précédente ne suffit plus, les écritures proposées sont à voir comme des nombres en écriture fractionnaire, ce n'est plus $\frac{3}{4}$ d'une aire mais bien le nombre dont le produit par 4 est 3, c'est le quotient de 3 par 4 qui est effectivement égal au quotient de ... par 64, lui-même égal au quotient de 93 par ...
Les élèves ont déjà rencontré cette propriété dans des problèmes concrets, peut être avec une formulation différente : le quotient ne change pas lorsque l'on multiplie le dividende et le diviseur par un même nombre non nul.

■ **Durée :** environ 10 min

■ **Déroulement**

Chaque élève écrit au brouillon les réponses demandées à la question **a.** Les réponses sont vérifiées avant de demander de compléter les égalités de la question **b.**
Il peut être nécessaire d'appuyer ces égalités par un problème concret : en reprenant la situation de l'activité **2.** Un partage de 3 € en 4 qui doit conduire à la même somme qu'un partage de ... en 64 ou de 93 en ... Cette situation est plus clairement identifiée par les élèves au mot, et au sens de quotient.
Pour la question **c.** on peut organiser des échanges entre les élèves afin d'arriver à la formulation générale du résultat.

■ **Synthèse**

La propriété du cours est clairement énoncée avec une phrase et aussi avec des lettres.
Le verbe « simplifier » est introduit ; sans en donner ici une définition, on précise une description accessible à un élève de 5e.

Matériel : on peut rétroprojeter une reproduction des figures de l'exercice avec possibilité de superposer la partie colorée. On peut aussi télécharger sur le site compagnon un imagiciel où un rectangle apparaît avec la partie colorée ; on fait apparaître à la demande tel quadrillage (celui du 1, celui du 2, ...).

■ **Prolongement possible**

On peut engager les élèves dans des exercices à résoudre mentalement, les procédures ont seulement à être verbalisées, seules les réponses sont écrites.

Attention à des phrases incorrectes telles que « j'ai divisé par 3 » qui peuvent être entendues comme « j'ai divisé le nombre par 3 ». Il faut être particulièrement exigent sur la formulation d'autant plus que les élèves confondent parfois les mots numérateur et dénominateur. Avant de tolérer « j'ai divisé en haut et en bas » exiger « j'ai divisé le numérateur et le dénominateur du nombre par 3 ».
Si cette négligence dans le langage n'est pas corrigée, il faut craindre que lorsque l'on veut multiplier $\frac{a}{b}$ par c, l'élève soit vraiment perdu ! Il aura déjà entendu ou dit cette phrase pour un tout autre calcul.

4 Diviser par un nombre décimal

■ **Choix de la situation**

Le calcul de l'aire d'un rectangle constitue une situation familière associée à la multiplication. La division, quant à elle, permet le calcul de l'une des deux dimensions à partir de l'aire et de l'autre dimension.
De même pour le deuxième problème, le coût total est associé à la multiplication alors que le calcul du prix de l'unité demande une division.
Ces situations renforcent bien évidemment la propriété déjà énoncée à l'activité 3.

■ **Durée :** 15 min environ

■ **Déroulement**

Les élèves cherchent seuls au brouillon le premier problème, on peut accepter que les élèves prennent la calculatrice.
Des élèves peuvent avoir besoin de retrouver l'opération. Pour cela, on peut proposer un problème semblable avec des nombres plus petits et entiers.
Par exemple, un rectangle a une aire de 42 m^2 et une largeur de 6 m, quelle est sa longueur ? Puis, une aire de 132 m^2 et une largeur de 11 m. Le but est d'arriver à $9 : 0,75$. Les élèves qui ont directement tapé à la calculatrice sont intéressés par le fait que $9 : 0,75 = 900 : 75$ avec une démonstration qui utilise la propriété mise en place à l'activité ③.
Si l'on veut effectuer à la main cette division, on peut faire établir rapidement les multiples de 75 ou, au contraire, travailler avec les ordres de grandeur.
Si l'on décide d'utiliser la calculatrice, on peut demander de taper les deux opérations et de trouver quelles autres opérations on pourrait taper pour avoir le même résultat $(9 : 7,5)$. Pour le deuxième problème, on peut conduire de même la recherche.

■ **Synthèse**

On fait énoncer la propriété donnée en cours.

■ **Prolongement possible**

On peut travailler mentalement avec les tables de multiplication :
- 56 : 0,8 ;
- 7,2 : 0,9 ;
- 240 : 0,6.

5 En S.V.T.

■ **Choix de la situation**

Les élèves retrouvent l'étude du régime alimentaire de la chouette. Le vocabulaire mathématique peut faire obstacle, il convient donc de l'expliquer.

■ **Durée :** 15 min environ

■ **Déroulement**

Les élèves doivent prendre connaissance seuls de la situation en lisant l'énoncé et essayer de répondre aux questions.

Après un court temps de recherche, le vocabulaire est précisé et les réponses sont corrigées en classe entière. On demande à ceux qui ont la réponse d'expliquer comment ils ont fait. Pour le calcul du pourcentage, différentes procédures peuvent être utilisées :

- poser la division de 24 par 64 ;
- $\frac{24}{64} = \frac{3}{8} = \frac{3 \times 125}{8 \times 125} = \frac{375}{1\,000} = \frac{37{,}5}{100} = 37{,}5\ \%$.

Synthèse

On précise le vocabulaire à l'aide d'exemples tirés du problème résolu.

Prolongement possible

On peut rappeler des égalités telles que :

$$\frac{3}{4} = 75\ \% = 0{,}75\ ; \quad \frac{1}{4} = 25\ \% = 0{,}25\ ; \quad 0{,}5 = \frac{1}{2} = 50\ \%.$$

On peut également rappeler que certaines calculatrices passent automatiquement de l'écriture décimale à l'écriture fractionnaire et inversement : il est donc utile de savoir les utiliser.

6 Avec 20 au numérateur ou au dénominateur

Choix de la situation

Les deux problèmes posent les deux cas particuliers de comparaison des fractions, à savoir, même dénominateur ou même numérateur.

Durée : 10 min environ.

Déroulement

Les élèves lisent et cherchent les deux petits problèmes. On demande les réponses en écrivant les fractions au tableau afin de bien faire visualiser le rangement par tous.

Synthèse

On demande de formuler le résultat observé lors de la résolution des problèmes, propriété écrite dans le cours pour celle illustrée par le premier problème.

Prolongement possible

On peut rappeler que les calculs de pourcentage permettent d'avoir une situation où tous les nombres ont pour dénominateur 100 et ainsi permettent une rapide comparaison.

7 Le raid d'endurance

Choix de la situation

Après avoir étudié la situation la plus simple, celle où l'on a le même dénominateur, on propose une situation dans laquelle soit on peut s'y ramener soit on utilise toute autre technique de comparaison.

En utilisant les écritures simplifiées :

$\frac{9}{6} = \frac{3}{2}$ et $\frac{15}{10} = \frac{3}{2}$ on constate que les charges des équipiers de César et de Aïcha sont égales.

En comparant deux écritures qui ont le même numérateur : $\frac{15}{7}$ et $\frac{15}{10}$, on voit que $\frac{15}{7} > \frac{15}{10}$, donc la charge des équipiers de Rudy est plus élevée que celle de César ou Aïcha.

En réduisant au même dénominateur $\frac{13}{8}$ et $\frac{7}{4}$, $\frac{7}{4} = \frac{14}{8}$ donc $\frac{13}{8} < \frac{7}{4}$, la charge des équipiers de Salomé est inférieure à celle des équipiers de Kurt. On peut aussi écrire $\frac{3}{2} = \frac{12}{8}$ et il ne reste plus qu'à placer $\frac{15}{7}$.

En comparant à l'unité ou à l'entier le plus proche : on peut faire remarquer que $\frac{15}{7} > \frac{14}{7}$, autrement dit que $\frac{15}{7} > 2$.

Durée : 15 à 20 min

Déroulement

Les élèves prennent connaissance du problème. On interroge alors sur les stratégies envisagées. On va privilégier les écritures fractionnaires pour les charges en eau de chacune des équipes et on demande de faire des remarques sur les nombres ainsi écrits.

Les élèves vont certainement faire des propositions qu'il convient d'exploiter.

Synthèse

Elle est faite avec la propriété écrite dans le cours. On n'oublie pas d'expliquer l'expression « réduire au même dénominateur ».

▲ Test intermédiaire

À l'issue de l'étude du sens des écritures fractionnaires et de la comparaison des nombres en écriture fractionnaire, on peut proposer le test suivant.

Durée : 20 à 25 min

Exercice 1

Dans chaque cas, indiquer si, parmi les dessins ci-dessous, il y en a qui conviennent pour illustrer et si oui, préciser lesquels :

1. $\frac{7}{8}$ **2.** $\frac{7}{4}$ **3.** $7 \times \frac{1}{4}$ **4.** 1,75 **5.** $\frac{4}{7}$ **6.** $\frac{3}{4}$

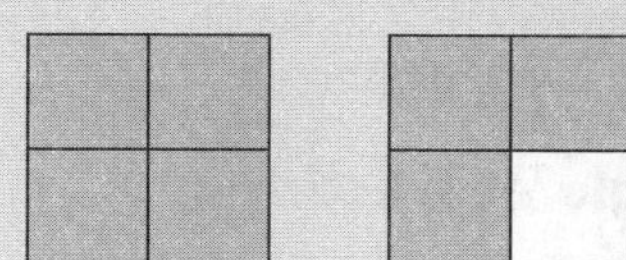

Dessin **a**

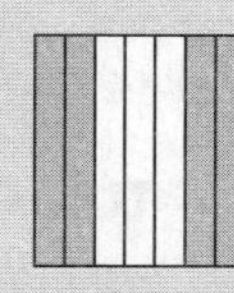

Dessin **b**

Dessin **c**

Exercice 2

a. Recopier et compléter pour que l'égalité soit vraie.

$$\frac{3}{7} = \frac{\bullet}{28} \qquad \frac{5}{7} = \frac{45}{\bullet} \qquad \frac{8}{3} = \frac{24}{\bullet}$$

b. Simplifier les écritures fractionnaires des nombres suivants :

- $\frac{35}{42}$
- $\frac{144}{102}$

Exercice 3

Ranger dans l'ordre croissant les nombres suivants :

$$1{,}7 \qquad \frac{1}{7} \qquad \frac{5}{7} \qquad \frac{30}{14} \qquad \frac{3}{7}$$

▲ Il est conseillé, comme dit précédemment, de ne pas traiter tout de suite les opérations sur les nombres en écriture fractionnaire. On peut par exemple, intercaler un chapitre de géométrie.

8 Régime alimentaire d'un éléphant

Choix de la situation

Les fractions sont illustrées grâce à l'aire d'un rectangle quadrillé, l'élève va ainsi rencontrer des opérations avec des fractions. Une simple lecture du schéma peut suffire pour répondre.

Durée : 5 à 10 min

Déroulement

Les élèves reproduisent le dessin et colorent ou hachurent en fonction des données. On profite de cette situation facile à comprendre pour demander à l'élève d'écrire les calculs correspondants avec les fractions. Les différentes étapes sont illustrées par le dessin.

Synthèse

On fait dégager la règle pour ajouter ou soustraire deux nombres en écriture fractionnaire.

Matériel : transparent pour le rétroprojecteur sur lequel est reproduite en plusieurs exemplaires la figure de l'exercice. En effet, il faut pouvoir montrer sur le dessin, les différentes façons de dessiner.

9 Résoudre un problème

Choix de la situation

Un problème qui demande à l'élève de prendre l'initiative de la résolution.

Durée : 5 à 10 min

Déroulement

Après une recherche individuelle, une correction est proposée à la classe. Certes, on peut privilégier le calcul avec les écritures fractionnaires mais on peut bien sûr accepter le recours aux minutes !

Synthèse

Si la règle pour additionner ou soustraire est rappelée, on peut, si le cas s'est présenté, montrer qu'il y a plusieurs façons de procéder pour trouver la solution d'un problème.

10 Carré, rectangle et fractions

Choix de la situation

Le choix de présenter la multiplication dans un cadre géométrique est assez classique. Il s'agit d'un travail avec les aires des rectangles, ce qui est un sujet familier.

Durée : 15 à 20 min

Déroulement

Après une recherche individuelle des questions **a.** à **c.** sur papier quadrillé, les élèves sont interrogés sur leurs productions. Dans le même temps, le travail est fait sur un transparent lui aussi quadrillé. Ce travail peut être confié à un élève qui a fini avant ses camarades.
Après la correction de la question **c.** la synthèse est énoncée et ce n'est qu'ensuite que la question **d.** est donnée. L'élève n'est alors plus en situation de découverte, mais en recherche de vérification par le dessin d'une synthèse déjà énoncée. C'est une étape où l'élève est conforté dans ce qu'il vient de découvrir, c'est important qu'il puisse le faire en classe, en présence du professeur qui a conduit la mise en place du résultat. En cas de difficulté, le transparent est encore là pour qu'il puisse retrouver le cheminement de son raisonnement.

Synthèse

La synthèse porte sur le résultat de la question **c.** Pour que les élèves adhérent à cette conclusion, il faut qu'ils aient bien compris toutes les étapes de la construction précédente.

Matériel : transparent pour le rétroprojecteur sur lequel est dessiné le carré de 6 cm de côté sur un fond lui-même quadrillé tous les demi-centimètres afin de construire facilement le rectangle et d'illustrer facilement la réponse.
Transparent avec le rectangle de 5 cm sur 3 cm, dessiné sur quadrillage afin de construire facilement $\frac{11}{5}$.
On peut aussi télécharger sur le site compagnon un imagiciel qui illustre la situation, étape par étape. Faire varier le rectangle initial permet de repérer les invariants de la situation. Par exemple pour le **a.**, le résultat ne dépend pas du fait que l'on a dessiné un carré (détail qui a de l'importance pour l'élève qui a dû le tracer sur sa feuille). Il en est de même pour le rectangle de 5 cm sur 3 cm, les dimensions sont choisies pour simplifier la tâche de l'élève mais elles peuvent créer du brouillage dans la compréhension du problème. En faisant bouger à l'écran, l'élève relève donc que seuls les nombres de carreaux à l'intérieur des rectangles ne changent pas. Comme ces nombres dépendent des fractions choisies, ce sont elles seules qui interviennent pour le résultat à énoncer. L'aspect dynamique de l'imagiciel est ici à souligner.

Prolongement

Utiliser l'imagiciel pour montrer tous les produits que peuvent proposer les élèves.

11 Fraction de fraction

Choix de la situation

Le deuxième aspect de la multiplication est ici pris en compte. Un problème est présenté avec sa représentation dans un cadre géométrique. Les élèves sont guidés vers la découverte de la solution.

Durée : environ 15 min

Déroulement

Après une recherche individuelle des questions sur papier quadrillé, les élèves sont interrogés sur leurs productions. Dans le même temps, le travail est fait sur un transparent lui aussi quadrillé. Ce travail peut être confié à un élève ou à un petit groupe d'élèves qui a fini avant ses camarades.

Synthèse

La synthèse porte sur le résultat de la dernière question. Pour que les élèves adhérent à cette conclusion, il faut qu'ils aient bien compris toutes les étapes de la construction précédente, d'où l'importance de la correction au tableau ou au rétroprojecteur mais aussi d'une vérification du travail personnel des élèves.

Matériel : transparent pour le rétroprojecteur sur lequel est dessiné le rectangle afin d'illustrer facilement la réponse.
On peut télécharger sur le site compagnon, un imagiciel. Il s'agit d'un rectangle dont on peut prendre $\frac{a}{b}$ sur quadrillage qui s'adapte et en colorant le rectangle obtenu, puis $\frac{c}{d}$ de la partie précédemment colorée en mettant des hachures par dessus le coloriage.

Prolongement possible

Pour assurer la compréhension, on peut proposer une autre situation semblable. Par exemple :
dans une boulangerie-pâtisserie, les $\frac{2}{5}$ des ventes sont des gâteaux. Les $\frac{2}{3}$ des gâteaux sont des tartes ou tartelettes aux fruits. Quelle fraction des ventes représente les tartes et tartelettes aux fruits ?

▲ Test final
À l'issue de cette étude, on peut proposer le test suivant.
Durée : 45 min.

Exercice 1
Relever et compléter :

a. $5 \times \frac{1}{7} = \frac{\bullet}{\bullet}$ **b.** $\frac{8}{3} = 8 \times \frac{\bullet}{\bullet}$ **c.** $\frac{42}{56} = \frac{6}{\bullet}$ **d.** $\frac{9}{4} = \frac{\bullet}{28}$

Exercice 2
Poser et effectuer la division décimale 5,3 : 0,8.

Exercice 3
Comparer en expliquant :

a. $\frac{9}{13}$ et $\frac{7}{13}$ **b.** $\frac{3}{4}$ et $\frac{3}{5}$ **c.** $\frac{4}{3}$ et $\frac{5}{6}$

Exercice 4
Calculer et simplifier si possible le résultat.

a. $\frac{3}{4} + \frac{7}{4}$ **b.** $\frac{12}{7} + \frac{2}{7}$ **c.** $\frac{15}{8} - \frac{7}{8}$ **d.** $1 + \frac{3}{4}$

e. $4 - \frac{7}{5}$ **f.** $\frac{7}{10} + \frac{7}{5}$ **g.** $\frac{4}{5} \times \frac{3}{7}$ **h.** $\frac{12}{25} \times \frac{5}{4}$

i. $12 \times \frac{5}{12}$ **j.** $12 \times \frac{12}{5}$

Exercice 5
Une personne place les $\frac{4}{15}$ de ses économies à sa banque et $\frac{1}{3}$ à la Caisse d'Épargne. Elle donne le reste à sa fille. Quelle fraction de la somme totale représente la part de la fille ?

Exercice 6
J'ai lu les $\frac{5}{8}$ de mon roman policier qui compte 648 pages. Combien de pages me reste-t-il à lire ?

4. Corrigés

Revoir les acquis

1 c. **2** c. **3** a. **4** a. **5** b.

Sciences en construction

a. actuelle : $\frac{3}{5}$, indienne : $\frac{3}{5}$, grecque : $\frac{5}{3}$.

b. $\frac{3}{5} < \frac{5}{3}$, en effet $\frac{3}{5} < 1$ et $\frac{5}{3} > 1$.

Activités

1. a. 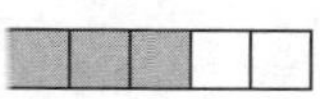 On obtient $\frac{3}{5}$ d'unité.

b. 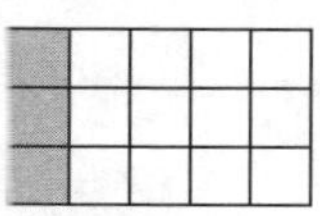 On obtient la même chose, on a $3 \times \frac{1}{5} = \frac{3}{5} = \frac{1}{5} \times 3$.

c. 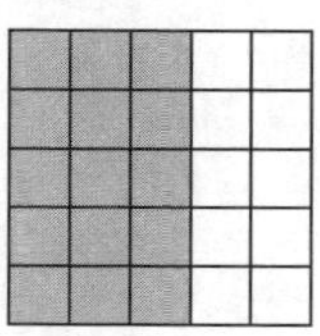 On constate que l'on a $5 \times \frac{3}{5} = 3$; $\frac{3}{5} = \frac{6}{10} = 0{,}6$.

2. $50 : 3 = \frac{50}{3}$.
$\frac{50}{3}$ n'a pas d'écriture décimale, il n'existe pas de nombre décimal dont le produit pas 3 est égal à 50. Chacune des petites filles aura 16,66 €, valeur approchée par défaut.

3. a. ① $\frac{3}{4}$ ② $\frac{6}{8}$ ③ $\frac{15}{20}$ ④ $\frac{30}{40}$

b. $\frac{3}{4} = \frac{48}{64} = \frac{93}{124} = \frac{75}{100} = \frac{1{,}5}{2}$

c. On multiplie ou on divise le numérateur et le dénominateur de $\frac{3}{4}$ par un même nombre non nul : $\frac{3}{4} = \frac{3 \times k}{4 \times k}$.

4. a. 9 : 0,75 = 12.
La longueur mesure 12 m.

b. 41,5 : 33,2 = 1,25.
Un litre coûte 1,25 €.

5. a. Les os de musaraignes représentent $\frac{24}{64}$ des os retrouvés.

b. $\frac{24}{64} = \frac{3}{8}$, cette proportion est de $\frac{3}{8}$, elle correspond à 37,5 %. En effet, on a $\frac{3}{8} = 0{,}375 = \frac{37{,}5}{100}$.

c. $\frac{36}{64} = 0{,}5625$; la fréquence des os de campagnols est 56,25 %.

$\frac{4}{64} = 0{,}0625$; la fréquence des os de mulots est 6,25 %.

6. a. Le 1e jour, elle moissonne le plus ; le 2e jour, elle moissonne le moins.
$\frac{7}{20} + \frac{5}{20} + \frac{6}{20} = \frac{18}{20}$ et $\frac{18}{20} < 1$ donc elle n'a pas moissonné tout le champ.

b. $\frac{20}{5} > \frac{20}{6} > \frac{20}{7}$.

7. César ou Aïcha puis Salomé, Kurt et Rudy.

8. a.

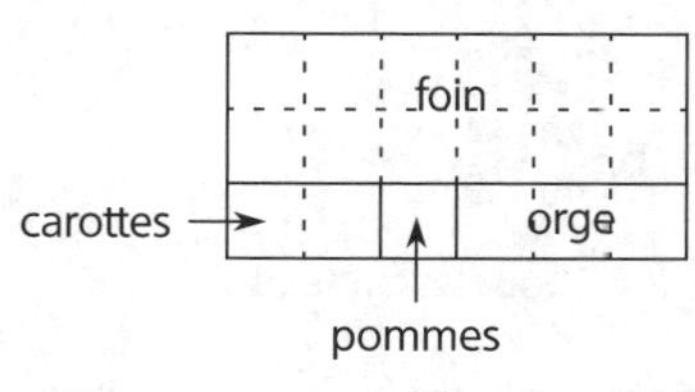

b. La farine d'orge représente $\frac{3}{18} = \frac{1}{6}$ de la nourriture.

9. $\frac{3}{4}$ h + $\frac{7}{6}$ h = $\frac{23}{12}$ h.

10. a. b.

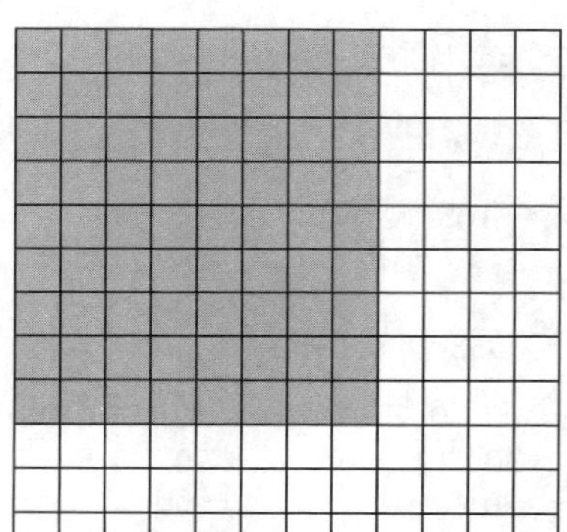

c. $\frac{72}{144} = \frac{1}{2}$

$\frac{2}{3} \times \frac{3}{4} = \frac{6}{12} = \frac{1}{2}$.

d. 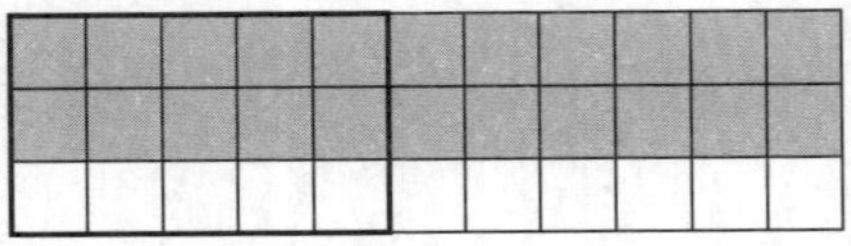 $\frac{11}{5} \times \frac{2}{3} = \frac{22}{15}$.

11. a. b. c. :

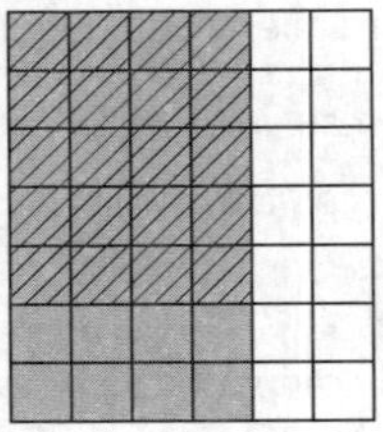

d. $\frac{20}{42} = \frac{10}{21}$.

e. $\frac{2}{3} \times \frac{5}{7} = \frac{10}{21}$.

■ Travail personnel (page 36)

A. a. $\frac{4}{6}$ ou $\frac{2}{3}$ **b.** $\frac{4}{12}$ ou $\frac{1}{3}$ **c.** $\frac{12}{18}$ ou $\frac{2}{3}$.

B. $0{,}16 = \frac{16}{100}$; $\frac{1}{6} = \frac{3}{18}$; $1{,}6 = \frac{16}{10}$.

C. a. 4,5 cm. **b.** 8 cm.

D. a. $\frac{115}{100} = 1{,}15$ **a.** $\frac{111}{10} = 11{,}1$ **b.** $\frac{712}{100} = 7{,}12$.

a. $\frac{6\,731}{1\,000} = 6{,}731$ **a.** $\frac{49}{100} = 0{,}49$ **b.** $\frac{389}{100} = 3{,}89$.

E. a. $\frac{6}{100} = 0{,}06$ **a.** $\frac{21}{1\,000} = 0{,}021$.

a. $\frac{189}{1\,000} = 0{,}189$ **b.** $\frac{357}{1000} = 0{,}357$.

■ Exercices d'application

1. Les parts sont égales : $\frac{4}{7} = 4 \times \frac{1}{7}$.

2. a. 0,2 **b.** $\frac{16{,}3}{0{,}9} = \frac{163}{9}$.

c. $\frac{2}{7}$ **d.** $\frac{9}{13}$ **e.** $\frac{8}{11}$ **f.** $\frac{4}{17}$.

3. a. $\frac{1}{4} \times 5 = \frac{5}{4}$ **b.** $\frac{7}{5} = 7 \times \frac{1}{5}$ **c.** $4 \times \frac{7}{4} = 7$.

4. a. $\frac{10}{45} = \frac{2}{9}$ **b.** $\frac{20}{45} = \frac{4}{9}$.

5. a. $\frac{8}{250} = 3{,}2$ % pour les protéines.

b. $\frac{56}{250} = 0{,}224 = 22{,}4$ % pour les glucides.

$\frac{1}{250} = 0{,}4$ % pour les lipides.

6. a. $\frac{7}{5} = \frac{77}{55}$ **b.** $\frac{4}{7} = \frac{72}{126}$ **c.** $\frac{8}{5} = \frac{104}{65}$ **d.** $\frac{8}{9} = \frac{168}{189}$.

7. a. $\frac{42}{78} = \frac{42:2}{78:2} = \frac{21}{39} = \frac{21:3}{39:3} = \frac{7}{13}$.

b. $\frac{104}{204} = \frac{104:4}{204:4} = \frac{26}{51}$ **c.** $\frac{99}{45} = \frac{99:9}{45:9} = \frac{11}{5}$.

8. a. $\frac{276}{252} = \frac{69}{63} = \frac{23}{21}$ **b.** $\frac{105}{30} = \frac{21}{6} = \frac{7}{2}$ **c.** $\frac{108}{162} = \frac{12}{18} = \frac{2}{3}$.

9. a. $\frac{70}{13}$ **b.** $\frac{130}{7}$ **c.** $\frac{4}{555}$ **d.** $\frac{2\,721}{3\,950}$.

10. a.
```
2,8 | 0,7
  0 | 4
```
b.
```
300 | 0,25
 50 | 12
  0 |
```
c.
```
4,30 | 0,08
  30 | 53,75
   60|
   40|
```

11. a.
```
9,37 | 2,1
  97 | 4,4
  13 | réponse : 4,4
```
b.
```
75,10 | 0,32
  111 | 234,6
  150 | réponse : 234,6
  220 |
   28 |
```

12. a. 100 et 96. **b.** 70 et 68.

13. a. $\frac{2{,}73}{0{,}3} = \frac{2{,}73 \times 10}{0{,}3 \times 10} = \frac{27{,}3}{3}$

$\frac{2{,}73}{0{,}3} = \frac{2{,}73 \times 1\,000}{0{,}3 \times 1\,000} = \frac{2\,730}{300}$

$\frac{2{,}73}{0{,}3} = \frac{2{,}73 : 10}{0{,}3 : 10} = \frac{0{,}273}{0{,}03}$

b.
```
27,3 | 3
 0,3 | 9,1
   0 |
```
$2{,}73 : 0{,}3 = 9{,}1$

14. a. 305 **b.** 3,05 **c.** 30 500
d. 305 **e.** 305 **f.** 30 500.

15. $\frac{5{,}8}{30} \approx 0{,}19$; $\frac{4{,}6}{26{,}5} \approx 0{,}17$; $\frac{3{,}8}{20{,}8} \approx 0{,}18$
donc : gymnase – piscine – crèche.

16. $244 : 21{,}8 \approx 11{,}19$.
Donc 12 ballons.

17. $3 \times 10 + 2 \times 20 + 3 \times 1 = 73$.
$50 + 20 + 4 \times 0{,}5 = 72$.

$\frac{73}{3} > \frac{72}{3}$; ce sera une fille.

18. $\frac{2}{7} < \frac{5}{7} < \frac{9}{7} < \frac{11}{7}$.

19. $\frac{13}{11} > \frac{13}{12} > \frac{13}{15} > \frac{13}{19}$.

20. a. $\frac{7}{10} < \frac{90}{100}$. **b.** $\frac{409}{1\,000} > \frac{390}{1\,000}$.

21. a. $2 = \frac{2}{1} = \frac{2 \times 8}{1 \times 8} = \frac{16}{8}$ donc $\frac{17}{8} > 2$

$\frac{17}{8} = 2 + \frac{1}{8}$ donc $\frac{17}{8} > 2$.

b. $8 = \frac{8 \times 7}{1 \times 7} = \frac{56}{7}$ donc $8 > \frac{53}{7}$.

c. $\frac{53}{7} = 7 + \frac{4}{7}$ donc $8 > \frac{53}{7}$. $20 = \frac{20 \times 7}{7} = \frac{140}{7}$ donc $\frac{147}{7} > 20$

$\frac{147}{7} = 21$ donc $\frac{147}{7} > 20$.

22. a. 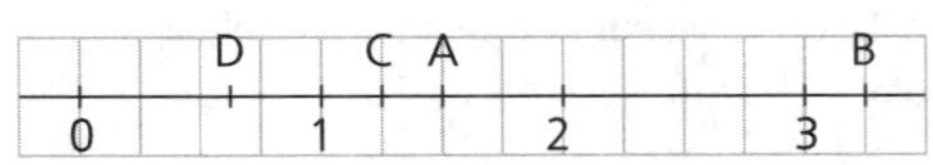

b. $\frac{5}{8} < \frac{5}{4} < \frac{3}{2} < \frac{13}{4}$.

23. a. $\frac{9}{8} = \frac{27}{24}$ **b.** $\frac{9}{8} > \frac{25}{24}$.

24. a. $\frac{7}{9} = \frac{21}{27}$ d'où $\frac{20}{27} < \frac{7}{9}$.

b. $\frac{3}{5} = \frac{9}{15}$ d'où $\frac{3}{5} < \frac{11}{15}$.

25. a. $\frac{4}{3} = \frac{12}{9}$ donc $\frac{4}{3} > \frac{11}{9}$.

b. $\frac{2}{9} < 1$ et $\frac{11}{3} > 1$ donc $\frac{11}{3} > \frac{2}{9}$.

c. $\frac{4}{7} = \frac{16}{28}$ donc $\frac{4}{7} < \frac{23}{28}$.

d. $\frac{17}{4} = 4 + \frac{1}{4}$ et $\frac{16}{3} = 5 + \frac{1}{3}$ donc $\frac{16}{3} > \frac{17}{4}$.

e. $4 < 9$ donc $\frac{7}{4} > \frac{7}{9}$.

f. $\frac{357}{14} = 25{,}5$ et $\frac{531}{21} \approx 25{,}28$ donc $\frac{357}{14} > \frac{531}{21}$.

26. a. $\frac{7}{6} = \frac{21}{18}$ donc $\frac{7}{6} < \frac{23}{18}$.

b. $\frac{8}{7} = \frac{48}{42}$ donc $\frac{49}{42} > \frac{8}{7}$.

c. $\frac{7}{4} = \frac{56}{32}$ donc $\frac{55}{32} < \frac{7}{4}$.

27. $\left.\begin{array}{l} \frac{12}{13} \approx 0{,}92 \\ \frac{13}{14} \approx 0{,}93 \end{array}\right\}$ donc $\frac{12}{13} < \frac{13}{14}$.

28. $\frac{236}{500} < \frac{1}{2}$; $\frac{51}{100} > \frac{1}{2}$.

Au collège Jean Rostand, la proportion de demi-pensionnaires est la plus forte.

29. a. $\frac{17}{37}$ **b.** $\frac{18}{38}$

c. $\frac{18}{38} \approx 0{,}47$ et $\frac{17}{37} \approx 0{,}46$ donc $\frac{18}{38} > \frac{17}{37}$.

30. $\frac{3}{10} = \frac{9}{30}$; $\frac{2}{5} = \frac{12}{30}$; $\frac{4}{15} = \frac{8}{30}$.

1er : Gilles ; 2e : Alexandre et 3e : Kévin.

31. a. Sept tiers : $\frac{2}{3} + \frac{5}{3} = \frac{7}{3}$.

b. Neuf neuvièmes : $\frac{4}{9} + \frac{5}{9} = \frac{9}{9} = 1$.

c. Huit quarts : $\frac{11}{4} - \frac{3}{4} = \frac{8}{4} = 2$.

d. Sept septièmes : $\frac{13}{7} - \frac{6}{7} = \frac{7}{7} = 1$.

32. a. $\frac{9}{9} = 1$ **b.** $\frac{8}{7}$ **c.** $\frac{1}{13}$

d. $\frac{5}{25} = \frac{1}{5}$ **e.** $\frac{4}{8} = \frac{1}{2}$ **f.** $\frac{30}{20} = \frac{3}{2}$.

33. a. $\frac{15}{10}$; $0{,}7 + 0{,}8 = 1{,}5$.

b. $\frac{23}{100}$; $0{,}3 - 0{,}07 = 0{,}23$.

c. $\frac{904}{1\,000}$; $0{,}704 + 0{,}2 = 0{,}904$.

34. 1. $\frac{4}{4} = \frac{5}{5} = \frac{9}{9}$.

2. a. $\frac{7}{5}$ **b.** $\frac{3}{4}$ **c.** $\frac{16}{9}$.

35. a. $\frac{7}{3}$ **b.** $\frac{23}{4}$ **c.** $\frac{19}{3}$.

36. $\frac{1}{3} + \frac{2}{3} + \frac{4}{7} + \frac{3}{7} + \frac{3}{8} + \frac{5}{8} = 1 + 1 + 1 = 3$.

37. a. $\frac{3}{5} = \frac{9}{15}$ **b.** $\frac{3}{5} + \frac{2}{15} = \frac{9}{15} + \frac{2}{15} = \frac{11}{15}$.

38. $\frac{11}{3} = \frac{44}{12}$; $\frac{11}{3} - \frac{7}{12} = \frac{44}{12} - \frac{7}{12} = \frac{37}{12}$.

39. a. $\frac{13}{8}$ **b.** $\frac{5}{6}$ **c.** $\frac{37}{55}$.

40. a. $\frac{8}{21}$ **b.** $\frac{163}{56}$ **c.** $\frac{55}{72}$.

41. a. $\frac{19{,}1}{15}$ **b.** $\frac{1{,}3}{18}$ **c.** $\frac{16{,}3}{16}$

42. a. $\frac{28}{24} = \frac{7}{6}$ **b.** $\frac{2}{12} = \frac{1}{6}$ **c.** $\frac{82}{54} = \frac{41}{27}$

43. a. $\frac{5}{3} + \frac{1}{3} = \frac{6}{3} = 2$. **b.** $\frac{13}{8} - \frac{5}{8} = \frac{8}{8} = 1$

c. $\frac{5}{6} - \frac{5}{12} = \frac{10}{12} - \frac{5}{12} = \frac{5}{12}$

44. $\frac{1}{2} + \frac{1}{4} + \frac{1}{8} + \frac{1}{16} = \frac{15}{16}$.

Les enfants n'ont pas bu toute la bouteille.

45. $\frac{3}{5} + \frac{3}{10} + \frac{4}{15} = \frac{18}{30} + \frac{9}{30} + \frac{8}{30} = \frac{35}{30}$

$\frac{35}{30} > 1$. C'est impossible.

46. $1 - \left(\frac{2}{7} + \frac{10}{21}\right) = \frac{21}{21} - \left(\frac{6}{21} + \frac{10}{21}\right) = \frac{21}{21} - \frac{16}{21} = \frac{5}{21}$.

Il parcourt $\frac{5}{21}$ du trajet en nageant.

47. $\frac{22}{5}$ L $+ \frac{22}{5}$ L $- \frac{7}{10}$ L $= \left(\frac{88}{10} - \frac{7}{10}\right)$ L $= \frac{81}{10}$ L.

Elle obtient 8,1 L de mélange.

48. a. $\frac{77}{100}$ et $0{,}7 \times 1{,}1 = 0{,}77$

b. $\frac{81}{1\,000}$ et $0{,}27 \times 0{,}3 = 0{,}081$

c. $\frac{28{,}7}{100}$ et $0{,}07 \times 4{,}1 = 0{,}287$.

49. a. $\frac{14}{15}$ **b.** $\frac{15}{28}$ **c.** $\frac{20}{3}$.

50. a. $\frac{15}{56}$ **b.** $\frac{28}{45}$ **c.** $\frac{22}{3}$.

51. a. $\frac{1{,}05}{24}$ **b.** $\frac{0{,}045}{13}$ **c.** $\frac{100}{21}$.

52. a. $\frac{1}{28}$ **b.** $\frac{8}{5}$ **c.** $\frac{75}{2}$.

53. a. $\frac{1}{5}$ **b.** 1 **c.** $\frac{8}{3}$.

54. a. $\frac{63}{46}$ **b.** $\frac{4}{3}$ **c.** $\frac{13}{3}$.

55. a. $\frac{2}{7} \times \frac{4}{3} = \frac{8}{21}$ **b.** $\frac{2}{7} \times \frac{5}{11} = \frac{10}{77}$

c. $\frac{3}{8} \times \frac{5}{3} = \frac{5}{8}$ **d.** $\frac{5}{2} \times \frac{7}{10} = \frac{7}{4}$

e. $\frac{7}{3} \times \frac{3}{7} = 1$ **f.** $\frac{\square}{4} \times \frac{7}{\square} = \frac{7}{4}$

$\square$ représente le même nombre.

56. a. 1 **b.** 2 **c.** $\frac{5}{2}$ **d.** $\frac{7}{54}$.

57. $\frac{74}{25} \times \frac{10}{37} = \frac{2 \times \cancel{37} \times 2 \times \cancel{5}}{\cancel{5} \times 5 \times \cancel{37}} = \frac{4}{5}$.

58. a. $\frac{1}{3} \times \frac{3}{4} = \frac{1}{4}$; $\frac{1}{4}$ des livres sont des romans d'aventure.

b. $\frac{2}{3} \times \frac{3}{4} = \frac{2}{4} = \frac{1}{2}$

$1 - \frac{1}{4} - \frac{1}{4} = 1 - \frac{2}{4} = \frac{1}{2}$.

La proportion des romans de science-fiction est $\frac{1}{2}$

59. a. n° 1 : $\frac{3}{4}\times\frac{1}{4}=\frac{3}{16}$; n° 2 : $\frac{1}{2}\times\frac{3}{4}=\frac{3}{8}$; n° 3 : $\frac{1}{2}\times\frac{1}{2}=\frac{1}{4}$

n° 4 : $1-\frac{3}{16}-\frac{3}{8}-\frac{1}{4}=\frac{16}{16}-\frac{3}{16}-\frac{6}{16}-\frac{4}{16}=\frac{3}{16}$.

b. La part n° 2.

c.

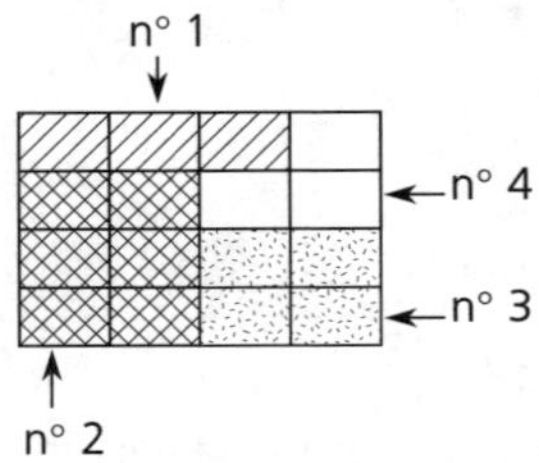

d. n° 1 : $\frac{3}{16}\times(96\text{ m}\times 64\text{ m})=1\ 152\text{ m}^2$.

n° 2 : $\frac{3}{8}\times(96\text{ m}\times 64\text{ m})=2\ 304\text{ m}^2$.

n° 3 : $\frac{1}{4}\times(96\text{ m}\times 64\text{ m})=1\ 536\text{ m}^2$.

n° 4 : $\frac{3}{16}\times(96\text{ m}\times 64\text{ m})=1\ 152\text{ m}^2$.

60. a. $\frac{10}{9}$ **b.** $\frac{9}{2}$ **c.** $\frac{2}{3}$.

61. . **a.** $\frac{23}{6}$ **b.** $\frac{3}{14}$ **c.** 4 **d.** $\frac{8}{5}$.

62. . **a.** $\frac{17}{24}$ **b.** $\frac{3}{2}$.

63. . $A=\frac{7}{12}$; $B=\frac{1}{4}$.

64. a. $a\left(\frac{2}{5}+\frac{3}{5}\right)=a$ **b.** $a\left(\frac{11}{3}-\frac{7}{3}\right)=\frac{4}{3}a$

c. $a\left(\frac{3}{5}-\frac{4}{15}\right)=a\left(\frac{9-4}{15}\right)=\frac{5}{15}a=\frac{1}{3}a$

d. $a\left(1-\frac{3}{5}\right)=\frac{2}{5}a$.

65. a. $\frac{3x}{8}$ **b.** $\frac{5x}{5}=x$ **c.** $\frac{3x}{2}$ **d.** $\frac{11x}{21}$.

66. a. $\frac{1}{4}x+\frac{1}{8}$ **b.** $\frac{1}{2}-\frac{2}{3}x$ **c.** $\frac{4}{5}x-16$.

67. a. $\frac{5}{4}t+\frac{3}{4}$ **b.** $\frac{2t}{9}+\frac{3}{2}$

68. a. $\frac{2}{3}+\frac{1}{4}$ **b.** $\frac{7}{2}\times\frac{1}{3}$ **c.** $\frac{5}{3}\left(\frac{1}{2}+\frac{1}{4}\right)$.

69. a. La somme de un tiers et de trois quarts.

b. Le produit de trois demis par un cinquième.

c. Le produit de deux septièmes par la somme de un tiers et cinq dixièmes.

70. . **a.** $\frac{1}{3}=\frac{8}{24}$ **b.** $\frac{1}{3}\neq\frac{\dots}{10}$

$\frac{1}{3}$ n'a pas d'écriture décimale.

71. a. Pierre a mangé la moitié du gâteau puis encore les $\frac{3}{8}$. Quelle fraction de gâteau reste-t-il ?

b. Lisa a lu les $\frac{3}{4}$ des pages de son livre le 1er soir, le lendemain elle a lu les deux tiers de ce qu'il restait. Quelle fraction des pages du livre a-t-elle lue ?

72. Le 1er mai un marchand de muguet vend les $\frac{3}{4}$ de ses bouquets et les $\frac{2}{3}$ du reste l'après-midi. Le soir, il lui reste 5 bouquets. Combien de bouquets a-t-il mis en vente ?

73. a. 15 min **b.** 30 min **c.** 45 min
d. 5 min **e.** 18 min **f.** 24 min.

74. a. 1,25 h **b.** 2,1 h **c.** 3,75 h **d.** 1,6 h.

75. a. 12 min **b.** 1 h 30 min **c.** 45 min
d. 2 h 15 min **e.** 3 min **f.** 1 h48 min.

76. a. 20 € **b.** 10 € **c.** 16 € **d.** 12 € **e.** 2 €.

77. 1. a. 18 **b.** 22.
2. Diviser par 0,5 revient à multiplier par 2.
3. a. 34 **b.** 46 **c.** 158 **d.** 398.

78. 1. a. 36 **b.** 52.
2. Diviser par 0,25 revient à multiplier par 4.
3. a. 84 **b.** 148 **c.** 356 **d.** 399 6.

79. 1. a. 2 **b.** 6.
2. Diviser par 1,5 revient à prendre les $\frac{2}{3}$ du nombre.
3. a. 18 **b.** 12 **c.** 202 **d.** 666.

■ Faire le point

80. c. **81.** c. **82.** b. **83.** a. **84.** a. **85.** b.
86. c. **87.** c. **88.** c. **89.** b. **90.** b. **91.** b.

■ Exercices de consolidation

92. $1-\left(\frac{5}{9}+\frac{3}{10}\times\frac{4}{9}\right)=\frac{28}{90}=\frac{14}{45}$.

Pour les lapins, il a gardé les $\frac{14}{45}$ de sa récolte.

93. $\frac{75}{100}=\frac{225}{300}$; $\frac{180}{250}=\frac{18}{25}=\frac{216}{300}$; $\frac{220}{300}=\frac{11}{15}$.
La plus concentrée est la première préparation.

94. • $1+\frac{3}{4}+2+\frac{9}{60}+\frac{13}{12}=1+\frac{45}{60}+2+\frac{9}{60}+1+\frac{5}{60}=4+\frac{59}{60}$
Durée totale : 4 h 59 min.
• 1 h 45 min + 2 h 9 min + 1 h 5 min = 4 h 59 min.

95. La part totale des enfants est 2 fois plus importante que celle de leur père : $3\times 125\text{ g}=375\text{ g}$
$375 : 2 = 187{,}5$ g.
$187{,}5\text{ g}+375\text{ g}=562{,}5\text{ g}$
La pizza entière pèse 562,5 g.

96. $\frac{1}{3}\times\frac{1}{2}=\frac{1}{6}$ et $\frac{1}{4}\times\frac{2}{3}=\frac{1}{6}$.
Ils souhaitent tous les deux la même part.

■ Exercices d'approfondissement

97. 4. $1-\frac{2}{5}=\frac{3}{5}$; $\frac{3}{5}$ des subventions est ce qu'il reste après la part donnée au théâtre $\frac{1}{3}\times\frac{3}{5}=\frac{1}{5}$; $\frac{1}{5}$ des subventions est la part pour le club d'échecs.

$1 - \left(\frac{2}{5} + \frac{1}{5}\right) = 1 - \frac{3}{5} = \frac{2}{5}$; $\frac{2}{5}$ des subventions est la part pour le club de jeux de société.

98. a. $A = \frac{2}{3}a \times \frac{3}{5} + \frac{4}{3} \times \frac{2}{5}a = \frac{2}{5}a + \frac{8}{15}a = \left(\frac{6}{15} + \frac{8}{15}\right)a = \frac{14}{15}a.$

b. $B = \frac{6}{5}a - \frac{4}{15}a = \left(\frac{18}{15} - \frac{4}{15}\right)a = \frac{14}{15}a$

c. $A = B$.

99. a. 2,734.

b. $\frac{136{,}7}{50} = \frac{1\,503\,700}{550\,000}$.

c. Ces quotients ne sont pas égaux. Pour le 2ᵉ quotient, la calculatrice n'a fourni qu'une valeur approchée. On ne peut pas toujours se fier à la calculatrice pour établir une égalité.

100. a. $\frac{18\,768 : 3}{5\,865 : 3} = \frac{6\,256}{1\,955}$.

b. $\frac{18\,768}{5\,865} = \frac{16}{5}$.

c. $\frac{6\,256 : 391}{1\,955 : 391} = \frac{16}{5}$.

101.1. $\frac{49}{12}$ et $\frac{49}{12}$; $\frac{25}{6}$ et $\frac{25}{6}$; $\frac{81}{20}$ et $\frac{81}{20}$.

2. On pourrait penser que $a + b$ est égal à $a \times b$.

3. Or $\frac{1}{5} + \frac{2}{10} = \frac{2}{5}$ et $\frac{1}{5} \times \frac{2}{10} = \frac{1}{25}$.

4. $\frac{7}{5}$ et $\frac{35}{10}$. Entre nous, en fait toute forme $\frac{a}{b}$ et $\frac{ab}{b(a-b)}$ avec $b \neq 0$ et $a \neq b$ convient.

102. $\frac{5}{6} - \frac{2}{3} = \frac{5}{6} - \frac{4}{6} = \frac{1}{6}$. Donc 15 L correspondent à $\frac{1}{6}$ de la capacité du réservoir.
$6 \times 15 = 90$.
La capacité totale est 90 L.

103. $1 - \left(\frac{4}{5} + \frac{7}{12} \times \frac{1}{5}\right) = \frac{1}{12}$.
Les 8 croissants correspondent à $\frac{1}{12}$ du nombre total.
$8 \times 12 = 96$.
Il y avait 96 croissants.

104. a. $\frac{7}{24}$. **b.** $\frac{10}{24} = \frac{5}{12}$. **c.** $\frac{6}{24} = 25$ %.

105. 1. $\frac{30\,000\,000}{450\,000} \approx 67$ soit environ 67 habitants au km².

$\frac{30\,000\,000}{2\,000\,000} = 15$ soit 15 habitants au km².

$\frac{10\,000\,000}{150\,000} \approx 67$ soit environ 67 habitants au km².

2. a. La densité pour la Tunisie est légèrement plus faible que celle du Maroc.

b. $13 \times 2\,382\,000 = 30\,966\,000$.
Elle est légèrement supérieure à 30 000 000.

c. Pour trouver 67, il faut avoir légèrement moins que 450 000 km².

106.1. $20 : 0{,}02 = 1\,000$. Le village sera envahi par la mer dans 1 000 ans.

2. $4\,000\,000\,000 \times 0{,}050$ kg $= 200\,000\,000$ kg.

3. $12\,000\,000$ kg $: 60$ kg $= 200\,000$.

107. $\frac{1}{2}x \times \frac{7}{6}x = \frac{7}{12}x^2$.
$\frac{1}{2} \times \frac{1}{8}x \times \frac{2}{3}x + \frac{1}{2} \times \frac{3}{4}x \times \frac{2}{3}x = \frac{7}{24}x^2$.
L'aire du triangle est la moitié de celle du rectangle.

108. $A = \frac{29{,}7}{14} + \frac{12{,}3}{14} = \frac{42}{14} = 3$.
$B = 110$; $C = 1$; $D = 1$.

109. $\frac{1}{5}a = \frac{a}{5}$; $\frac{1}{3}(b+3) = \frac{b}{3} + 1$; $\frac{1}{3} + \frac{b}{3} = \frac{1+b}{3}$;
$\frac{b}{3} = \frac{1}{3}b$; $\frac{1+3b}{3} = \frac{1}{3} + b$; $\frac{1}{5} + a = \frac{1+5a}{5}$.

110. a. 6 cm.

b. Largeur : $\frac{2}{3} \times 6$ cm $= 4$ cm ;
Longueur : 36 cm² : 4 cm = 9 cm.

c. Périmètre du carré : 4×6 cm $= 24$ cm.
Périmètre du rectangle : $2 \times (9$ cm $+ 4$ cm$) = 26$ cm.

111. Faux. En effet : $1{,}8 > 1{,}12$.

112. Vrai. En effet : $\frac{1}{4} = 0{,}250 = \frac{9}{36} = \frac{25}{100}$.

113. Faux. En effet : $\frac{43}{51} \approx 0{,}84$ et $\frac{15}{17} \approx 0{,}88$.

114. Faux. En effet : $\frac{1}{3} + \frac{1}{5} \approx 0{,}53$ $\frac{1}{2} + \frac{1}{6} \approx 0{,}66$.

115. Vrai. En effet : à un pull gris on fait correspondre la moitié d'un pull rouge.

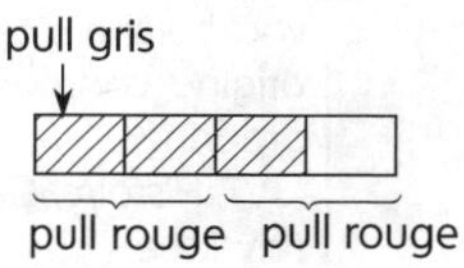

116. Vrai. En effet : $\frac{1}{3}$ h = 20 min, $\frac{2}{3}$ h = 40 min.

117. $\frac{1}{2} = 0{,}5$ $\frac{7}{5} = \frac{140}{100}$ $\frac{4}{6} = \frac{20}{30}$ $\frac{0}{3} = 0$.

118. Oui

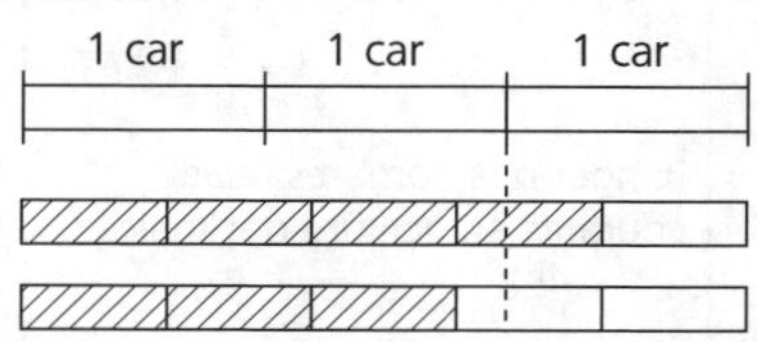

■ Jeu

$\frac{16}{64} = \frac{1}{4}$ $\frac{19}{95} = \frac{1}{5}$ $\frac{49}{98} = \frac{4}{8}$.

CHAPITRE 3 Les nombres relatifs

1. Programme de 5e : partie traitée dans ce chapitre

Contenus	Compétences	Exemples d'activités, commentaires
1.3. Activités graphiques		
Repérage sur une droite graduée	Sur une droite graduée : – lire l'abscisse d'un point donné, – placer un point d'abscisse donnée (exactement ou approximativement, en fonction du contexte) *[SVT, Histoire, Géographie, Physique, Technologie]*, – déterminer la distance de deux points d'abscisses données.	Les nombres utilisés dans ces activités peuvent être des entiers, des décimaux ou des quotients simples. Ce travail est conduit en lien avec l'étude des nombres relatifs (§ 2.3), dans des situations où l'interprétation graphique contribue à développer la compréhension des outils usuels de représentation que sont la droite graduée et le plan repéré. Les activités graphiques conduisent : – à établir la correspondance entre nombres et points d'une droite graduée (une même droite peut être graduée de plusieurs façons) ; – à interpréter l'abscisse d'un point d'une droite graduée en termes de distance et de position par rapport à l'origine ; – à choisir l'échelle permettant de placer une série de nombres sur une portion de droite graduée. Des activités dans lesquelles les élèves ont eux-mêmes à graduer une droite ou à produire un graphique sont proposées.
Repérage dans le plan *[Thèmes de convergence]*	Dans le plan muni d'un repère orthogonal : – lire les coordonnées d'un point donné, – placer un point de coordonnées données. Connaître et utiliser le vocabulaire : origine, coordonnées, abscisse, ordonnée. *[SVT, Histoire, Géographie, Physique, …]*	

Contenus	Compétences	Exemples d'activités, commentaires
2.3. Nombres relatifs entiers et décimaux : sens et calculs		
Notion de nombre relatif	– Utiliser la notion d'opposé.	La notion de nombre relatif est introduite à partir d'un problème qui en montre la nécessité (par exemple pour rendre la soustraction toujours possible).
Ordre	Ranger des nombres relatifs courants en écriture décimale.	Une relation est faite avec la possibilité de graduer entièrement la droite, puis de repérer le plan (cf. § 1.2). Les nombres utilisés sont aussi bien entiers que décimaux. L'étude de l'ordre sur les nombres relatifs est liée aux questions de graduation et ne donne pas lieu à des formalisations excessives. La notion de valeur absolue n'est pas introduite.
Addition et soustraction de nombres relatifs	– Calculer la somme ou la différence de deux nombres relatifs. Calculer, sur des exemples numériques, une expression dans laquelle interviennent uniquement les signes +, – et éventuellement des parenthèses.	Il est établi que soustraire un nombre, c'est ajouter son opposé.

Addition et soustraction de nombres relatifs *[Thèmes de convergence]*	– Sur des exemples numériques, écrire en utilisant correctement des parenthèses, un programme de calcul portant sur des sommes ou des différences de nombres relatifs.	Les élèves sont entraînés à organiser et gérer un programme de calcul mettant en jeu des additions et des soustractions avec ou sans calculatrice. Les règles de suppression de parenthèses à l'intérieur d'une somme algébrique sont étudiées en classe de quatrième (programme de la classe de quatrième § 2.1).

2. Avant et après

a. Classe de 6^e^

Aucune référence aux nombres relatifs n'est faite dans le programme de 6e.

b. Classe de 4^e^

Contenus	Compétences	Exemples d'activités, commentaires
2.1. Calcul numérique		
Opérations (+, −, ×, ÷) sur les nombres relatifs en écriture décimale ou fractionnaire (non nécessairement simplifiée)	– Calculer le produit de nombres relatifs simples. – Déterminer une valeur approchée du quotient de deux nombres décimaux (positifs ou négatifs).	Toute étude théorique des propriétés des opérations est exclue. Les élèves ont une pratique de la multiplication des nombres positifs en écriture décimale ou fractionnaire. Les calculs relevant de ces opérations sont étendus au cas des nombres relatifs. La mise en place des règles de calcul peut s'appuyer sur le problème de l'extension de tables de multiplication aux entiers négatifs ou à la généralisation de règles provenant de l'addition, par exemple : $3 \times (-2) = (-2) + (-2) + (-2) = -6$. Sur des exemples, la propriété de distributivité de la multiplication par rapport à l'addition est mobilisée pour justifier la règle des signes.
	– Connaître et utiliser l'égalité $\frac{a}{b} = a \times \frac{1}{b}$. – Multiplier ou diviser deux nombres écrits sous forme fractionnaire dont le numérateur et le dénominateur sont des nombres décimaux relatifs.	Un travail est mené sur la notion d'inverse d'un nombre non nul et les notations $\frac{1}{x}$ et x^{-1} sont utilisées, ainsi que les touches correspondantes de la calculatrice. À cette occasion, le fait que diviser par un nombre non nul revient à multiplier par son inverse est mis en évidence.
	– Calculer la somme de nombres relatifs en écriture fractionnaire.	L'addition de deux nombres relatifs en écriture fractionnaire demande un travail sur la recherche de multiples communs à deux ou plusieurs nombres entiers dans des cas où un calcul mental est possible. La recherche du PPCM et du PGCD pour l'obtention de la forme irréductible est hors programme.
	– Sur des exemples numériques, écrire en utilisant correctement des parenthèses, des programmes de calcul portant sur des sommes ou des produits de nombres relatifs. – Organiser et effectuer à la main ou à la calculatrice les séquences de calcul correspondantes.	À la suite du travail entrepris en classe de cinquième avec des nombres décimaux positifs, les élèves s'entraînent au même type de calculs avec des nombres relatifs. Ils sont ainsi familiarisés à l'usage des priorités opératoires intervenant dans les conventions usuelles d'écriture ainsi qu'à la gestion d'un programme de calcul utilisant des parenthèses. En particulier, la suppression des parenthèses dans une somme algébrique est étudiée.
Puissances d'exposant entier relatif	– Comprendre les notations a^n et a^{-n} et savoir les utiliser sur des exemples numériques, pour des exposants très simples et pour des égalités telles que : $a^2 \times a^3 = a^5$; $(ab)^2 = a^2 b^2$; $\frac{a^2}{a^5} = a^{-3}$ où a et b sont des nombres relatifs non nuls.	Cette rubrique ne doit pas donner lieu à des calculs artificiels sur les puissances entières d'un nombre relatif. Pour des nombres autres que 10, seuls des exposants simples sont utilisés. Les résultats sont obtenus en s'appuyant sur la signification de la notation puissance et non par l'application de formules.

[Thèmes de convergence]	– Utiliser sur des exemples numériques les égalités : $10^m \times 10^n = 10^{m+n}$; $\frac{1}{10^n} = 10^{-n}$; $(10^m)^n = 10^{mn}$ où m et n sont des entiers relatifs. *[SVT, Physique, …]*	En liaison avec les sciences expérimentales, en particulier avec la physique, qui abordent le domaine microscopique d'une part, l'échelle astronomique d'autre part, les activités insistent sur l'usage des puissances de 10. À cet effet, les élèves utilisent largement la calculatrice dont ils doivent maîtriser l'utilisation des touches correspondantes.
2.2. Calcul littéral		
Ordre et opérations	– Comparer deux nombres relatifs en écriture décimale ou fractionnaire, en particulier connaître et utiliser : – l'équivalence entre $\frac{a}{b} = \frac{c}{d}$ et $ad = bc$ (b et d étant non nuls) ; • l'équivalence entre $a \leqslant b$ et $a - b \leqslant 0$. • l'équivalence entre $a \geqslant b$ et $a - b \geqslant 0$. – Utiliser le fait que des nombres relatifs de l'une des deux formes suivantes sont rangés dans le même ordre que a et b : $a + c$ et $b + c$; $a - c$ et $b - c$. – Utiliser le fait que des nombres relatifs de la forme ac et bc sont dans le même ordre que a et b si c est strictement positif, dans l'ordre inverse si c est strictement négatif. – Écrire des encadrements résultant de la troncature ou de l'arrondi à un rang donné d'un nombre positif en écriture décimale ou provenant de l'affichage d'un résultat sur une calculatrice (quotient …).	La première équivalence est notamment utile pour justifier la propriété dite « d'égalité des produits en croix », relative aux suites de nombres proportionnelles. Le fait que x est strictement positif (respectivement x strictement négatif) se traduit par $x > 0$ (respectivement $x < 0$) est mis en évidence. Le fait que « comparer deux nombres est équivalent à chercher le signe de leur différence », intéressant notamment dans le calcul littéral, est dégagé. Ces propriétés sont l'occasion de réaliser des démonstrations dans le registre littéral. Les tests par substitution de valeurs numériques à des lettres sont utilisés pour mettre en évidence cette propriété qui peut être démontrée à partir de l'étude des signes de $a - b$ et de $ac - bc$.

3. Fiches pédagogiques des activités

Ce chapitre constitue, comme le précédent un des points forts de la classe de 5e. Pour cette raison, il ne doit pas faire l'objet d'une seule période dans l'année. La présentation en un seul chapitre permet de retrouver facilement tout ce qui concerne les nombres relatifs, nouveauté de cette classe de cinquième.
Les programmes, recommandent de reprendre plusieurs fois au cours de l'année les notions nouvelles et importantes. Ce chapitre peut faire l'objet d'un découpage qui permet d'étaler dans le temps l'enseignement de cette notion.
Ce découpage peut se faire paragraphe par paragraphe ou bien d'abord les paragraphes 1, 2 et 3 puis le paragraphe 4 et enfin le paragraphe 5. Ces deux propositions n'en excluent aucune autre !
On recommande, tout particulièrement en classe de 5e, d'être très rigoureux avec le vocabulaire. Des « simplifications » de langage peuvent constituer une source de difficultés pour ces jeunes élèves. Ainsi, on dira « des nombres relatifs » et non « des relatifs », « des nombres relatifs négatifs » et non « des négatifs », « la distance à zéro du nombre relatif » et non « le relatif privé de son signe » …
Un des enjeux de cette leçon est de faire acquérir le statut de nombres à des écritures comme –8 ou +3 alors, ne dire que « négatif » ou « positif » à un élève qui doute encore d'avoir affaire à des nombres est loin d'être une aide.

Sciences en construction

Un peu d'histoire

Il faut attendre la fin du XVIe siècle pour qu'apparaisse, à travers les évaluations de « degrés de chaud » et de « degrés de froid », une première idée de ce que doit être une échelle de température. Toutefois, c'est surtout aux XVIIe et XVIIIe siècles que cette notion est correctement appréhendée.
Depuis longtemps, les points de congélation de l'eau liquide (ou de fusion de la glace) et d'ébullition de l'eau liquide à la pression atmosphérique normale définissent usuellement les points repères : dès 1665 le physicien, mathématicien et astronome néerlandais Christian Huygens (1629-1695) l'avait précisé. Mais d'autres points furent eux aussi imaginés en leur temps comme références : par exemple, Daniel Gabriel Fahrenheit qui naquit à Dantzig, en Pologne, en 1686 a choisi pour le zéro de sa célèbre échelle thermométrique la température observée lors d'un hiver particulièrement rigoureux dans cette ville. Ce choix qui évite de manipuler des températures négatives s'explique par le fait qu'au XVIIe siècle, l'utilisation des nombres relatifs n'est pas encore maîtrisée.
À l'heure actuelle, trois échelles courantes restent concurremment utilisées : l'échelle Celsius, l'échelle Fahrenheit et l'échelle

absolue, auxquelles correspondent respectivement les degrés Celsius les degrés Fahrenheit et les kelvins (abréviation K).

Choix de la situation

Les températures étant régulièrement évoquées dans la vie courante, leur repérage met les élèves de façon assez naturelle en contact avec les nombres relatifs. Cependant ces nombres ne permettent que de repérer et aucune opération ne peut être définie à partir de ces repérages.
L'histoire de la graduation centésimale est à mettre en parallèle avec la graduation Fahrenheit que certains élèves connaissent.
Le programme indique que « la notion de nombre relatif est introduite à partir d'un problème qui en montre la nécessité (par exemple pour rendre la soustraction toujours possible). »
C'est ce qui est proposé dans la deuxième question : il faut soustraire 32 à 5 ; si les élèves ne proposent pas de donner – 27, on le fera.
Ensuite, il ne faut pas voir dans le calcul, la multiplication de nombres relatifs, ce qui serait bien évidemment hors programme. L'opération doit être impérativement lue : les cinq-neuvièmes de moins 27, c'est les cinq-neuvièmes de « quelque chose » et on n'insiste pas. On peut adopter un langage naïf, du style : les cinq-neuvièmes de « quelque chose de négatif », c'est négatif. Cela doit paraître pratiquement aussi simple que les cinq-neuvièmes d'une grandeur sont de même nature que cette grandeur.
Le nombre choisi permet de trouver un nombre entier, à savoir – 15.
Il se peut également, et rien ne l'exclut, que les élèves trouvent la réponse par tâtonnement.

Durée : 5 à 10 min

Déroulement

L'exercice est donné à lire. On peut, si on le souhaite, apporter quelques précisions historiques, interroger les élèves sur leurs connaissances. On peut s'enquérir auprès de son collègue de sciences physiques et de SVT des connaissances des élèves.
On peut demander de rechercher des documents, des illustrations à mettre dans le cahier pour un cours suivant.
Les questions posées peuvent faire l'objet d'un travail oral collectif, un élève écrivant au tableau les calculs qui permettent de répondre à la question **a.**.

Synthèse

Les réponses sont notées dans le cahier : on peut suggérer un tableau, dans lequel sont notées les réponses aux deux questions.

Prolongement possible

On peut télécharger sur le site compagnon une feuille de calcul mettant en correspondance les deux unités et un imagiciel présentant un thermomètre virtuel comportant les deux graduations dont on peut faire varier la température.

1 Nécessité de nouveaux nombres

Choix de la situation

Sans commentaires sur l'exercice, des soustractions sont proposées aux élèves ; certaines relèvent de compétences acquises et pour d'autres, la réponse est un nombre relatif négatif. Les nombres relatifs négatifs apparaissent comme une solution à un problème qui jusque-là était impossible à résoudre.
Il faut être vigilant car des élèves peuvent écrire indifféremment 9 – 5 ou 5 – 9, ils calculent le « plus grand moins le plus petit », quelle que soit l'écriture. Si tel est le cas, on redonne la définition de la différence : c'est « le nombre qui ajouté au deuxième terme permet d'obtenir le premier » et non « ce que l'on doit ajouter au plus petit pour obtenir le plus grand ».
On peut rappeler que, pour l'addition, on peut changer l'ordre des termes : 13 + 8 = 8 + 13 (l'addition est commutative). On peut poursuivre en demandant s'il existe d'autres opérations pour lesquelles cette propriété est vraie ou fausse.
On n'insiste pas sur la réponse – 2 valeur de 5 – 7 en disant que la somme de – 2 et 7 est 5 : l'addition fait l'objet d'un autre paragraphe ! On peut, bien sûr, le laisser dire mais sans le reprendre pour l'instant.

Durée : 15 à 20 min

Déroulement

Chaque élève travaille seul ; il copie les soustractions et écrit sa réponse.
On surveille les réponses écrites par les élèves : des élèves écrivent « naturellement » des négatifs, d'autres cherchent à interrompre la recherche individuelle en disant que c'est impossible, d'autres enfin, peuvent n'écrire que des résultats positifs.
En fonction des réponses obtenues, on corrige et on institutionnalise que ces nombres sont nouveaux.
La correction peut être faite par des élèves au tableau ou à l'aide d'un rétroprojecteur.

Synthèse

Sur le cahier de leçons, on note :
La réponse à toute soustraction est un nombre relatif.
On illustre, comme sur le livre, par des exemples montrant un nombre positif, un nombre négatif et le nombre 0.

Matériel
On peut prévoir un transparent pour le rétroprojecteur sur lequel les soustractions sont écrites.
On peut aussi télécharger sur le site compagnon un imagiciel : il est basé sur le principe de continuité ; ce qui est vrai avec des entiers naturels, se prolonge avec les entiers relatifs. On propose différents énoncés de départ afin d'effectuer en grand nombre des soustractions qui font apparaître des nombres relatifs négatifs.

2 Niveau d'eau dans un barrage

Choix de la situation

On a choisi ici une situation concrète que certains élèves peuvent connaître dans leur environnement : ils peuvent avoir déjà vu dans leur région de telles règles graduées près d'une retenue d'eau ou près d'une rivière ou d'un fleuve.
Le niveau de l'eau dans un barrage crée une situation qui met en jeu des nombres relatifs placés sur une règle graduée facile à représenter par une droite graduée. Les nombres choisis sont entiers et sont donc faciles à placer. On peut adapter l'échelle au papier utilisé par les élèves : un carreau au lieu de 1 cm, par exemple. Rien n'est précisé sur la « position » de la droite.

Durée : 20 à 25 min

Déroulement

Le travail se fait individuellement : chaque élève lit l'énoncé et répond aux questions posées.
Certains élèves vont avoir envie de tracer la droite « verticalement » sur leur feuille : on décide de demander ou non une autre disposition.
Après une dizaine de minutes de recherche un élève qui a réussi l'exercice peut faire la correction sur un transparent muni à l'avance d'une droite régulièrement divisée. Ce transparent qui peut être placé dans n'importe quelle position pourra aider les élèves qui tiennent à avoir une graduation « verticale » à comprendre que la position de la droite sur la feuille importe peu.

Synthèse

Une synthèse est faite en dehors du contexte de l'exercice. Le mot « abscisse » déjà connu des élèves est utilisé. Le professeur introduit la notion de « nombres relatifs opposés ».

Sur le cahier de leçons, on note le vocabulaire nouveau en l'illustrant par une droite graduée sur laquelle sont visibles entre autres deux nombres relatifs opposés.

Matériel
On peut prévoir un transparent sur lequel est tracée une droite régulièrement divisée.

3 Repérage d'un trésor

■ Choix de la situation

C'est un problème « classique » de chasse au trésor. La situation reprend la symétrie axiale vue en classe de sixième. Le vocabulaire est donné grâce à un exemple, puis c'est à l'élève de prendre l'initiative, de compléter les graduations vers la gauche d'abord et ensuite au-dessous afin de lire les coordonnées des points.
La dernière question valide le fait que donner les coordonnées, c'est bien repérer un point dans un plan.

■ Durée : 15 à 20 min

■ Déroulement

On fait lire le début de l'énoncé par un élève, puis, par une suite de questions-réponses on amène les élèves à expliquer les mots « abscisse » et « ordonnée ».
Les réponses à la question **a.** sont ensuite données oralement.
À la question **b.**, les élèves reproduisent la carte : ils représentent les axes sur leur cahier et écrivent la graduation. On vérifie le travail de tous les élèves car les erreurs ou les maladresses sont souvent nombreuses. On peut citer les suivantes :
• pas de petits traits de graduation ;
• écriture trop grosse qui ne permet pas d'écrire en face des traits de graduation et décalage des nombres par rapport aux traits ;
• non respect de l'unité de longueur.
Cet exercice demande soin et application. On peut demander ce travail sur une feuille afin d'effectuer une correction individuelle et de conseiller utilement les maladroits.

■ Synthèse

Le vocabulaire puis les réponses demandées sont mises en évidence par le professeur sur un transparent préalablement muni d'un quadrillage.
Sur le cahier de leçons, on note :
– la définition d'un repère dans le plan ;
– la définition des mots : coordonnées, abscisse et ordonnée d'un point du plan ;
– la notation des coordonnées d'un point.
Les élèves peuvent coller une feuille photocopiée sur laquelle un repère est construit et où quelques points déjà placés permettront d'illustrer les différentes définitions.

Matériel
On peut prévoir un transparent avec quadrillage pour le rétroprojecteur et pour la correction de l'activité.
On peut également prévoir de photocopier un repère du plan avec quelques points placés pour illustrer le cours.
On peut télécharger sur le site compagnon un imagiciel comprenant des points libres à coordonnées entières (ou demi) et l'affichage de leurs coordonnées. Le déplacement des points peut faciliter l'interprétation graphique des expressions « même abscisse » ou « même ordonnée ».

■ Prolongement possible

(1) En utilisant l'imagiciel on peut déplacer un point parallèlement à l'un des axes pour visualiser qu'une seule des coordonnées dans ce cas-là varie.
Les élèves peuvent visualiser que les points d'abscisse – 2 se trouvent sur la droite parallèle à l'axe des ordonnées qui passe par le point de coordonnées (– 2 ; 0).
La comparaison est l'objet du paragraphe suivant mais rien n'interdit ici de remarquer que les nombres sont rangés de façon symétrique. On sera vigilant et on refusera toute phrase du type : « plus on descend, plus c'est grand » et on corrigera par « plus on descend, plus on s'éloigne de l'axe des abscisses » sans pour autant définir la distance d'un point à une droite.
(2) En utilisant l'imagiciel on peut demander de caractériser les quatre quadrants du plan par les coordonnées de leurs points :
– les deux coordonnées positives ;
– les deux coordonnées négatives ;
– l'abscisse positive et l'ordonnée négative ;
– l'abscisse négative et l'ordonnée positive.
(3) En utilisant le repère de l'activité, on peut proposer des questions complémentaires pour utiliser le vocabulaire, pour vérifier que la graduation est juste et que ce système de repérage est bien compris.
Quelques questions peuvent être posées :
– Y a-t-il d'autres points sur la carte qui ont la même ordonnée que le point A (ou …) ? Où sont-ils ? Peut-on les placer ?
– Placer le point R qui a la même abscisse que le point S et une ordonnée opposée à celle du point S. Le segment [SR] coupe l'axe des abscisses en M. Que représente le point M pour segment [SP] ? Quelles sont les coordonnées de M ?
Si l'élève ne répond pas que M est le milieu du segment, on peut supposer que sa graduation est fausse.
– Placer le point B qui a la même ordonnée que le point A et une abscisse opposée à celle du point A. Le segment [AB] coupe l'axe des ordonnées en I. Que représente le point I pour le segment [AB] ? Là encore, une réponse fausse peut trahir une erreur dans le dessin du repère.

4 Températures

■ Choix de la situation

La comparaison des nombres relatifs négatifs reste une difficulté récurrente. Les élèves vont découvrir la règle de comparaison avec le problème concret du thermomètre. Ranger des températures de la plus basse à la plus élevée est une tâche facile. La difficulté réside dans le fait qu'il faut énoncer des règles à appliquer sur des ensembles quelconques de nombres. Il y a passage d'un problème concret à une situation mathématique nécessairement abstraite, ce qui constitue une des difficultés pour le rangement des nombres relatifs. On conseille d'avoir une droite graduée pour visualiser le rangement de ces nombres. Ce conseil est déjà donné pour le rangement des nombres décimaux en classe de sixième où cette compétence n'est d'ailleurs pas toujours parfaitement maîtrisée en fin d'année.
On ne fait absolument pas appel au signe de la différence. Le programme est très clair sur ce sujet, on trouve dans la colonne des compétences : « Ranger des nombres relatifs courants en écriture décimale » et dans celle des commentaires : « Une relation est faite avec la possibilité de graduer entièrement la droite, puis de repérer le plan. Les nombres utilisés sont aussi bien entiers que décimaux. L'étude de l'ordre sur les nombres relatifs est liée aux questions de graduation et ne donne pas lieu à des formalisations excessives. »
À noter qu'il est important que les élèves maîtrisent la comparaison avant d'aborder l'étude de l'addition et de la soustraction.

■ Durée : 5 à 10 min

■ Déroulement

L'exercice est donné à réaliser sans aucune indication complémentaire. Chaque élève construit son repère et place les nombres.
La réponse à la question **a.** est donnée oralement par un élève.
La correction de la question **b.** peut se faire sur un transparent qui contient un thermomètre gradué où une droite graduée ainsi que la ligne suivante à compléter pour préciser la présentation attendue :

$$\dots < \dots < \dots < \dots < \dots < \dots < \dots$$

Il vaut mieux n'écrire que les mesures et non les températures en °C. Les élèves l'acceptent volontiers et l'écriture obtenue peut se prêter à tout autre ensemble de nombres.

■ Synthèse

L'exercice corrigé, on établit les règles de comparaison à partir d'une discussion avec l'ensemble de la classe.

Sur le cahier de leçons, on note les règles de comparaison illustrées à chaque fois par un exemple.

Matériel

On peut prévoir un transparent pour le rétroprojecteur pour visualiser sur un thermomètre les températures relevées ou au moins avoir une droite graduée sur laquelle les températures seront placées.

■ Prolongement possible

On peut reprendre l'imagiciel de l'activité précédente et déplacer un point sur un axe ou parallèlement à un axe en faisant remarquer que plus on monte et plus l'ordonnée est grande, plus on va à droite et plus l'abscisse est grande ou, ce qui revient au même, que plus on descend et plus l'ordonnée devient petite, plus on va à gauche et plus l'abscisse est petite.

▲ Test intermédiaire

À l'issue de ce premier temps consacré à l'étude des nombres relatifs, on peut proposer le test suivant.

Durée : 30 min

Exercice 1

Dans un repère d'origine O, placer les points A, B, C, D, E et F dont les coordonnées sont données dans le tableau ci-après.

• Tracer le polygone ABCDEF.

• Tracer le cercle de centre B et de rayon 5.

• Construire le symétrique du polygone et du cercle par rapport à l'axe des abscisses.

• Compléter le tableau dans lequel A′ est le symétrique de A, B′ celui de B,….

• Relever en complétant les phrases suivantes :

– le cercle et son symétrique se coupent en …(… ; …) et …(… ; …) ;

– les segments [EB] et [E′B′] se coupent en …(… ; …).

A(4 ; –1)	A′(
B(3 ; 3)	B′(
C(0 ; 4)	C′(
D(–3 ; 0)	D′(
E(–2 ; –2)	E′(
F(0 ; –2)	F′(

Exercice 2

Relever en complétant avec le signe < ou > qui convient.

a. +2,7 … + 2,15. **b.** –0,01 … + 3,08.

c. –7,4 … – 7,12. **d.** 0 … – 15,4.

e. +0,09 … + 0,1. **f.** –0,008 … – 0,01.

5 Un jeu vidéo

■ Choix de la situation

Il semble indispensable d'avoir une petite situation de référence pour conforter les règles de calcul. Il semble en effet difficile d'établir des règles de calcul, à partir des solutions d'une soustraction comme 9 – 13 jusque-là impossible. Quant à les faire apprendre par cœur sans aucune activité sur le sujet, cela ne nous semble pas être le bon choix.

Nous avons retenu une situation d'un univers familier à beaucoup d'élèves.

Les dessins proposés sont inspirés par un travail de Vergnaud qui voit les relatifs liés à des transformations, l'addition est de ce fait, liée à la composition de ces transformations. La succession des résultats indiquée par le mot « et » dans la phrase française correspond au + de l'addition.

Au cours de cette activité, pour laquelle le professeur peut multiplier les calculs, l'attention des élèves doit se porter sur les « bulles » contenant les relatifs. Très vite, les scores intermédiaires peuvent ne pas être connus, ils ne le sont d'ailleurs qu'au début à seule fin d'établir et de conforter la règle de l'addition.

■ Durée : 35 à 40 min

■ Déroulement

La première question permet aux élèves de s'approprier la situation. Le document photocopié est donné aux élèves, la calculatrice est interdite, les calculs sont écrits sur la feuille où figurent les dessins. Il est important que les élèves gardent la trace de leurs opérations. En effet, il y a des additions et des soustractions qui vont être effectuées, ce sont des opérations avec les distances à zéro et on va peu à peu mettre en place les règles de l'addition des nombres relatifs. On a soin, oralement, de préciser tout au long de l'exercice la distinction entre ces deux additions. Certes les formulations peuvent paraître un peu lourdes, mais pour les élèves, elles assurent une bonne compréhension de cette nouvelle opération.

Pour la question **a.** les élèves travaillent avec les scores des épreuves. On leur demande de dire comment le bilan de la partie peut être retrouvé en connaissant uniquement les deux variations des scores.

On introduit alors le nom de cette opération :

l'addition des nombres relatifs.

À partir d'une discussion dans la classe, on établit les règles de calcul selon les cas qui existent : deux positifs, deux négatifs, un positif et un négatif. On insiste sur le fait qu'il faut procéder en deux temps :

– le choix du signe ;

– le calcul de la distance à zéro.

La question **b.** peut alors être donnée en application de ce qui vient d'être énoncé.

En cas d'erreur, on ne corrige pas en rappelant la règle mais en revenant à la situation, en donnant les valeurs intermédiaires pour les épreuves.

On corrigera en rappelant les règles uniquement après un nombre suffisant de retours à la situation initiale.

■ Synthèse

Sur le cahier de leçons, on note les règles de calcul en donnant un exemple dans chaque cas.

On introduit également la simplification d'écriture :

$(-5)+(+3)$ peut s'écrire $-5+3$.

Matériel

On peut prévoir un transparent pour le rétroprojecteur avec les mêmes dessins que ceux des documents photocopiés et donnés aux élèves. Sur ce transparent figure également un croquis vide dans lequel on peut inscrire les nombres que l'on veut, par exemple, ceux de la question **b.**

On peut aussi télécharger sur le site compagnon un imagiciel : des schémas semblables à ceux de l'activité sont proposés. On peut inscrire n'importe quel nombre relatif : leur somme s'affiche automatiquement.

▲ Test intermédiaire
À l'issue de ce temps consacré à l'étude de l'addition des nombres relatifs, on peut proposer le test suivant :
Durée : 5 à 10 min

Exercice
Effectuer :

$-15+(-9)=$	$17+21=$
$13+(-8)=$	$27+(-7)=$
$(-7)+(+8)=$	$(-23)+11=$
$(-11)+(+3)=$	$-14+(+16)=$
$(12)+(-7)=$	$(+23)+(-18)=$

6 Comprendre une transformation d'écriture

■ Choix de la situation

Le programme indique : « il est établi que soustraire un nombre, c'est ajouter son opposé. »
Le travail est proposé pour tous les élèves qui ont le souci de cohérence dans l'activité mathématique. Il met en jeu le fait que le zéro est l'élément neutre pour l'addition et que la somme de deux nombres relatifs opposés est nulle. L'exposé doit être rapidement fait par le professeur, il peut être suivi d'une vérification s'appuyant sur la définition de la différence, à savoir, vérifier que l'on a bien trouvé le nombre relatif qui ajouté au deuxième terme permet de retrouver le premier terme.
Sur cette partie de la leçon, le travail réside sur l'appropriation d'une méthode : d'abord, écrire la transformation, ensuite calculer la somme obtenue. Il est nécessaire que l'élève écrive un grand nombre de transformations pour s'approprier cette règle.

■ Durée : 35 à 40 min

■ Déroulement

Les questions **a.** et **b.** sont gérées par le professeur. On écrit au tableau l'égalité proposée et on pose la question. Si on n'obtient pas de réponse, on peut écrire :

$$(-9)-(+3)=(-9)-(+3)+0$$

et reposer la question pour cette égalité.
On peut lire le vocabulaire précisé dans ce paragraphe et vérifier que la réponse -12 ajouté à $+3$ permet de retrouver -9.
On précise alors que le résultat obtenu sur cet exemple peut se généraliser.
On demande alors aux élèves d'énoncer une règle permettant de calculer la différence de deux nombres ; cette règle peut être écrite au tableau.
Plusieurs élèves peuvent ensuite se succéder au tableau pour répondre à la question **c.**.

■ Synthèse

Sur le cahier de leçons, on note la règle de calcul en donnant des exemples. On introduit également les simplifications d'écriture : $(-5)-(+3)$ peut s'écrire $-5-3$ en insistant sur la signification de chacun des signes $-$.

Matériel
On peut prévoir un transparent pour le rétroprojecteur sur lequel les énoncés des calculs du **c.** sont écrits sous la forme suivante :

$$(+3)-(-9)=(+3)+(\ldots)=\ldots$$

▲ Test intermédiaire
Au cours de l'apprentissage de la soustraction des nombres relatifs, il semble important de souligner l'importance de la transformation de la soustraction en addition, c'est pour cela que l'on peut proposer un petit test sur ce sujet :
Durée : 5 à 10 min

Exercice 1 :
Transformer chaque soustraction en une addition. (Ne pas effectuer)

$(+5)-(+9)=$	$(+8)-(-13)=$
$(+6)-(-4)=$	$(-15)-(-6)=$
$(-3)-(-8)=$	$(-15)-(+9)=$
$(-4)-(+7)=$	$(-6)-(+6)=$
$(-9)-(+7)=$	$(-8)-(-8)=$

7 Distance sur une droite graduée

■ Choix de la situation

Le calcul de la durée de vie (lorsqu'une année de naissance est négative), le calcul d'un écart de températures (lorsque celles-ci sont positives ou négatives), le calcul d'une distance de deux points sur une droite graduée sont des situations qui permettent de donner du sens à la soustraction des nombres relatifs. C'est cette dernière situation que nous avons choisie dans cette activité. Une graduation facile à lire est donnée aux élèves et la lecture des abscisses et des distances ne doit pas faire obstacle. L'enjeu est de mettre en relation les abscisses et la distance ; les élèves doivent pouvoir proposer des réponses exploitables par le professeur qui valide la règle de calcul.

■ Durée : 25 à 35 min

■ Déroulement

Le travail peut être fait de manière collective soit au tableau soit au rétroprojecteur. Les élèves se relaient pour écrire les différentes réponses.
On peut écrire les abscisses de tous les points dans un petit tableau comme celui-ci :

Nom du point	A	B	C	D
Abscisse du point				

On peut utiliser un tableau comme ci-dessous pour noter les résultats concernant les distances.

	distance lue	calculs pour la distance
AB		abscisse de B – abscisse de A = 4,5 – … = …
CD		
AC		
BD		

Pour chaque calcul, on souligne le fait que l'on calcule la différence qui donne le résultat positif, que l'on effectue : « la plus grande abscisse – la plus petite ». Même si ces phrases ne sont pas écrites pour l'instant, il est important de faire parler l'élève qui corrige des calculs.
On pose des questions : « pourquoi ce choix ? » ou « pourquoi d'abord l'abscisse de B ? » et l'on n'hésite pas à reformuler soi-même ou à faire reformuler par un autre élève.

■ Synthèse

À la fin de cette activité les élèves doivent être alors en mesure de rédiger une phrase proche de celle donnée dans le cours.
Sur le cahier de leçons, on note la règle illustrée par un exemple donnant la distance entre deux points d'abscisses négatives ou d'abscisses opposées.

Matériel
On peut prévoir un transparent sur lequel sont représentés les points A, B, C, D sur la droite graduée. Si l'on choisit la présentation des résultats dans des tableaux, ceux-ci sont également tracés sur le transparent.
On peut télécharger sur le site compagnon un imagiciel comprenant des points libres à abscisse entière (ou demi) sur une droite munie d'un repère avec l'affichage des abscisses et de la distance entre ces points.

▲ **Test final**
À l'issue de cette étude, on peut proposer le test suivant :
Durée : 40 à 45 min

Exercice 1 : Droite graduée
Tracer une droite graduée et placer les points A, B, C, D et E d'abscisses respectives : 5 ; −3 ; 2,5 ; −4 et −1,5.
Calculer les distances AB, AC, DE, DA

Exercice 2 : Opposés
Lire les abscisses des points M, N, R et S.

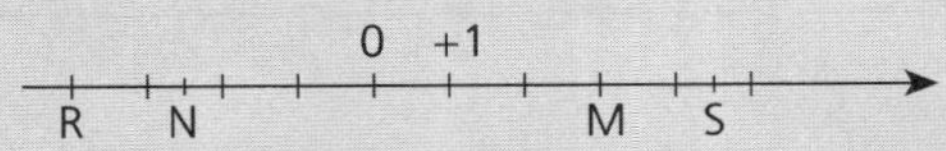

Les abscisses des points M′, N′, R′ et S′ sont les opposées de celles de M, N, R et S. Placer ces points sur la droite et donner leurs abscisses.

Exercice 3 : Distances
Sur une droite graduée, l'abscisse du point A est 2.
Deux points B et C sont tels que AB = AC.
Quelles sont les abscisses des points B et C ?

Exercice 4 : Petit problème
Sur une droite graduée, l'abscisse du point M est 2,5. Le point N est situé à la distance 1,5 de M et son abscisse est plus grande que celle de M. Quelle est l'abscisse de N ?

Exercice 5 : > ou <
Compléter par l'un des signes > ou <

a. 5,27 … 3,58. **b.** −5,7 … −3,8.
c. 2,6 … −3,8. **d.** −4,3 … 2,8.
e. −2,5 … −4,3. **f.** −1,8 … −16.

Exercice 6 : Addition, soustraction
Effectuer les calculs suivants :

a. (+3) − (+5) = **b.** (−7) − (+4) =
c. (+5) − (−2) = **d.** (−6) − (+8) =
e. (−3) + (−6) = **f.** (−4) + (+8) =
g. (−7) + (+5) = **h.** (+8) + (+5) =

Exercice 7 : Calcul d'une expression
A = (+8) + 5 + (−3) + (2) + (−9)
B = (−4) + 2,5 − (−3) + 3,5 + (−1)
C = −4 + 3 + 7 − 13 + 8 − 5
D = −3 + 5 − 4 − 7 + 8.

5. Corrigés

■ Revoir les acquis

1 b. **2** b. **3** c. **4** b. **5** a.

■ Sciences en construction

a. • 0 °C. • 100 °C. • −10 °C. **b.** −15 °C.

■ Activités

1. a. 5. **b.** 0. **c.** −2. **d.** 1,1. **e.** −3. **f.** 0,9.

2.

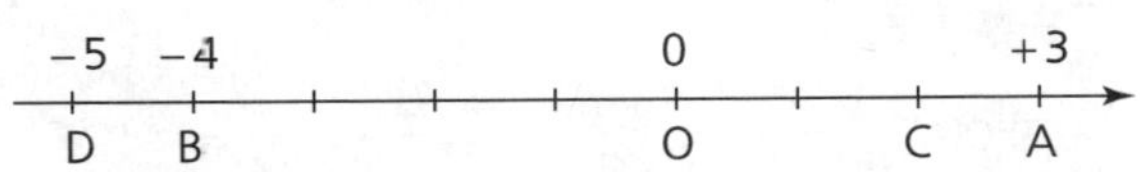

c. Le point C indique un niveau au-dessus de la moyenne, le point D indique un niveau au-dessous de cette moyenne.

3.

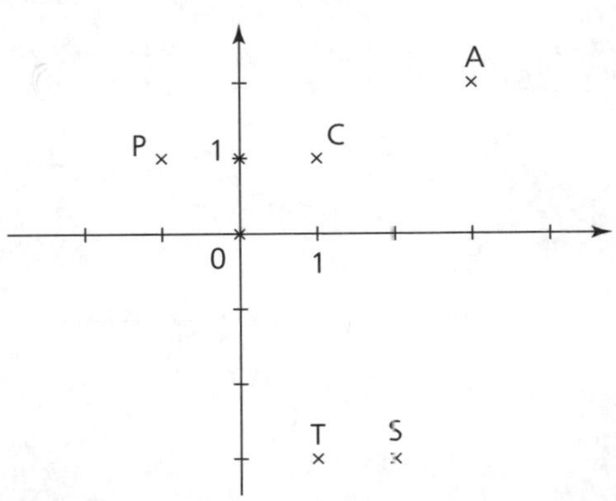

a. Les coordonnées de P sont (−1 ; 1) et celles de S(2 ; −3).
b. Les coordonnées de C sont (1 ; 1).
c. Les coordonnées de T sont (1 ; −3).

4. a. −15 °C < −9 °C < −1 °C < 0 °C < 5 °C < 7 °C < 13 °C.

b.

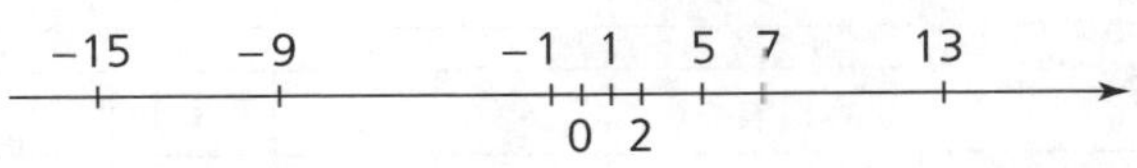

5. a.

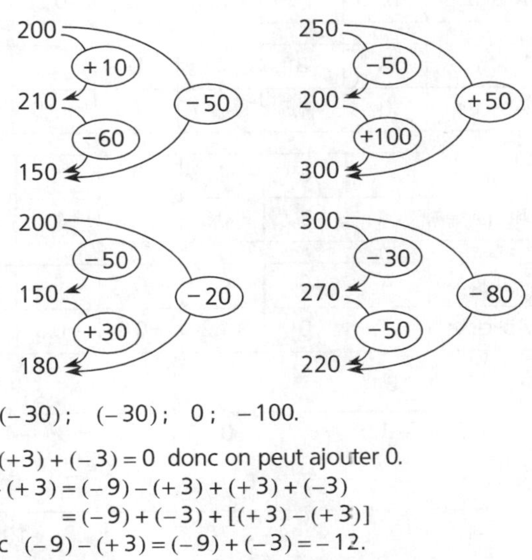

b. (−30) ; (−30) ; 0 ; −100.

6. a. (+3) + (−3) = 0 donc on peut ajouter 0.
(−9) − (+3) = (−9) − (+3) + (+3) + (−3)
= (−9) + (−3) + [(+3) − (+3)]
et donc (−9) − (+3) = (−9) + (−3) = −12.

b. Pour retrancher un nombre, il suffit d'ajouter son opposé.

c. (+3) − (−9) = (+3) + (+9) = +12 ;
(+5) − (+8) − (+5) + (−8) = −3 ;
(−2) − (+6) = (−2) + (−6) = −8 ;
(−8) − (−3) = (−8) + (+3) = (−5).

7. a. Abscisse de A : +2, de B : +4,5, de C : −1,5, de D : −4.
b. AB = 2,5 ; (+4,5) − 2 = 2,5.

c. CD = 2,5 ; AC = 3,5 ; BD = 8,5.
CD = (– 4) – (– 1,5) = (– 4) + (+1,5) ;
AC = (+2) – (– 1,5) = (+ 2) + (+1,5) = 3,5 ;
BD = (+ 4,5) – (– 4) = (+ 4,5) + (+ 4) = 8,5.

Travail personnel

A. **a.** Abscisse de A : 28 et abscisse de B : 16.
b. Abscisse de A : 0,8 et abscisse de B : 2,4.

B. A5 ; C2 ; D4 et D7.

C. **a.** 7,3 > 7,15.
b. 3,5 < 3,63.
c. 0,7 > 0,061.
d. 8,1 > 8,099.

D. **a.** 0,39 m.
b. 0,12 €.

E. **a.** 6,3.
b. 13,5.

Exercices d'application

1. **a.** 6. **b.** – 6. **c.** 2,3. **d.** – 2,3. **e.** – 5. **f.** 5.

2. 75 – 138 = – 63 ; 82,7 – 111,13 = – 28,43.

3.

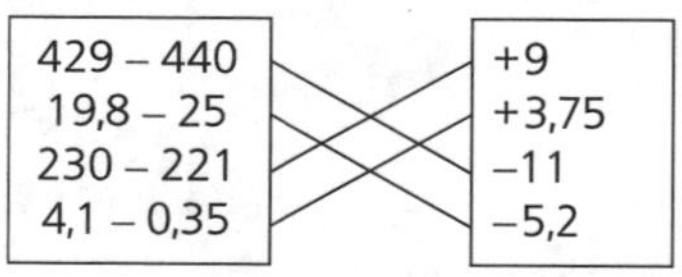

4. **a.** 8. **b.** – 12. **c.** – 8. **d.** – 14. **e.** – 70. **f.** – 4.

5.

	A	B	C	D	E	F
Abscisse	+4	– 3	+2	– 4	+5	– 1

6.

	A	B	C	D	E	F
Abscisse	+0,75	+1,25	+1,50	–1,25	–0,25	

7.

	A	B	C	D	E	F
Abscisse	0	+1,5	–2	– 1,5	+3,5	– 0,5

8.

	A	B	C	D	E	F
Abscisse	–1	–3,7	+0,5	–4,7	–1,5	0

9.

	A	B	C	D	E	F
Abscisse	0,2	0	+1,2	+0,8	–0,8	–0,4

10.

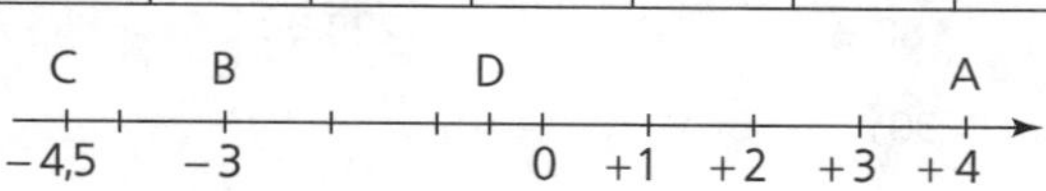

11.

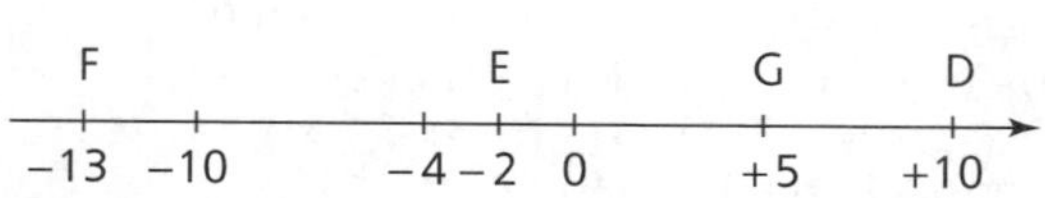

12.

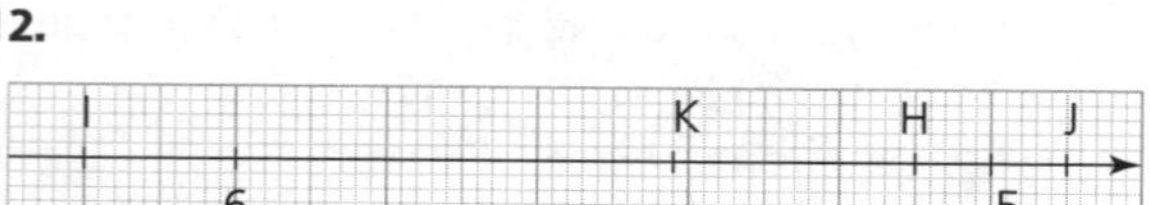

13.

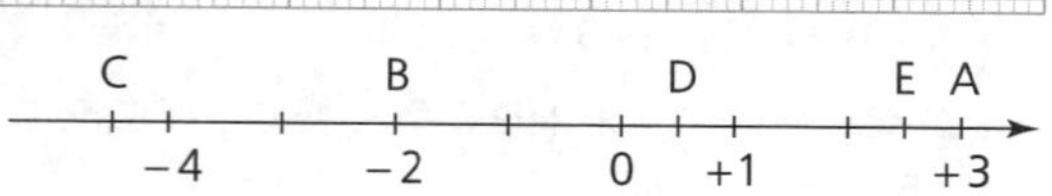

14.

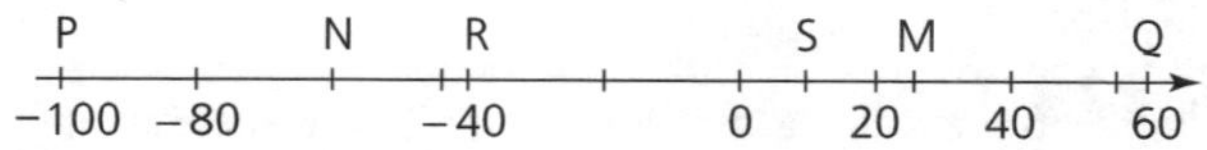

15.

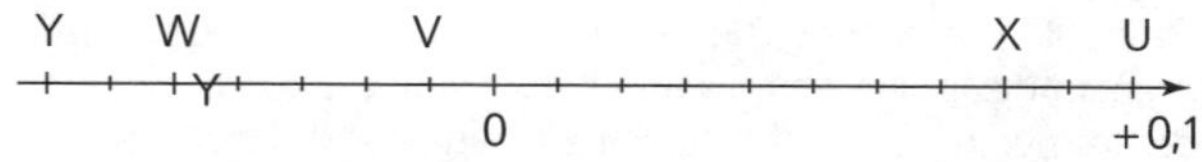

16. **a.**

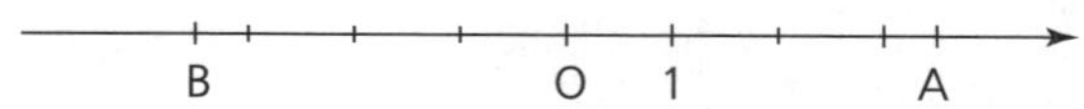

b. O est le milieu de [AB].

17. **1.** **a.** 7. **b.** – 5. **c.** 0. **d.** + 4,5. **e.** – 3,2.

2.

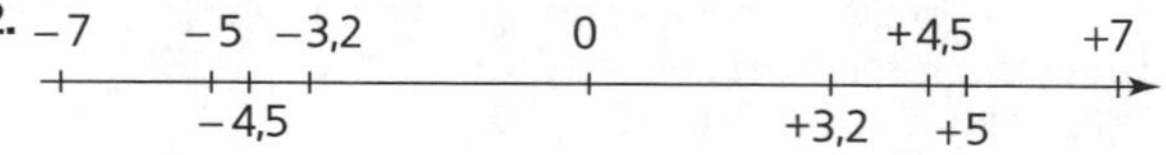

18. **a.**

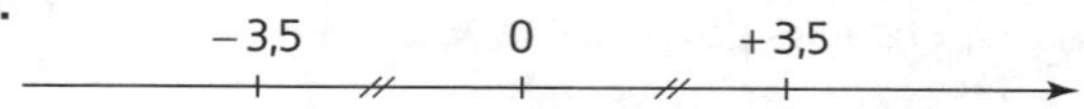

b.

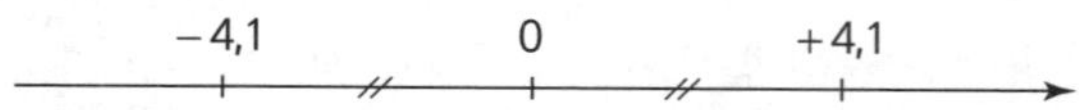

19.

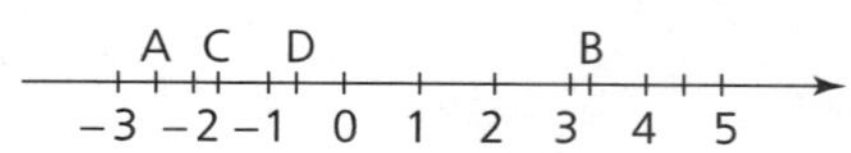

20.

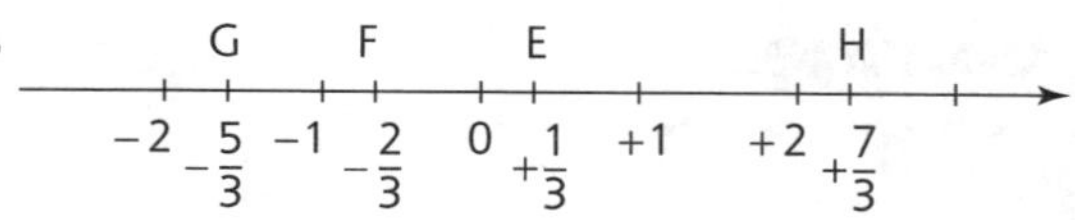

21. **a.** et **b.**

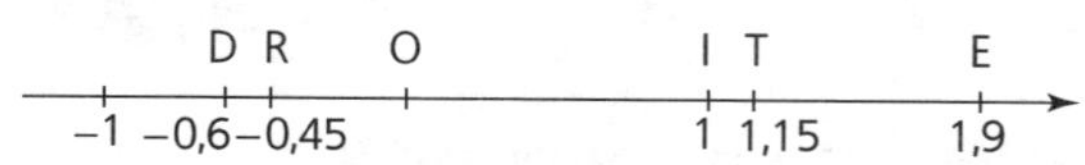

c. DROITE.

22. **a.** et **b.**

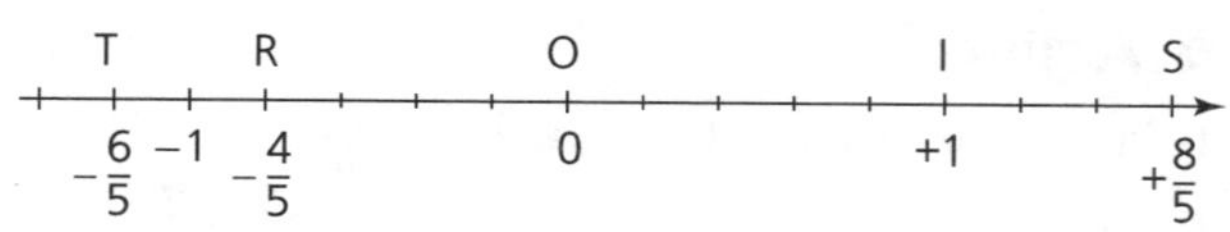

c. TROIS.

23. A(1 ; 1,5) ; B(1,5 ; –1,5) ; C(2 ; 0) ;
D(–2 ; –1) ; E(–1,5 ; 2) ; F(0 ; – 0,5).

24. M(–3 ; –1) ; N(1 ; 2) ; P(–2 ; 2,5) ;
Q(2,5 ; – 0,5) ; R(0 ; – 2,3) ; S(–1,5 ; 0).

25.

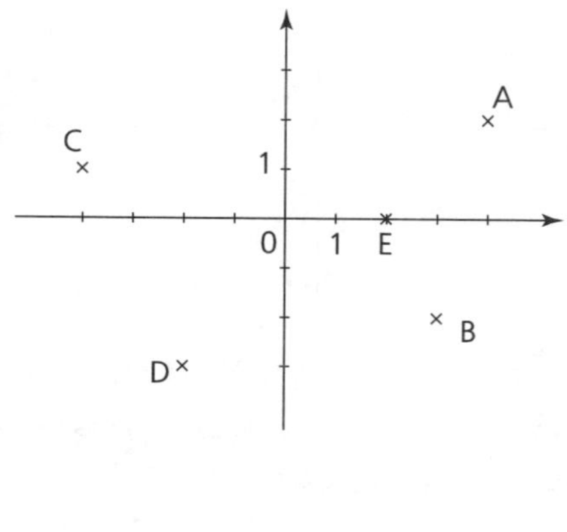

26.

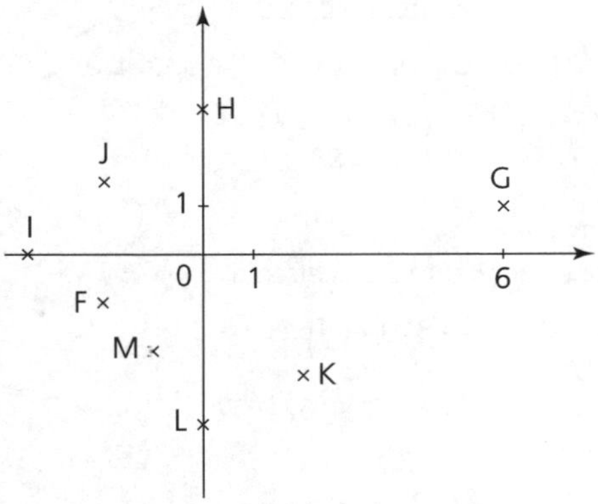

27.

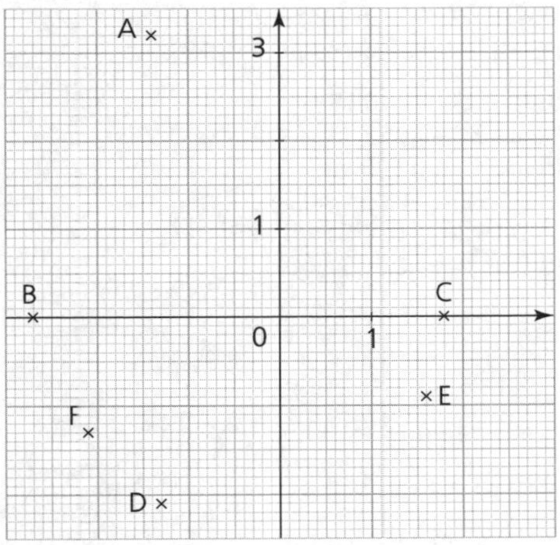

28. a. R. **b.** U. **c.** W. **d.** S. **e.** T.

29. a.

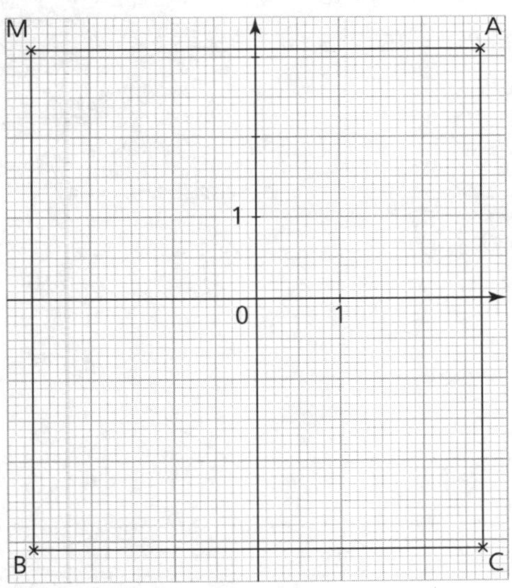

b. A(2,7 ; 3,1) ; B(–2,7 ; –3,1) ; C(2,7 ; –3,1).

c. MACB est un rectangle.

d. O(0 ; 0).

30. a. b.

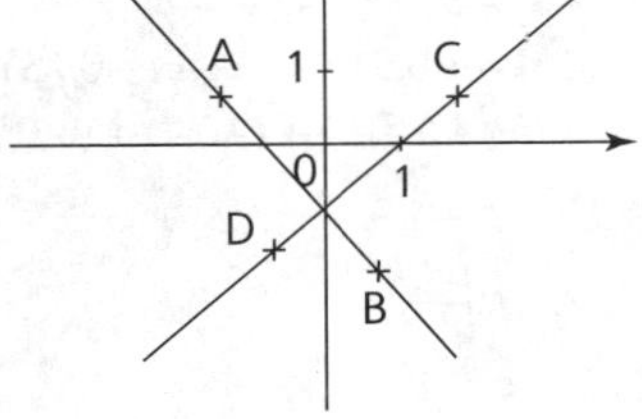

c. Les droites (AB) et (CD) semblent perpendiculaires.

31. a.

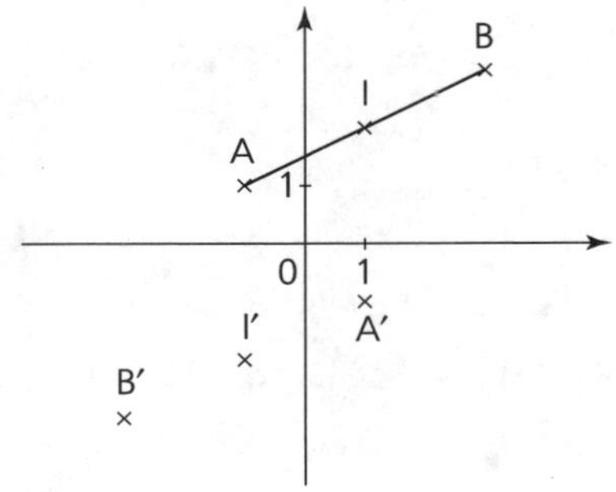

b. I(1 ; 2).

c. A′(1 ; –1) ; B′(–3 ; –3) ; I′(–1 ; –2).

32. 1. $a = -2$; $b = -4$; $c = -6$.

2. a. b.

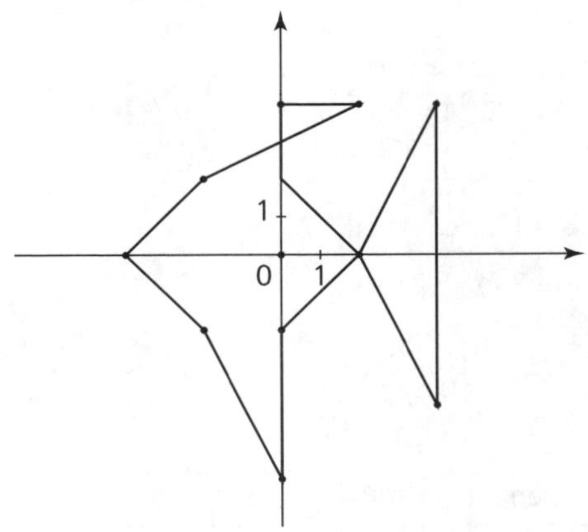

33. a. +1,9 < + 2,5. **b.** –2,3 < +2,1.
c. 0 > –1,7. **d.** –73 < –53.
e. –1 > – 3. **f.** – 0,2 > – 0,8.

34. a. 5,2 > 5,15. **b.** – 4 > – 4,4.
c. –1,001 < –1. **d.** +2 > – 7,8.
e. 0 < +9,2. **f.** +2,37 > +2,1.

35. a. 3 < 3,05 < 3,1. **b.** – 5 < – 4 < – 2.
c. – 7 < – 6,5 < – 6. **d.** –3,2 < –3,14 < –3,1.
e. –0,1 < 0 < 0,1. **f.** – 1,15 < – 1,13 < – 1,1.

36. a. 3 < 3,2 < 4. **b.** – 3 < –2,7 < – 2.
c. 0 < 0,8 < 1. **d.** – 4 < – 3,2 < – 3.

37. a. – 4. **b.** –13 000. **c.** – 0,41. **d.** – 90.

38. a.

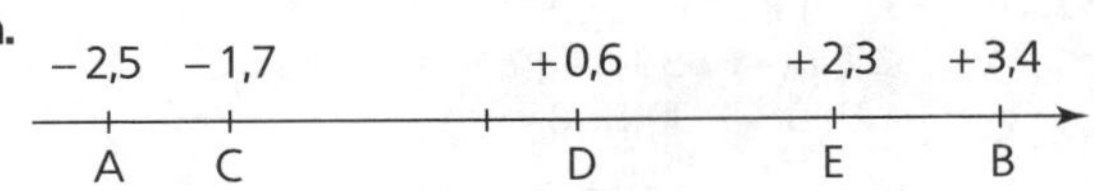

b. –2,5 < –1,7 < +0,6 < +2,3 < +3,4.

39. –8,6 < –5,7 < –2,5 < 0 < +2,5 < + 3.

40. + 4,044 > + 4,003 > – 4 > – 4,04 > – 4,4 > – 4,44.

41. –7,02 < –6,3 < – 4,56 < –3,65 < 2,45 < 9,03.

42. –5,15 < –5,1 < –5,09 < –2 < –1,4 < –1,38 < 0,01 < 0,5 < 7,6 < 7,65 < 8,02 < 8,2.

43.

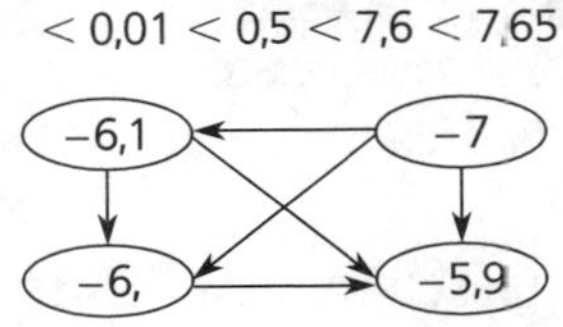

44. **a.** ■,5 > – ■,2. **d.** – 2,■7 > – 3,■.
e. – ■,7 < 1,■9. **f.** – 7,7 < – 7,3■■.

45. –89,2 °C < –68 °C < –41 °C < +44,4 °C < +53 °C < +56,7 °C < +58 °C.

46. CHRISTOPHE

47. **a.** – **b.** – **c.** + **d.** + **e.** + **f.** –

48. **a.** + 23 **b.** – 32 **c.** – 8 **d.** + 4 **e.** – 7 **f.** – 7

49. **a.** – 0,4 **b.** – 4 **c.** – 3 **d.** – 10,4 **e.** – 4,5 **f.** + 11,8

50. **a.** –5,3 **b.** 0 **c.** +4,5 **d.** +9,7 **e.** –2,3 **f.** +3,6

51.

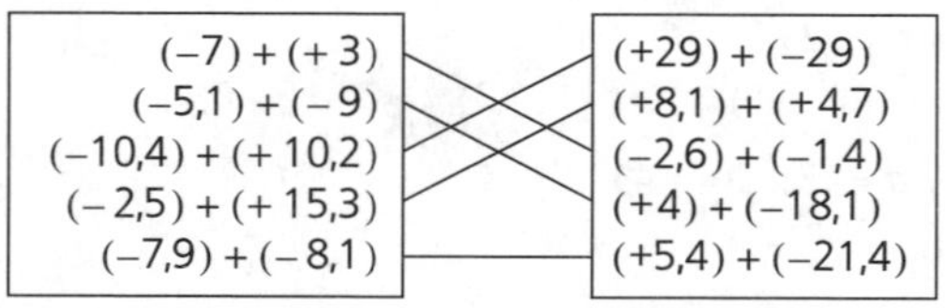

52. **a.**

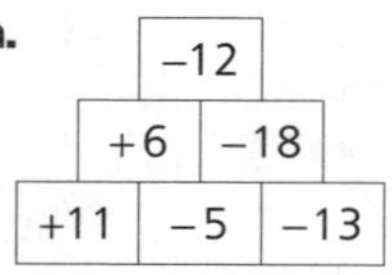

b.

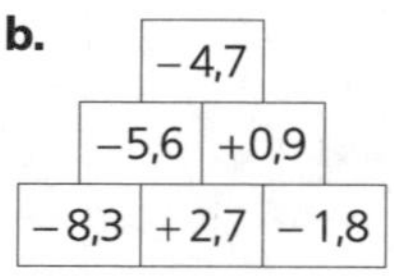

53. **a.** –6. **b.** +18. **c.** –1. **d.** –3.

54. (– 0,7) + (+ 2,7) = +2 ;
(–0,7) + (–2,3) = – 3 ;
(–2,3) + (+7,3) = + 5 ;
(+ 2,7) + (+ 7,3) = +10 ;
(–0,7) + (– 2,3) + (+ 2,7) + (+ 7,3) = 7.

55.

Ben	+13,78	–7,55	+6,23
Axel	– 2,87	+1,15	–1,72
Erwan	– 5,30	– 8,25	– 13,55
groupe	+ 5,61	– 14,65	– 9,04

56. (+ 2) + (– 4) = – 2 ;
(–2) + (+1) = –1 ;
(–1) + (–3) = –4 ;
(–4) + (+8) = [+ 4].

57. **a.** + 2. **b.** – 2. **c.** – 5. **d.** – 11,2. **e.** 2,6. **f.** – 3,7.

58. **a.** – 8,5. **b.** + 2. **c.** – 14. **d.** – 30,3. **e.** 19,4. **f.** – 257.

59. A = – 2,3 ; B = – 9 ; C = 0 ; D = 26.

60. **a.** –7. **b.** – 31,8.

61. A = 537 + [1 991 + (–991)] + (–1 537)
A = [537 + (–1 537)] + [1 991 + (–991)]
A = – 1 000 + 1 000 = 0.

62. **a.** (–18) – (+ 7) = (–18) + (– 7) = – 25.
b. (+ 21) – (–15) = (+ 21) + (+15) = + 36.
c. (–9) – (–5) = (–9) + (+5) = – 4.
d. (+ 9,5) – (+ 3,8) = (+ 9,5) + (– 3,8) = 5,7.

63. **a.** (–13) + (+ 7) = – 6.
b. (–11) + (–9) = – 20.
c. (+12,7) + (–7,5) = + 5,2.
d. (+ 15,3) + (+ 21) = + 36,3.
e. (– 2,1) + 0 = – 2,1.
f. 0 + (+ 3) = 3.

64. **a.** 10. **b.** –16. **c.** –10. **d.** 4. **e.** –18. **f.** 7.

65. **a.** 2,4. **b.** – 1,3. **c.** – 8,2. **d.** 18,6.

66. **a.** 8,1. **b.** 12,8. **c.** – 15. **d.** 0. **e.** – 19,1. **f.** 0.

67. **a.** Séti 1er : – 1304 – (–1318) = 14.
Ramsès II : – 1236 – (–1304) = 68.
C'est Ramsès II.
b. 14 + 68 = 82.
Les deux règnes durèrent 82 ans au total.

68. **a.** – 81 – (–162) = – 81 + (+ 162) = 81.
L'écart est de 81 m.
b. –125 – (–162) = – 125 + 162 = 37.
L'écart est de 37 m.

69. **a.** AC = (– 0,8) – (– 2,9) = – 0,8 + 2,9 = 2,1 ;
BC = (– 2,9) – (– 5) = – 2,9 + 5 = 2,1.
b. C est le milieu du segment [AB].

70. Abscisse de A : +0,15 ;
abscisse de B : – 0,05 ;
abscisse de C : – 0,125.
AB = (+ 0,15) – (– 0,05) = 0,2 ;
AC = (+ 0,15) – (– 0,125) = 0,275 ;
BC = (– 0,05) – (– 0,125) = 0,075.

71. **1.**

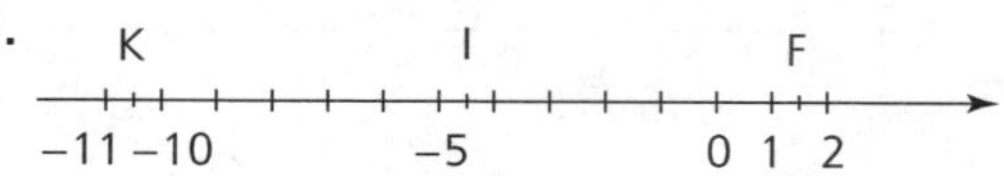

2. **b.** L'abscisse de F est +1,5.

3. **a.** $KI = \frac{KF}{2} = 6$.
b. – 10,5 + 6 = – 4,5 ou :
abscisse de (I) – (–10,5) = 6 ;
abscisse de I = 6 – 10,5 = – 4,5.

72. **a.** MN = – 3,5 – (–5,2) = – 3,5 + 5,2 = 1,7.
b.

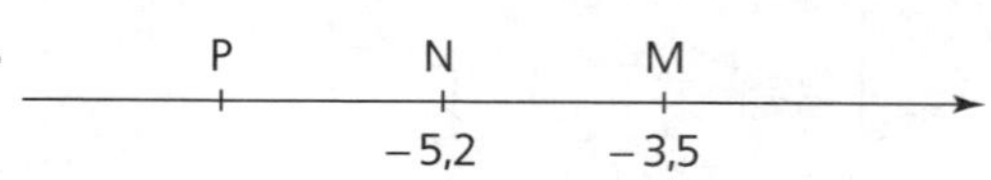

c. abscisse de N – abscisse de P = 1,7
–5,2 – x = 1,7
–5,2 – (+ 1,7) = x
x = – 6,9.

73. **a.** **b.**

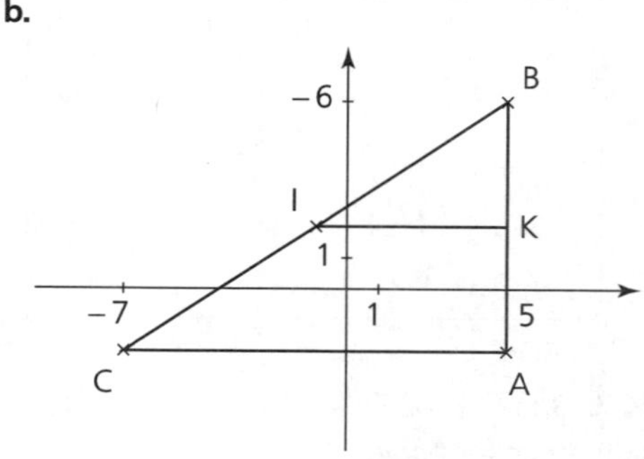

c. Le triangle ABC est rectangle en A.
AB = 8 et AC = 12.
d. I(–1 ; 2).
e. IK = 6.

74. **a.** (– 2) + (+ 5) + (– 3) + (+ 4) + (– 8) = – 4.
b. (– 2) + (– 4,5) + (+ 0,5) + (+ 3) + (+ 0,75) = 4,5.
c. (– 0,1) + (– 0,25) + (– 0,5) + (– 0,4) + (+ 0,75) = – 0,5.

75. **a.** 4,1. **b.** – 0,7. **c.** – 1,9.

76. **a.** – 3. **b.** – 5,2. **c.** – 1.

77. **a.** 8. **b.** – 27,7. **c.** – 21.

78. – 2.

79. – 15,5.

80. – 23,8.

81. 1. a. A = 3,5 et B = 3,5.

b. A = 16,9 et B = 16,9.

c. A = 17 et B = 17.

d. A = 20 et B = 20.

2. On constate que l'on trouve le même résultat dans chaque cas.

82. A est la somme de 2 et de la différence de 3 et 7.
B est la différence de la différence de 2 et 7 et de la somme de 2 et 9.

83. a. A = ((–12) + (–3)) – (5 – 10) – 6.

b. –16.

84. a. 0,05 + (0,75 – (0,2 + 0,4)) = 0,2.

b. – 10 – [(–12) + (–3)] – 5 = 0

85. a. Les élèves doivent poser des questions qui se rapportent à la leçon étudiée.

b. Il faut indiquer la position qu'occupe une droite par rapport à l'autre droite.

c. Il faut estimer la gravité des choses les unes par rapport aux autres.

d. « pronom relatif » est le terme utilisé en grammaire pour désigner le mot « qui » dans cette phrase.

86. a. La dispute a commencé à cause d'un bonbon.

b. Il a des ascendants qui viennent d'Afrique.

c. « orthographe » est un mot qui provient du grec orthographia.

d. Sur l'emballage sont indiqués les pays ou les régions d'où proviennent les fruits.

87. a. Vous pourrez me joindre car je vous donne le moyen de le faire grâce à mon adresse ou à un numéro de téléphone ou …

b. Les serviettes sont assorties à la nappe.

88. a. L'origine d'un repère est le seul point dont les coordonnées sont toutes deux égales à 0.

b. Tous les points situés au-dessous de l'axe des abscisses ont une ordonnée négative et ceux au-dessus une ordonnée positive.

c. Tous les points situés à droite de l'axe des ordonnées ont une abscisse positive et ceux situés à gauche, une abscisse négative.

d. Tous les points de l'axe des ordonnées ont une abscisse égale à 0.

e. Tous les points de l'axe des abscisses ont une ordonnée égale à 0.

89. a. –11 ; –7 ; –3 ; 1 ; 5 ; 9.

b. 17 ; 12 ; 7 ; 2 ; –3 ; –8 ; –13 ; –18.

90. a. 7. **b.** 0. **c.** 3. **d.** –13. **e.** –62 **f.** 8.

91. a. 15. **b.** – 3. **c.** 5. **d.** 6. **e.** –175. **f.** 4.

92. a. –7,6. **b.** 18. **c.** –14. **d.** 0.

93. a. + 5. **b.** – 6. **c.** 0. **d.** 6. **e.** – 1. **f.** – 99.

94. a. $3 < 3{,}5 < 4$. **b.** $-7 < -6{,}02 < -6$.

c. $6 < \frac{45}{7} < 7$. **d.** $-1 < -\frac{3}{8} < 0$.

e. $-11 < -10{,}75 < -10$. **f.** $-1 < -0{,}03 < 0$.

95. a. – 9 600. **b.** – 960. **c.** – 9,6. **d.** – 0,096.

Faire le point

96. b. **97. c.** **98. c.** **99. b.**

100. a. **101. b.** **102. c.** **103. a.**

104. c. **105. c.** **106. b.**

Exercices de Consolidation

107. • A, D et H ; • B, E, J et L ; • C et F ; • G, I et K.

108. a. (–17) + (–28) = – 45.
ou (+17) + (–28) = –11.

b. (+39) + (+21) = +60.
ou (+39) + (–21) = +18.

c. (–53) + (–29) = – 82.
ou (–53) + (+29) = –24.

d. (+42) + (+73) = +115.
ou (– 42) + (+73) = +31.

109. a. AB = 106.

$BC = \frac{3}{4}AB = \frac{3}{4} \times 106 = 79{,}5$.

73,4 – 79,5 = –6,1.
L'abscisse de C est –6,1.

b. $AC = \frac{1}{4}AB = 26{,}5$.

AC = – 6,1 – (–32,6) = 26,5.

110. Énoncé 1 : +10.
+10 – (–2) = | 12 |.
Énoncé 2 : –11 034.
8 848 – (–11 034) = | 19 882 |.
Énoncé 3 : –287.
– 212 – (–287) = | 75 |.

111. 1. – 600 – (–800) = 200.
– 600 – (–950) = 350.
Entre l'équipe médicale et le 1er groupe il y a 200 m et entre l'équipe médicale et le 2e groupe il y a 350 m.
2. – 950 – 172 = –1 122.
Le fond du gouffre est à la cote –1 122 m.
3. 1 460 – 1 122 = 338.
L'altitude du fond du groupe est 338 m.
1 460 – 600 = 860.
Altitude de l'équipe médicale : 860 m.

Exercices d'approfondissement

112. 1. a.

un positif	+3	+10	+5	+9
un négatif	–5	–15	–1	–2
somme	–2	–5	+4	+7

Jérémy se trompe.

b. +9 est un nombre positif.
–2 est un nombre négatif et pourtant leur somme +7 est un nombre positif. Donc l'affirmation de Jérémy est fausse.

2. a. +11 – (–3) = 11 + (+3) = ⋯ ; soustraire –3 revient à ajouter +3 qui n'est pas un nombre négatif.

b. L'opposé de –7 est +7 et +7 n'est pas négatif.

c. (+11) + (–5) = +6.
+6 est la somme de (+11) et (–5) or +6 n'est pas plus grand que +11.

113. 1. a. AB = 7,6 – (–4,5) = 7,6 + 4,5 = 12,1 ;

abscisse de A′ : +4,5 ;
abscisse de B′ : –7,6 ;
A′B′ = +4,5 – (–7,6) = 12,1 ;
donc : AB = A′B′.

b. A et A′ sont symétriques par rapport à l'origine, de même B et B′ donc [AB] est le symétrique de [A′B′] or la symétrie conserve les longueurs donc AB = A′B′.

2. M′ et N′ sont les symétriques de M et N par rapport à l'origine donc [M′N′] est le symétrique de [MN] par rapport à l'origine. Donc MN = M′N′.

114. a. Oui car $104 > 63$.

b. $104 - (-63) = 167 = AB$.

$\frac{1}{2} AB = 83{,}5$.

$104 - 83{,}5 = 20{,}5$.

C'est F.

115. a. $AB = 1\ 207{,}5 - (-5\ 321{,}3)$
$= 6\ 528{,}8$.

b. $IA = IB = \frac{1}{2} \times AB = 3\ 264{,}4$.

c. Abscisse de $I = -5\ 321{,}3 + 3\ 264{,}4 = -2\ 056{,}9$
ou $1\ 207{,}5 - 3\ 264{,}4 = -2\ 056{,}9$.

116. a. • 2. • –2. • 3. • –3.

b. • 4 et – 4.

c. On remarque que $2 = (1 + 3) : 2$
et $3 = (1 + 5) : 2$.

Lorsque le dernier terme est impair, la somme est la demi-somme du 1er terme et du dernier.
Lorsque le dernier terme est pair, la somme est l'opposée de la somme du 1er terme et de l'avant-dernier terme.
$1 - 2 + 3 - 4 + \cdots - 2\ 004 + 2\ 005 = 1\ 003$.

117.

–3	**20**	**–1**	**–8**
3	2	7	–4
–6	–5	4	**15**
14	**–9**	–2	**5**

118. C(–2 ; 17).

119. $(+57) + (+43) = +100$.
$(-4) + (-9) = (-13)$.

a. La population urbaine a augmenté de 100 millions d'habitant alors que la population rurale a baissé de 13 millions.

b. $96 + 100 - 13 = 209$.
En 2005, la population est :
209 millions.

120. a. $3\ 300 - 3\ 000 = 300$.
$300 = 3 \times 100$.
$3 \times 0{,}6 = 1{,}8$.
$-8 - 1{,}8 = 9{,}8$.
À 3 000 m, il fait –9,8 °C.

b. $3\ 000 - 2\ 500 = 500$.
$500 = 5 \times 100$.
$5 \times 0{,}6 = 3$.
$-8 + 3 = -5$.
À 2 500 m, il fait –5 °C.

121. a. 1998 avait 365 jours.

b. 1.
1 jour de différence car, 2004 a 1 jour de plus (année bissextile).

c.

	Rouge	Orange	Vert
1998	8	70	287
2004	1	60	305

d. La qualité de l'air semble s'être améliorée.

e.

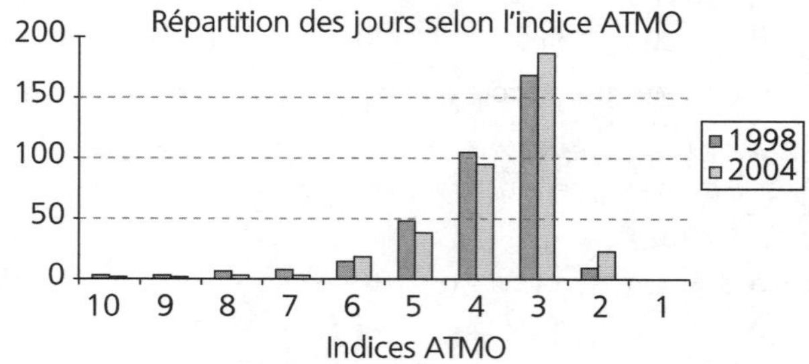

122. 2. b. Pour $x = -3$, $10 - x = 10 - (-3) = 13$.
Pour $x = 3$, $10 - 3 = 7$.

3. a. Dans la colonne C, en C2, = 5 – A2 ;
dans la colonne D, en D2, = 10 – A2 – 5.
On peut constater que les colonnes C et D sont identiques.

b.

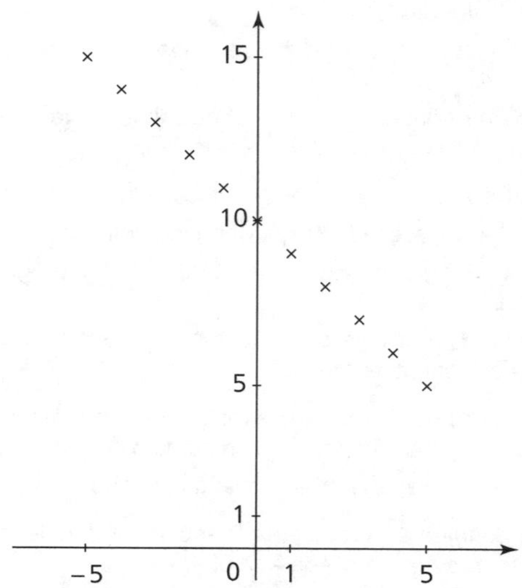

On peut observer que les points sont alignés.

123. a.

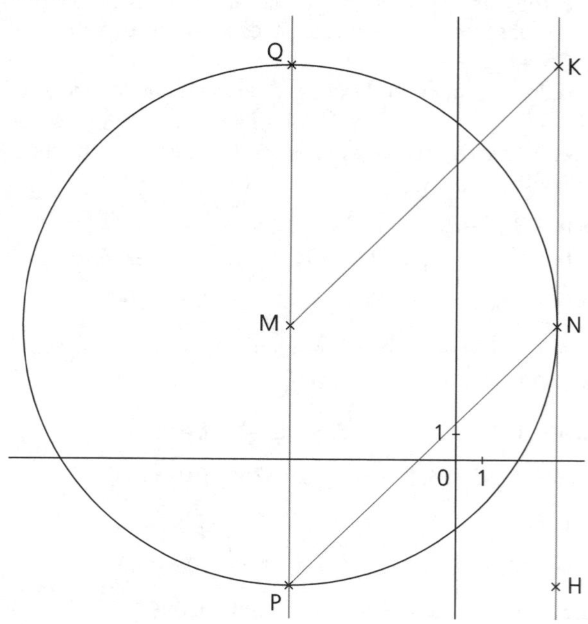

b. Il semble que N appartient au cercle.
5,8 – (– 4,3) = 5,8 + 4,3 = 10,1.
Le rayon du cercle $\mathscr{C}$ mesure 10,1.
3,8 – (– 6,3) = 3,8 + 6,3 = 10,1.
Comme MN = 10,1 ; N ∈ $\mathscr{C}$.

c. 5,8 + 10,1 = 15,9 ; Q(– 6,3 ; 15,9) ;
– 6,3 – 10,1 = – 16,4 ; R(– 16,4 ; 5,8).

d. H(3,8 ; – 4,3) (même abscisse que N et même ordonnée que P) ;
K(3,8 ; 15,9) ; NH = MP = NK donc 5,8 + 10,1 = 15,9.

e. (MP) // (KN) et MP = KN donc MKNP est un parallélogramme.

124. Faux. En effet, – 6 n'est pas supérieur à son opposé + 6.

125. Faux. En effet, – 2,7 est entre – 2 et – 3.

126. Vrai. En effet, (– ···) – (+···) = (– ···) + (– ···) et la somme de deux nombres négatifs est négative.

127. Faux. En effet, 3,71 – (– 1,71) = 3,71 + 1,71 = 5,42.

128. Faux. En effet, 7 – (– 3) = 7 + 3 = 10.

129. Vrai. En effet, – 13 + 5 = – 8.

130. Faux. En effet, la différence de + 8 et – 15 s'écrit :
+ 8 – (– 15) = 8 + 15.

Des défis

131. 18 h.

132. + 0,4 ou – 0,4.

Jeu

a.

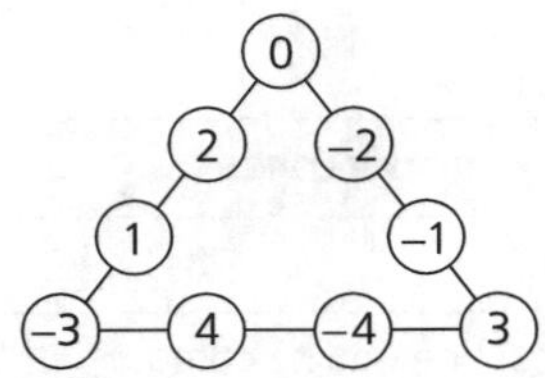

b.

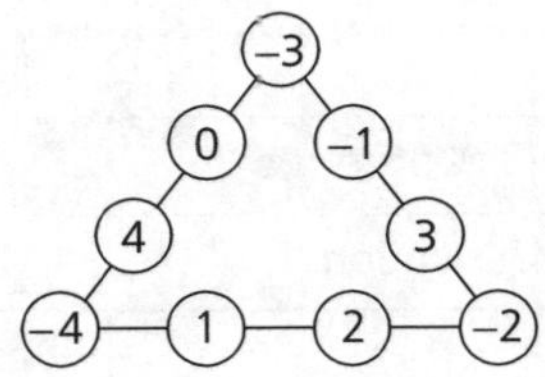

CHAPITRE

4 Équations

1. Programme de 5e : partie traitée dans ce chapitre

Contenus	Compétences	Exemples d'activités, commentaires
2.4. Équation		
	– Tester si une égalité comportant un ou deux nombres indéterminés est vraie lorsqu'on leur attribue des valeurs numériques.	Une attention particulière est apportée à l'introduction d'une lettre pour désigner un nombre inconnu dans des situations où le problème ne peut pas être facilement résolu par un raisonnement arithmétique. Les programmes du collège prévoient une initiation progressive à la résolution d'équations, de manière à éviter la mise en œuvre d'algorithmes dépourvus de véritable sens. La classe de cinquième correspond à une étape importante avec le travail sur des égalités vues comme des assertions dont la vérité est à examiner. Par exemple, dans l'étude d'une situation conduisant à une égalité telle que $3y = 4x + 2$, les élèves en testent la valeur de vérité pour diverses valeurs de x et y qu'ils sont amenés à choisir. Ce type d'activité permet de mettre en évidence une nouvelle signification du signe $=$. Des situations conduisant à des inégalités sont également étudiées.

Nos choix :

Les tests d'inégalités ne sont abordés qu'en exercices. En effet, les messages à faire passer sur égalité, variable (inconnue), équation méritent une grande clarté pour ne pas y mêler des inégalités.

2. Avant et après

a. Classe de 6^e

Contenus	Compétences	Exemples d'activités, commentaires
2.1 Nombres entiers et décimaux		
Opérations : addition, soustraction et multiplication.	– Connaître la signification du vocabulaire associé : somme, différence, produit, terme, facteur.	La maîtrise du calcul passe en particulier par la capacité à trouver dans des situations numériques simples rencontrées à propos de problèmes concrets : – le nombre à ajouter à un nombre donné pour obtenir un résultat donné ; – le nombre à retrancher à un nombre donné pour obtenir un résultat donné ; – le nombre par lequel multiplier un nombre donné pour obtenir un résultat donné (*cf.* paragraphe 2.2 : Division, quotient). La désignation de l'inconnue par une lettre n'est pas nécessaire dans ces activités.

2.2. Division, quotient		
Écriture fractionnaire.	– Interpréter $\frac{a}{b}$ comme quotient de l'entier a par l'entier b, c'est-à-dire comme le nombre qui multiplié par b donne a.	À l'école élémentaire, l'écriture fractionnaire est introduite en référence au partage d'une « unité ». Les activités en sixième s'articulent autour de trois idées fondamentales : – le quotient $\frac{a}{b}$ est un nombre (solution du problème évoqué au 2.1) ; – le produit de $\frac{a}{b}$ par b est égal à a ; – le nombre $\frac{a}{b}$ peut être approché par un décimal.

b. Classe de 4[e]

Contenus	Compétences	Exemples d'activités, commentaires
2.2. Calcul littéral		
Résolution de problèmes conduisant à une équation du premier degré à une inconnue.	– Mettre en équation et résoudre un problème conduisant à une équation du premier degré à une inconnue.	Les problèmes issus d'autres parties du programme et d'autres disciplines conduisent à l'introduction d'équations et à leur résolution. À chaque fois sont dégagées les différentes étapes du travail : mise en équation, résolution de l'équation et l'interprétation du résultat. Le choix des problèmes doit faire l'objet d'une attention particulière. Des situations qui aboutissent à une équation du type $ax + b = cx + d$ permettent de mettre en évidence les limites des méthodes de résolution arithmétique ou par essais et ajustement et de faire percevoir l'intérêt de la méthode de résolution algébrique. Tous les problèmes aboutissant à des équations produits, du type $(x-2)(2x-3)=0$ sont hors programme.

3. Fiches pédagogiques des activités

Sciences en construction

■ Un peu d'histoire

Le papyrus de Rhind, vieux de plus de 35 siècles, a été découvert en 1855. Ce papyrus écrit par le scribe Ahmès tient son nom de son premier propriétaire, un écossais qui s'appelait Henry Rhind.

Il contient 87 problèmes résolus d'arithmétique, d'algèbre, de géométrie et d'arpentage. Tout cela sur plus de 5 m de longueur (à l'origine) et 32 cm de large.

L'équation proposée est extraite des problèmes 24 à 34 du papyrus qui traitent de la résolution d'équations par la méthode de fausse position (voir Prolongement possible).

■ Choix de la situation

Dans l'équation proposée l'inconnue est représentée par un carré (et non une lettre) ceci dans la continuité de ce qui a été vu en classe de 6e.

La solution est donnée sous la forme du produit d'une fraction par un nombre.

Nous avons volontairement donné cette solution afin de mettre ce problème au niveau d'un élève de 5e et de respecter le programme (la compétence exigible du chapitre étant de savoir tester une égalité pour des valeurs données de la variable).

Cette activité peut être l'occasion d'un travail transdisciplinaire avec le professeur d'Histoire-Géographie. On peut aussi à cette occasion demander aux élèves d'effectuer une recherche sur le papyrus de Rhind (en liaison avec le B2i).

Vous trouverez en bas de page, la traduction du problème posé (en lisant de droite à gauche).

■ Durée : 20 min

■ Déroulement

Les élèves travaillent individuellement pendant 10 minutes.

La question **a.** peut être traitée à la main ou avec la calculatrice. On observera les différentes façons de procéder. En effet, la multiplication d'un nombre par un quotient a été introduite en classe de 6e et revue aux chapitres précédents.

La question **b.** prépare déjà le test d'une égalité. Si certains élèves ont des difficultés, on peut s'appuyer sur une explication du type suivant : si on place le nombre 16,625 dans le « moule » $\square$, alors on fait de même partout où figure ce « moule », c'est-à-dire :

$\boxed{16{,}625} + \frac{1}{7}\boxed{16{,}625} = 16{,}625 + \frac{1}{7} \times 16{,}625$ (il faut penser à rétablir le signe × sous-entendu).

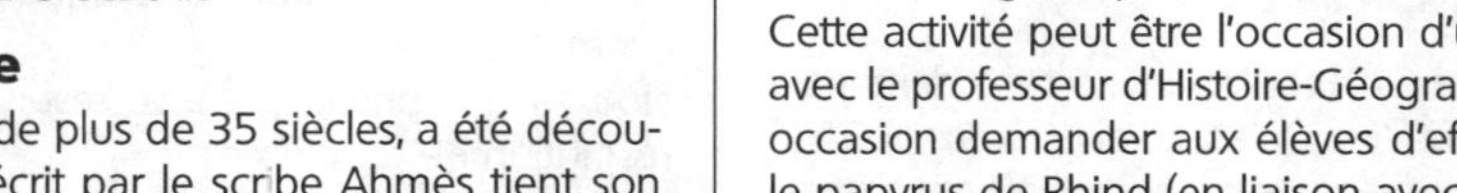

19 ← on obtient : ajoutés $\left(\frac{1}{7}\right)$ ← et son total la quantité.

L'équation à résoudre est donc $x + \frac{1}{7}x = 19$

Prolongement possible

Dans une classe d'un bon niveau, on peut expliquer comment le scribe résolvait l'équation $x + \frac{x}{7} = 19$ avec la règle de fausse position.
« On suppose que $x = 7$ (c'est la fausse position); alors $\frac{x}{7} = 1$ et $x + \frac{x}{7} = 8$.
Mais 8 n'est pas 19.
On passe de 8 à 19 en multipliant par $\frac{19}{8}$. On passe de 7 à la solution en multipliant par $\frac{19}{8}$ et le scribe calcule $\frac{19}{8} \times 7$. En fait, sans rentrer dans les explications « historiques » il calcule :
$\left(2 + \frac{1}{4} + \frac{1}{8}\right)(1 + 2 + 4)$ c'est-à-dire :
$2 + \frac{1}{4} + \frac{1}{8} + 4 + \frac{1}{2} + \frac{1}{4} + 8 + 1 + \frac{1}{2} = 16 + \frac{1}{2} + \frac{1}{8}$.
(Ce que de nos jours nous écrivons $\frac{133}{8}$ ou 16,625).

1 Affirmation : vraie ou fausse

Choix de la situation

L'objectif de cette activité est de présenter une égalité comme une affirmation qui est vraie ou fausse. Afin de favoriser cette découverte nous avons fait le choix de ne présenter ici que des égalités numériques simples et d'introduire les variables dans l'activité suivante.
La question **a.** propose d'examiner la valeur de la vérité de trois affirmations simples et de quatre égalités.
La question **b.** permet d'établir une distinction entre une affirmation de la vie de tous les jours (qui peut être selon les cas vraie ou fausse) et une égalité qui est soit vraie, soit fausse.
Cette activité peut-être l'occasion d'un travail commun avec le professeur de français de la classe.

Durée : 10 min

Déroulement

Si on le juge utile, on peut avant d'aborder cette activité, demander aux élèves : « Écrire une égalité », « Qu'est-ce qu'une égalité ? ».
Les réponses peuvent être, surprenantes dans certains cas, du type «5 = 5 » dans d'autres, ..., mais certainement pas «3 + 8 = 5 » !
La question **a.** a pour objectif de faire comprendre une égalité comme une affirmation. Certaines de ces affirmations sont vraies, d'autres sont fausses.
En mathématiques on n'a pas d'autres jugements que cela : c'est vrai ou c'est faux (on peut parler de valeur de vérité d'une égalité) ; ça ne peut pas être les deux à la fois, ou entre les deux, ou ni l'un ni l'autre.
Dans la vie de tous les jours, il n'en va pas de même : une affirmation peut être vraie pour certains, fausse pour d'autres, indécidables dans d'autres cas, ... D'où la présence des affirmations ①, ②, ③.
À la question **b.**, on peut demander aux élèves de citer des affirmations, dans divers domaines.

Synthèse

On peut parler d'identité à propos de ⑦, revoir les priorités opératoires à propos de ⑥.
On peut faire noter sur le cahier qu'une **égalité** est une affirmation où figure le signe = qui ne peut être que **vraie** ou **fausse**.
Enfin on présentera le vocabulaire : membre de gauche d'une égalité et membre de droite d'une égalité.

Prolongement possible

On peut demander aux élèves d'écrire une égalité vraie dont le membre de droite est 13 puis une égalité fausse dont le membre de droite est 13.

2 Lettres et égalités

Choix de la situation

Dans les chapitres précédents, de nombreuses égalités ont été écrites ; parfois certaines contenaient des lettres ($L = 2\pi R$, $3 + x = 8$ ...)
Cette fois, on s'intéresse à des égalités dont la valeur de vérité dépend d'une variable ; ceci est une nouveauté pour les élèves.
Nous avons fait le choix de proposer trois égalités. Ces égalités s'appuient sur les connaissances des élèves.
– $2 + \square = 6$;
– périmètre d'un cercle : $2\pi R$;
– identité $k(a + b) = ka + kb$.
À travers ces trois égalités nous abordons les trois cas possibles : vraie pour certaines valeurs de x, toujours fausse ou toujours vraie.

Durée : 10 min

Déroulement

On peut poser oralement la question **a.**
À cette question devraient apparaître des réponses du type « ça dépend ».
On insiste : « Ça dépend de quoi ? », en espérant obtenir « De la valeur de x ». On fera préciser clairement dans la discussion que « si x égale 4, l'égalité est vraie ; si x n'égale pas 4, alors l'égalité est fausse ».
Les élèves viennent de résoudre l'une de leurs premières équations.
On peut alors demander ce qu'est une équation. Ici aussi les réponses peuvent être surprenantes.
On peut enfin, faire lire le cadre vocabulaire et traiter les questions **b.** et **c.**, non moins surprenantes certainement pour des débutants.

Synthèse

Après avoir noté sur le cahier qu'une équation est une égalité où figure une variable, on peut introduire le vocabulaire « solution », « résoudre une équation » en s'appuyant sur un exemple simple.
Nous avons pris le parti de réserver le mot « inconnu » à la résolution de problèmes.

3 Avec une variable

Choix de la situation

L'objectif de cette activité est de présenter une situation conduisant à une égalité dont les élèves doivent tester la valeur de la vérité pour diverses valeurs de la variable. Nous avons choisi une situation simple faisant intervenir le périmètre d'une figure. Ceci afin de donner du sens à l'utilisation d'une variable dans une égalité.
Nous avons pris le parti de « donner » l'égalité plutôt que de la demander. En effet, l'introduction d'une inconnue et la mise en équation seront plus particulièrement abordées dans les activités ⑤ et ⑥. Ce choix est justifié par le programme qui insiste sur l'attention particulière que l'on doit accorder à l'introduction d'une lettre pour désigner une inconnue.

Durée : 30 min

Déroulement

Les élèves travaillent individuellement ou en groupes pendant 15 minutes puis on corrige au tableau.
À la question **a.**, certains élèves peuvent ne pas faire le lien entre cette égalité et les périmètres des figures. Dans ce cas on pourra les guider (individuellement ou collectivement) par une question du type « Exprimer le périmètre du triangle puis celui du rectangle en fonction de x » « que peut-on en déduire pour l'égalité proposée ? ».

Certains élèves obtiendront $2x+16$ comme expression du périmètre du rectangle. On pourra à cette occasion faire un retour sur l'identité $ka+kb=k(a+b)$ et rappeler les définitions des mots « factoriser » et « développer ».
À la question **b.**, si utile, on peut reformuler oralement par « l'égalité est-elle vraie ou fausse pour… ? »
Le fait de remplacer x par 10 puis de calculer séparément la valeur de chacun des deux membres de l'égalité est une nouveauté pour l'élève. On pourra là encore guider les élèves qui ont des difficultés à se « lancer ».

Synthèse

On devrait voir apparaître sur les cahiers des élèves des rédactions du type :
Au moment de la correction, il nous semble souhaitable de privilégier une rédaction où l'on calcule indépendamment la valeur de chacun des membres de l'égalité et où l'on conclut ensuite sur la valeur de la vérité de cette égalité.
Pour $x=10$:

• on calcule le membre de gauche :

$2(10+8)=2\times 18=36$

• on calcule le membre de droite :

$10+48=58$

• on conclut : $36\neq 58$ donc l'égalité $2(x+8)=x+48$ est fausse pour $x=10$.

Prolongement possible

On peut télécharger sur le site compagnon un imagiciel permettant de faire varier x et d'afficher x et les périmètres des figures de façon à explorer la situation.

4 Avec deux variables

Choix de la situation

Les objectifs de cette activité sont de :
– donner encore du sens à l'utilisation de variables ;
– tester la valeur de la vérité d'une égalité où figure deux variables.
À la question **a.**, nous avons fait encore le choix, de donner l'égalité et nous demandons de comprendre ce que représentent x et y dans cette égalité.
À la question **b.**, on demande aux élèves de tester la valeur de la vérité de l'égalité proposée.
Normalement le travail effectué à l'activité précédente devrait être réinvesti.
La question **c.** plus ouverte sera certainement l'occasion d'envisager différentes stratégies.

Durée : 30 min

Déroulement

On peut choisir de réaliser cette activité en classe. Dans ce cas les élèves travaillent individuellement ou en groupes pendant 15 minutes puis on corrige au tableau.
On peut aussi décider de traiter cette activité en salle informatique en utilisant un tableur.

On peut télécharger sur le site compagnon une feuille de calcul un tableau des recettes pour de nombreuses valeurs de x et y et un imagiciel permettant de faire varier x et y sur un graphique et en affichant la recette correspondante. Sur la feuille de calcul, la recherche d'une réponse pour la question **c.** est purement visuelle, sur l'imagiciel c'est plutôt une exploration en aveugle avec davantage de tâtonnements.

Synthèse

Après avoir corrigé les questions **a.** et **b.** on peut demander à plusieurs élèves d'exposer leurs solutions à la question **c.**

5 Une devinette

Choix de la situation

On propose ici un premier problème de « mise en équation ». Bien sûr en 5e, il n'est pas question de mettre en avant la démarche classique (choix de l'inconnue, …) mais simplement de s'initier à désigner l'inconnue par une lettre.
Les connaissances algébriques mobilisées (réduire $n-1+n+n-1$) correspondent au niveau de la classe de 5e.
Enfin l'équation finale ($3n=642$) ne nécessite pas (comme le programme le demande) de mettre en œuvre une technique algorithmique de résolution des équations (seule la définition d'un quotient est nécessaire).

Durée : 20 min

Déroulement

Les élèves travaillent individuellement pendant 10 minutes puis on corrige au tableau. À la fin de la correction on pourra faire lire à haute voix le cadre vocabulaire.
La question **a.** permet de vérifier la compréhension de la situation, avant d'aborder la « mise en équation ».
Selon le niveau de sa classe, on peut aussi ouvrir la situation et ne proposer dans un premier temps que l'énoncé du problème que l'on cherche à résoudre. Certains élèves utiliseront peut-être des démarches arithmétiques sans recourir aux équations.

Synthèse

Pour la résolution de l'équation $3n=642$, on s'appuiera sur la définition du quotient $\frac{a}{b}$: c'est le nombre qui multiplié par b donne a.
On insistera enfin sur la nécessité de conclure par une phrase et non pas seulement par $n=214$.

6 Résoudre un problème

Choix de la situation

Nous proposons cette situation, car un élève ne sera certainement pas tenté de mettre en place une démarche arithmétique. En contrepartie cette situation est un peu plus complexe, car plus synthétique (compréhension du texte, aires de triangles rectangles, de rectangles), mais elle aboutit à une équation très simple.

Durée : 30 min

Déroulement

Si l'on dispose d'un vidéo projecteur on peut explorer la situation à l'aide de l'imagiciel que l'on téléchargera sur le site compagnon : il permet de faire varier x et d'afficher x et l'aire du domaine coloré.
Après avoir tracé la figure au tableau, on peut proposer un travail en groupes.
Après un temps de recherche, une mise en commun permettra de rendre compte des différentes démarches.
Des élèves rencontreront des difficultés à écrire plus simplement $\frac{4x}{2}$ et $\frac{2x}{2}$.
On peut pendant la période de recherche aider individuellement ces élèves.

Synthèse

On peut envoyer au tableau un rapporteur de chaque groupe qui a une démarche intéressante.

▲ Test final

Durée : 45 min

Exercice 1

a. Écrire une égalité qui est vraie et dont le membre de gauche est $4 + 2 \times 3$.

b. Écrire une égalité qui est fausse et dont le membre de droite est 8.

Exercice 2

Alix et Numa ont des CD. On désigne par a le nombre de CD que possède Alix et par n le nombre de CD que possède Numa.

1. Traduire chaque affirmation par une égalité où figurent a et n.

a. Numa a trois CD de plus qu'Alix.

b. Alix a quatre fois plus de CD que Numa.

c. Alix a deux CD de moins que Numa.

d. Numa a cinq fois moins de CD qu'Alix.

e. À eux deux ils ont 28 CD.

2. Traduire chaque égalité par une phrase.

a. $x = 7y$. **b.** $y = \frac{x}{6}$. **c.** $y - x = 8$.

Exercice 3

Dans chaque cas, dire si l'égalité $3(2x + 3) = 4x + 25$ est vraie ou fausse.

a. $x = 3$. **b.** $x = 5$. **c.** $x = 8$.

Exercice 4

1. Dans chaque cas, dire si l'égalité $2x + 30 = 5y - x$ est vraie ou fausse.

a. $x = 2$ et $y = 7$. **b.** $x = 5$ et $y = 9$.

2. Proposer une autre valeur de x et une autre valeur de y pour laquelle l'égalité est vraie.

Exercice 5

Ce carré et ce triangle isocèle ont le même périmètre, mais on a oublié la valeur de la longueur x.

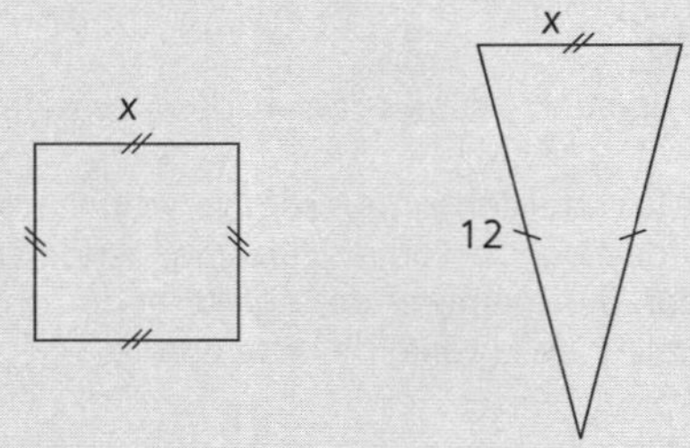

a. Traduire cette situation par une équation d'inconnue x.

b. En utilisant le schéma ci-contre, résoudre l'équation obtenue. Expliquer.

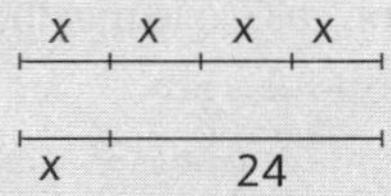

4. Corrigés

■ Revoir les acquis

1 b **2** a **3** b **4** b **5** b

■ Sciences en construction

a. $\square = \frac{19}{8} \times 7 = 16{,}625$.

b. $16{,}625 + \frac{1}{7} \times 16{,}625 = \frac{116{,}375}{7} + \frac{16{,}625}{7} = \frac{133}{7} = 19$.

La valeur de $\square$ convient.

■ Activités

1. a. ① vrai ② cela dépend ③ cela dépend ④ vrai ⑤ faux ⑥ vrai ⑦ faux..

b. Une affirmation de la vie de tous les jours n'est pas forcément vraie ou fausse.
Cette affirmation dépend de l'auteur, du contexte…

2. a. L'égalité est vraie uniquement pour $x = 4$ sinon elle est fausse.

b. L'égalité est fausse.

c. L'égalité est vraie.

3. a. $2(8 + x)$ désigne le périmètre du rectangle. $x + 48$ désigne le périmètre du triangle.
L'égalité $2(8 + x) = x + 48$ signifie que les deux figures ont le même périmètre.

b. • Pour $x = 10$

Membre de gauche	Membre de droite
$2(8 + x) = 36$	$10 + 48 = 58$

$36 \neq 58$, l'égalité est fausse.

• Pour $x = 16$

Membre de gauche	Membre de droite
$2(8 + 16) = 48$	$16 + 48 = 64$

$52 \neq 64$, l'égalité est fausse.

• Pour $x = 32$

Membre de gauche	Membre de droite
$2(8 + 32) = 80$	$32 + 48 = 80$

L'égalité est vraie.

• Pour $x = 42$

Membre de gauche	Membre de droite
$2(8 + 42) = 100$	$42 + 48 = 90$

$100 \neq 90$, l'égalité est fausse.

4. a. x désigne le nombre de billets enfants que l'on a vendu et y le nombre de billets adultes.

b. • Pour $x = 100$ et $y = 44$
Membre de gauche : $8 \times 100 + 15 \times 14 = 1\,460$
$1\,460 \neq 1\,440$, l'égalité est fausse.
• Pour $x = 70$ et $y = 50$
Membre de gauche : $8 \times 70 + 15 \times 50 = 1\,310$
$1\,310 \neq 1\,440$, l'égalité est fausse.
• Pour $x = 50$ et $y = 30$
Membre de gauche : $8 \times 50 + 15 \times 30 = 850$
$850 \neq 1\,440$, l'égalité est fausse.

c. $x = 0$ et $y = 96$, $x = 15$ et $y = 88$, $x = 45$ et $y = 72$.
Les couples solutions sont de la forme $(15n \,;\, 96 - n)$, n compris entre 0 à 96.

5. a. $100 + 101 + 102 = 303$ et $303 \neq 642$.
Le nombre choisi ne peut pas être 101.

b. Le nombre qui précède n est $n - 1$, le nombre qui le suit est $n + 1$.

c. $n - 1 + n + n + 1 = 642$ soit $3n = 642$

$n = \frac{642}{3} = 214$. Le nombre choisi était 214.

6. En exprimant les aires en cm^2 on obtient : Aire de ABCD : 36, Aire de ANP : $2x$, Aire de MNP : x

$2x + x = \frac{1}{3} \times 36$ soit $3x = 12$, $x = \frac{12}{3} = 4$.

Pour $x = 4$ l'aire du domaine coloré est égale au tiers de celle du carré.

■ Travail personnel

A. $A = 3$, $B = 5$, $C = 27$, $D = 5$.

B. Pour $x = 3$: $A = 24$, $B = 8$, $C = 19$.
Pour $x = 5$: $A = 20$, $B = 4$, $C = 31$.

C. Luna a 8 ans, Gabriel a 19 ans et Pierre a 33 ans.

D.

Affirmations	Égalités
Le produit de *x* par 5 est 16	$5x = 16$
La somme de 4 et *a* est 16	$4 + a = 18$
Le quotient de 26 par *b* est 5	$\frac{26}{b} = 5$
Le tiers de *c* est 16	$\frac{1}{3}c = 16$

E. **a.** 7 **b.** 1,7 **c.** 5,3

■ Exercices d'application

1. **a.** Vraie **b.** Fausse **c.** Fausse
d. Vraie **e.** Fausse **f.** Vraie

2. **a.** $3 + 4 = 7$ **b.** $4 \times 5 = 20$

3. **a.** $5 = 12 - 7{,}5$ **b.** $(13 - 9) \times 0{,}5 = 13$

4. **a.** $x = 2y$ **b.** $y = x + 3$
c. $x = y + 4$ **d.** $x + y = 52$

5. **a.** $\ell + \frac{L}{2}$ **b.** $L = \ell + 10$
c. $L \times \ell = 60$ **d.** $2(L + \ell) = 80$

6. **a.** Fausse **b.** Vraie
c. Fausse **d.** Vraie
e. Vraie **f.** Vraie

7.

	Membre de gauche	Membre de droite	L'égalité est
a. $x = 2$	18	8	fausse
b. $x = 10$	42	58	fausse
c. $x = 7$	33	33	vraie

8.

	Membre de gauche	Membre de droite	L'égalité est
a. $x = 0$	4	0	fausse
b. $x = 6$	6	6	vraie
c. $x = 9$	7	9	fausse

9. **1.**

	Membre de gauche	Membre de droite	L'égalité est
a. $x = 3$	32	32	vraie
b. $x = \frac{1}{2}$	22	22	vraie
c. $x = 796$	3 204	3 204	vraie

2. $4(x + 5) = 4 \times x + 4 \times 5 = 4x + 20$.

10. **a.** $2(x + 5) = 4 + 3x$.
b. Pour $x = 3$, l'égalité est fausse.
Pour $x = 6$, l'égalité est vraie.

11. L'égalité est vraie pour $x = 324$.
La tour Eiffel mesure 324 m.

12.

Égalités	Valeur de *x* pour laquelle l'égalité est vraie
$5x + 3 = 3(x + 1)$	$\frac{3}{2}$
$3x - 9 = x - 1$	4
$\frac{20}{x} = 2$	10
$\frac{x + 3}{2} = x - \frac{3}{2}$	6
$3x + 2 = 2(x + 1)$	0

13. **1.** **a.** $n - 1$. **b.** $n + 1$.
2. **a.** $n + 2(n - 1) + 3(n + 1) = 199$ soit $6n + 1 = 199$.
b. Le nombre peut être égal à 33.

n	10	25	33	47
$6n + 1$	61	151	199	283
Vérité	F	F	V	F

14. **b.** Cet élève s'est trompé.
c. $2(3 + 4a) = 6 + 8a$.

15.

	$2x + 16$	$2y + x$	$2x + 16 = x + 2y$
$x = 3$ et $y = 0$	25	3	Fausse
$x = 5$ et $y = 10{,}5$	26	26	Vraie
$x = 1$ et $y = 2$	18	5	Fausse
$x = 2{,}5$ et $y = 5{,}5$	21	13,5	Fausse
$x = 120$ et $y = 68$	256	256	Vraie

16. **a.** $4 \times 30 + 63 \times 10 = 150$ et $100 - 10 = 90$.
L'égalité est fausse pour $x = 30$ et $y = 10$.
b. $4 \times 10 + 3 \times 20 = 100$ et $100 - 20 = 80$.
L'égalité est fausse pour $x = 10$ et $y = 20$.

17. **b.** L'égalité est fausse.

	A	B	C	D
1	x	y	3x+2y	5x+6
2	15	15	75	81

c. $x = 15$ et $y = 18$, $x = 16$ et $y = 19$…

18. **a.** $3x + y = x + 2y + 100$.

b.	$3x + y$	$x + 2y + 100$	$3x + y = x + 2y + 100$
$x = 100$ et $y = 200$	500	600	Fausse
$x = 500$ et $y = 900$	2 400	2 400	Vraie

19. **a.** *x* représente le nombre de pièces de 2 € et *y* le nombre de billets de 5 €.

b.

	$2x+1$	$5y$	$2x+1=5y$
$x=25$ et $y=10$	51	50	Fausse
$x=17$ et $y=7$	35	35	Vraie

c. $x=12$ et $y=5$, $x=22$ et $y=9$…

20.

x	2,5	3	3,5	4	4,5
$3+5x$	15,5	18	20,5	23	25,5
L'inégalité $3+5x<23$ est	vraie	vraie	vraie	fausse	fausse

21.

t	0	1	3	4	7,5	100
$1+4t$	1	5	13	17	31	401
$3t+5$	5	8	14	17	27,5	305
L'inéquation $1+4t>3t+5$ est …	F	F	F	F	V	V

22. a. $700+23n<2\,500$.
b. • $n=50$, V • $n=100$, F • $n=79$, F.

23. a. 8. **b.** 16. **c.** 2,5.

24. a. 2. **b.** 200. **c.** −6.

25. $36\text{ dm}^2 = 3\,600\text{ cm}^2$.
$3\,600 \div 12 = 300$.
Sa longueur est de 300 cm ou 3 m.

26. Soit x le nombre de cartes postales.
$0{,}6x+0{,}53x=15{,}82$ soit $1{,}13x=15{,}82$
$x=15{,}82\div 1{,}13=14$. Il a acheté 14 cartes.

27. $\frac{12x}{2}=\frac{1}{4}\times 60$; $x=15\div 6=2{,}5$; $x=2{,}5$.

28. $70-2x=45$, $2x=25$, $x=12{,}5$.
Or x doit être inférieur à 10 cm, donc cet exercice n'a pas de solution.

29. Soit l la largeur du rectangle, sa longueur est $3l$.
$2(l+3l)=72$, $2\times 4l=72$, $l=72\div 8=9$.
Ses dimensions sont 9 m et 27 m.

30. a. Je suis toujours de la même humeur.
b. Je n'ai pas de préférence.
c. Tu es comme d'habitude.
d. Aucune équipe n'a été meilleur que l'autre.
e. Aujourd'hui personne ne pouvait rivaliser avec Tom.
f. Si deux personnes ont les mêmes titres on choisira la plus jeune.

31. a. Non.
b. Oui, x représente le nombre.
c. Oui, x représente la largeur du rectangle.

32. a. $99\times 8=792$, fausse.
b. $1{,}5\times 12-16=2$, fausse.
c. $19\times 6=114$ et $6+108=114$, vraie.

33. a. $25\times 8+50\times 60=500$, fausse.
b. $9\times 13+9\times 7=9\times 20=180$, vraie.
c. $7\times 8+93\times 8=100\times 8=800$ et $100\times 8=800$, vraie.
d. $5\times 9-6\times 2{,}5=30$ et $9(2{,}5+1)=31{,}5$, fausse.

34. a. 16,2. **b.** 1. **c.** 17,7. **d.** 22,6.

35. a. 63. **b.** 8. **c.** 0,5. **d.** 792.

36. a. 1 000. **b.** 100. **c.** 0,1. **d.** 0,001.

37. 1. 204.
2. a. vraie. **b.** vraie.

Faire le point

38. a. **39. b.** **40. a.** **41. c.** **42. b.**
43. c. **44. c.** **45. b.** **46. c.** **47. a.**

Exercices de consolidation

48. Le bouchon pèse 25 g.

49. 1. a. Le tarif A est aussi intéressant ou plus intéressant que le tarif B.
b. L'inégalité est vraie pour 5, pour 10, pour 20 et pour 30.
2. a. Tarif A (10,5 € et 22 €).
b. Tarif B (22,5 € et 30 €).
c. Tarif C (135 € et 105 €).

50. $12-x$ est positif si x est compris entre 0 et 12. L'égalité est vraie pour $x=9$.

Exercices d'approfondissement

51. 1. a. $12=12$, vraie.
b. $13=13$, vraie. **c.** $20=20$, vraie.
2. a. Pour $x=3$ membre de gauche : 45 membre de droite : 39 ; l'égalité n'est pas vraie.
b. La conjecture est fausse.

52. 1. a. $3=3$, vraie. **b.** $15=15$, vraie.
c. $403=403$, vraie. **d.** $7=7$, vraie.
2. a. $2(x-y)=2x-2y$ et $3(2y+1)=6y+3$
donc $2(x-y)+3(2y+1)=2x+4y+3$.
b. $2(x+2y)+3=2x+4y+3$.
c. L'égalité est toujours vraie.

53. 48 pièces de 1 € et 18 pièces de 2 €.

54. Soit x l'âge d'Inès. Dans 24 ans l'âge d'Inès sera $3x$.
$3x-x=24$ d'où $x=12$.
Aujourd'hui Inès a 12 ans.

55. Soit x le nombre de paniers marqués par Lucie. Kim a marqué $5x$ paniers.
$x+5x=48$ soit $6x=48$ et $x=48\div 6=8$.
Lucie a inscrit 8 paniers et Kim en a inscrit 40.

56. Soit x le prix du pull, le prix du pantalon est $x+20$.

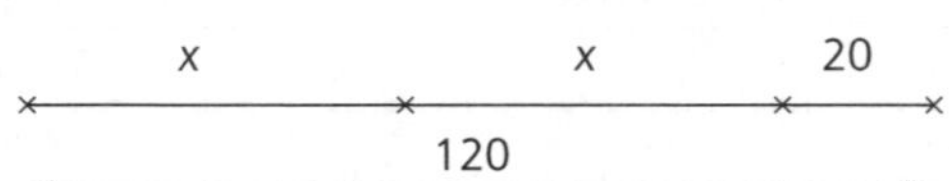

Avec ce schéma on voit que : $2x=100$ d'où $x=50$.
Le pantalon coûtait 70 €.

57. 1. a. $a=10$. **b.** $b=20$.
2. a. $60-x$. **b.** $0{,}8x+1{,}3(60-x)$.
3. a. $0{,}8x+1{,}3(60-x)=68$.
b. $0{,}8x+1{,}3(60-x)=0{,}8x+78-1{,}3x$
$=78-0{,}5x$.
c. D'après **1. a.** $0{,}5x=10$.
D'après **1. b.**, $x=20$. Mr Dubois a mis 20 L d'huile de colza.

58. 1. a. $x = 66$. **b.** $y = 22$.

2. a. $3x + 13 = 79$. **b.** D'après **1. a.**, $3x = 66$.

D'après **1. b.**, $x = 22$. L'OL a gagné 22 matchs.

3. $38 - 22 - 13 = 3$. L'OL a perdu 3 matchs.

59. a. $\frac{1}{2} \times \frac{4}{7} = \frac{2}{7}$.

Le candidat B a obtenu $\frac{2}{7}$ des voix.

$1 - \left(\frac{4}{7} + \frac{2}{7}\right) = \frac{7}{7} - \frac{6}{7} = \frac{1}{7}$.

Le candidat C a obtenu $\frac{1}{7}$ des voix.

b. Soit n le nombre total de voix.

$\frac{n}{7} = 23$, $n = 23 \times 7 = 161$.

161 personnes ont participé à l'élection

d. $161 \times \frac{4}{7} = 92$ et $161 \times \frac{2}{7} = 46$.

Le candidat A a obtenu 92 voix, le candidat B en a obtenu 46.

60. $189 = 9 \times 21$ donc $k = 9$, $a = 10$ et $b = 11$.

61. L'affirmation se traduit par :
$20x + 2 = 52$ soit $x = 2{,}5$.
Pour $x = 2{,}5$, la largeur et la longueur sont égales à 13. Ce rectangle est aussi un losange : c'est un carré.

62. a. $500 - 280 + 170 + x + 140 = 320$
$530 + x = 320$ donc $x = -210$.

b. À la 3e partie, il a perdu 210 points.

63. a. $x + 2x + 2x = 180$; $x = 36$.

b.

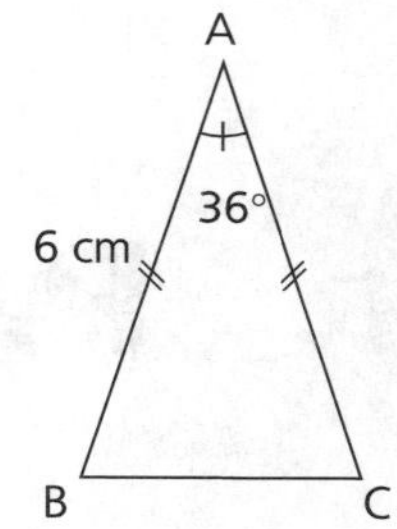

64. Vrai. **65. Vrai.**

66. Faux. En effet, $\frac{3}{5} \times 12 \times \frac{3}{5} = 4{,}32$.

67. Faux. En effet, pour $n = 2$ l'égalité est fausse.

68. Faux. **69. Faux.**

70. Soit x l'âge du mousse aujourd'hui celui, du capitaine est $3x$. Lorsque le mousse aura l'âge du capitaine il aura $3x$ années et le capitaine en aura $3x + (3x - x)$ soit $5x$. D'où l'équation :
$3x + 5x = 136$ soit $x = 17$.
Le capitaine a 51 ans.

71. Soit x le nombre de garçons. Charles dit « j'ai autant de frères que de sœurs ». Le nombre de filles est $x - 1$.
Astrid dit « j'ai deux fois plus de frères que de sœurs » donc $x = 2(x - 2)$ d'où $x = 4$.
Rose a 4 garçons et 3 filles soit 7 enfants.

■ Jeu

Le mot est : EQUATION.

CHAPITRE 5

Proportionnalité

1. Programme de 5ᵉ : la partie traitée dans ce chapitre

Contenus	Compétences exigibles	Commentaires
1.1. Proportionnalité		
	– Compléter un tableau de nombres représentant une relation de proportionnalité dont les données sont fournies partiellement. En particulier, déterminer une quatrième proportionnelle. – Reconnaître si un tableau complet de nombres est ou non un tableau de proportionnalité.	Les activités numériques et graphiques font le plus souvent appel à des situations mettant en relation deux grandeurs. Le travail sur des tableaux de nombres sans lien avec un contexte doit occuper une place limitée. Il est possible d'envisager, dans une formule, des variations d'une grandeur en fonction d'une autre grandeur, toute autre variable étant fixée, par exemple dans le cas : – de la longueur d'un arc de cercle, – de l'aire d'un triangle, d'un parallélogramme, d'un disque, d'un secteur circulaire, – du volume ou de l'aire latérale d'un cylindre ou d'un prisme droit. Des expressions telles que « en fonction de », « est fonction de » sont utilisées, mais toute définition de la notion de fonction est exclue. Les procédures utilisées pour traiter une situation de proportionnalité sont de même nature qu'en classe de sixième : – passage par l'image de l'unité ; – utilisation d'un rapport de linéarité exprimé, si nécessaire, sous forme de quotient ; – utilisation du coefficient de proportionnalité exprimé, si nécessaire, sous forme de quotient. Mais leur usage par chaque élève évolue en fonction notamment de la meilleure maîtrise qu'il a de la notion de quotient. La propriété additive de la linéarité est également utilisée. L'utilisation répétée du coefficient de proportionnalité est l'occasion d'exploiter certaines fonctions de la calculatrice (opérateurs constants, mémoire…) ou d'un tableur *[B2i]*. L'usage du « produit en croix » est réservé à la classe de quatrième où il pourra être justifié en liaison avec l'égalité des quotients (programme de la classe de quatrième § 1. 2 et 2. 2). La constitution d'un tableau des abscisses et ordonnées de points d'une droite passant par l'origine dans le plan muni d'un repère amène à une première reconnaissance de la proportionnalité par une propriété graphique.
[Thèmes de convergence]	– Mettre en œuvre la proportionnalité dans les cas suivants : comparer des proportions, calculer et utiliser un pourcentage, calculer et utiliser l'échelle d'une carte ou d'un dessin, reconnaître un mouvement uniforme à l'existence d'une relation de proportionnalité entre durée et distance parcourue, utiliser cette proportionnalité. *[SVT, Géographie, Physique, Technologie]*	Un travail doit être conduit sur la comparaison relative d'effectifs dans des populations différentes ou de proportions dans un mélange. Il s'articule avec l'utilisation de l'écriture fractionnaire pour exprimer une proportion (voir § 2. 2). La mise en œuvre de la proportionnalité sur les notions de pourcentage et d'échelle vise la maîtrise de procédés généraux. En revanche, le traitement des problèmes relatifs au mouvement uniforme repose directement sur la proportionnalité sans recours à la relation $d = vt$ qui sera mise en œuvre en classe de quatrième.

2. Avant et après

a. Classe de 6e

Contenus	Compétences exigibles	Commentaires
1. Représentations graphiques. Proportionnalité		
	Utiliser, dans le plan muni d'un repère, la caractérisation de la proportionnalité sous la forme d'alignement de points avec l'origine.	On fera travailler les élèves à la fois sur des exemples et des contre-exemples de situations de proportionnalité.
2. Application de la proportionnalité		
Vitesse moyenne Grandeurs quotients courantes Calculs faisant intervenir des pourcentages	Utiliser l'égalité $d = vt$ pour des calculs de distance parcourue, de vitesse et de temps. Changer d'unités de vitesse (mètre par seconde et kilomètre par heure). Mettre en œuvre la proportionnalité dans des situations simples utilisant à la fois des pourcentages et des quantités ou des effectifs.	Les situations où interviennent des vitesses moyennes constituent des exemples riches où le traitement mathématique s'avère particulièrement pertinent, comme l'étude de la vitesse moyenne d'un trajet sur un parcours de 60 km, où l'aller se parcourt à 20 km · h^{-1} et le retour à 30 km · h^{-1}. Les compétences exigibles se réduisent aux vitesses mais d'autres situations de changements d'unités méritent d'être envisagées : problèmes de change monétaire, consommation de carburant d'un véhicule en litres pour 100 kilomètres ou en kilomètres parcourus par litre. En liaison avec d'autres disciplines (géographie, ...), la notion d'indice pourra être présentée comme un cas particulier du coefficient de proportionnalité, donnant lieu à illustrations et calculs mais en aucun cas à des développements théoriques. Des situations issues de la vie courante ou des autres disciplines demandent de mettre en œuvre à la fois un coefficient de proportionnalité, sous forme de pourcentage ou d'indice, et des quantités ou des effectifs. Par exemple, connaissant le pourcentage d'un caractère dans deux groupes d'effectifs différents, déterminer le pourcentage obtenu après réunion des deux groupes.

b. Classe de 4e

Contenus	Compétences exigibles	Commentaires
1. 1 Utilisation de la proportionnalité		
Quatrième proportionnelle	– Déterminer une quatrième proportionnelle.	Aux diverses procédures étudiées en classe de sixième et de cinquième pour rechercher une quatrième proportionnelle, s'en ajoute une nouvelle, communément appelée « produit en croix » qui doit être justifiée (en lien avec l'égalité de quotients). Le fait que, dans une relation de proportionnalité, la correspondance est déterminée par un seul couple de valeurs non nulles, est mis en évidence.
Calculs faisant intervenir des pourcentages [Thèmes de convergence]	– Déterminer le pourcentage relatif à un caractère d'un groupe constitué de la réunion de deux groupes dont les effectifs et les pourcentages relatifs à ce caractère sont connus. *[SVT, Géographie, Physique, Technologie].*	Des situations issues de la vie courante ou des autres disciplines demandent de mettre en œuvre un coefficient de proportionnalité, en particulier sous forme de pourcentages, et des quantités ou des effectifs. En liaison avec d'autres disciplines (géographie...) ou d'informations tirées de l'actualité, la notion d'indice donne lieu à illustrations et calculs mais sans développements théoriques.
Représentations graphiques [Thèmes de convergence]	– Utiliser dans le plan muni d'un repère, la caractérisation de la proportionnalité par l'alignement de points avec l'origine. *[SVT, Histoire, Géographie, Physique, Technologie].*	Les élèves travaillent sur des exemples de situation de proportionnalité et de non proportionnalité. Ils peuvent démontrer que si les points sont alignés avec l'origine, alors il y a proportionnalité entre les suites définies par les abscisses et les ordonnées de ces points. La réciproque est admise. Cette propriété caractéristique de la proportionnalité prépare l'association, en classe de troisième, de la proportionnalité à la fonction linéaire.

3. Fiches pédagogiques des activités

Si on le souhaite, il est possible de ne pas traiter d'un seul bloc la totalité des savoirs abordés dans ce chapitre. On suggère plus loin un découpage précis de ce chapitre. Cette répartition dans l'année, recommandée par ailleurs dans les textes officiels, donne aux élèves un temps d'apprentissage plus long.

Sciences en construction

■ Un peu d'histoire

Le texte ci-dessous est extrait d'un discours de Galilée en 1638. Il pourrait être lu aux élèves après l'activité.

« Dans un chevron de bois, long d'environ douze coudées, large d'une demi-coudée et épais de trois doigts, nous creusions un petit canal d'une largeur à peine supérieure à un doigt, et parfaitement rectiligne ; après l'avoir garni d'une feuille de parchemin bien lustrée pour le rendre aussi glissant que possible, nous y laissions rouler une boule de bronze très dure, parfaitement arrondie et polie. Plaçant alors l'appareil dans une position inclinée, en élevant l'une de ses extrémités, d'une coudée ou deux au-dessus de l'horizon, nous laissions rouler la boule en notant le temps nécessaire à une descente complète ; l'expérience était commencée plusieurs fois afin de déterminer exactement la durée du temps, mais sans que nous découvrissions jamais de différence supérieure au dixième d'un battement de pouls.

La mise en place de cette première mesure étant accomplie, nous faisions descendre la boule sur le quart du canal seulement : le temps mesuré était toujours rigoureusement égal à la moitié du temps précédent. Nous faisions ensuite varier l'expérience en comparant le temps requis pour parcourir sa moitié ou les deux-tiers, ou les trois-quarts, ou toute autre fraction ; dans ces expériences répétées une bonne centaine de fois, nous avons toujours trouvé que **les espaces parcourus étaient entre eux comme les carrés des temps**, et cela, quelle que soit l'inclinaison du plan, c'est-à-dire du canal dans lequel on laissait descendre la boule ».

Noter la façon de dire en 1638 « entre eux comme les » pour « proportionnels aux » de nos jours.

■ Choix de la situation

L'objectif de l'activité est double.

– Dégager des critères de proportionnalité ou de non proportionnalité à partir d'un tableau complet de valeurs : sur le tableau proposé, on peut simultanément observer que la distance parcourue par la bille sur la poutre n'est pas proportionnelle à la durée de la chute et qu'elle est proportionnelle au carré de cette durée.

– Faire ressentir aux élèves que la recherche d'une proportionnalité entre deux grandeurs est depuis longtemps un des outils fondamentaux de la recherche scientifique et que cette recherche nécessite de savoir analyser des tableaux de nombres issus de résultats d'expériences sans savoir à l'avance si on est ou non dans une situation de proportionnalité.

La question est volontairement ouverte pour rapprocher un peu l'élève de la situation du chercheur.

Le choix des nombres a été fait pour rendre la proportionnalité bien visible, sans que des calculs soient nécessaires, pour ne pas créer une gêne dans cette première activité. On fera néanmoins observer d'une part que les nombres obtenus par Galilée n'étaient certainement pas aussi simples à comparer et d'autre part que le choix de calculer le carré de la durée n'est sans doute pas venu à Galilée « naturellement » : il a d'abord observé qu'il fallait diviser par 4, puis par 9, la hauteur de chute pour obtenir que sa durée soit divisée par 2, puis par 3, ce qui lui a donné l'idée de s'intéresser au carré de cette durée.

Galilée a expérimenté avec une poutre inclinée et non une chute verticale (Tour de Pise) car il est difficile d'obtenir une bonne précision des mesures de durée lorsque la chute est trop rapide.

■ Durée : 20 à 30 min

■ Déroulement

Le débat portera d'abord sans doute sur les conclusions, puis sera orienté vers les justifications de ces conclusions. On pourra faire observer que pour nier la proportionnalité, il suffit de trouver deux colonnes non proportionnelles, alors que pour l'affirmer, toutes les colonnes doivent l'être.

■ Prolongement possible

On peut trouver sur le site compagnon un imagiciel permettant de visualiser une simulation des expériences de Galilée, avec le choix de l'inclinaison de la poutre et de la position initiale de la bille, la visualisation du déroulement de la chute et l'affichage de la durée de celle-ci.

1 Proportionnalité ou non

■ Choix de la situation

Dans les deux situations choisies, la proportionnalité ou la non proportionnalité peuvent être déterminées par des arguments irréfutables, sans qu'il soit nécessaire de rajouter des hypothèses favorables ou défavorables à cette proportionnalité.

L'analyse d'un tableau de nombres n'est donc pas nécessaire. Faire observer là encore qu'un contre-exemple suffit pour nier la proportionnalité, alors qu'un raisonnement général est nécessaire pour l'affirmer.

■ Durée : 10 min

■ Déroulement

Il est souhaitable de faire noter aux élèves des conclusions explicites bien rédigées. Par exemple : « le périmètre d'un carré est proportionnel à son côté et le coefficient de proportionnalité est 4 ».

2 Proportionnalité à partir d'un tableau

■ Choix de la situation

Dans les deux situations choisies, il pourrait y avoir ou non proportionnalité, ce sont des critères commerciaux qui en décident. L'analyse d'un tableau de nombres permet un pronostic quant à la proportionnalité et une certitude quant à la non proportionnalité.

■ Durée : 20 min

■ Déroulement

Parmi les arguments avancés pour affirmer la proportionnalité ou non des deux tableaux, il est souhaitable, conformément au programme, de mettre l'accent sur les coefficients multiplicateurs d'une ligne vers l'autre. Faire observer que même dans la seconde situation, la proportionnalité n'est garantie que pour le tableau : on ne peut exclure un tarif plus avantageux pour un achat en nombre de lecteurs de DVD-Rom.

3 Quatrième proportionnelle

■ Choix de la situation

Il ne s'agit pas encore dans cette activité de répertorier toutes les techniques pour calculer une quatrième proportionnelle (les nombres choisis poussent à l'utilisation d'une méthode clairement avantageuse) mais de savoir si on peut ou non utiliser la proportionnalité.

■ **Durée :** 20 min

■ **Déroulement**

À la question **a.**, on observera qu'il y a une multiplication simple des quantités pour la première situation, alors que pour la seconde un passage par l'unité est plus avantageux. À la question **b.** on posera le problème du sous-entendu de la proportionnalité dans certains énoncés : la proportionnalité est-elle toujours « évidente » ?

4 En S.V.T.

■ **Choix de la situation**

Le coefficient de proportionnalité est ici un nombre décimal, pour concentrer l'attention sur la mise en place du tableau. Les différentes questions permettent des variations sur les méthodes déjà vues en sixième.

■ **Durée :** 20 à 30 min

■ **Déroulement**

On pourra commencer la réalisation du tableau au fur et à mesure des questions et demander aux élèves de proposer différentes méthodes.

■ **Prolongement possible**

Reprendre les calculs avec un coefficient non décimal (20 mL au lieu de 21 mL) pour aborder le problème de la précision des calculs lorsqu'on utilise une valeur approchée du coefficient de proportionnalité.

5 Utilisation du facteur constant d'une calculatrice

■ **Choix de la situation**

Il s'agit de répondre à une demande du programme :
« L'utilisation répétée du coefficient de proportionnalité est l'occasion d'exploiter certaines fonctions de la calculatrice (opérateurs constants, mémoire …) ou d'un tableau [B2i]. »
L'utilisation du tableur sera vue en exercice.

■ **Durée :** 20 à 30 min

■ **Déroulement**

Selon la diversité et la maîtrise des calculatrices utilisées par les élèves, il pourra être nécessaire de faire précéder l'activité par un travail spécifique sur l'utilisation des coefficients constants avec les calculatrices.

■ **Prolongement possible**

Compléter un tableau d'une dizaine de colonnes à partir de la première ligne complète et d'une colonne complète pour déterminer le coefficient multiplicateur.

▲ **Test intermédiaire**

Ce chapitre peut aisément être coupé en deux, entre l'étude générale de la proportionnalité à travers des tableaux et certaines applications particulières de celle-ci.
Cette première partie devrait précéder les utilisations de la proportionnalité prévues par le programme dans d'autres chapitres :
– longueur d'un arc de cercle,
– aire d'un triangle, d'un parallélogramme, d'un disque, d'un secteur circulaire,
– volume ou aire latérale d'un cylindre ou d'un prisme droit.
Les exercices ci-dessous ne testent les compétences que pour cette première partie.
Durée du test : 45 min environ

Exercice 1
Louis affirme : « L'aire d'un carré n'est pas proportionnelle à la longueur de son côté ».
Justifier cette affirmation.

Exercice 2
Parmi ces tableaux, lesquels sont des tableaux de proportionnalité (justifier la réponse) ?

a.

9	27
11	33

b.

8	7
9	8

c.

5	2
13,5	5,4

Exercice 3
Compléter les tableaux de proportionnalité :

a.

9	27
6	

b.

4	7
9	

c.

2,5	5,1
7,5	

Exercice 4
Calculer la quatrième proportionnelle, d'abord la valeur exacte, puis si nécessaire la valeur arrondie au centième.

a.

4	11
5	

b.

11	7
9	

c.

7	13
17	

Exercice 5
40 L de béton pèse 100 kg.
a. Combien pèse 100 L de béton ?
b. Quel est le volume de 450 kg de béton ?

6 Proportions et pourcentages

■ **Choix de la situation**

Conformément au programme, le pourcentage est vu initialement comme une fraction de dénominateur 100.
Pour la question **b.**, on suggère l'utilisation d'un tableau de proportionnalité. Dans ce cas l'expression « pour cent » prend tout son sens.

■ **Durée :** 10 à 15 min

■ **Déroulement**

Pour la question **b.**, on pourra passer en revue plusieurs raisonnements.

7 Comparer des proportions

■ **Choix de la situation**

Le programme demande :
« Un travail doit être conduit sur la comparaison relative d'effectifs dans des populations différentes… »

■ **Durée :** 10 à 15 min

■ **Prolongement possible**

Faire calculer le pourcentage pour l'ensemble collège – lycée.

8 Utiliser une échelle

■ **Choix de la situation**

On commence par utiliser une échelle en revenant sur le sens de la fraction.

■ **Durée :** 10 min

Prolongement possible

Faire calculer une distance sur la carte à partir d'une distance à vol d'oiseau.

9 Résoudre un problème

Choix de la situation

Cette activité a été choisie pour laisser à l'élève un maximum d'initiatives.

Durée : 15 min

Déroulement

L'initiative de la mesure sur la carte, puis de son utilisation est laissée aux élèves, mais pourra être suggérée si nécessaire.

Prolongement possible

Faire calculer la distance à vol d'oiseau entre deux villes de la carte, soit par proportionnalité directe, soit en utilisant l'échelle.

10 Calculer une distance

Choix de la situation

Conformément au programme, les calculs s'appuient sur la proportionnalité et non la définition formelle de la vitesse. Ceci n'interdit pas d'utiliser le mot vitesse généralement compris par les élèves.

Durée : 15 min

Déroulement

On pourra faire utiliser un tableau de proportionnalité.

Prolongement possible

Rajouter d'autres colonnes dans le tableau de la question **a.** pour répondre à d'autres questions simples.

11 Calculer une vitesse ou une durée

Choix de la situation

L'élève est amené ici en plus à utiliser des changements d'unité de durée.

Durée : 15 min

Déroulement

Dans le tableau de proportionnalité, il est essentiel que les unités soit mentionnées et que des unités de durée différentes ne soient pas mêlées dans le tableau.

▲ Test final

Durée du test : 45 min environ.

Exercice 1

Dans une classe de 25 élèves, 19 élèves ont les yeux noirs. Quel est le pourcentage des élèves de la classe qui ont les yeux noirs ?

Exercice 2

Une piscine comporte deux bassins. Dans le grand bassin, il y a 24 nageurs dont 15 de plus de 12 ans et dans le petit 7 nageurs dont 4 de plus de 12 ans.
Dans quel bassin le pourcentage de nageurs de plus de 12 ans est-il le plus grand ?

Exercice 3

Sur une carte, une longueur de 5 cm correspond à 20 km.
a. Quelle est l'échelle de cette carte ?
b. Sur cette carte, deux villes sont distantes de 13 cm. Quelle distance à vol d'oiseau les sépare ?

Exercice 4

Un satellite parcourt 10 km en 3 s.
a. Quelle distance parcourt-il à cette vitesse en une minute ?
b. Combien de temps met-il pour parcourir 350 km (répondre en minutes et secondes).

4. Corrigés

Revoir les acquis

1 b. **2** c. **3** a. **4** a. **5** c. **6** c.

Sciences en construction

La durée de la descente n'est pas proportionnelle à la distance parcourue.
Selon les résultats de ce tableau, le carré de durée est proportionnel à la distance parcourue, avec un coefficient multiplicateur 10.

Activités

1. a. Le périmètre est égal à 4 fois le côté, il y donc proportionnalité.

b. Contre-exemple de proportionnalité :

Âge d'une personne	10	20
Âge de son père	30	40

2. a. Il n'y a pas proportionnalité.

b. Ce tableau est un tableau de proportionnalité, mais on ne peut pas conclure en général, sur la proportionnalité du nombre de DVD-Rom achetés et le prix à payer.

3. a. • 12 • 63

b. Exemples de textes :

• Si 7 croissants coûtent 6 €, combien coûtent 14 croissants ?

• On considère des valises ayant toutes le même poids. Si le poids cumulé des trois premières est de 27 kg, quel sera le poids cumulé des 7 valises ?

4. a. 0,35 mg ; **b.** 35 mL ;

c. 56 mL par addition des quantités ;

d. 84 L (29,4 : 0,35) ;

e.

Aire en L	60	1	100	160	84
CO_2 en mL	21	0,35	35	56	29,4

5.

1	2	3	4	5	6	7
4,8	9,6	14,4	19,2	24	28,8	33,6

6. a. $\frac{23}{50} = \frac{46}{100} = 46\ \%$; **b.** 65 %.

7. Le pourcentage des demi-pensionnaires est 80 % au collège et de 78 % au lycée.

8. a. 20 km ; **b.** 82 km.

9. a. 2 cm représentent 50 km, donc 1 cm représente 25 km, soit 25 000 m soit 2 500 000 cm.

L'échelle est donc $\frac{1}{2\,500\,000}$.

10. a. 144 km ;

b. On peut citer l'accélération au départ, le ralentissement à l'arrivée et toutes les occasions où les conditions de circulation imposent des changements de vitesse.

11. a. 24 km ; 400 m, **b.** 3 h 30 min.

■ Travail personnel

A. Il faut 6 caisses.

B. a. 2,5 kg ; **b.** 42,5 kg (2,5 × 17).

C. a. $\frac{55}{7} \approx 7{,}86$; **b.** $\frac{35}{3} \approx 11{,}67$

D. 187 tonnes (80 × 7/3).

E. a. 110 ; **b.** 120 ; **c.** 14.

F. a. 7,31 ; **b.** 0,51.

G. a. 110 min ; **b.** 1,5 h.

■ Exercices d'application

1. Remplacer en colonne 2 le prix 10,40 par 11,40 pour obtenir le même coefficient 3,8 que dans les autres colonnes.

2. a. Non car le multiplicateur du nombre de tours vers le prix est de 0,5 sauf dans la dernière colonne.

b. Il faut un prix de 2,50 € dans la dernière colonne.

3. Les tableaux a, c, d et f.

4. a.

Côté d'un losange en cm	3	5	8
Périmètre du losange en cm	12	20	32

b. Proportionnalité ; coefficient 4.

5. $\frac{3{,}41}{275} = \frac{4{,}65}{375} = 0{,}0124$. Il y a proportionnalité

6. a.

	A	B	C	D	E
Volume en L	200	300	500	700	1 000
Prix en €	120	180	300	420	600

b. On doit lire environ 270 L.

7. a.

Nombre de tee-shirts	1	2	3	4
Prix en €	12	20	28	36

b. Non : le multiplicateur est 12 dans la première colonne et 10 dans la deuxième.

c. Les points sont alignés, mais la droite ne passe pas par l'origine du repère.

8. Nombre d'heures dans une année de 365 j :
365 × 24 = 8 760.
Pour une fuite goutte à goutte :
4 L × 8 760 = 35 040 L soit environ 35 m^3.
Pour un filet d'eau :
16 L × 8 760 = 140 160 L soit environ 140 m^3.
Pour une chasse d'eau :
25 L × 8 760 = 219 000 L soit environ 220 m^3.

9.

Volume en L	1 000	1 087	435	76
Masse en kg	920	1 000	400	70

10. 106 kg.

11. $\times 3$ (3 / 9) $\times \frac{1}{3}$ $\times \frac{7}{3}$ (3 / 7) $\times \frac{3}{7}$

12. a. $x = 16$; **b.** $y = 2{,}1$.

13. a. $x = 9$; **b.** $y = 17{,}5$.

14. a. 33 ; **b.** 11,2.

15. a. $\frac{12}{7}$; **b.** 8,4.

16. 4 km pour 3 demi-journées donc 12 km pour 9 demi-journées.

17. a. 16 kg de sel ; **b.** 31,25 tonnes.

18. 514 min soit 8 h 34 min.

19. 83,33 €.

20. 5 cm représentent 137 km, donc 4 cm représentent environ 110 km.

21. a. 50 % ; **b.** 25 % ; **c.** 75 % ; **d.** 33 % ;
e. 67 % ; **f.** 30 % ; **g.** 37 %.

22. 25 %.

23. a. 12 % ; **b.** 88 %.

24. 27 %.

25. 21 %.

26. 12,5 %.

27. 62,5 %.

28. Pourcentages de pratiquants du roller :
Collège A : 37,11 % ; Collège B : 36 %
La proportion est plus forte dans le collège A.

29. Pourcentage de moins de vingt ans :
Équipe de football : 45,45 %.
Équipe de rugby : 46,67 %.
La proportion de moins de vingt ans est plus grande dans l'équipe de rugby.

30. 7,3 m^3 soit environ 11 %.

31. b. 55 %.

32. a. $\frac{1}{75}$; **b.** 3,90.

33. a. $\frac{1}{10}$; **b.** 50 cm environ.

34. 1 sur 50 millions.

35. Échelle 1/50 000e.

36. a. 2,5 cm représentent 10 km. Échelle : 1/400 000e.

b. 3 cm représentent 12 km.
2 cm représentent 5 miles donc 3 cm représentent 7,5 miles.

37. 42 mm représentent 77 km.
Échelle : environ 1/180 000e.

38. En considérant un diamètre moyen de 6 mm sur le dessin, on trouve une échelle de 1/300e.

39. Non car $\frac{400}{45} \approx 8{,}89$ et $\frac{150}{20} = 7{,}5$.

40. a. 35 min ; **b.** 8 h 25 min.

41. 100 h = 4 j 4 h.

42. 320 min soit 5 h 20 min.

43. 420 km.

44. a. 14 km par minute ; **b.** 14 min ; **c.** 35 km.

45. a. « De 9 h à 10 h, Bernard a parcouru 4 km, il s'est arrêté de 10 h à 10 h 30 et de 10 h 30 à 11 h, il a parcouru encore 4 km. »

b.

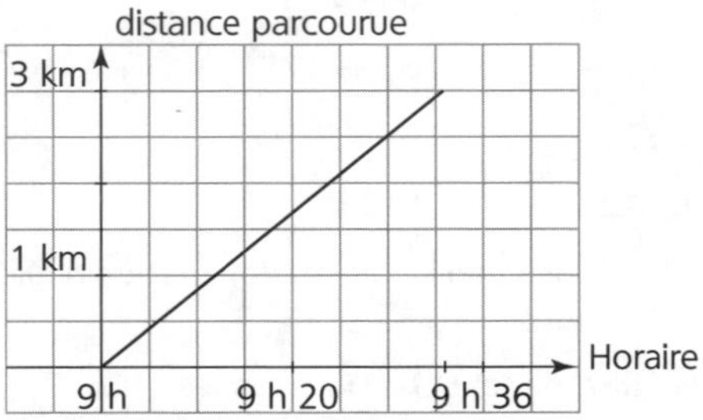

46. L'énoncé sous-entend une proportionnalité qui ne correspond pas à la réalité.

47. « Une recette de cuisine pour 4 personnes utilise 300 g de farine, 200 g de sucre et 25 cL de lait. Pour 7 personnes, il faudra utiliser 525 g de farine, 350 g de sucre et environ 44 cL de lait. »

48. « Une voiture parcourt 27 km à la vitesse 90 km par heure. Elle est partie à 13 h 47.
À quelle heure arrive-t-elle ? »

49. 60 g.

50. 4 €.

51. 27 min.

52. 33 %.

53. 56 habitants.

54. 16,5 cm sur 22 cm.

55. 10 cm sur 4 cm.

56. 35 m.

57. 1 h 20 min.

58. a. 9 km ; **b.** 36 km/h.

Faire le point

59. c. **60.** a. **61.** a. **62.** b. **63.** c.

64. c. **65.** a. **66.** b. **67.** b. **68.** a.

Exercices de consolidation

69. 500 tonnes ($400 \times 15/12$).

70. 140,4° ; 72° ; 43,2° ; 36° ; 21,6° ; 21,6° ; 21,6° ; 3,6°.

71. a. 68 %. **b.** 73,3 %. **c.** 19,1 %. **d.** 25 %.

72. Une échelle 1/50e donne un plan de 16 cm sur 20 cm.

73. 60 min pour 18 mm donne environ 213 min pour 64 mm, soit 3 h 33 min environ.

Exercices d'approfondissement

74. Pour Mathieu : $11 + \frac{2^2}{4} = 12$.

Pour Mathilde : $11 + \frac{4^2}{4} = 15$.

Pour Mathias : $11 + \frac{6^2}{4} = 20$.

Pour Mathieu et Mathilde, cela correspond bien à 1,5 fois l'âge, mais pas pour Mathias la somme reçue n'est pas proportionnelle à l'âge.

75. 1. a. $\frac{15}{7}$ puis $\frac{21}{11}$; **b.** Exact

2. a. $\frac{c}{a}$; **b.** $\frac{c}{a} \times b = \frac{c \times b}{a}$; **c.** On peut généraliser.

76. a. 3 L de jus d'orange mélangé à 2 L de jus de pamplemousse donne la bonne quantité de sucre pour 5 L de mélange.

b. 0,6 L de jus d'orange et 0, 4 L de jus de pamplemousse.

c. 600 L de jus d'orange et 400 L de jus de pamplemousse.

d. Pour un litre de jus à 26 g de sucre par litre, on peut mélanger 0,8 L de jus de pamplemousse avec 0,2 litre de jus d'orange.

77. a. 100 € donne 81 € soit une baisse de 19 %, il n'y a pas baisse de 20 %.

b. 100 € donne 125,44 € et non 124 €.

c. 100 € donne 99 € et non 100 €.

78. 4 séances de plus ont coûté 16 € de plus soit 4 € par séance. Ce qui correspond à 28 € pour 7 séances. La carte coûtait donc 12 €.

79. 40 enfants pour 60 m donne 1,50 m par enfant. Pour un terrain de 21 m sur 18 m, de périmètre 78 m, il faudra 52 enfants.

80. 20 % de 80 % soit 16 % des élèves viennent en vélo. Donc 64 % des élèves ne viennent ni en bus, ni en vélo.

81. Chambre 1 ou 2 : 15,75 % ;
Chambre 3 ou Salle de bains : 13,5 % ;
Séjour 20,25 % ; Cuisine 11,25 % ;
Couloir 8 % ; WC 2 %.

82. Environ 77 %.

83. a. $P(2) = 2 \times 12 + 5 = 29$.

b. $P(3) = 3 \times 12 + 5 = 41$. On paie 41 € pour 3 CD.

c. $P(n) = 12 \times n + 5$.

d. $12 \times n + 5 = 50$ € donne $n = 3{,}75$.
On peut acheter au maximum 3 CD pour ne pas dépenser plus de 50 €.

e. Non.

84. 50 lettres dont 19 voyelles et 31 consonnes, soit 62 % de consonnes.

85. a. 1/150e. **b.** 5,70 m

86. Distance parcourue 1,2 km.
Pour les parcourir en 4 min : 18 km/h.

87. 1. a. Le camion parcourt 1,5 km par minute.

b. = C9 + 2 : La voiture parcourt 2 km par minute.

c. D'après la feuille de calcul, le croisement s'effectue 136 min après 8 h soit à 10 h 16 min.

2. a. 3,5 km par minute.

b. L'écart au départ de la voiture est de 455 km. Il faut 130 minutes pour réduire cet écart à 0, ce qui confirme les résultats de la partie 1.

88. $L(360) = 2 \times \pi \times 3 = 6 \times \pi$; $L(180) = 3 \times \pi$; $L(1) = \frac{\pi}{60}$.

b. $L(n) = n \times L(1) = n \times \frac{\pi}{60}$.

c. $L(10) \approx 0{,}524$; $L(20) \approx 1{,}047$.
$L(25) \approx 1{,}309$; $L(45) \approx 2{,}346$; $L(60) \approx 3{,}142$.

89. Faux. **90. Vrai.** **91. Faux.**

92. Vrai. **93. Faux.**

94. 120 h avant : le 26-12-2006 à minuit.

95. Il faut 8 karatékas.

Jeu

L	X	J	F	P	B	N	J
12	24	10	6	16	2	14	10
6	12	5	3	8	1	7	5
F	L	E	C	H	A	G	E

CHAPITRE 6

Représentation et traitement des données

1. Programme de 5e : partie traitée dans ce chapitre

La partie relative au traitement et à la représentation de données a pour objectif d'initier à la lecture, à l'interprétation, à la réalisation et à l'utilisation de diagrammes, tableaux et graphiques et de mettre en évidence la relativité de l'information représentée. Les travaux correspondants sont conduits à partir d'exemples et en liaison, chaque fois qu'il est possible, avec l'enseignement des autres disciplines : sciences de la vie et de la terre, technologie, géographie…, et l'étude des thèmes de convergence.

Contenus	Compétences	Exemples d'activités, commentaires
1.4. Représentation et traitement de données		
Classes, effectifs. Fréquences.	Calculer des effectifs et des fréquences. Regrouper des données en classes d'égale amplitude. *[SVT, Histoire, Géographie, Physique, Technologie]*	Dans un premier temps, les calculs d'effectifs et de fréquences peuvent être réalisés indépendamment de la notion de classe. Les élèves sont entraînés à lire, interpréter et représenter des données en utilisant un vocabulaire adéquat. Le calcul d'effectifs cumulés n'est pas une compétence exigible, mais il peut être entrepris, en liaison avec d'autres disciplines dans des situations où les résultats peuvent être interprétés. La notion de fréquence est souvent utilisée pour comparer des caractéristiques de populations d'effectifs différents. Les élèves sont sensibilisés aux problèmes engendrés par l'interprétation de ce type de comparaisons. Les écritures 4/10, 2/5, 0,4 (ou en notation anglo-saxonne 0.4 ou .4), 40 % sont utilisées pour désigner une fréquence : elles permettent d'insister sur les diverses représentations d'un même nombre.
Tableau de données, représentations graphiques de données. [Thèmes de convergence]	– Lire et interpréter des informations à partir d'un tableau, ou d'une représentation graphique (diagrammes divers, histogramme). – Présenter des données sous la forme d'un tableau, les représenter sous la forme d'un diagramme ou d'un histogramme. *[SVT, Histoire, Géographie, Physique, Technologie]*	Le choix de la représentation est lié à la nature de la situation étudiée. Pour les données relatives à un caractère qualitatif trois types de représentations graphiques sont utilisés : le diagramme en tuyaux d'orgue, le diagramme en bandes (ou diagramme linéaire), le diagramme à secteurs (circulaires ou semi-circulaires). Pour les données à caractère quantitatif discret (ou à valeurs discontinues) le diagramme utilisé est le diagramme en bâtons ; pour les données à caractère continu, un histogramme est utilisé (en se limitant au cas de classes d'égale amplitude). L'utilisation d'un tableur permet d'enrichir ce travail en le prolongeant à des situations plus complexes que celles qui peuvent être traitées « à la main ». *[B2i]*

2. Avant et après

a. Classe de 6e

Contenus	Compétences	Exemples d'activités, commentaires
1.2. Organisation et représentation de données		
[Programme cycle 3 : document d'application, p. 16 à 17]	– Organiser des données en choisissant un mode de présentation adapté : • tableaux en deux ou plusieurs colonnes ; • tableaux à double entrée. *[SVT, Histoire-Géographie]* – Lire et compléter une graduation sur une demi-droite graduée, à l'aide d'entiers naturels, de décimaux ou de quotients (placement exact ou approché). *[SVT, Histoire-Géographie]* – Lire et interpréter des informations à partir d'une représentation graphique (diagrammes circulaires ou demi-circulaires, graphiques cartésiens). *[SVT, Histoire-Géographie]*	Les évaluations à l'entrée en classe de sixième montrent que, dans leur grande majorité, les élèves sont capables de lire les informations fournies par un tableau. Le travail doit donc être davantage centré sur la construction par les élèves de telles organisations : choix des entrées appropriées, présentation des données. Il s'agit d'un premier pas vers la capacité à recueillir des données et à les présenter sous forme de tableau. *[B2i]* Ce travail, indispensable à la compréhension des représentations graphiques utilisant des axes gradués, présente un double intérêt. D'une part, il permet un travail sur la proportionnalité, à partir des relations entre les distances entre deux points et les différences entre les abscisses de ces points. D'autre part, il permet une meilleure compréhension de l'ordre sur les différents types de nombres envisagés. Il est en outre intimement lié aux questions relatives au placement approché des nombres et permet un travail sur les ordres de grandeur. Dans ce domaine également, un premier travail a été réalisé à l'école primaire. Les compétences visées vont de la simple lecture d'une information (qui revient, par exemple, sur un graphique, à la lecture des coordonnées) à la capacité à faire une interprétation globale et qualitative de la représentation étudiée (évolution d'une grandeur en fonction d'une autre). Certaines représentations peuvent être obtenues en utilisant un ordinateur. *[B2i]*

b. Classe de 4e

Contenus	Compétences	Exemples d'activités, commentaires
1.2. Traitement des données		
Moyenne pondérée [Thèmes de convergence]	Calculer la moyenne d'une série de données. *[SVT, Histoire, Géographie, Physique, Technologie]*	Les élèves sont confrontés à des situations familières où deux procédés de calcul différents de la moyenne sont mis en œuvre : somme de *n* données divisée par *n* ou moyenne pondérée des valeurs par leurs effectifs. Ils apprennent à interpréter des moyennes et à comprendre par exemple les différences constatées entre la moyenne annuelle des notes d'un élève calculée à partir de l'ensemble des notes de l'année ou à partir de la moyenne des moyennes trimestrielles. De même, le pourcentage relatif à un caractère sur toute la France n'est pas égal à la moyenne des pourcentages relatifs au même caractère, connus par région. Deux constats sont à dégager : – la moyenne n'est pas forcément égale à l'une des données ; – la moyenne est rarement égale à la moyenne des valeurs extrêmes. Le fait que la moyenne est toujours comprise entre les valeurs extrêmes fournit un moyen de contrôle pour le calcul. Le calcul de fréquences cumulées n'est pas une compétence exigible, mais il peut être entrepris, en liaison avec d'autres disciplines, dans des situations où les résultats peuvent être interprétés. Les tableurs permettent un traitement direct des calculs de moyennes : il n'est donc pas indispensable pour obtenir une valeur approchée d'une moyenne dans des situations à grands effectifs d'avoir recours à un regroupement en classes d'intervalles.

3. Fiches pédagogiques des activités

Si on le souhaite, il est possible de scinder en deux l'étude de ce chapitre. Nous suggérons plus loin un découpage précis. Cette répartition dans l'année, recommandée par ailleurs dans les textes officiels donnera aux élèves un temps d'apprentissage plus long.

Sciences en construction

■ Un peu d'histoire

Le besoin de posséder des données chiffrées sur la population est apparu dès que des sociétés se sont organisées. On en trouve des traces dès l'Antiquité : l'Égypte organise des recensements de population au moins depuis l'an 2900 avant J.-C.
Au début du XVe siècle on commence à tenir en Angleterre un registre des décès et des naissances.
En France le mot statistique est utilisé pour la première fois par Colbert dans un texte administratif de la seconde moitié du XVIIe siècle.
Mais c'est seulement au XIXe siècle qu'on découvre que la théorie des probabilités constitue une aide précieuse à la méthode statistique. C'est Adolphe Quételet, statisticien belge, qui est à l'origine du premier congrès international de statistiques en 1853.
Aujourd'hui, les statistiques sont considérées comme des outils fiables : elles permettent de représenter et d'interpréter des données diverses (économiques, politiques, sociales…).

■ Choix de la situation

L'extrait proposé provient de l'un des premiers traités de statistique et de démographie : « *Observations naturelles et politiques sur les bulletins de mortalité de la ville de Londres* » de l'Anglais John Graunt (1620-1674).
Sur cet extrait, on voit que la technique de comparaison des nombres repose sur des arrondis et des multiplications simples. Ainsi, 6 986 et 12 110 sont arrondis respectivement à 7 000 et 12 000 ce qui explique le rapport de 7 à 12.
Pour établir la deuxième comparaison, c'est en multipliant par 2 qu'on obtient 24 220 et 31 250 d'où le rapport de 24 à 31.
Tous ces résultats trouvés mentalement restent cependant approximatifs.

■ Durée : 15 à 20 min

■ Déroulement

La lecture du texte proposé est faite individuellement, puis un travail oral doit permettre aux élèves d'expliquer ce qu'ils ont compris.
Le premier rapport portant sur un arrondi au millier des nombres donnés devrait être rapidement compris.
Pour comprendre le deuxième rapport une aide du professeur sera sans doute nécessaire.
À la question **b.**, les élèves travaillent individuellement et leurs réponses seront confrontées les unes aux autres.
On peut imaginer qu'ils proposeront le rapport 7 à 16 obtenu en arrondissant au millier les effectifs. On pourra confronter leur réponse à celle proposée par l'auteur de l'article « augmentation dans le rapport 23 à 52 ». Ce résultat est obtenu en divisant les nombres des centaines 69 et 156 par 3.
À la question **c.**, on attend des rapports écrits sous forme fractionnaire $\left(\frac{12}{7} \text{ et } \frac{31}{24}\right)$ ou bien à l'aide de pourcentages.

■ Prolongement possible

On peut revenir à la question **b.** et expliquer que l'augmentation sur l'ensemble des deux périodes est le produit des deux quotients c'est-à-dire :

$$\frac{12}{7} \times \frac{31}{24} = \frac{31}{14}.$$

On pourra alors comparer le quotient $\frac{31}{14}$ proche de 2,214 au quotient que les élèves auront certainement proposé $\left(\frac{16}{7} \approx 2{,}286\right)$ et au quotient $\frac{52}{23}$ proche de 2,261 annoncé par l'auteur de l'extrait proposé.

1 Construire un tableau

■ Choix de la situation

À partir d'une liste de données, on se propose de construire un tableau comme les élèves l'ont déjà fait en 5e et ainsi d'introduire la notion d'effectif d'une donnée.

■ Durée : 15 à 20 min

■ Déroulement

Un dépouillement des renseignements donnés peut être fait collectivement.
Un élève, au tableau, peut ainsi noter les résultats de ce dépouillement comme les élèves le font pour les élections de leurs délégués de classe.
C'est l'occasion de leur donner un moyen simple de comptabiliser les effectifs avec par exemple :

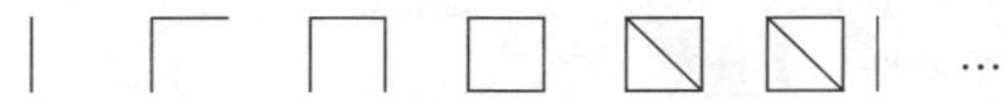
1 2 3 4 5 6

Pour vérifier que l'encadré « vocabulaire » a été lu et bien compris, on peut questionner les élèves pour donner par exemple l'effectif de la masse 499,8 g.
Le dépouillement terminé, chaque élève construit son tableau. Certains élèves auront peut-être noté les masses dans l'ordre où elles ont été lues dans le tableau ; d'autres les auront peut-être ordonnées dans l'ordre croissant ou décroissant.

■ Synthèse

Au cours de la correction faite collectivement :
– on discutera sur la meilleure présentation. On montrera que pour répondre à des questions comme : « combien de paquets pèsent plus de … ? » il est préférable d'ordonner les données ;
– un élève pourra lire ses résultats.
La définition de l'effectif est notée sur le cahier.
On peut donner un exemple de tableau d'effectifs qui pourra être exploité aussi dans le paragraphe suivant.
Par exemple :
On a posé la question suivante : « Dans quel lieu avez-vous fait votre dernière dépense ? » à un groupe de 50 passants. Voici les réponses obtenues.

	Librairie	Cinéma	Restaurant	Supermarché	Total
Effectif	8	12	13	17	50

Matériel : rétroprojecteur
On peut télécharger sur le site compagnon un transparent qui permettra de présenter un tableau complet préparé à l'avance et facilitera la correction.

■ Prolongement possible

On peut utiliser le tableau pour répondre à des questions comme : « Combien de paquets pèsent plus (ou moins) de 500 g ? » ou « Combien de paquets pèsent au plus (ou au moins) 500 g ? ».

2 Calculer des fréquences

■ Choix de la situation

À partir de données sur des effectifs on définit la fréquence.

Les calculs à effectuer sont volontairement simples, l'objectif étant de comprendre la définition de la fréquence et non d'aborder une situation complexe. Les expressions des fréquences en pourcentage peuvent être trouvées mentalement. Cette situation prolonge le travail entrepris au chapitre 2, en particulier à l'activité 5 page 30.

■ Durée : 15 min environ

■ Déroulement

On peut faire lire l'énoncé de l'activité par un élève et vérifier par une question orale que l'effectif total est bien égal à 20.

Le professeur insistera sur l'aspect proportion de la fréquence et pourra demander de donner oralement la fréquence des coques par exemple.

Les élèves travaillent alors seuls pour construire le tableau demandé.

Soit on laisse les élèves choisir la façon d'écrire les fréquences, soit on demande une ligne avec les écritures fractionnaires et une ligne avec les pourcentages.

■ Synthèse

On fera remarquer que le total des fréquences est 1 ou 100 %, que toutes les fréquences obtenues sont comprises entre 0 et 1, …

La définition de la fréquence est notée sur le cahier de leçons. On peut utiliser le tableau d'effectifs donné dans le paragraphe précédent pour proposer en exemple la fréquence d'une donnée sous chacune des formes possibles.

Par exemple :

12 personnes sur 50 sont allées au cinéma ; leur fréquence est $\frac{12}{50}$ ou 0,24 ou 24 %.

> *Matériel* : rétroprojecteur
> On peut télécharger sur le site compagnon un transparent avec le tableau complété.

■ Prolongement possible

Pour faire comprendre l'intérêt d'un calcul de fréquences, on peut proposer les résultats d'une récolte de coquillages effectuée par un groupe de 50 enfants.

	Couteau	Coque	Bigorneau	Praire	Total
Effectif	11	16	18	5	50

On pourra alors remarquer :

– qu'avec le même effectif (5 praires) il y a proportionnellement plus de praires récoltées dans le premier groupe (25 %) que dans le deuxième groupe (10 %) ;

– qu'avec un effectif double (16 contre 8) la proportion de coques récoltées n'a pas doublé (32 % contre 40 %).

Ce tableau doit être préparé à l'avance pour une utilisation au rétroprojecteur.

Ce complément d'activité qui nécessite 10 min de travail peut s'avérer utile dans certaines classes pour préparer l'activité suivante.

3 Résoudre un problème

■ Choix de la situation

Un problème ouvert est proposé dans cette activité. Il s'agit là d'utiliser des fréquences pour effectuer des comparaisons.

■ Durée : environ 20 min

■ Déroulement

On peut organiser un travail en groupes et les laisser s'organiser au brouillon.

Que feront-ils ? des tableaux d'effectifs ? des tableaux de fréquences ? le total des âges ? …

Peut-être que certains groupes déboucheront plutôt sur la notion d'âge moyen… Il faut les laisser poursuivre même si cette notion relève de la classe de quatrième.

Après 10 minutes de recherche individuelle, le professeur peut lancer une discussion s'il a repéré des pistes intéressantes dans la classe. Sinon il interviendra pour guider les élèves vers une comparaison des fréquences.

■ Synthèse

On peut prolonger le paragraphe de cours sur les fréquences en notant sur le cahier : le calcul des fréquences permet de faire des comparaisons.

Par exemple : si on avait interrogé 75 personnes et que 12 d'entre elles soient allées au cinéma leurs fréquences serait

$$\frac{12}{75} \text{ ou } 0{,}16 \text{ ou } 16\ \%$$

et on pourrait dire que proportionnellement il y en a moins.

4 Calibrage de pommes

■ Choix de la situation

On a choisi pour cette activité de montrer qu'un tableau des effectifs est parfois difficile à réaliser lorsqu'il y a un grand nombre de données différentes.

■ Durée : 15 à 20 min

■ Déroulement

La question **a.** peut être traitée oralement.

Pour répondre à la question **b.** on vérifie que chaque élève a bien compris le sens des mots « classe » et « amplitude » ; pour cela on peut oralement :

– donner des nombres appartenant à la première classe ;

– donner les classes suivantes.

Les élèves effectuent ensuite le dépouillement individuellement et construisent le tableau demandé.

Une surveillance du travail est effectuée par le professeur et une correction collective est donnée.

■ Synthèse

Une correction collective est proposée.

L'essentiel à retenir sera noté sur le cahier après l'activité ⑤.

> *Matériel* : rétroprojecteur
> Le tableau préparé pour la correction au rétroprojecteur peut-être téléchargé sur le site compagnon.

5 Le choix du producteur

■ Choix de la situation

Cette activité prolonge la précédente pour montrer que l'amplitude des classes peut varier selon les contraintes imposées dans certaines situations.

■ Durée : 15 min environ

■ Déroulement

Les nouvelles classes seront proposées oralement par les élèves. Puis chaque élève construira son tableau. Une correction orale sera faite.

Ce sera l'occasion de lancer une discussion qui doit permettre à un grand nombre d'élèves de s'exprimer oralement.

Ce qui doit ressortir de cette discussion c'est qu'un regroupement de données en classes permet de globaliser certains résultats mais qu'en contrepartie on perd des précisions sur ces résultats.

■ Synthèse

On note sur le cahier :

– la phrase écrite dans le livre :

« Dans le cas de nombreuses données numériques, on peut les regrouper en classes pour faciliter leur lecture. » ;

– un exemple comme ci-dessous :

Le tableau suivant donne les âges d'enfants et d'adolescents fréquentant un camp de vacances :

Âge a	$8 \leqslant a < 10$	$10 \leqslant a < 12$	$12 \leqslant a < 14$	$14 \leqslant a < 16$
Effectif	35	20	15	12

Ce tableau montre que 15 jeunes ont entre 12 et 14 ans mais on ne sait pas combien exactement ont 12 ans, 13 ans....

▲ Test intermédiaire

À l'issue de cette première partie consacrée à des calculs d'effectifs et de fréquences et au regroupement en classes on peut proposer le test suivant.

Durée : 30 min

Exercice 1

On a classé les 40 familles d'un même immeuble suivant le nombre de leurs enfants, les résultats sont dans le tableau ci-dessous.

Nombre d'enfants par famille	Nombre de familles	Fréquence en pourcentage
0	7	
1	14	
2	9	
3		
4	0	
5 ou plus	2	
Total		

a. Calculer le nombre de familles ayant trois enfants.
b. Combien de familles ont au moins trois enfants ?
c. Compléter le tableau donné.
d. Est-il vrai que plus de 50 % des familles ont moins de deux enfants ?

Exercice 2

Voici le relevé des notes *n* obtenues par les élèves de trois classes de cinquième à un devoir commun de mathématiques.

10	12	13	15,5	9	11	5,5	17	14,5	8,5
5	12,5	18	7,5	14	7,5	17,5	15	3	11,5
13	14	10	2	11	9,5	10,5	7	13	8,5
4,5	13,5	7,5	12	8	14	16	6	3,5	8,5
9	9,5	13,5	12	11,5	4	15	4	13	13
15	12,5	12	3	14,5	9	8	17	11,5	15,5
16,5	11	15	9	12	12,5	13	14,5	9	14

Regrouper ces données en classes d'amplitude 4 ($0 \leqslant n < 4$, $4 \leqslant n < 8$, ...) et présenter dans un tableau l'effectif de chaque classe.

6 Diagramme en barres

■ Choix de la situation

Pour mettre en évidence cette représentation faite de barres non jointives appelée encore diagramme en tuyaux d'orgue, on a choisi d'étudier une série à variable qualitative, à propos des départements d'outre-mer. Ce diagramme comporte un axe vertical pour noter les effectifs (ou les fréquences), mais pas d'axe horizontal puisque la variable n'est pas quantitative.

Entre nous

• Ce type de diagramme est bien adapté pour représenter des séries à variable *qualitative*. Ici, sur la population des D.O.M. on étudie la variable « département de la résidence principale ». Il s'agit ici d'une variable qualitative *ordinale* pour indiquer que les *modalités* peuvent être naturellement ordonnées bien que les valeurs du caractère ne soient pas numériques (on peut ici ordonner les départements selon leurs numéros de code postal).
• Le diagramme en bâtons est lui bien adapté pour représenter des séries à variable *quantitative discrète* (par exemple répartition des logements selon le nombre de pièces).
• D.O.M. : départements d'outre-mer (Guadeloupe, Martinique, Guyane, la Réunion).
• T.O.M. : territoires d'outre-mer. Il faut distinguer les territoires (Nouvelle-Calédonie, Polynésie française, Wallis-et-Futuna) et les collectivités territoriales (Mayotte, Saint-Pierre-et-Miquelon).

■ Durée : 20 min

■ Déroulement

Après avoir lu l'énoncé, la réponse à la question **a.** peut être donnée oralement.
Avant de répondre à la question **b.** le professeur étudie avec la classe entière le diagramme proposé :
– repérage de la graduation sur l'axe vertical ;
– avec l'unité choisie, calcul de la hauteur de la barre la plus haute pour prévoir la hauteur du diagramme à construire.
Chaque élève fait ensuite sa construction ; celle-ci sera vérifiée sur chaque cahier.
Si une salle d'informatique est à la disposition de l'enseignant cette construction peut être faite à l'aide de l'assistant graphique d'un tableur.
Le diagramme terminé, on peut revenir à la question **a.** et comprendre comment visuellement apparaissent les réponses.

■ Synthèse

On peut représenter les données du premier exemple puisque les données ne sont pas numériques.
– Si les élèves ont fait le travail précédent sur papier, le professeur peut distribuer le diagramme (D) terminé.

Dernières dépenses

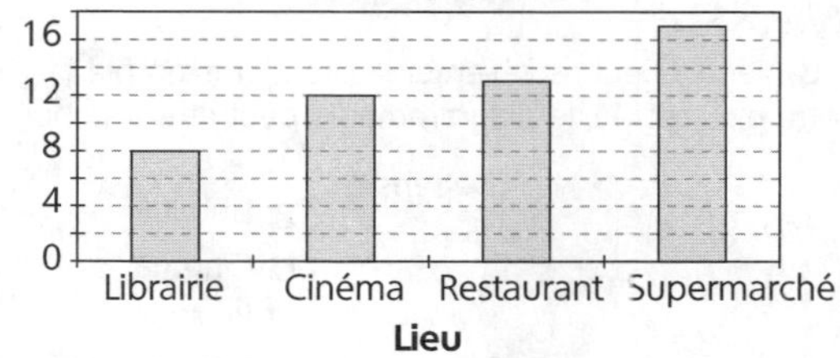

– Si les élèves ont fait le travail précédent sur ordinateur, ils feront alors le diagramme à la main sur le cahier de leçons.

Matériel :
– Feuille polycopiée avec le diagramme (D) terminé.
– Pour un travail sur ordinateur, on peut distribuer la fiche-élève ci-dessous.

Fiche-élève :

1. Compléter les colonnes A et B.

	A	B	C	D	E
1	Lieu	Effectif			
2					
3	Librairie	8			
4	Cinéma	12			
5	Restaurant	13			
6	Supermarché	17			

2. Sélectionner la page A3 ; B6.
3. Sélectionner « Insertion-Graphique »

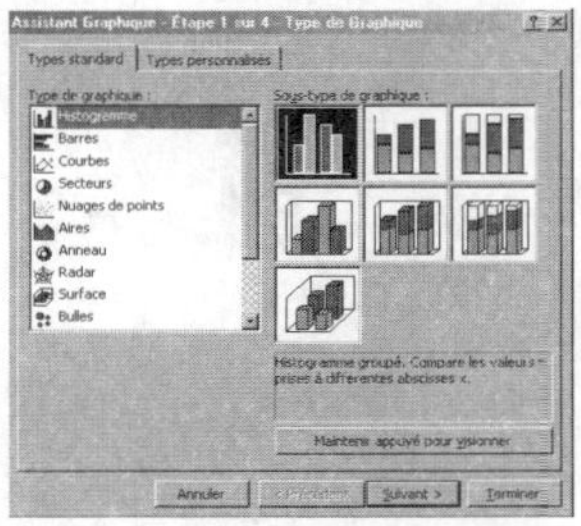

4. Cliquer sur « Suivant » deux fois puis sur « Titre » et renseigner les trois rubriques : Titre du graphique, Axe des abscisses (X) et Axe des ordonnées (Y).
5. Cliquer sur « Suivant » puis « Terminer ».

7 Diagramme circulaire

■ Choix de la situation

On utilise encore la situation précédente qui permet la construction d'un diagramme circulaire.

Entre nous

Les diagrammes circulaires ou semi-circulaires sont bien adaptés pour représenter des séries à variable qualitative. Souvent on ne les différencie pas. D'autres préconisent le diagramme circulaire dans le cas où la variable est nominale et le diagramme semi-circulaire lorsqu'elle est ordinale. Il n'est donc pas interdit dans cette activité d'utiliser un diagramme semi-circulaire si vous le souhaitez.

En effet, on peut considérer que dans un disque divisé en secteurs, ceux-ci ne présentent pas de structure d'ordre. Alors que sur un demi-disque, deux structures d'ordre « opposées » se lisent immédiatement.

■ Durée : 20 à 25 min

■ Déroulement

Le professeur doit faire comprendre que le tableau à compléter est en fait un tableau de proportionnalité. Chaque élève fera le travail individuellement. Une correction collective sera faite et présentée éventuellement sur un transparent.

La construction du diagramme est faite par chaque élève sur son cahier. La manipulation du rapporteur peut poser encore quelques problèmes à certains : le professeur doit veiller à son utilisation. Un élève plus rapide peut reproduire ce diagramme au tableau.

■ Synthèse

Sur le cahier on peut représenter le premier exemple.

Pour être plus rapide, le diagramme (E) peut être distribué.

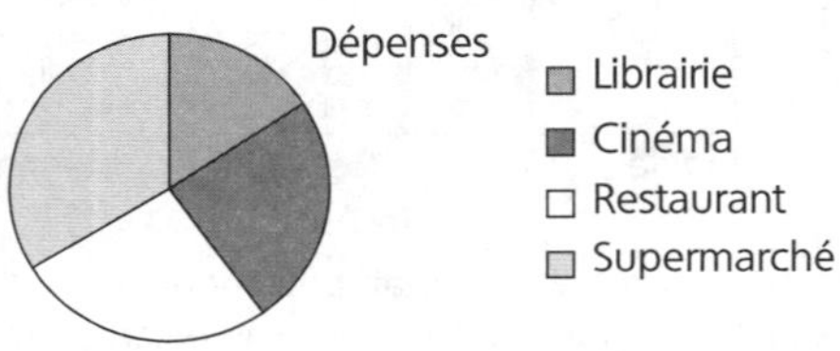

On précise que la mesure des angles des secteurs est proportionnelle à l'effectif ou la fréquence qu'il représente.

On peut faire remarquer qu'il est plus difficile de repérer le plus grand effectif sur le diagramme circulaire que sur le diagramme en barres.

Matériel : feuille polycopiée avec le diagramme (E) terminé. On peut trouver sur le site compagnon un imagiciel permettant de visualiser un diagramme circulaire pouvant s'adapter en fonction des variations de quelques données, avec affichage des données et des angles.

■ Prolongement possible

Fiche-élève : Un travail sur ordinateur est aussi possible à la suite du précédent.

Reprendre la fiche précédente avec :

3. Sélectionner « Insertion – Graphique »

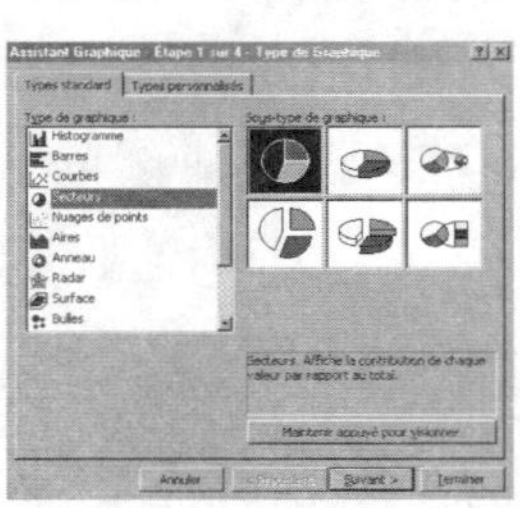

4. Cliquer sur « Suivant » deux fois puis sur « Titre » et renseigner la rubrique : Titre du graphique.

5. Cliquer sur « Suivant » puis « Terminer ».

8 Diagramme en bandes

■ Choix de la situation

On donne ici un tableau de données à valeurs qualitatives ordinales : elles sont ordonnées de « jamais » à « tous les jours ». On utilisera ici un diagramme en bandes car l'idée d'un « tout » est visuellement présente (l'échantillon sondé). Ce diagramme est aussi appelé diagramme linéaire.

Ces résultats peuvent également être représentés par un diagramme circulaire (ou semi-circulaire).

■ Durée : 20 à 25 min

■ Déroulement

On peut questionner les élèves sur la méthode qu'ils pensent utiliser pour répondre à la question **a.**, puis les laisser faire ces calculs. Une vérification des résultats est faite sur le diagramme.

Pour construire les diagrammes demandés à la question **b.**, on peut choisir la même longueur de bande pour tous les élèves ce qui facilitera la correction.

On peut également travailler avec l'ordinateur et utiliser la fiche-élève suivante.

Fiche-élève :

1. Compléter les colonnes A et D.

	A	B	C	D	E
1		Sport	Lecture	Discussion entre amis	
2	Tous les jours	62,90%	38,10%	64,90%	
3	Rarement	33,60%	46,30%	31,10%	
4	Jamais	3,50%	15,60%	4%	
5					

2. Sélectionner les cellules complétées.

3. Sélectionner « Insertion – Graphique »

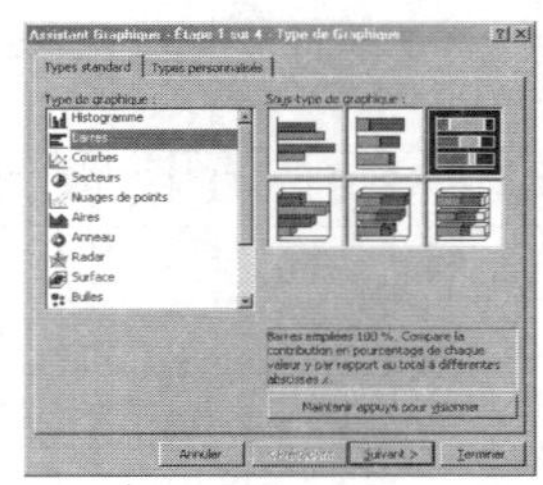

6. Cliquer sur « Suivant » deux fois puis sur « Titre » et renseigner les trois rubriques : Titre du graphique, Axe des abscisses (X) et Axe des ordonnées (Y).

7. Cliquer sur « Suivant » puis « Terminer ».

Le graphique suivant s'affiche.

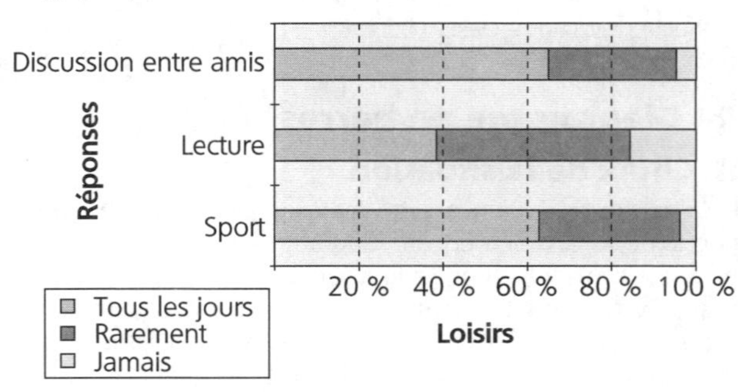

■ Synthèse

Sur le cahier on peut proposer l'exemple suivant.

Les réponses de 50 personnes à la question :

« Mangez-vous des glaces ? ».

	Très souvent	Souvent	Rarement	Jamais
Fréquence	35 %	36 %	21 %	8 %

peuvent être représentées par un diagramme en bandes (construit par les élèves).

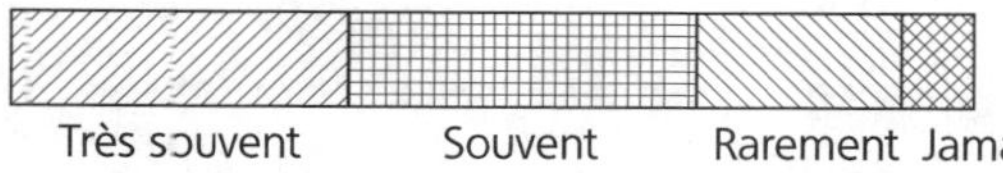

Matériel :
– Fiche préparant le travail éventuel sur l'ordinateur.
– On peut trouver sur le site compagnon un imagiciel permettant de visualiser un diagramme en bandes pouvant s'adapter en fonction des variations de quelques données, avec affichage des données et des pourcentages.

■ Prolongement possible

Les constructions terminées et vérifiées, on peut projeter les diagrammes groupés obtenus sur l'ordinateur.
On peut alors faire une comparaison des trois diagrammes.

9 Histogramme

■ Choix de la situation

On propose ici un tableau dans lequel les données sont regroupées en classes. Cette situation permet d'introduire la représentation par histogramme. On se limite bien sûr ici à des classes de même amplitude comme le programme le précise. Ce type de graphique est bien adapté pour représenter des séries à variable *quantitative continue.*

■ Durée : 15 à 20 min

■ Déroulement

Avant de faire le travail demandé, la représentation proposée peut être analysée avec l'ensemble des élèves :
– les classes ont la même amplitude donc les barres ont toutes la même largeur ;
– *dans ces conditions*, la hauteur des barres est proportionnelle à l'effectif ;
– l'unité à choisir sur l'axe vertical dépend du plus grand effectif à représenter (40) et de l'emplacement dans lequel on doit construire l'histogramme.
Ces remarques étant faites, chaque élève construit son histogramme sur papier quadrillé ou sur papier millimétré. Le professeur surveille ce travail individuel.
La projection de l'histogramme terminé permet une correction rapide.

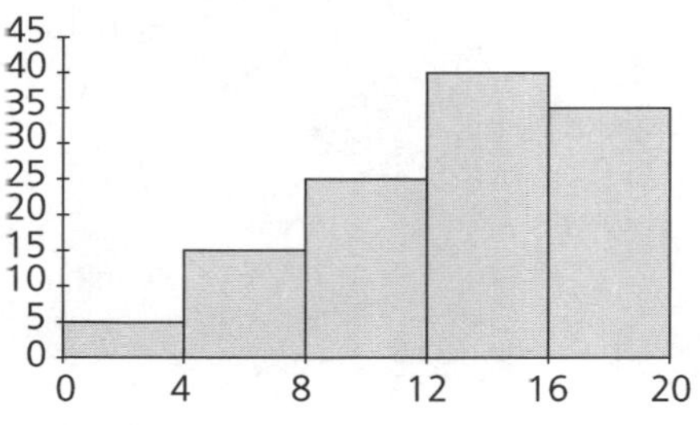

■ Synthèse

Sur le cahier on construit l'histogramme représentant le tableau donné en exemple. :

Âge *a*	$3 \leqslant a < 10$	$10 \leqslant a < 12$	$12 \leqslant a < 14$	$14 \leqslant a < 16$
Effectif	35	20	15	12

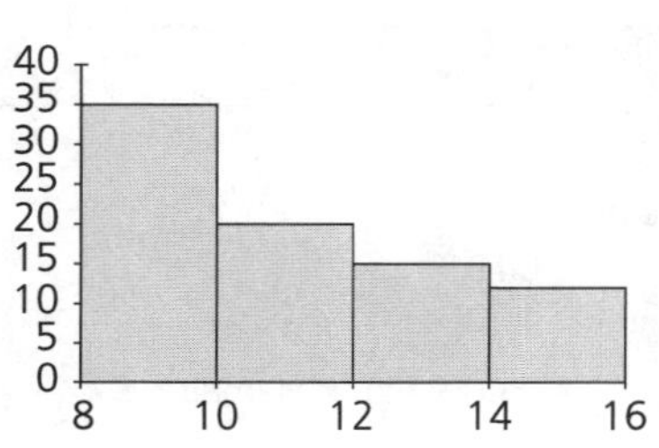

Matériel :
On peut trouver sur le site compagnon un imagiciel permettant de visualiser un histogramme pouvant s'adapter en fonction des données.

▲ Test final

À l'issue de cette étude, on peut proposer le test suivant.
Durée : 1 h.

Exercice 1
On a demandé à chacun des 125 spectateurs son pronostic pour le prochain match de basket de leur club.
Les résultats de cette enquête apparaissent en partie sur le diagramme en barres ci-dessous.

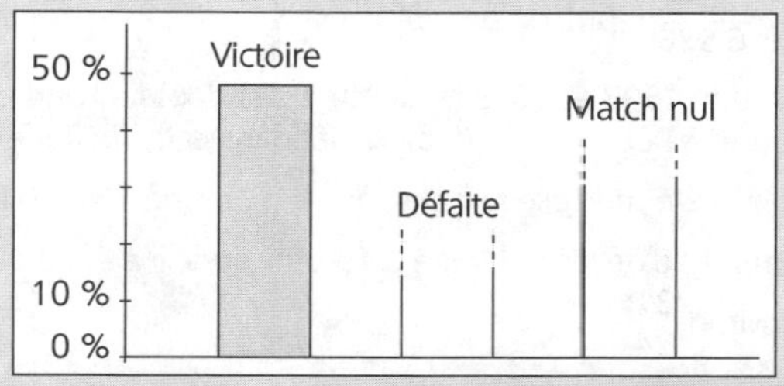

1. Sachant que 5 mm représente 10 % sur l'axe vertical, donner en effectuant la mesure nécessaire sur le diagramme le pourcentage des spectateurs croyant à une victoire de leur club. Vérifier par le calcul qu'ils sont 60.
2. 25 spectateurs croient à une défaite.
a. Calculer le pourcentage qu'ils représentent.
b. Quelle est la hauteur en mm de la barre qui les représente ?
3. a. Calculer le nombre de spectateurs qui croient à un match nul.
b. Quelle est la hauteur en mm de la barre qui les représente ?

Exercice 2
Les résultats de l'analyse d'un lot de pelotes de réjection d'une chouette effraie sont donnés dans le tableau suivant :

	Campagnols	Mulots	Musaraignes	Divers	Total
Effectif	255	115	110	20	
Fréquence en %					100 %
Angle en degrés					

On souhaite représenter les fréquences par un diagramme circulaire.
1. Recopier et compléter ce tableau en arrondissant les mesures d'angles au degré.
2. Construire le diagramme circulaire en prenant un diamètre de 8 cm.

Exercice 3
Une enquête faite auprès de 48 élèves de 5e portait sur la durée du trajet nécessaire à chacun pour se rendre au collège. Les résultats sont reportés dans le tableau suivant :

Durée *d* du trajet en minutes	Nombre d'élèves
$0 \leqslant d < 5$	5
$5 \leqslant d < 10$	7
$10 \leqslant d < 15$	8
$15 \leqslant d < 20$	5
$20 \leqslant d < 25$	8
$25 \leqslant d < 30$	7
$30 \leqslant d < 35$	5
$35 \leqslant d < 40$	3

1. Construire un tableau d'effectifs dans lequel les durées seront regroupées en classes d'amplitude 10 minutes.
2. Représenter ce nouveau tableau par un histogramme.

4. Corrigés

Revoir les acquis

1 c **2** c **3** b **4** c

Sciences en construction

a. $\frac{12\,110}{6\,986} \approx \frac{12}{7}$; $\frac{15\,625}{12\,110} = \frac{31\,250}{24\,220}$ proche de $\frac{31}{24}$.

b. $\frac{15\,625}{6\,986}$ proche de $\frac{16}{7}$.

c. Entre 1593 et 1613, le nombre des décès à Londres est passé de 6 986 à 12 110, ainsi pendant cette période, leur nombre a été multiplié par environ $\frac{12}{7}$, puis de 1613 à 1633, le nombre de décès a grimpé à 15 625 donc il a été multiplié par environ $\frac{31}{24}$.

Activités

1.

499,5	499,7	499,8	499,9	500	500,1	500,2
4	5	6	9	8	3	5

2.

	Couteau	Coque	Bigorneau	Praire
Fréquence	$\frac{3}{20}$ ou 15 %	$\frac{8}{20}$ ou 40 %	$\frac{4}{20}$ ou 20 %	$\frac{5}{20}$ ou 25 %

3.

Âge des filles	11	12	13	14	15
Effectif	4	12	16	6	2
Fréquence	10 %	30 %	40 %	15 %	5 %

Âge des garçons	12	13	14	15
Effectif	9	16	9	4
Fréquence	23,7 %	42,1 %	23,7 %	10,5 %

Il y a le même nombre de filles et de garçons de 13 ans, mais la comparaison des fréquences montre que proportionnellement il y a plus de garçons de 13 ans que de filles de 13 ans.

4. a. Il y a un nombre important de diamètres différents et le tableau des effectifs comporterait un trop grand nombre de colonnes.

b.

$5{,}5 \leqslant d < 6$	$6 \leqslant d < 6{,}5$	$6{,}5 \leqslant d < 7$	$7 \leqslant d < 7{,}5$
8	12	20	17

$7{,}5 \leqslant d < 8$	$8 \leqslant d < 8{,}5$
13	10

5.

$5{,}5 \leqslant d < 6{,}5$	$6{,}5 \leqslant d < 7{,}5$	$7{,}5 \leqslant d < 8{,}5$
20	37	23

6. a. Le moins peuplé est la Guyane.
Le plus peuplé est la Réunion.

b.

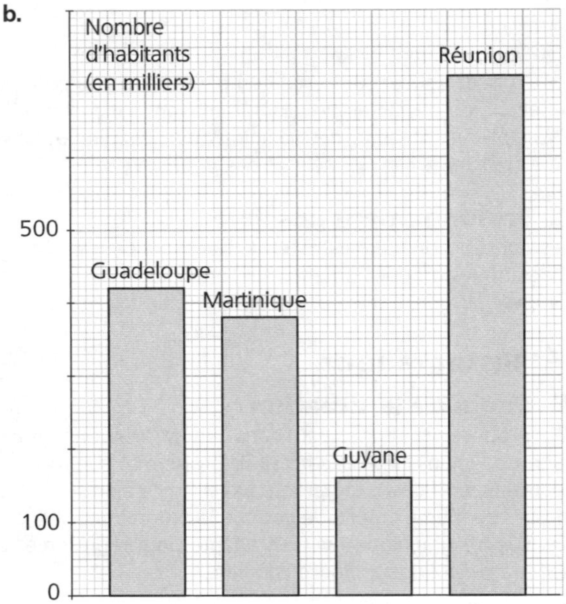

7.

	Guadeloupe	Martinique	Guyane
Nombre d'habitants en milliers	420	380	160
Angle arrondi au degré	91°	82°	34°

	Réunion	Total
Nombre d'habitants en milliers	710	1 670
Angle arrondi au degré	153°	360°

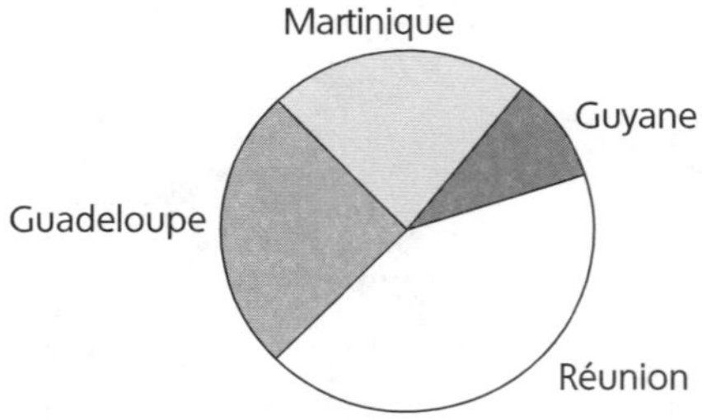

8. a. Tous les jours : $6 \times \frac{62{,}9}{100} \approx 3{,}8$ (cm).

Rarement : $6 \times \frac{33{,}6}{100} \approx 2$ (cm). Jamais : $6 \times \frac{3{,}5}{100} \approx 0{,}2$ (cm).

b. Lecture :

Tous les jours : $6 \times \frac{38{,}1}{100} \approx 2{,}3$ (cm).

Rarement : $6 \times \frac{46{,}3}{100} \approx 2{,}8$ (cm). Jamais : $6 \times \frac{15{,}6}{100} \approx 0{,}9$ (cm).

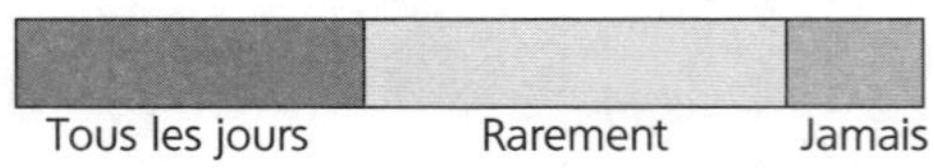

• Sorties entre amis

Tous les jours : $6 \times \frac{64{,}9}{100} \approx 3{,}9$ (cm).

Rarement : $6 \times \frac{31{,}1}{100} \approx 1{,}9$ (cm). Jamais : $6 \times \frac{4}{100} \approx 0{,}2$ (cm).

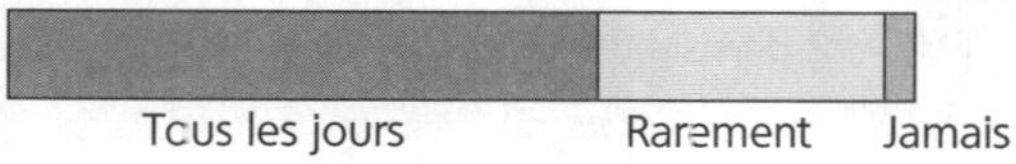

9.

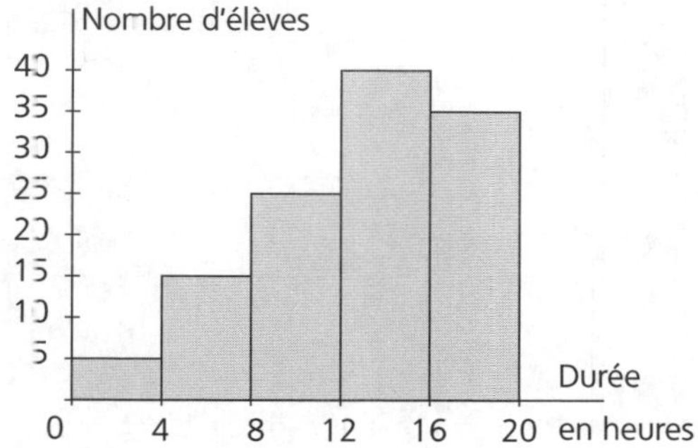

Travail personnel

A. **a.** 41 naissances en janvier.

b. 20 bébés mesurent moins de 50 cm.
10 bébés mesurent au moins 52 cm.

B. Les pourcentages représentés par ces secteurs sont 10 %, 25 % et donc 100 % – (10 % + 25 %) c'est-à-dire 65 %.

C. **a.** À la plantation l'arbuste mesurait 0,25 m (soit 25 cm).

b. La taille maximale est 3,50 m.

c. Il dépasse 1,5 m au bout de 2 ans.

Exercices d'application

1. **a.** 461 342 + 500 692 = 962 034.
Il y a 962 034 habitants âgés de 20 à 59 ans.

b. 313 510 – 234 763 = 78 747.
Il y a 78 747 garçons entre 15 et 19 ans.

c. 130 483 – 46 017 = 84 466.
Il y a 84 466 femmes entre 60 et 74 ans.

d. 313 510 + 461 342 + 101 522 + 302 051 + 500 692 + 130 483 = 1 809 600.
Au 1er janvier 2005, on compte 1 809 600 habitants.

2. **a.**

Taille en cm	140	142	146	150	153	154	155	156	160	165
Nombre d'élèves	1	2	3	6	7	10	8	7	3	1

b. L'effectif de la taille « 150 » est 6.

c. Les tailles « 153 » et « 156 » ont pour effectif 7.

d. • 8 + 7 + 3 + 1 = 19.
19 élèves mesurent au moins 155 cm.
• 7 + 10 + 8 + 7 + 3 + 1 = 36.
36 élèves mesurent plus de 150 cm.

3. **1)**

	Mardi	Mercredi	Jeudi	Vendredi	Samedi
	37	55	45	53	60
a.	$\frac{37}{250}$	$\frac{11}{50}$	$\frac{9}{50}$	$\frac{53}{250}$	$\frac{6}{25}$
b.	0,148	0,22	0,18	0,212	0,24

2) La somme des fréquences est égale à :

$\frac{37}{250} + \frac{55}{250} + \frac{45}{250} + \frac{53}{250} + \frac{60}{250}$ soit $\frac{250}{250}$ c'est-à-dire à 1.

4. **a.** Verres : 100 – (12 + 3 + 29 + 25 + 3 + 15) = 13 (%).

b. Plastiques : $350 \text{ kg} \times \frac{12}{100} = 42$ kg.

Métaux : $350 \text{ kg} \times \frac{3}{100} = 10{,}5$ kg.

Verres : $350 \text{ kg} \times \frac{13}{100} = 45{,}5$ kg.

Déchets organiques : $350 \text{ kg} \times \frac{29}{100} = 101{,}5$ kg.

Papiers-Cartons : $350 \text{ kg} \times \frac{25}{100} = 87{,}5$ kg.

Textiles : 10,5 kg.

Divers : $350 \text{ kg} \times \frac{15}{100} = 52{,}5$ kg.

5. **a.**

Superficie	Fréquence en 1979	Fréquence en 2003
moins de 5 ha	28,3 %	25,6 %
5 ha à moins de 20 ha	32,5 %	19,5 %
20 ha à moins de 50 ha	27,5 %	20,5 %
50 ha à moins de 100 ha	9,0 %	20 %
100 ha à moins de 200 ha	2,3 %	11,5 %
200 ha et plus	0,5 %	2,7 %

b. Le nombre d'exploitations agricoles s'est beaucoup réduit ; il y a eu des regroupements d'exploitations ce qui explique qu'il y ait moins de petites exploitations.

6.

Zone géographique	Réserve (milliards de tonnes)	Fréquence (en %)
Afrique	123	12,2 %
Amérique	271	26,8 %
Asie	373	36,9 %
Australie	92	9,1 %
Europe	151	15 %

7. 1 – (0,31 + 0,30 + 0,12 + 0,15 + 0,05) = 0,07.

8.

Voyelle	a	e	i	o	u	y	Total
Effectif	3	13	3	4	3	1	27
Fréquence	11	48	11	15	11	4	100

9. **a.** $\frac{363}{363 + 257} \times 100 \approx 58{,}5$.

Les voitures Peugeot représentent 58,5 % des voitures du groupe PSA.

b. $\frac{363 + 257}{363 + 257 + 549} \times 100 \approx 53$.

Les voitures de PSA représentent 53 % des voitures françaises.
100 – 53 = 47.
Les voitures Renault représentent 47 % des voitures françaises.

c. 363 + 257 + 549 + 844 = 2 013.
Le nombre total de véhicules est 2 013 milliers.

Peugeot : $\frac{363}{2\,013} \approx 18$ %.

Citroën : $\frac{257}{2\,013} \approx 12{,}8$ %.

Renault : $\frac{549}{2\,013} \approx 27{,}3$ %.

Voitures étrangères : $\frac{844}{2\,013} \approx 41{,}9$ %.

10. **1)** Il y a 112 filles et 119 garçons.

2) **a.** $\frac{19}{112}$ ou 17 %.

b. $\frac{19}{231}$ ou 8 %.

c. $\frac{12}{119}$ ou 10 %.

d. $\frac{19}{19+12} = \frac{19}{31}$ ou 61 %.

11. a. $\frac{6}{15} \times 100 = 40$.

40 % des filles portent des lunettes.

b. $\frac{8}{25} \times 100 = 32$.

32 % des élèves sont des garçons sans lunettes.

12.

	Bourgogne	Aquitaine	Rhône-Alpes
1er cycle	73 %	60 %	60 %
2e cycle G.T.	19 %	27 %	29 %
2e cycle P.	8 %	13 %	11 %

a. Il y a plus d'élèves du 1er cycle en Bourgogne.

b. Il y a plus d'élèves du 2e cycle G.T. en Rhône-Alpes.

c. Il y a plus d'élèves du 2e cycle P. en Aquitaine.

13. a.

Poids	37,5 à 39,9	40 à 42,4	42,5 à 44,9	45 à 47,4	47,5 à 49,9
Effectif	2	8	14	4	2

b. Plus des deux tiers des jeunes de ce groupe pèsent entre 40 et 44,9 kilogrammes.

14.

Hauteur	Effectif
$40 \leq h < 60$	560
$60 \leq h < 70$	220
$70 \leq h < 80$	280
$80 \leq h < 100$	440
$100 \leq h < 140$	500

Hauteur	Effectif
$40 \leq h < 60$	560
$60 \leq h < 80$	500
$80 \leq h < 100$	440
$100 \leq h < 140$	500

Hauteur	Effectif
$40 \leq h < 60$	560
$60 \leq h < 80$	500
$80 \leq h < 100$	440
$100 \leq h < 120$	340
$120 \leq h < 140$	160

15. a.

Durée de présence (en min)	Effectif
$0 \leq d < 10$	11
$10 \leq d < 20$	10
$20 \leq d < 30$	9
$30 \leq d < 40$	13
$40 \leq d < 50$	13
$50 \leq d < 60$	5

b. $11 + 10 = 21$.

Il y a 21 visites de moins de 20 min.

c. $\frac{5}{61} \times 100 \approx 8{,}2$.

8,2 % des visites ont duré plus de 50 min.

16.

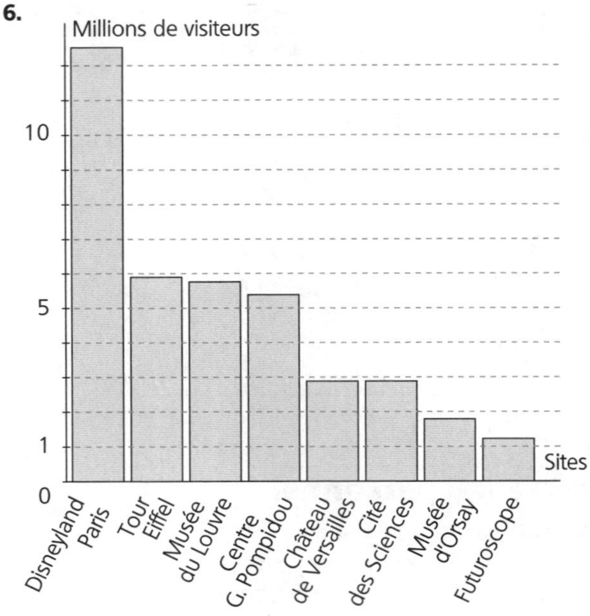

17. 1) a.

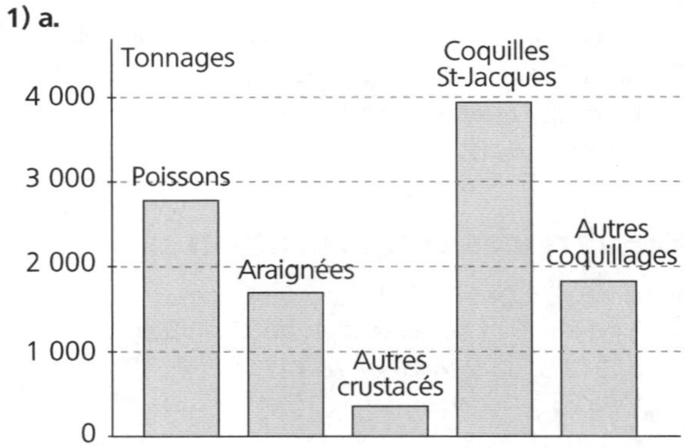

b.

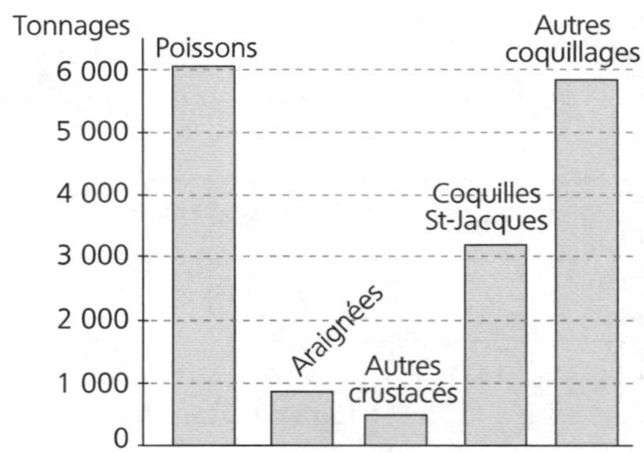

2) a.

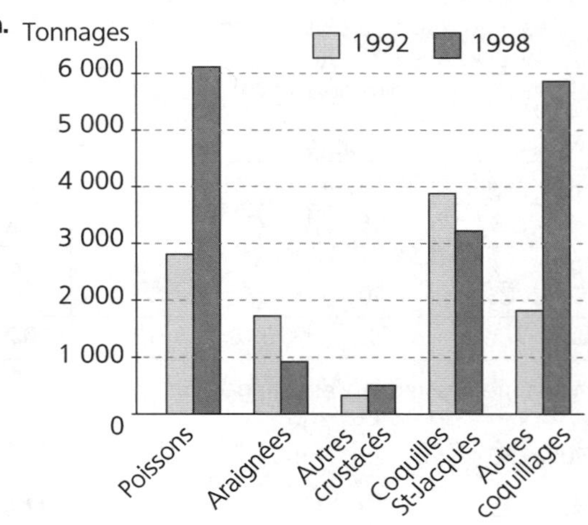

b. La pêche des poissons et autres coquillages s'est beaucoup développée : le tonnage des poissons a doublé, celui des autres coquillages a triplé.
La pêche des araignées et coquilles St-Jacques a diminué. Celle des autres crustacés reste faible.

18.

Fréquence	23 %	20 %	29 %	11 %	17 %	100 %
Angle	41,4°	36°	52,2°	19,8°	30,6°	180°

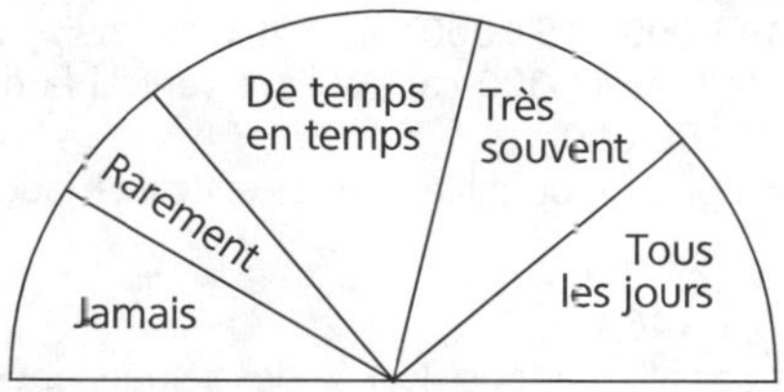

19. a. 439 – (104 + 58 + 53 + 35 + 22 + 19) = 148.
148 centrales nucléaires sont dans le reste du monde.

b.

	E.U.	Fr.	Jap.	R.U.	Can.	All.	Autre	Total
Effectif	104	58	53	35	22	19	148	439
Fréquence en %	23,7	13,2	12,1	8	5	4,3	33,7	100

c.

104	58	53	35	22	19	148	439
85°	48°	43°	29°	18°	16°	121°	360°

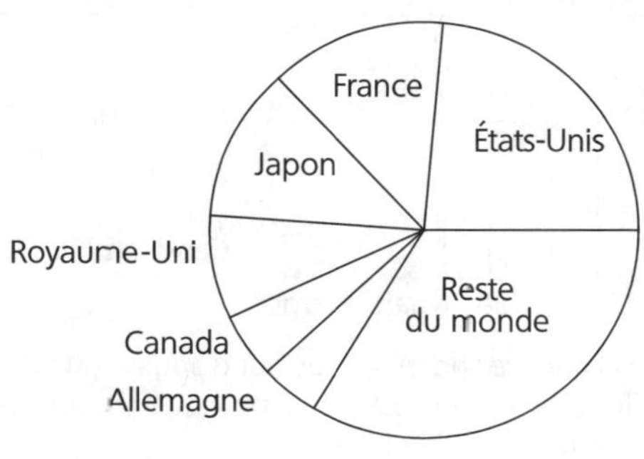

20. a. 100 – (74 + 24) = 2.
2 % des personnes interrogées ne se prononcent pas.

b.

Fréquence en %	16	33	16	16	15	4	100
Longueur en cm	1,28	2,64	1,28	1,28	1,2	0,32	8

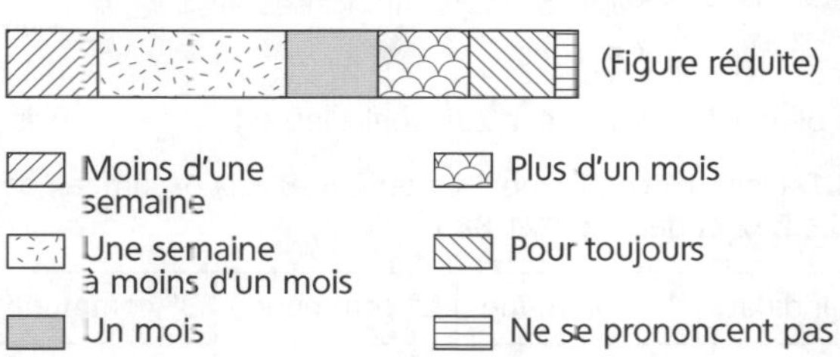

21. a.

Nombre N de battements de cœur	Effectif
140 ⩽ N < 150	10
150 ⩽ N < 160	9
160 ⩽ N < 170	5
170 ⩽ N < 180	7
180 ⩽ N < 190	2
190 ⩽ N < 200	7
200 ⩽ N < 210	13
210 ⩽ N < 220	1

b.

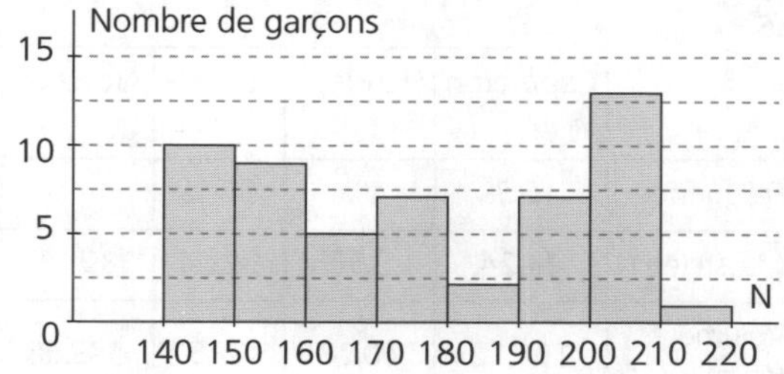

22. a. b.

Hauteur h	Effectif	Fréquence en %
80 ⩽ h < 90	3	11,1 %
90 ⩽ h < 100	7	25,9 %
100 ⩽ h < 110	10	37 %
110 ⩽ h < 120	7	25,9 %

c.

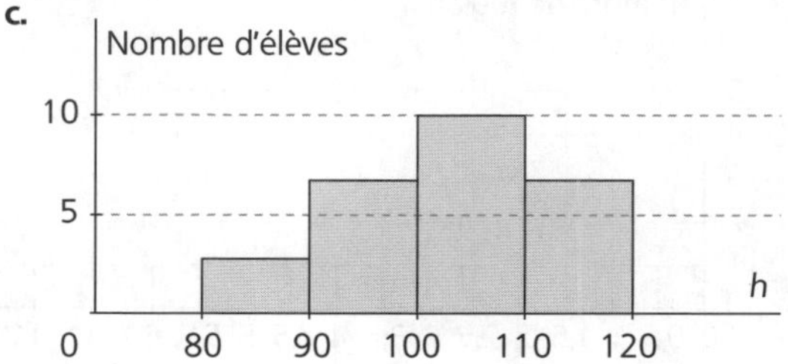

23. d.

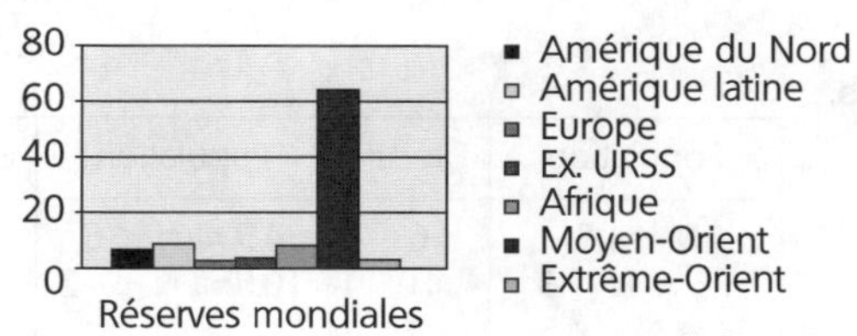

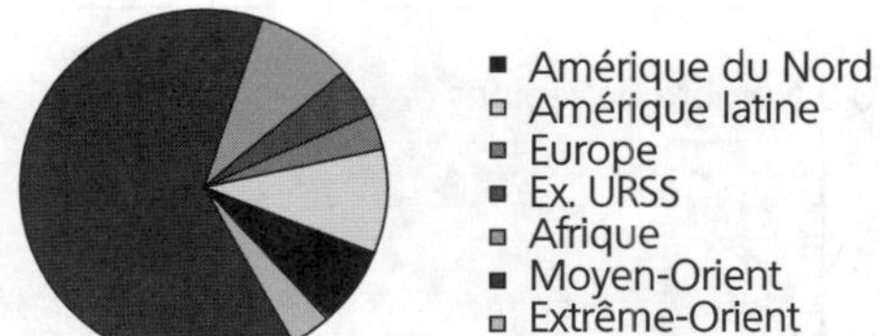

Réserves mondiales de pétrole brut

24. Le total des pourcentages est supérieur à 100 car les personnes pouvaient choisir plusieurs réponses chacune.

25. 25 % sont sans opinion, donc 75 % ont répondu.
60 % des 75 % ont dit aussi « oui » soit 45 % des personnes interrogées.
La réponse OUI n'a pas la majorité absolue.

26.

L	Ma	Me	J	V	S	D
15 %	20 %	10 %	25 %	5 %	15 %	10 %

27.

Football	Rugby	Basket	Handball	Autres
105°	75°	90°	60°	30°

Faire le point

28. c. **29.** a. **30.** b. **31.** b.

32. a. **33.** b. **34.** c. **35.** b.

Exercices de consolidation

36.

	Capbreton	Hendaye	St-Jean-de-Luz	Arcachon	Total
Fréquence	16 %	4 %	36 %	44 %	100 %
Masse (en t)	14,24	3,56	32,04	39,16	89
Volume (en m^3)	161,12	40,28	362,52	443,08	1 007

37. Sur le premier graphique, où l'unité choisie sur l'axe vertical est plus grande, on voit davantage la chute des valeurs que sur le deuxième graphique : cette chute est soulignée par le titre « Vendredi noir ».
Le deuxième graphique et son titre minimalisent cette chute.

38. a.

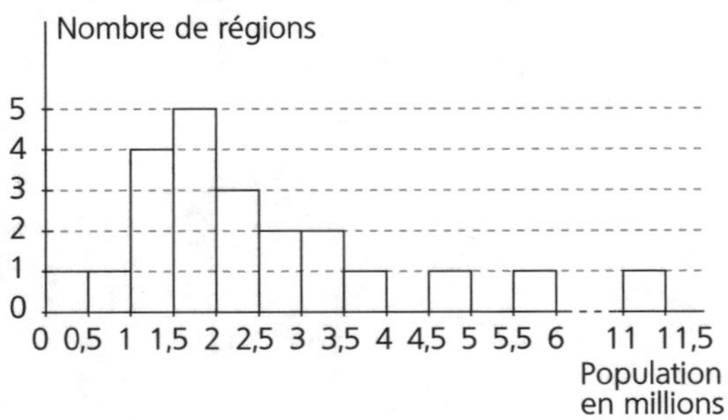

b.

Population	Effectif	Population	Effectif
$N < 1,5$ $1,5 \leqslant N < 3$ $3 \leqslant N < 4,5$	6 10 3	$4,5 \leqslant N < 6$ $10,5 \leqslant N < 12$	2 1

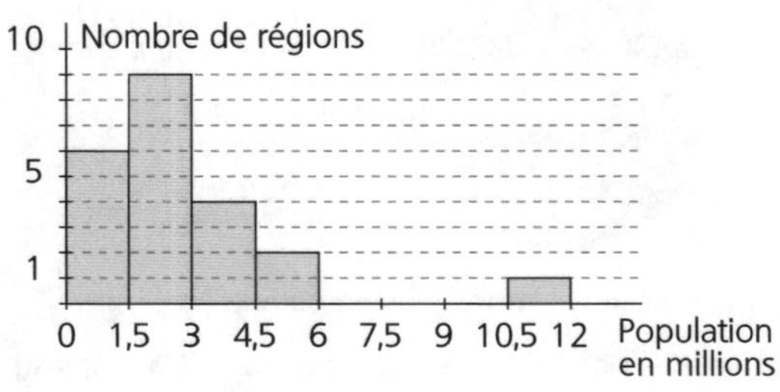

c. Sur le premier histogramme on remarque deux régions peu peuplées ; on remarque aussi que la population de la plupart des régions est comprise entre 1 et 3,5 millions. Sur le deuxième graphique, on ne « voit » plus les deux régions les moins peuplées.
Sur les deux, apparaît la région la plus peuplée.

Exercices d'approfondissement

39. a.

	66,5 %	9,7 %	9,7 %	3,3 %	10,8 %	100 %
Angle	239,4°	34,92°	34,92°	11,88°	38,88°	360°

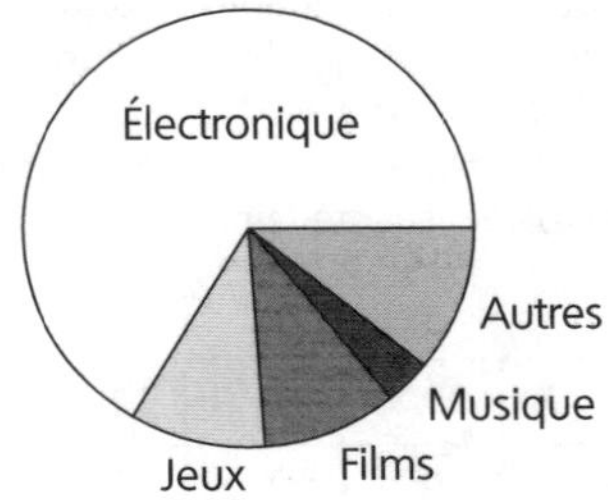

b. Les longueurs des tuyaux ne sont pas proportionnelles à 161 000, 162 000, 151 000 et 141 000 mais à 61 000, 62 000, 51 000 et 41 000 car sur l'axe vertical la graduation commence à 100 000.
Pour qu'il y ait proportionnalité avec les effectifs, il faudrait changer l'unité.

40. $40,6 + 5,5 = 46,1$.
On ne peut pas affirmer que 46,1 % des séjours ont eu lieu au bord de la mer ou au bord d'un lac car certaines personnes ont peut-être fréquenté les deux lieux.

41. a. On utilise des nombres négatifs pour traduire la baisse du nombre de tués.

b. Il y a eu moins de tués sur les routes en 2004 qu'en 2003 pour tous les âges sauf pour les 18-24 ans où le chiffre est en augmentation.
Le pourcentage d'augmentation est de 0,7 %.
Mais on ne peut pas donner le pourcentage de diminution car on ne connaît pas les effectifs des différentes catégories.

42. a.

	Gaëlle	Noah	Margot	Total
Effectif	15	6	4	25
Fréquence	60 %	24 %	16 %	100 %

b.

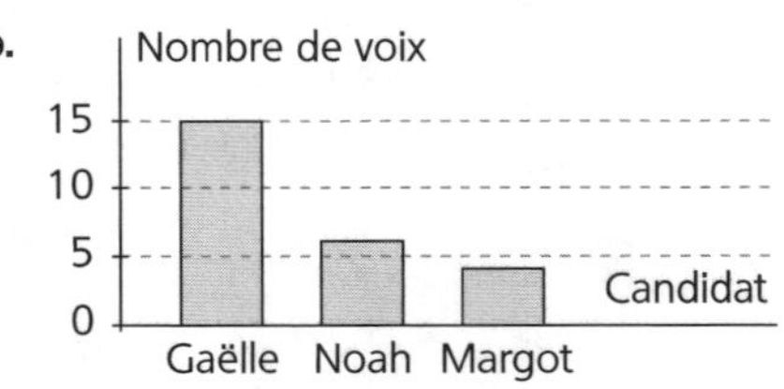

43. L'effectif correspondant au secteur d'angle 180° est la moitié de l'effectif total donc est plus grand que chacun des deux autres ; il y a deux solutions :

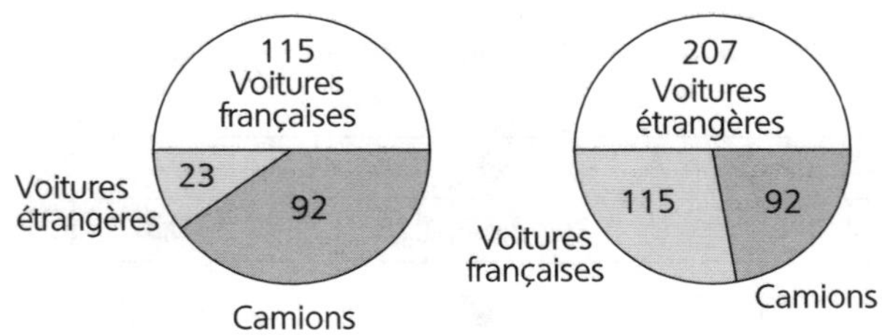

Au péage il est passé soit 230 véhicules, soit 414 véhicules.

44. Dans la 1re commune il y a eu 2 858 voix exprimées, dans la 2e, 842 et dans la 3e, 1 885.

Candidat	1re commune	2e commune	3e commune
E.B.	33,5 %	25,3 %	21,2 %
B.T.	10,6 %	10 %	9,3 %
A.D.	24,9 %	27,3 %	45,1 %
H.P.	9,8 %	12,8 %	11,2 %
I.R.	3,1 %	2,6 %	2,2 %
D.D.	6 %	5,7 %	3,7 %
S.D.	12,1 %	16,3 %	7,3 %

C'est dans la 3e commune que le candidat A.D. a devancé les autres avec la plus grande proportion de voix (45,1 %).

45.

						Total
Effectif	144	54	45	81	126	450
Fréquence en %	32	12	10	18	28	100

46. a.

Papier	Fournitures	Téléphone	Abonnement	Reste	Total
175 €	560 €	140 €	210 €	315 €	1 400 €
45°	144°	36°	54°	81°	360°

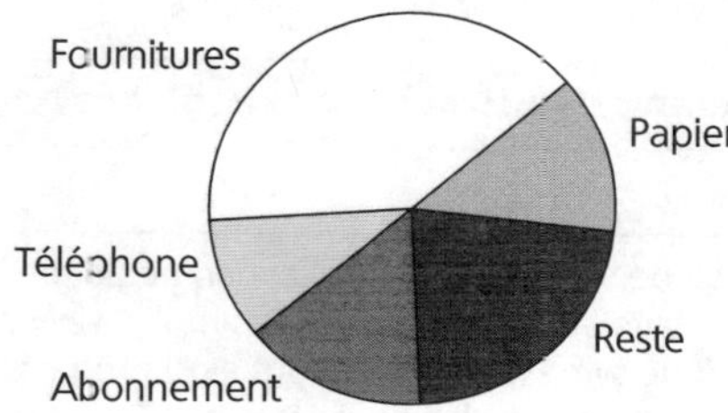

b. Puisqu'il reste 315 €, on peut acheter le classeur de hauteur 117,7 cm, ou le classeur de hauteur 85,3 cm.

47. a.

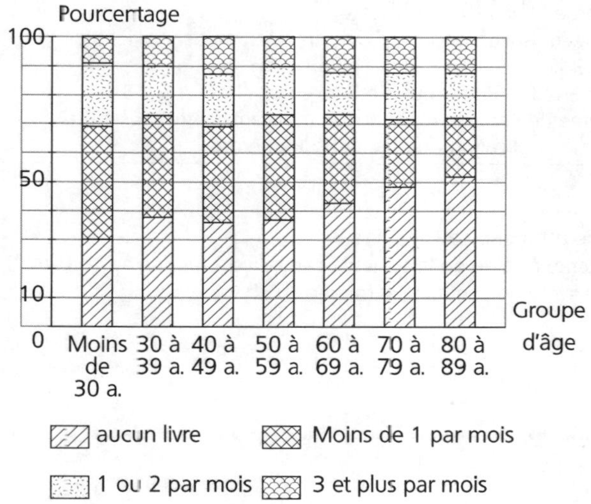

48. 1) a. $\widehat{BOD} = 30°$.

b. $\widehat{AOB} = \dfrac{360° - 30°}{2} = 165°$.

c. $\widehat{AOC} = 165° - 30° = 135°$.

2) a.

Angle	165°	135°	60°	360°
Effectif	33	27	12	72

b.

Effectif	33	27	12
Longueur ou	6,6 cm	5,4 cm	2,4 cm
Longueur	9,9 cm	8,1 cm	3,6 cm

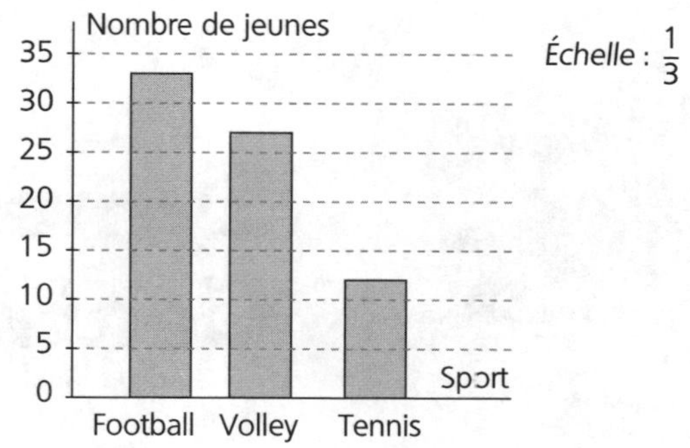

49. Faux. En effet, 50 % est représenté par un angle de 180°.

50. Vrai. En effet, $360° \times \dfrac{20}{100} = 72°$.

51. Faux. En effet, la barre la plus haute représente l'effectif le plus grand, mais celui-ci peut être inférieur à la moitié de l'effectif total.
Par exemple : parmi les effectifs 6, 15, 8 et 7 on a :

$$15 < \frac{6 + 15 + 8 + 7}{2} \text{ soit } 15 < 18.$$

52. Vrai. En effet, les hauteurs restent proportionnelles aux effectifs ou fréquences qu'elles représentent.

53. Vrai.

54. Faux. Par exemple, s'il y a 20 garçons et 5 filles dans la classe, on trouve 8 garçons et 3 filles qui portent des lunettes.

55. Faux. Par exemple, s'il y a 200 habitants dans le village A, alors 30 ont moins de 15 ans, et s'il y a 100 habitants dans le village B, alors 20 ont moins de 15 ans.

56. Sur 100 personnes, 15 n'ont pas de télévision, 25 n'ont pas de téléphone, 30 n'ont pas d'ordinateur et 20 n'ont pas de lecteur DVD.
Au maximum 90 personnes n'ont aucun de ces équipements.
Il y a donc au minimum 10 personnes qui ont à la fois les quatre équipements.

57. Le premier jour, Jérémy a gagné 20 % des parties et ses adversaires 40 % chacun.
Le deuxième jour, Jérémy a gagné 50 % des parties et ses adversaires 25 % chacun.
Sur les deux jours Jérémy a gagné 70 parties sur 200 et ses adversaires 65 parties sur 200.
Jérémy a donc gagné davantage de parties.

■ Jeu

EF**F**ECTIF
DIAG**R**AMME
CLASS**E**
GRAPHI**Q**UE
TABLEA**U**
ANGL**E**
SO**N**DAGE
CIR**C**ULAIRE
ENQU**E**TE

CHAPITRE

7 Symétrie centrale. Centre de symétrie

1. Programme de 5e : partie traitée dans ce chapitre

Contenus	Compétences	Exemples d'activités, commentaires
3.3. Symétrie centrale		
	– Construire le symétrique d'un point, d'un segment, d'une droite, d'une demi-droite, d'un cercle. – Construire ou compléter la figure symétrique d'une figure donnée ou de figures possédant un centre de symétrie à l'aide de la règle (graduée ou non), de l'équerre, du compas, du rapporteur. *[Technologie]*	Comme en classe de sixième, un travail expérimental permet d'obtenir un inventaire abondant de figures simples. Les propriétés invariantes dans une symétrie centrale sont ainsi progressivement dégagées et comparées avec les propriétés invariantes dans une symétrie axiale. Ces travaux conduisent à : la construction de l'image d'une figure simple, l'énoncé et l'utilisation de propriétés caractéristiques du parallélogramme (*cf.* § 2.1) ; la caractérisation angulaire du parallélisme et son utilisation (*cf.* § 3.1) ; la justification de formules relatives aux aires (*cf.* § 4.3). La symétrie centrale n'a, à aucun moment, à être présentée comme application du plan dans lui-même.

Nos choix :

L'étude du parallélogramme à l'aide de la symétrie centrale est menée au chapitre 8.
L'étude de la figure formée par deux parallèles et une sécante à l'aide de la symétrie centrale est menée au chapitre 9.
La justification de formules relatives aux aires à l'aide de la symétrie centrale est menée au chapitre 12.

2. Avant et après

a. Classe de 6^e

Contenus	Compétences	Exemples d'activités, commentaires
3.1. Figures planes, médiatrice, bissectrice		
[Programme cycle 3 : document d'application, p. 31 à 33]	– Utiliser différentes méthodes pour : – reporter une longueur ; – reproduire un angle ; – tracer, par un point donné, la perpendiculaire ou la parallèle à une droite donnée.	Ces compétences sont à développer en priorité sur papier uni, en utilisant les instruments usuels (règle, équerre et compas). Elles prennent leur sens lorsqu'elles sont mobilisées pour résoudre un problème : reproduire une figure, en compléter un agrandissement ou une réduction déjà amorcée, construire une figure d'après une de ses descriptions. Les méthodes doivent varier en fonction de l'espace dans lequel est posé le problème et des instruments laissés à la disposition des élèves : – pour le report de longueurs : usage du compas, d'une bande de papier ou de la règle graduée ; – pour la reproduction d'un angle : usage d'un gabarit ou du rapporteur ; – pour le tracé d'une perpendiculaire : usage de la règle et de l'équerre, puis du compas et de la règle (après le travail sur la médiatrice d'un segment) ; – pour le tracé d'une parallèle : usage de la règle et de l'équerre.

3.3. Symétrie orthogonale par rapport à une droite (symétrie axiale)		
[Programme cycle 3 : document d'application, p. 32]	– Construire le symétrique d'un point, d'une droite, d'un segment, d'un cercle (que l'axe de symétrie coupe ou non la figure). – Construire ou compléter la figure symétrique d'une figure donnée ou de figures possédant un axe de symétrie à l'aide de la règle (graduée ou non), de l'équerre, du compas, du rapporteur.	Dans la continuité du travail entrepris à l'école élémentaire, les activités s'appuient encore sur un travail expérimental (pliage, papier calque) permettant d'obtenir un inventaire abordant de figures simples, à partir desquelles sont dégagées les propriétés de « conservation » de la symétrie axiale (conservation des distances, de l'alignement, des angles et des aires). Le rôle de la médiatrice comme axe de symétrie d'un segment est mis en évidence. La symétrie axiale n'a, à aucun moment, à être présentée comme une application du plan dans lui-même.

b. Classe de 4e

Contenus	Compétences	Exemples d'activités, commentaires
3.1. Figures planes		
Triangle : milieux et parallèles	– Connaître et utiliser les théorèmes suivants relatifs aux milieux de deux côtés d'un triangle : Dans un triangle, si une droite passe par les milieux de deux côtés, elle est parallèle au troisième côté. Dans un triangle, si une droite passe par le milieu d'un côté et est parallèle à un second côté, elle coupe le troisième côté en son milieu. Dans un triangle, la longueur du segment joignant les milieux de deux côtés est égale à la moitié de celle du troisième côté.	Ces théorèmes peuvent être démontrés en utilisant la symétrie centrale et les propriétés caractéristiques du parallélogramme ou les aires.

3. Fiches pédagogiques des activités

La symétrie centrale joue un rôle charnière dans les différents chapitres de géométrie.
Il nous semble conseillé d'étudier ce chapitre d'introduction sur deux périodes différentes. On suggère plus loin un découpage précis de ce chapitre.
Cette répartition dans l'année, recommandée par ailleurs dans les textes officiels donne aux élèves un temps d'apprentissage plus étalé dans le temps.

Sciences en construction

■ Un peu d'histoire

La notion de symétrie, au sens des transformations, remonte seulement au milieu du XIXe siècle. Mais le concept est très ancien : des architectes grecs et romains, comme Vitruve, voient dans la symétrie, l'harmonie et l'équilibre du Monde.

■ Les jardins

Avant Le Nôtre, au XVIe siècle, les jardins français prennent modèles sur l'architecture et la mythologie de l'Antiquité.
Après Le Nôtre, les jardins réguliers restent synonymes de grandeur et de noblesse, mais dès 1760-1770, les jardins « à l'anglaise » se développent. Ces jardins abandonnent la stricte ordonnance et prônent le retour aux formes naturelles sans renoncer, jusqu'au XIXe siècle à l'accumulation de grottes, de ruines, …
Dans la seconde moitié du XIXe siècle, apparaissent des parcs paysagers urbains (Paris, Lyon, …)

■ Durée : 20 à 30 min

■ Déroulement

Le **a.** est l'occasion d'instaurer un débat dans la classe.
Pour cette question devraient apparaître ces remarques du type : « 4 motifs identiques autour du bassin central », « les motifs se superposent », …
On peut inciter à utiliser un vocabulaire plus mathématique : symétrie axiale, …
On peut demander « Comment passer d'un motif au motif qui lui fait face ? », …
Le **b.** conduit à un travail individuel.

■ Prolongement possible

On peut proposer d'autres parterres du jardin des Tuileries, avant la question **b.** si l'on pense utile de stimuler l'imagination des élèves, ou bien après sinon.

1 Découverte d'une nouveauté

■ Choix de la situation

Les figures sont choisies de façon à favoriser l'apparition de différentes procédures pour passer d'une position à l'autre du motif.
La figure **a.** favorise la « rotation » (le demi-tour) autour du point commun aux deux motifs.
Les deux autres figures peuvent ainsi se traiter avec le demi-tour mais, si on le souhaite, on peut profiter de :
• la figure **b.** pour favoriser le double pliage par rapport à des axes perpendiculaires (« composée » de deux symétries orthogonales),
• la figure **c.** pour favoriser l'« homothétie » : on joint, mentalement ou non, les points qui se correspondent et on constate que ces segments se coupent en leur milieu.

■ Durée : 1 séance

■ Déroulement

On privilégie le demi-tour car c'est semble-t-il une action simple à mettre en œuvre (avec en particulier la pointe du compas) y compris mentalement.
On donne à chaque élève les figures « finies » sur une feuille.
Sur une autre feuille (ou au-dessous sur la feuille précédente) on donne l'un des motifs de chaque figure.
On demande alors comment on peut obtenir la figure finie à partir de ce motif.
Pour cela on peut donner une feuille de papier calque où figure le motif ① de chaque figure (ou bien demander à l'élève de décalquer ce motif), on autorise la règle (éventuellement graduée) et le compas. L'élève devra découper le motif dont il dispose et le coller sur la feuille de papier calque afin de reconstituer la figure « finie ».
Au **a.**, on peut imaginer qu'avec le compas, les élèves penseront au demi-tour. Dans un premier temps, ils ne sauront peut-être pas définir à quel moment le demi-tour est réalisé. Dans un deuxième temps, ils devraient noter des alignements.
Au **b.**, le centre n'est pas donné. Certains élèves penseront peut-être au double pliage, d'autres à joindre les points qui semblent se correspondre dans un demi-tour. Les tracés nécessaires seront effectués sur la figure « finie » et reportés sur la feuille de papier calque. S'ils ne remarquent pas que les segments tracés se coupent en leur milieu, il faudra vérifier que le collage est correct en faisant tourner la figure autour de la pointe du compas, ou en superposant au modèle.
Au **c.**, on peut procéder de façon analogue si on le souhaite, on peut poursuivre en faisant coder les longueurs égales et parler de « segments qui se coupent en leur milieu » si cela n'a pas encore été fait.

■ Synthèse

On introduira le nom de cette transformation : la symétrie centrale (certains élèves peuvent imaginer des noms, par exemple symétrie pointale, …)
Cette synthèse sera entre autre chose, l'occasion de bien distinguer symétrie axiale et symétrie centrale.

Matériel : rétroprojecteur et ordinateur
On peut télécharger sur le site compagnon des animations qui présentent les différentes procédures à propos des figures **a.**, **b.**, **c.** Il suffit d'appuyer sur une flèche de direction pour démarrer ces animations.

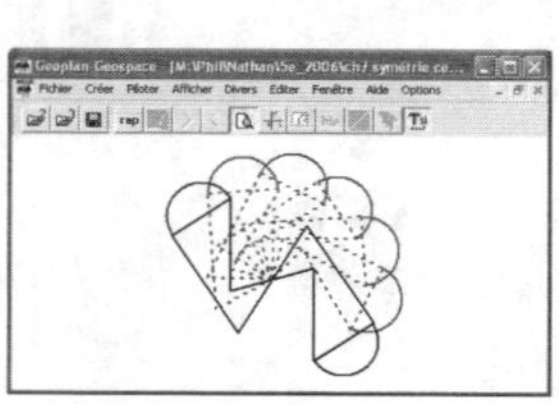

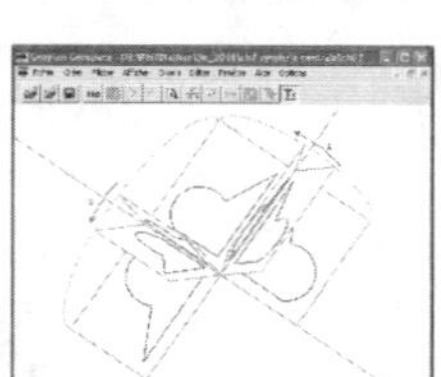

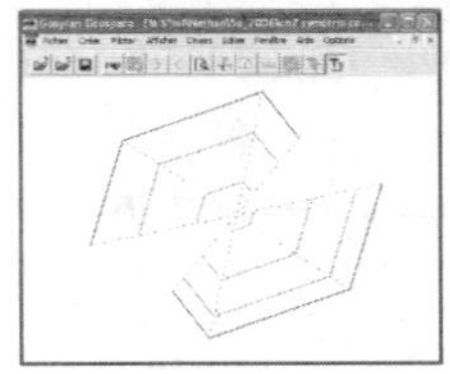

Remarque : on peut aussi utiliser le rétroprojecteur et les transparents que l'on pourra télécharger sur le site compagnon.

■ Prolongement possible et figure Géoplan

• Sur le site compagnon, on trouvera un logiciel du type « jeu de cible ». L'élève doit placer un cercle dans lequel il pronostique la présence de la figure symétrique.
En appuyant sur une touche, la symétrique apparaît et il peut ainsi tester son pronostic.
L'objectif est que l'élève s'habitue à se faire une image mentale de la figure symétrique avant de la corriger pour permettre d'éviter plus tard la production par les élèves d'images « visiblement » fausses.
• Selon le niveau de la classe, on peut proposer une figure où les positions ① et ② du motif se « chevauchent ».
Par exemple :

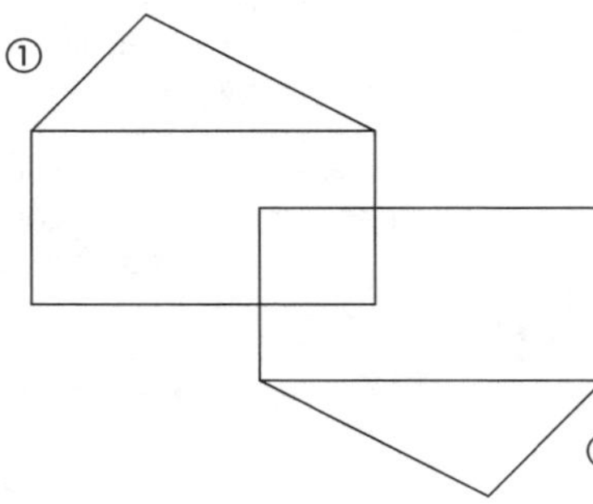

2 Avec l'ordinateur

■ Choix de la situation

La figure est choisie de façon à pouvoir être réalisée simplement avec Géoplan ou Cabri Géomètre, sans que l'élève n'ait à être très familier avec ces logiciels.

■ Durée : 45 min

■ Déroulement

Il dépend de l'équipement informatique du collège :
• soit les élèves accèdent à la salle informatique (deux par poste) : on donnera à chacun une fiche-élève du type de celle ci-dessous (son contenu dépendra de la familiarisation plus ou moins grande des élèves avec ces logiciels) ;
• soit on projette cette figure pour toute la classe après avoir téléchargé le fichier sur le site compagnon.

Fiche-élève

a. Créer trois points A, B, C (les déplacer éventuellement) et tracer le triangle ABC.

b. Créer un point O.

c. Avec « symétrie centrale » construire les symétriques A′, B′, C′, de A, B, C par rapport à O et tracer le triangle A′B′C′.

d. Afficher les longueurs des côtés des deux triangles. Que constatez-vous ?

e. Afficher les mesures des angles des deux triangles. Que constatez-vous ?

f. Afficher les aires des deux triangles. Que constatez-vous ?

g. Déformer le triangle ABC et déplacer le point O. Que constatez-vous ?

■ Synthèse

Les élèves feront part de leurs constatations.
Certains remarqueront peut être que les droites (AB) et (A′B′), … sont parallèles : on pourra le tester avec Cabri Géomètre. On pourra évoquer le côté mystérieux de la construction du symétrique par le logiciel et préparer ainsi à la prochaine activité (construction du symétrique d'un point avec les instruments de géométrie).
Selon le niveau de sa classe, on pourra évoquer une explication des propriétés conservées par symétrie centrale en utilisant la succession des deux symétries axiales par rapport à des droites perpendiculaires. En effet les élèves ont vu en 6e qu'une symétrie axiale conserve les longueurs, les angles, les aires.

3 Sur papier quadrillé

4 Sur papier uni

■ Choix de la situation

Ces deux activités sont choisies pour aider l'élève à faire une synthèse de constatations faites au cours d'activités précédentes.
D'ailleurs selon le niveau de la classe, on pourra ne pas traiter l'activité ③ et proposer directement l'activité ④ avec les instruments de géométrie.

■ Durée : 20 min

■ Déroulement

Un travail individuel est proposé.
Tous les instruments de géométrie sont autorisés. En circulant dans la classe, on observera divers procédés de construction du symétrique d'un point.

■ Synthèse

Soit on désigne des élèves qui ont mis en place des techniques différentes pour les réaliser au tableau.
Soit on fait une correction collective en utilisant *le rétroprojecteur* et *des transparents* que l'on peut télécharger sur le site compagnon.

▲ Test intermédiaire
À l'issue de ce premier temps consacré à la symétrie centrale, on peut proposer le test suivant.
Durée : 30 min

Exercice 1
Ces deux figures sont symétriques par rapport à un point O qui a été effacé.
Retrouver ce point (laisser les traits de construction apparents).

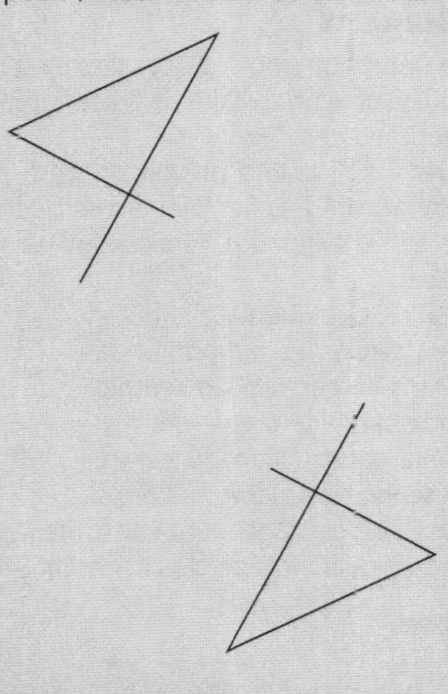

Exercice 2
A′, B′, C′, D′ sont les symétriques respectifs des points A, B, C, D par rapport à un point O effacé.
Alexia, sans faire de construction, affirme connaître :
• la longueur B′C′,
• la mesure de l'angle $\widehat{B'C'D'}$,
• l'aire du triangle A′B′C′.
Comment fait-elle ?

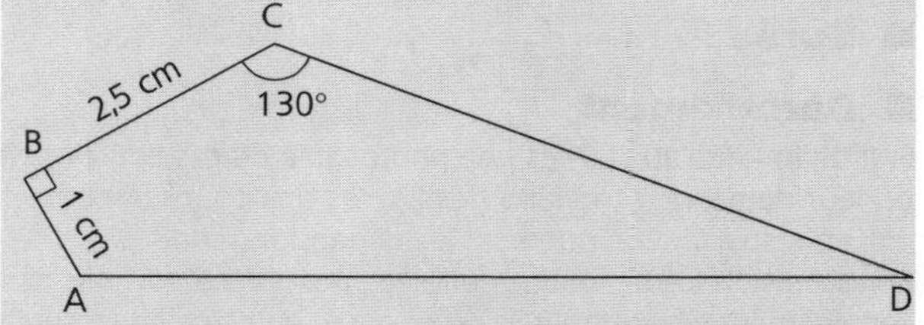

Exercice 3
Construire avec les instruments de géométrie :
a. le symétrique B′ du point B par rapport à D,
b. le symétrique C′ du point C par rapport à la droite (AB).

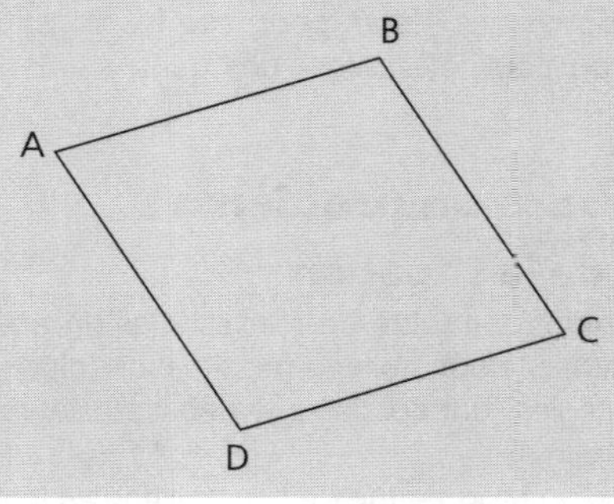

5 Symétrique d'une droite

■ Choix de la situation

Le fait que le symétrique d'une droite soit une droite ne doit pas être une surprise pour la classe. Cette propriété devrait être un théorème en acte compte tenu des manipulations faites lors des premières activités.
Par contre, cette activité va permettre d'établir lors d'une séquence déductive qu'une droite et sa symétrique sont parallèles.

■ Durée : 30 min

■ Déroulement

Les élèves réinvestiront certainement la technique de construction de l'image d'une droite par une symétrie axiale. Certains prendront deux points sur la droite (*d*) (H et un autre point ou bien deux points distincts de H).
On pourra demander de faire une remarque sur la droite (*d*) et la droite (*d*′) tracée.
Le parallélisme apparaîtra évident pour certains, mais pour d'autres l'imprécision des tracés risque de faire que (*d*) et (*d*′) ne semblent pas parallèles. On profitera de cette situation pour motiver une justification. Certains penseront peut-être à invoquer la conservation des angles.

■ Synthèse

À propos de cette propriété, on insistera sur la distinction entre symétrie centrale et symétrie axiale.
On pourra mettre en forme, en commun, la démonstration précédente :
A′ et H′ sont les symétriques de A et H par rapport à O.
– Une symétrie centrale conserve les angles donc : $\widehat{AHO} = \widehat{A'H'O}$.
– Or $\widehat{AHO} = 90°$ donc $\widehat{A'H'O} = 90°$.

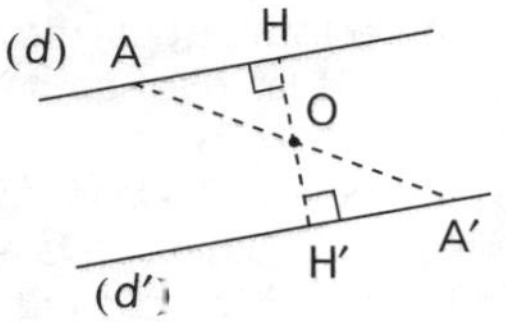

– Les droites (d) et (d') sont perpendiculaires à la droite (HH′), donc (d) et (d') sont parallèles.

6 Symétriques d'autres figures

La situation est classique.

■ Durée : 20 min

■ Déroulement

Soit on fournira aux élèves une photocopie de ces figures, soit on leur demandera de faire des figures analogues sur papier uni, en respectant uniquement les dimensions codées.
On observera les techniques utilisées par les élèves, mais très certainement réinvestiront-ils celles mises en place en 6e sur la symétrie axiale.
Malgré tout, certains voudront peut-être utiliser le fait qu'un segment (ou une demi-droite) et son image sont parallèles.

■ Synthèse

On peut désigner des élèves pour faire les constructions au tableau, ou on peut télécharger des transparents sur le site compagnon.

7 Résoudre un problème

■ Choix de la situation

Cette activité doit permettre de réinvestir les propriétés d'une symétrie centrale, pour traiter une situation plus complexe. Plusieurs stratégies sont possibles, le débat s'instaure aisément en classe.
La rédaction d'un programme de construction va permettre de vérifier le niveau de vocabulaire mathématique utilisé par les élèves.

■ Durée : 30 min à 45 min

■ Déroulement

On peut mettre en place un travail par groupes de 3 ou 4 élèves. Après avoir lu la consigne, il sera bon de préciser « la règle du jeu », à savoir :
– on n'utilise pas de collage (ou autre procédé) pour faire apparaître le point C,
– on n'utilise pas de papier calque, mais uniquement les instruments de géométrie.
On donnera à chaque élève une photocopie de cette figure.
Les élèves doivent penser à utiliser les propriétés des symétries centrales.
Beaucoup devraient construire le symétrique du segment [AB].
Pour construire les symétriques des deux autres côtés, soit on utilise le fait qu'une demi-droite et son image sont parallèles, soit on utilise les symétriques de points placés sur ces côtés, soit on utilise le fait qu'une symétrie centrale conserve les angles (on mesure deux angles du triangle).
On demande ensuite à chaque groupe de s'entendre sur la rédaction d'un programme de construction.

■ Synthèse

On peut désigner deux élèves de groupes différents : l'un lit une instruction de son programme, l'autre élève la réalise, et ainsi de suite.
L'écriture de programmes de construction est encore en cours d'apprentissage pour de nombreux élèves, en particulier au niveau de la concision des phrases et de l'emploi du vocabulaire mathématique.
Petit à petit, on souhaite faire comprendre aux élèves la nécessité de la précision de la rédaction, en mathématique en particulier, afin d'être compris par un lecteur. On espère que cela contribuera progressivement à améliorer la rédaction des justifications.

8 À vue d'œil

■ Choix de la situation

On propose des logos relativement courants ou des panneaux routiers, afin de passer en revue différents cas de nombre d'axes ou centres de symétrie.
D'autres objets (logos, cartes à jouer, …) sont à votre disposition sur le site compagnon.

■ Durée : 30 min

■ Déroulement

On peut faire des groupes de 3 ou 4 élèves, chaque élève disposant d'une photocopie séparée de chacune des six figures.
Chaque élève réfléchit individuellement, puis une mise en commun s'effectue dans chaque groupe.
En cas de désaccord, les élèves peuvent utiliser du papier calque et la pointe du compas, ou construire les symétriques de certains points par rapport à un centre ou un axe présumé.
Pour le logo **b.** la discussion peut conduire à se demander si l'on tient compte des couleurs, auquel cas, le logo n'a que 2 axes de symétrie (et non 4).
Pour le panneau **f.**, la discussion peut être du même ordre (aucun axe).
Pour le panneau **e.**, les flèches ont un centre de symétrie, mais pas le panneau dans sa globalité.

■ Synthèse

Matériel : rétroprojecteur et transparents
On peut télécharger les transparents de ces figures sur le site compagnon.
Il suffit alors de faire pivoter le transparent autour d'un centre présumé et de vérifier si la figure vient coïncider avec celle de la photocopie.

■ Prolongement

On peut demander d'imaginer des figures qui ont un centre de symétrie.

9 Figures usuelles

■ Choix de la situation

Cette situation permet de reprendre contact avec les triangles particuliers, les quadrilatères particuliers, les cercles.
Elle permet de revoir leurs définitions et leurs propriétés concernant les axes de symétrie, les diagonales.

■ Durée : 20 min

■ Déroulement

Soit on donne une photocopie de ces figures à chaque élève, soit on demande à chacun de faire de telles figures avec les instruments de géométrie.
Dans ce dernier cas, il faudra prévoir un peu plus de temps pour traiter cette activité. En effet, il faudra vérifier l'exactitude de chaque figure afin d'éviter des vérifications erronées sur des figures imprécises.
À la question **a.** on peut bien sûr rajouter le dessin d'un cercle (et supprimer la question **b.**). Dans ce cas, il nous semble préférable d'indiquer le centre du cercle.

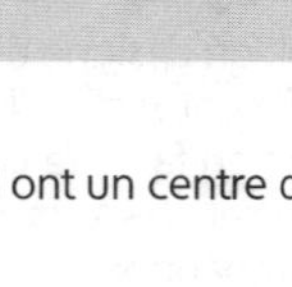

En effet, sinon, la construction du centre conduit à une séance déductive qui nous semble prématurée à ce stade (et qui de toute façon sera abordée lors de la découverte du cercle circonscrit à un triangle).

■ Synthèse

Matériel : rétroprojecteur et ordinateur ou transparents.
On peut télécharger sur le site compagnon des animations ou bien des transparents.

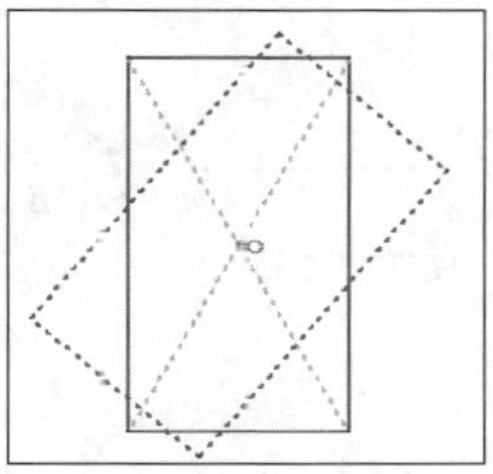

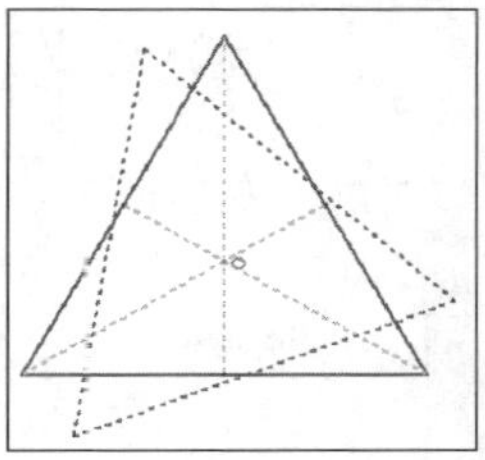

▲ Test final

À l'issue de cette étude, on peut proposer le test suivant. *Durée* : 45 min

Exercice 1

a. Construire l'image de la figure dans la symétrie de centre A.

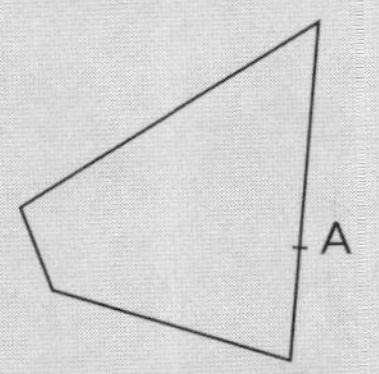

b. Construire le symétrique de ce demi-cercle par rapport au point B.

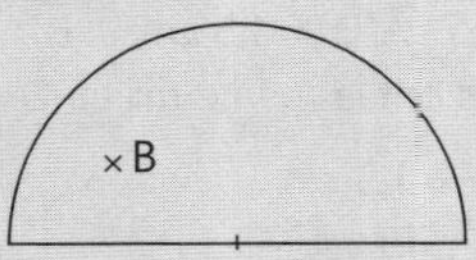

c. Construire l'image du triangle dans la symétrie d'axe (*d*).

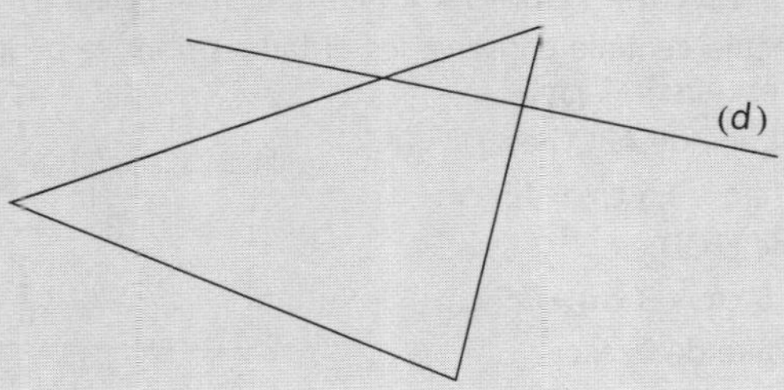

Exercice 2

O est le centre de symétrie du quadrilatère ABCD. Construire le quadrilatère.
Rédiger le programme de construction.

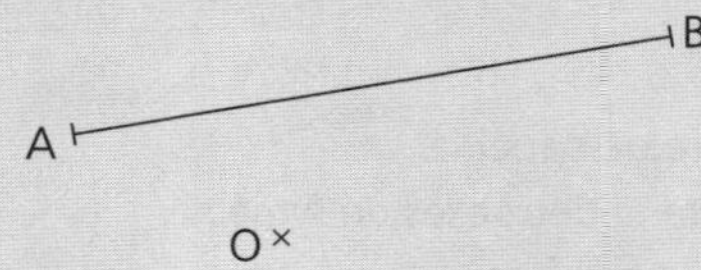

Exercice 3

a. Ces deux angles sont-ils symétriques dans une symétrie centrale ? Si oui, donner le centre. Si non, expliquer pourquoi.

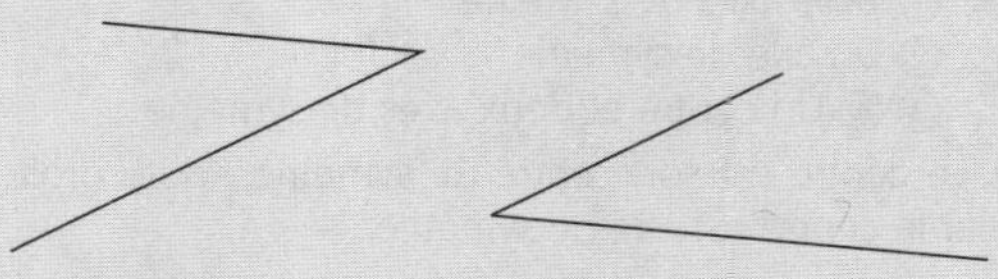

b. Même question pour ces deux droites.

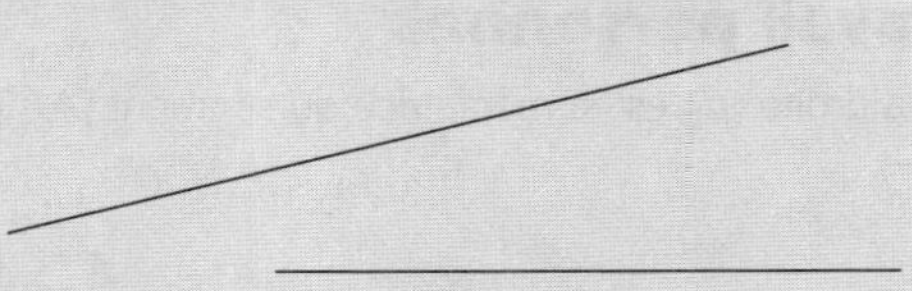

Exercice 4

a. Construire un triangle ABC rectangle en A tel que AB = 3 cm et AC = 5 cm.
b. Placer le point E du segment [AC] tel que CE = 1 cm.
c. Construire le symétrique du triangle ABC :
• par rapport au point E ;
• par rapport à la droite (BC).

4. Corrigés

■ Revoir les acquis

1 b **2** a **3** c **4** b

■ Sciences en construction

a. Le Nôtre a utilisé la symétrie axiale par rapport à certaines droites. Il a aussi organisé le parterre de façon que certains segments aient le même milieu.

b.

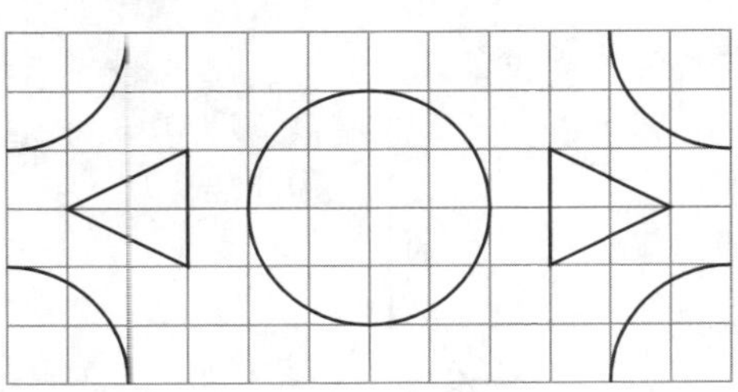

■ Activités

1. a. On peut penser que les élèves parleront de « demi-tour ».

b. Ici, ils devraient parler de demi-tour ou double pliage par rapport à des droites perpendiculaires.

c. Ils penseront peut-être à rejoindre les extrémités de segments qui se correspondent par un demi-tour.

2. c. Les côtés, les angles des triangles ABC et A′B′C′ sont deux à deux de même mesure. Leurs aires sont égales.

d. Les propriétés ci-dessus restent valables lorsqu'on déplace le point O ou lorsqu'on déforme ABC.

3. Facile.

4. On place M′ de façon que O soit le milieu du segment [MM′].

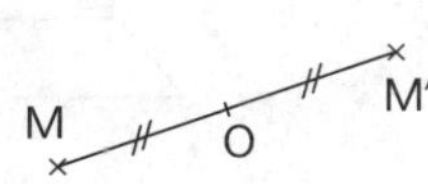

5. • On place le symétrique H′ de H par rapport à O.
• On trace la perpendiculaire (*d*′) à (OH′) en H′.
(La symétrie centrale conserve les mesures d'angles).

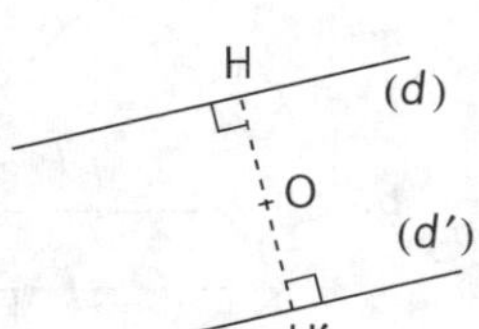

6. Facile.

7. • On construit les symétriques A′ et B′ de A et B par rapport à O ; on trace le segment [A′B′].
• On trace par B′, la parallèle à (BC) et par A′, a parallèle à (AC).

• On note C′ le point d'intersection de ces deux droites. On trace les segments [A′C′] et [B′C′].

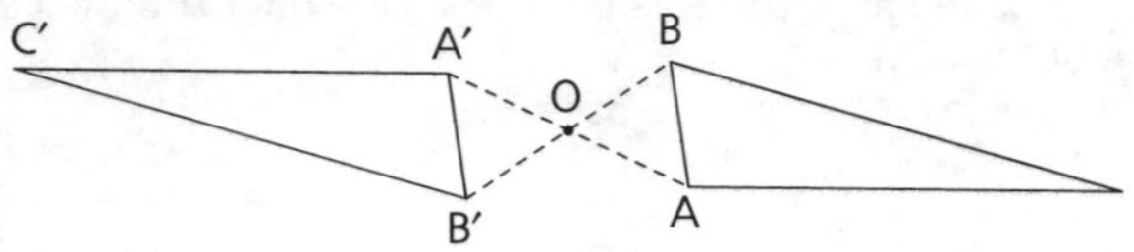

8. **a.** Un centre de symétrie.
b. Un centre et deux axes de symétrie.
c. Un axe de symétrie.
d. Un centre et deux axes de symétrie.
e. f. Aucun centre et aucun axe de symétrie.

9. **a.** ① Trois axes de symétrie.
② Un axe de symétrie
③ ④ Un centre et deux axes de symétrie.
b. Le centre est son centre de symétrie. Toute droite passant par le centre est axe de symétrie.

■ Travail personnel

A. **b.** La droite (*d*) est la médiatrice du segment [AA′].

B. **a.**

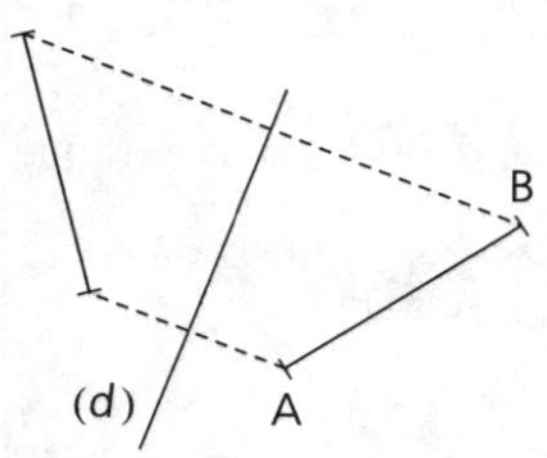

b.

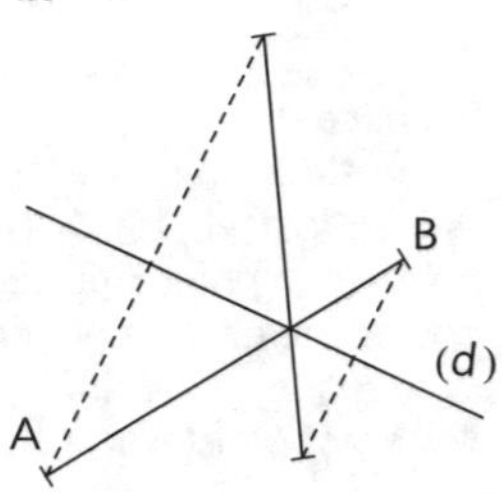

C. **c.**

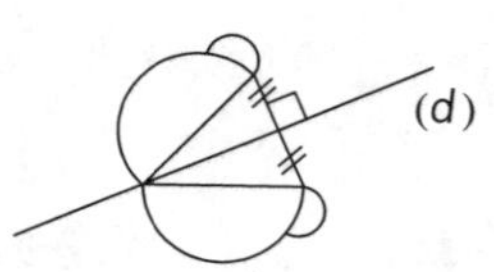

D. **a.**

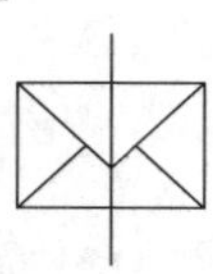

c.

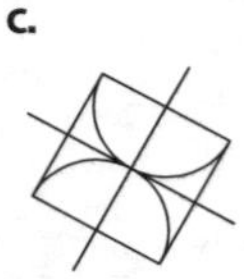

■ Exercices d'application

1. **a.** Non. **b.** Non. **c.** Oui. **d.** Non.

2. **a.**

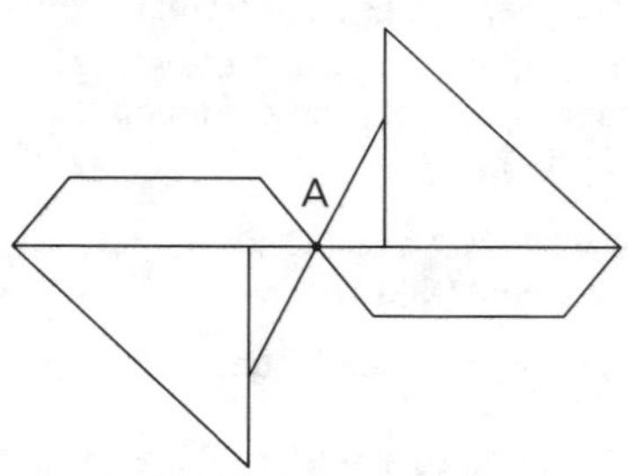

b.

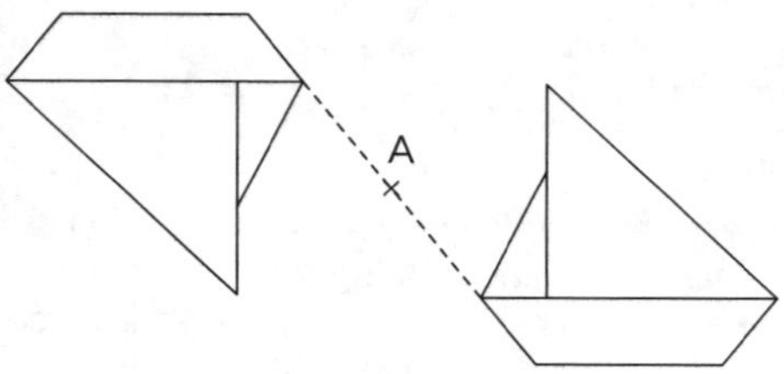

3. **a.** **b.** **c.**

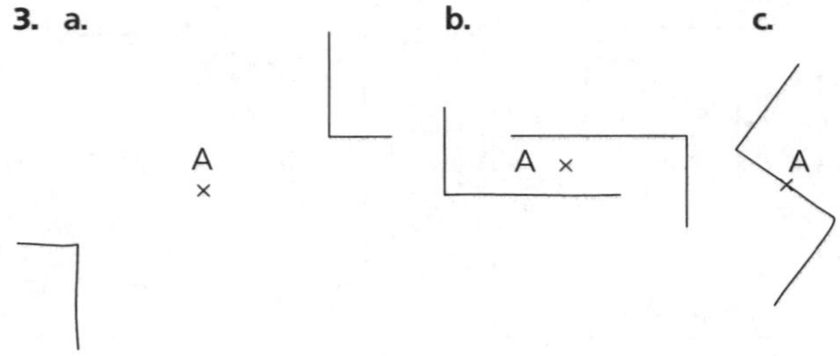

4. **a. b.** Facile.
c. $\mathscr{F}$ et $\mathscr{F}''$ semblent symétriques par rapport à A.

5. **a.**

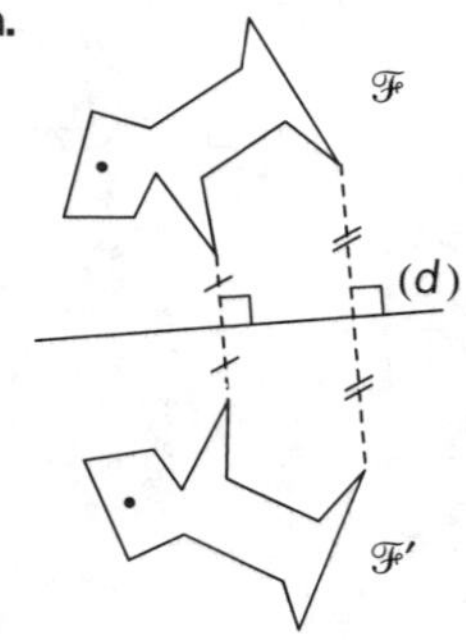

b.

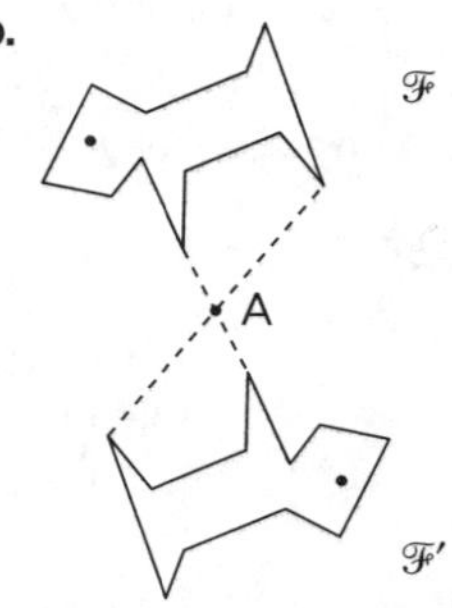

6. **a.** A′B′ = 2 cm, A′D′ = 1,5 cm, $\widehat{B'A'D'} = 110°$.
b. Les segments ont le même milieu O.

7. **a.** BC = CD = AF = 1,5 cm
et AB = 2,5 cm – 1,5 cm = 1 cm.
Le périmètre de $\mathscr{F}$ est donc :

2,5 cm + 3 cm + 3 × 1,5 cm + 1 cm = 11 cm.

La symétrie centrale conserve les distances donc le périmètre de $\mathscr{F}'$ est aussi 11 cm.

b. L'aire de ABCG est :
1 cm × 1,5 cm = 1,5 cm^2.
L'aire de EFGD est :
2,5 cm × 3 cm = 7,5 cm^2.
Donc l'aire de $\mathscr{F}$ est :
7,5 cm^2 – 1,5 cm^2 = 6 cm^2.

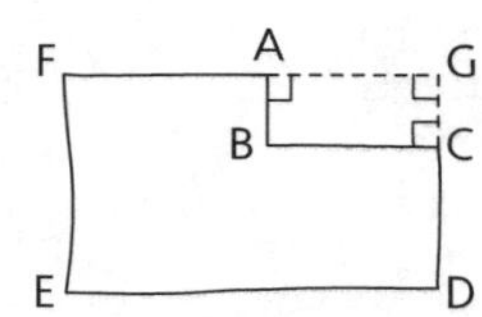

Or la symétrie centrale conserve les aires donc l'aire de $\mathscr{F}'$ est aussi 6 cm^2.

8. Facile.

9.

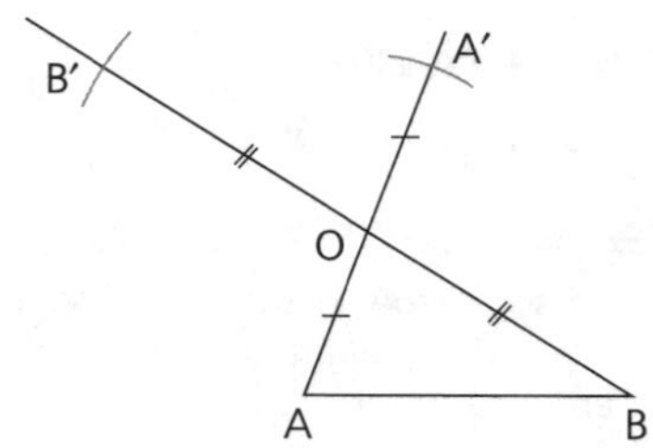

10.

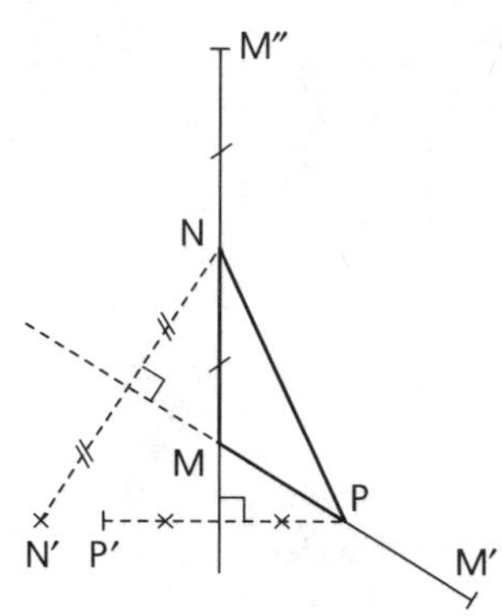

11. c. On peut conjecturer que P et O sont confondus.

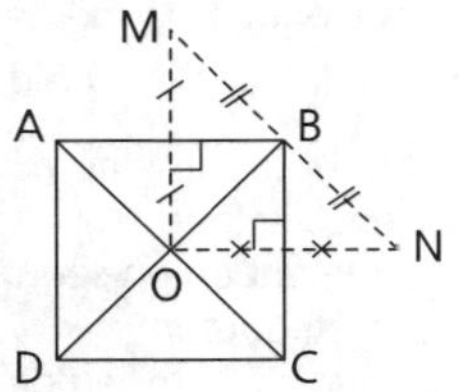

12. d. On peut conjecturer que M_2 et M″ sont confondus.

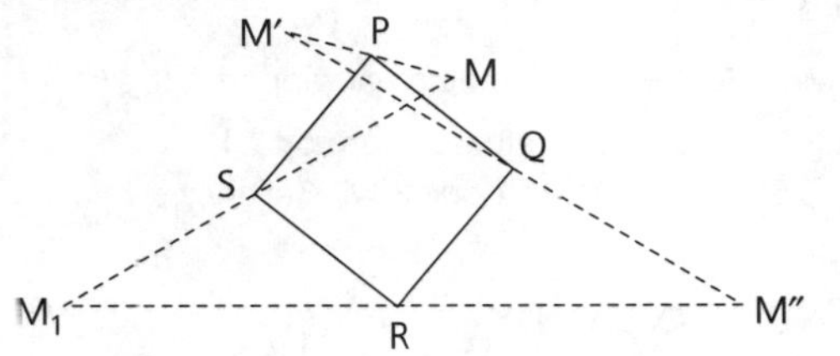

13. c. On peut conjecturer que S et M sont confondus.

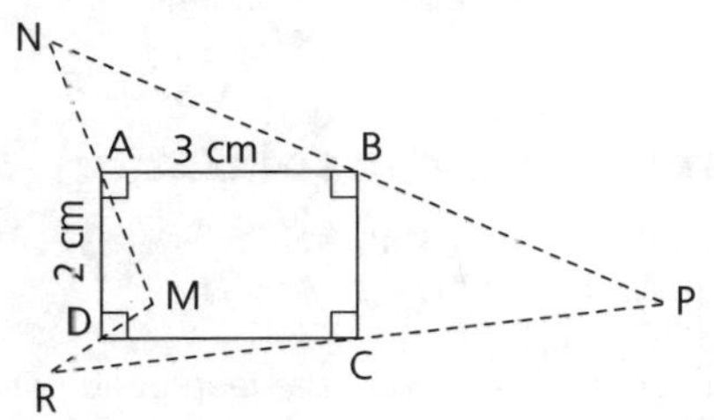

14.

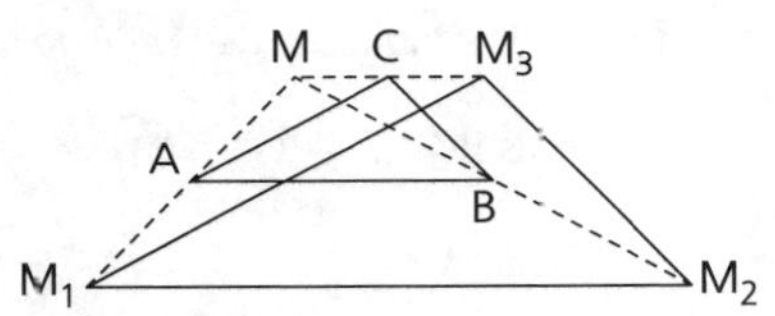

c. Il semble que les côtés du triangle $M_1M_2M_3$ soient parallèles deux à deux à ceux de ABC et que :

$M_1M_2 = 8$ cm, $M_1M_3 = 6$ cm. $M_2M_3 = 4$ cm.

15. c. Il semble que $O_1O_2O_3$ soit aussi un triangle équilatéral.
De plus son côté semble être la moitié de celui de EFG.

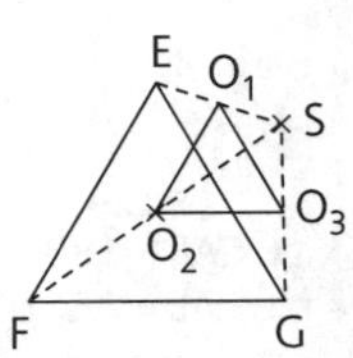

16. 17. 18. Facile.

19. a.

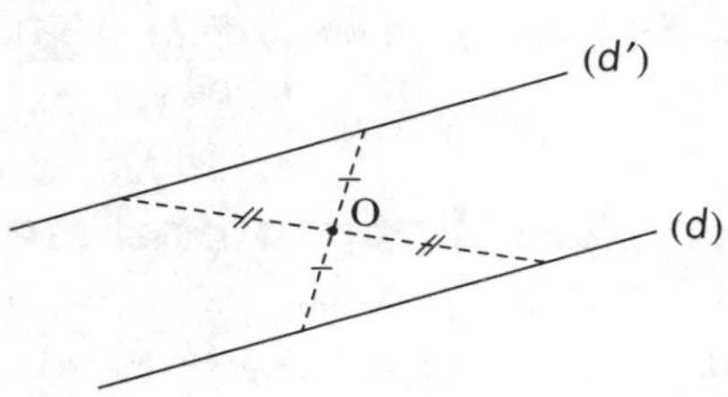

b. (*d*) et (*d*′) sont confondues.

20. a.

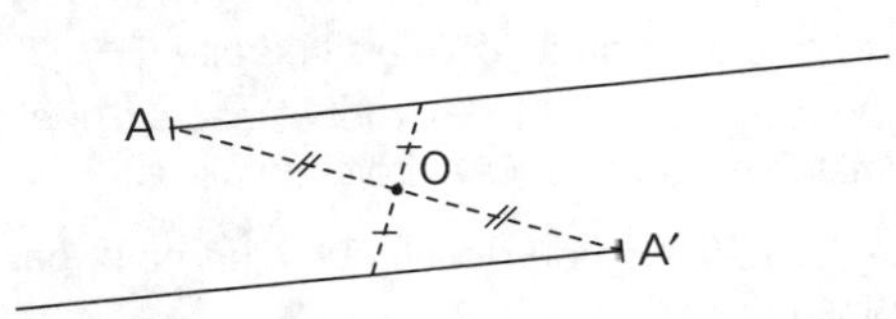

b.

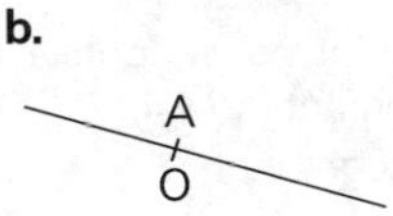

c.

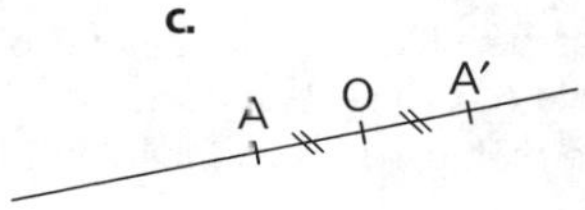

21. a.

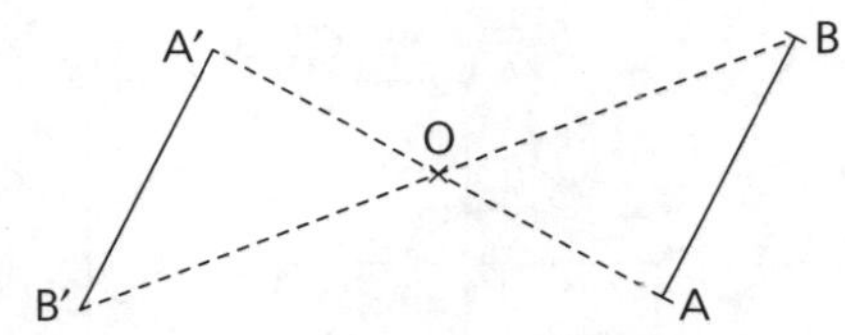

b.

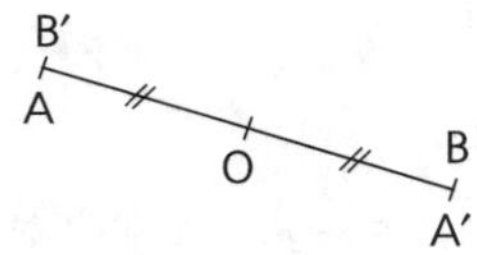

c.

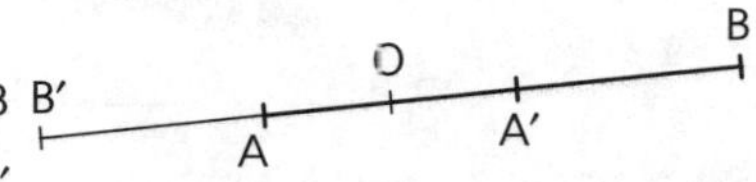

22. a.

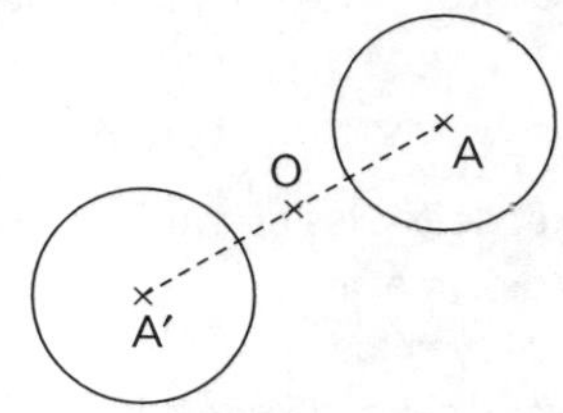

b.

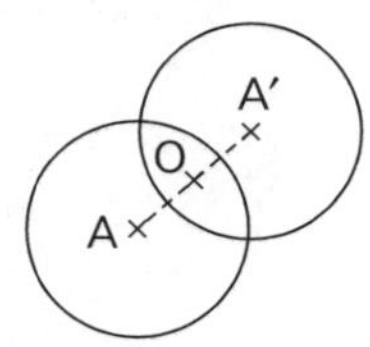

c.

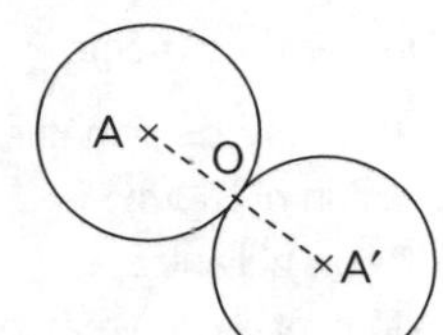

d. Le cercle et son symétrique sont confondus.

23.

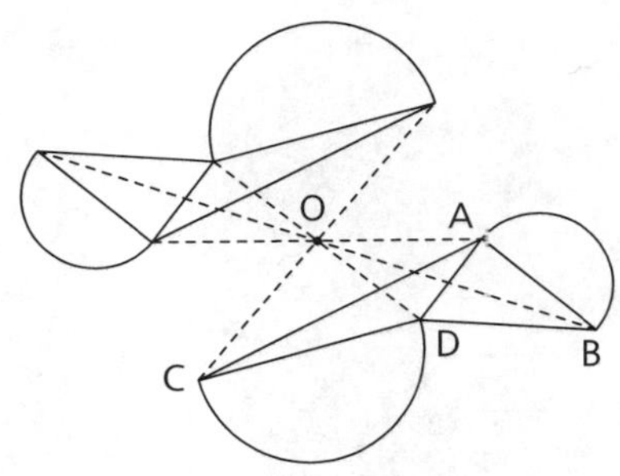

24. Facile.

25.

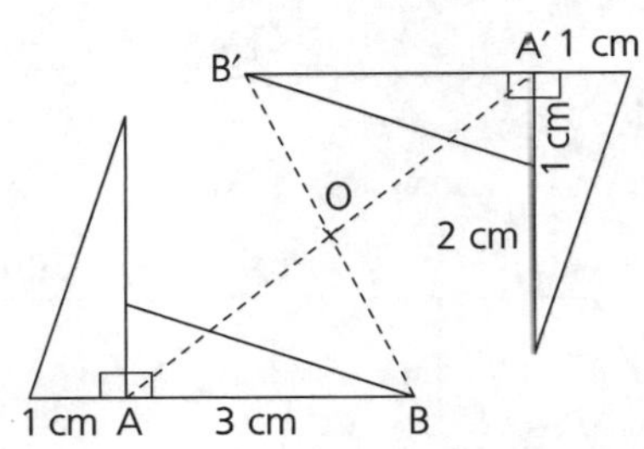

26.

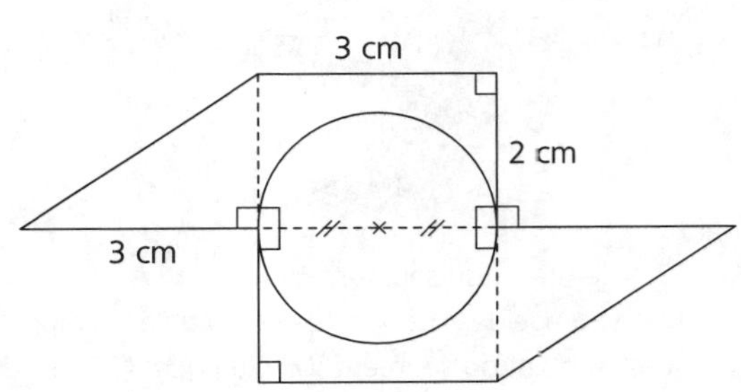

27.

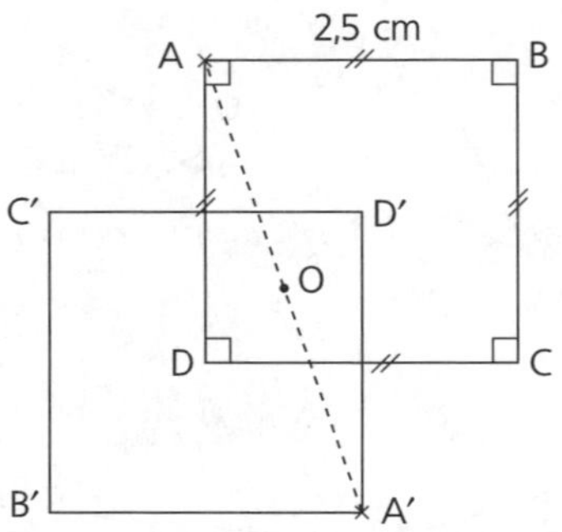

28. a. Agnès a commis une erreur car les segments [BC] et [B′C′] de même longueur, doivent être parallèles.

b. Facile, après avoir placé I au point d'intersection de [BB′] et [CC′].

29. a. Oui. **b.** Non.

30. a. Un centre et deux axes de symétrie.

b. Trois axes de symétrie.

c. Un centre de symétrie.

d. Un centre et six axes de symétrie.

e. Un centre de symétrie.

f. Un axe de symétrie.

31. a. Un centre de symétrie..

b. Ni l'un ni l'autre.

c. Ni l'un ni l'autre.

d. Un centre de symétrie.

32. a. Un axe de symétrie.

b. c. Un centre et deux axes de symétrie.

33.

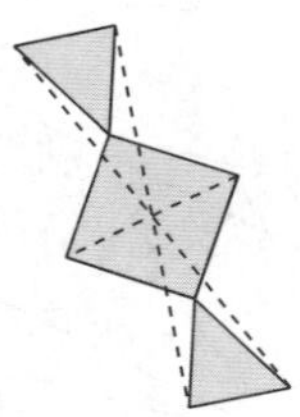

34.

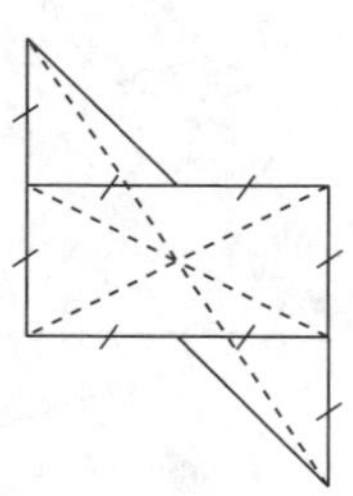

35. b.

(1)

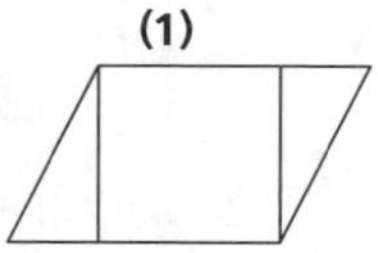

(2)

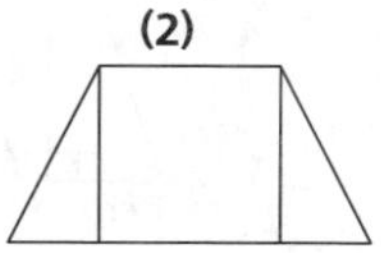

c.

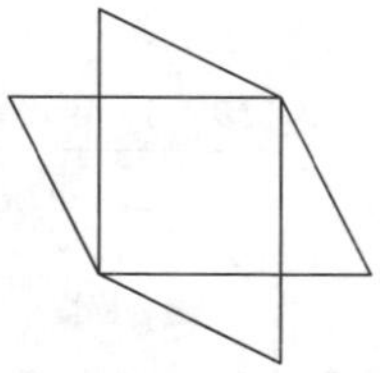

36. a. A est le milieu du segment [MN].

b. M est l'image de N par la symétrie centrale par rapport à A.

c. A est le point du segment [MN] tel que AM = AN.

37. a. Car les deux droites ne sont pas parallèles.

b. Car les segments n'ont pas la même longueur.

c. Car leurs côtés ne sont pas deux à deux parallèles.

38. La symétrie centrale et la symétrie axiale se ressemblent parce qu'elles conservent les longueurs, les angles, les aires, elles transforment un segment en un segment, …
Mais si M et M′ sont symétriques :
• par rapport à O : ce point est le milieu de [MM′] ;
• par rapport à (d) : cette droite est la médiatrice de [MM′].

39. 9 cm^2.

40. $\widehat{LMK} = \widehat{ACB} = 40°$ (symétrie par rapport à J).
$\widehat{PMN} = \widehat{BAC} = 65°$ (symétrie par rapport à I).
$65° + 75° + 40° = 180°$ donc P, M, K alignés.

■ Faire le point

41. a. **42.** c. **43.** b. **44.** c.
45. c. **46.** c. **47.** a.

■ Exercices de consolidation

48. • La droite (OB) coupe [NP] en B′.
• La droite (OA) coupe [P″Q″] en A′.
• La droite (OC) coupe [P′Q′] en C′.
• Le symétrique du triangle ABC par rapport au point O est le triangle A′B′C′.

49. • On construit les symétriques Q de N et P de M par rapport au point S.
• On trace les segments [MQ], [QP] et [PN].

50. a.

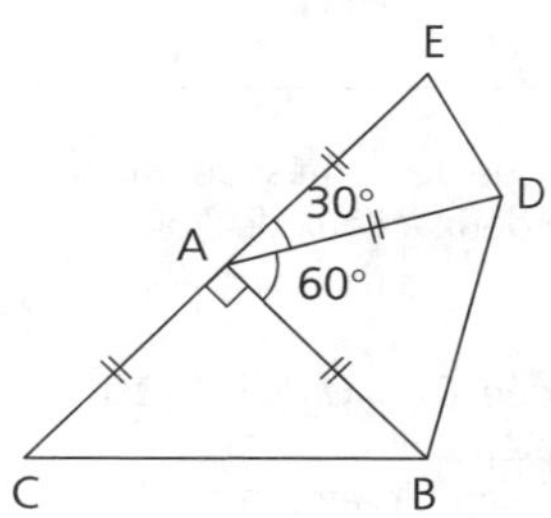

b. $\widehat{CAE} = 180°$ donc C, A, E alignés et $A \in [EC]$.
De plus AE = AC, donc C et E sont symétriques par rapport à A.

51. E et S sont les symétriques de A et R par rapport à O, donc la droite (ES) a pour symétrique la droite (AR). Donc :

$$(AR) /\!/ (ES) \quad \text{et} \quad AR = ES$$

■ Exercices d'approfondissement

52. a. c. g. : données de l'énoncé.

b. d. e. f. h. : conséquences des données.

53. a. A et C ont pour symétriques respectifs F et H par rapport à O.
La symétrique de la droite (AC) est la droite (FH).

b. Donc : (AC) // (HF). En effet, l'image d'une droite par une symétrie centrale est une droite parallèle.

54. a. • Par définition du symétrique d'un point par rapport à O, O est le milieu du segment [MM_1].
• Par définition du symétrique d'un point par rapport à une droite (d), (d) est la médiatrice du segment [MM_2].
• De même, (d') est la médiatrice du segment [MM_3].

b. O est le milieu de [MM_1] donc $OM = OM_1$.

Tout point de la médiatrice d'un segment est équidistant de ses extrémités ; ici O est un point de la médiatrice de $[MM_2]$, donc $OM = OM_2$. De même $OM = OM_3$.
Donc $OM = OM_1 = OM_2 = OM_3$.

c. Les points M, M_1, M_2, M_3 sont à la même distance du point O, donc ils appartiennent à un même cercle de centre O.

55. a.

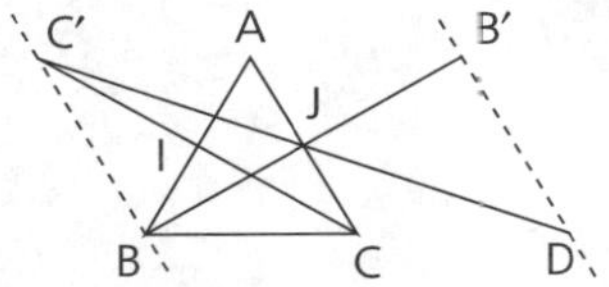

b. Il semble que les droites (BC′), (AC) et (B′D) soient parallèles.

c. L'image de (AC) par la symétrie de centre I est la droite (BC′).
L'image de (BC′) par la symétrie de centre J est la droite (B′D).

d. Par une symétrie centrale l'image d'une droite est une droite parallèle, donc (AC)⫽(BC′) et (BC′)⫽(B′D).
Donc ces trois droites sont parallèles.

56. B est le symétrique de A par rapport à O.
O est le centre de symétrie de $\mathscr{C}$, donc $C \in \mathscr{C}$, a pour symétrique un point D de $\mathscr{C}$.
Alors la droite (AC) a pour symétrique la droite (BD).

57.

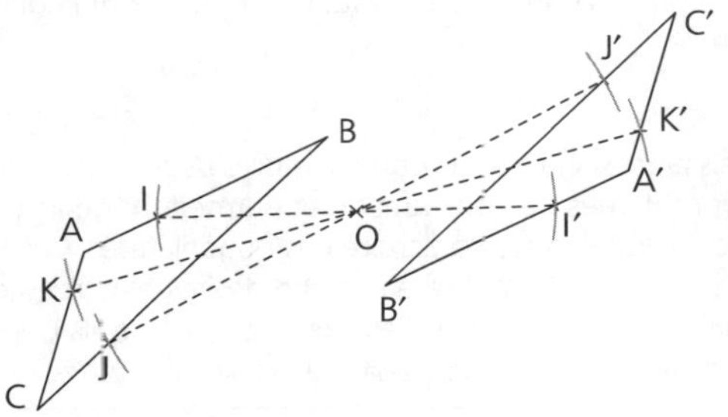

I ∈ [AB], donc son symétrique I′ appartient au segment symétrique de [AB], c'est-à-dire [A′B′]. Donc I′ est à l'intersection de [A′B′] et du cercle de centre O et de rayon OI.

58. 1. a. $\widehat{AOB} = \dfrac{360°}{3} = 120°$.

b. Pas de centre de symétrie.

2.

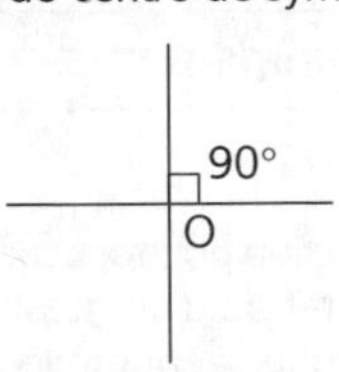

4 branches.
Un centre : O.

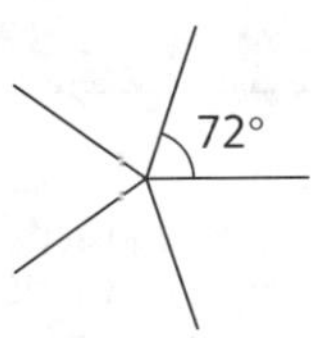

5 branches.
Pas de centre

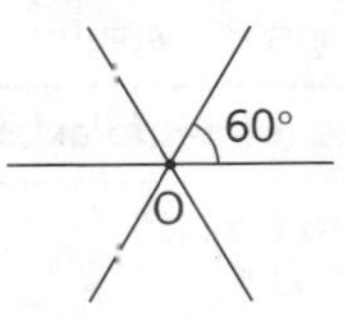

6 branches.
Un centre : O.

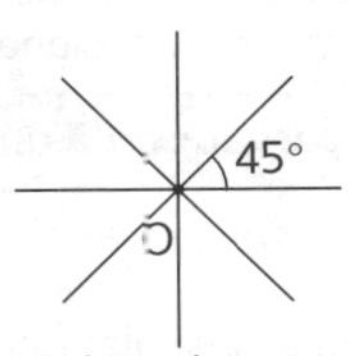

8 branches.
Un centre : O.

3. a. Il semble qu'un flocon ait un centre de symétrie, lorsqu'il a un nombre pair de branches.

59. • Construire les symétriques A′ de A et B′ de B par rapport à O. Tracer [A′B′].
• Tracer les demi-droites [A′x′) et [B′y′) perpendiculaires au segment [A′B′] du côté de [A′B′] qui ne contient pas O.
• Placer D′ sur [A′x′) tel que A′D′ = AB et C′ sur [B′y′) tel que B′C′ = AB. Tracer [C′D′].

60. 1. a.

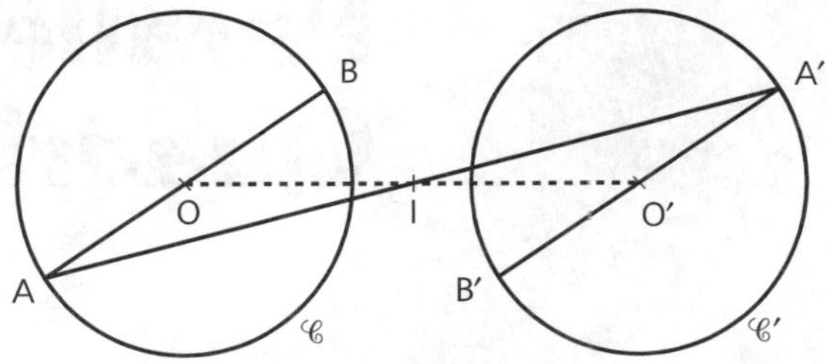

b. Le centre de symétrie est le milieu I du segment [OO′].

2. Le symétrique de A est sur la droite (AI) et sur le cercle $\mathscr{C}'$.

3. b. B′ est le deuxième point d'intersection de la droite (O′A′) et du cercle $\mathscr{C}'$.
En effet, la symétrie centrale transforme les trois points alignés A, O, B en trois points alignés. De plus $B \in \mathscr{C}$ donc $B' \in \mathscr{C}'$.

61. Ce n'est pas possible. En effet à 20 h 30, la petite aiguille est à mi-chemin entre le 7 et le 8.

62. 1. b. I(4 ; 2).

2. b. A′(0 ; 20), B′(5 ; 20), C′(8 ; 16), D′(3 ; 16), I′(4 ; 18).

3. a. R′(6,268 ; 10,72). **b.** M′(8 – x ; 20 – y).

63. Faux. En effet, la symétrie centrale conserve les longueurs donc les périmètres.

64. Faux. En effet, ces deux triangles ont la même aire et pourtant ils ne sont pas symétriques par rapport à un point.

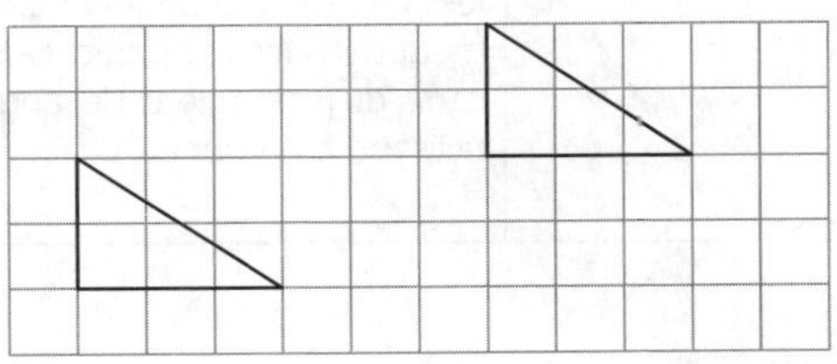

65. Faux. En effet, la symétrique de [Ax) est une demi-droite d'origine le symétrique de A par rapport à O.

66. Faux. En effet, les deux cercles n'ont pas nécessairement le même rayon.

67. Non. En effet si O était centre de symétrie d'un triangle ABC, A et B seraient par exemple symétriques et C serait le milieu de [AB].
Il faudrait alors que C soit son propre symétrique, c'est-à-dire que C = O. Mais alors A, B, C seraient alignés et ABC aplati.

68. Le centre doit être le point B. En effet, entre nous :
$\text{aire}(\mathscr{F} \cup \mathscr{F}') = \text{aire}\,\mathscr{F} + \text{aire}\,\mathscr{F}' - \text{aire}(\mathscr{F} \cap \mathscr{F}')$
$\text{aire}(\mathscr{F} \cup \mathscr{F}') = 12 - \text{aire}(\mathscr{F} \cap \mathscr{F}') = 8$
d'où $\text{aire}(\mathscr{F} \cap \mathscr{F}') = 4$.

■ Jeu

a.

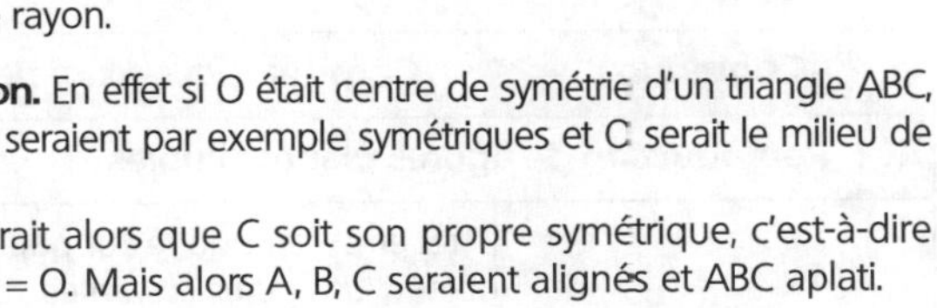

b.

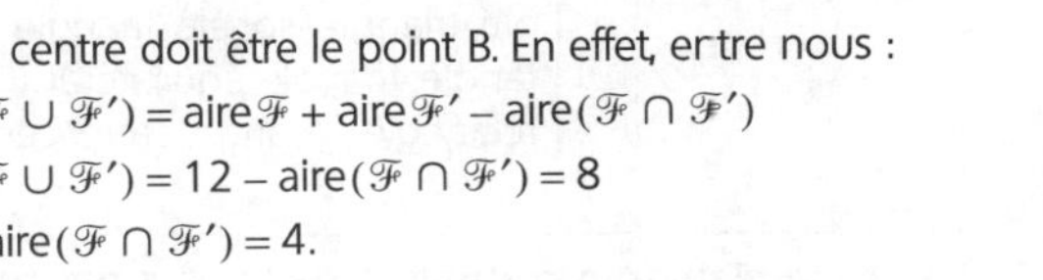

CHAPITRE 8

Parallélogrammes. Quadrilatères

1. Programme de 5e : partie traitée dans ce chapitre

Contenus	Compétences exigibles	Exemples d'activités, commentaires
3.1. Figures planes		
Parallélogramme Figures simples ayant un centre de symétrie ou des axes de symétrie	– Connaître et utiliser une définition et les propriétés (relatives aux côtés, aux diagonales et aux angles) du parallélogramme – Connaître et utiliser une définition et les propriétés (relatives aux côtés, aux diagonales, aux éléments de symétrie) du carré, du rectangle, du losange. *[Technologie]* Construire, sur papier uni, un parallélogramme donné (et notamment dans les cas particuliers du carré, du rectangle, du losange) en utilisant ses propriétés.	Le travail entrepris sur la symétrie centrale permet de justifier des propriétés caractéristiques du parallélogramme que les élèves doivent connaître. Un travail de synthèse est réalisé, faisant apparaître chacune de ces figures (rectangle, losange, carré) comme un parallélogramme doté de propriétés particulières, notamment en ce qui concerne les diagonales. Les connaissances relatives aux quadrilatères usuels sont sollicitées dans des problèmes de construction et permettent de justifier les procédures utilisées pour construire ces quadrilatères. Ces problèmes sont l'occasion de mettre en œuvre droites et cercles et de revenir sur la symétrie axiale et les axes de symétrie. Ils peuvent également être proposés sur papier quadrillé ou pointé.

2. Avant et après

a. Classe de 6^e^

Contenus	Compétences exigibles	Exemples d'activités, commentaires
1. 1. Reproduction de figures planes simples		
	Tracer et reproduire sur papier blanc les figures suivantes : triangle, triangle isocèle, triangle rectangle, triangle équilatéral, rectangle, losange, carré, cercle.	Les travaux de reproduction et de construction pourront consister en : – la copie conforme d'un modèle concret ou d'un dessin ; – un dessin à partir de données graphiques et numériques ; – un dessin à partir d'un énoncé décrivant la figure. Les travaux de construction conduiront à l'utilisation progressive et prudente de lettres pour désigner les points d'une figure.
1. 4. Dans le plan, transformation de figures par symétrie orthogonale par rapport à une droite (symétrie axiale)		
Construction de figures symétriques élémentaires et énoncé de leurs propriétés	Utiliser la symétrie axiale pour construire un triangle isocèle, un losange, un rectangle, un carré.	Les travaux sur la symétrie axiale conduiront à : … – la construction de triangles isocèles, de quadrilatères possédant des axes de symétrie (rectangles, losanges, …) ; – l'énoncé et l'utilisation de quelques propriétés caractéristiques des figures précédentes. On veillera à formuler toujours ces propriétés à l'aide de deux énoncés séparés.

b. Classe de 4e

Contenus	Compétences exigibles	Exemples d'activités, commentaires
3. 1 Figures planes		
Triangles : milieux et parallèles	Connaître et utiliser les théorèmes relatifs aux milieux de deux côtés d'un triangle.	Ces théorèmes peuvent être démontrés en utilisant la symétrie centrale et les propriétés caractéristiques du parallélogramme ou les aires.

3. Fiches pédagogiques des activités

Sciences en construction

■ Quadrilatères articulés

Le parallélogramme articulé est depuis longtemps utilisé pour deux propriétés essentielles :

• Sa « pliabilité » qui est due au fait que la somme des longueurs de 2 côtés consécutifs est égale à la somme des longueurs des deux autres côtés. Elle est utilisée pour réduire l'encombrement d'une structure lorsqu'on a besoin de la transporter (cric de voiture, barrière accordéon, claustra, armature de yourte…).

• La conservation du parallélisme, qui fait que si on fixe la position d'un côté, le côté opposé conserve sa direction. Cette propriété est utilisée notamment pour la transmission des mouvements, mais aussi par exemple dans le mécanisme de déploiement d'un canapé-lit.

Un trapèze articulé au contraire n'est généralement pas pliable, et si on le déforme, il perd sa qualité de trapèze.

Le losange possède une propriété supplémentaire : si on le déforme en conservant la direction d'une diagonale, l'autre diagonale conserve aussi sa direction (barrière accordéon, cric) : un cric en forme de parallélogramme basculerait lors du soulèvement du véhicule à cause du changement de l'angle entre les diagonales au cours du mouvement.

Pour le rectangle, cette « pliabilité » peut être un inconvénient : pour empêcher un échafaudage de s'effondrer on doit fixer au moins une tige de longueur fixe en diagonale de chaque rectangle.

Le cas du tabouret pliant est un peu différent : ce sont les diagonales qui sont articulées et de longueurs fixes. Le fait qu'elles aient le même milieu et la même longueur permet de garantir un rectangle virtuel : sur un sol horizontal, le tabouret sera à la verticale de ses pieds, gage de stabilité ; avec un parallélogramme, le siège serait déporté. Mais ce rectangle peut s'aplatir : le siège limite l'allongement du côté horizontal supérieur, ce qui suffit à maintenir une hauteur minimale au siège.

■ Choix de la situation

L'activité présente quelques exemples de telles structures et propose une première classification et une ouverture vers la recherche d'autres structures analogues.

Elle est l'occasion de mettre l'accent sur certaines propriétés de parallélogrammes, losanges, rectangles, qui seront étudiées dans le chapitre.

■ Durée : 20 à 30 min

■ Déroulement

La discussion fera apparaître les propriétés des parallélogrammes particuliers ou non qui se cachent derrière les propriétés des structures.

1 Parallélogramme

■ Choix de la situation

l'activité a pour objectif de mettre en place la définition du parallélogramme, avec en corollaire le fait que le losange, le rectangle et le carré sont des parallélogrammes puisqu'ils respectent cette définition.

■ Durée : 10 min

■ Déroulement

On fera observer qu'il n'y a pas de « non dit » dans la définition du parallélogramme tel que par exemple « il n'a pas d'angle droit », ce qui n'empêche pas que si on dessine un parallélogramme quelconque, il ne faut pas faire un rectangle. Insister aussi sur l'importance de l'ordre des points dans la façon de nommer le parallélogramme.

2 Centre de symétrie

■ Choix de la situation

Les propriétés de la symétrie centrale permettent de démontrer que le centre de symétrie d'une diagonale du parallélogramme est aussi le centre de symétrie de l'autre.

La difficulté est de faire percevoir la nécessité de démontrer ce qui parait être une évidence.

■ Durée : 20 min

■ Déroulement

On rappellera les propriétés utilisées :

l'image d'une droite par une symétrie centrale est une droite parallèle ;

si un point appartient à une droite, son symétrique appartient au symétrique de cette droite.

Matériel :
On peut trouver sur le site compagnon un imagiciel permettant de faire ressortir des segments ou des angles symétriques et les valeurs numériques correspondantes, sur un parallélogramme déformable.

3 Diagonales de même milieu

■ Choix de la situation

L'objectif est la démonstration de la propriété :

si un quadrilatère a ses diagonales de même milieu, alors c'est un parallélogramme.

■ Durée : 20 min

■ Déroulement

On insistera sur les propriétés utilisées :

l'image d'une droite par une symétrie centrale est une droite parallèle ;

si un point appartient à une droite, son symétrique appartient au symétrique de cette droite.

4 Deux côtés opposés donnés

■ Choix de la situation

L'objectif est la découverte de la propriété :
si un quadrilatère non croisé a deux côtés opposés de même longueur, alors c'est un parallélogramme.

■ Durée : 20 à 30 min

■ Déroulement

Dans un premier temps, la nécessité d'avoir deux côtés parallèles et de même longueur doit apparaître. Dans un second temps, on s'attache à montrer l'utilité du qualificatif « non croisé ».
Insister sur la différence entre « les côtés opposés parallèles » et « deux côtés opposés parallèles ».

Matériel :
On peut trouver sur le site compagnon un imagiciel affichant sur un quadrillage un quadrilatère dont les sommets se déplacent sur les nœuds du quadrillage de façon à permettre les conjectures voulues.

■ Prolongement possible

Pour une démonstration :
Le point E tel que ABCE est un parallélogramme se trouve sur la droite (CD) à la même distance de C que D. Si ce n'était pas le point D, ce serait son symétrique par rapport à C et le quadrilatère serait croisé.
Cette démonstration est difficile à faire passer parce que l'on est obligé de distinguer deux points en réalités confondus.

5 Résoudre un problème

■ Choix de la situation

Il s'agit d'utiliser les propriétés de longueur des côtés opposés d'un parallélogramme pour les construire.

■ Durée : 20 à 30 min

■ Déroulement

Aucune indication de méthode n'étant donnée au départ, il faut s'assurer que les élèves ne restent pas en panne devant l'activité et leur fournir si nécessaire une indication.

Matériel :
On peut trouver sur le site compagnon un imagiciel permettant d'illustrer les différentes constructions.

▲ Test intermédiaire
Ce chapitre peut aisément être coupé en deux, entre l'étude générale du parallélogramme en général et celui des parallélogrammes particuliers.
Cette première partie devrait précéder d'éventuelles utilisations du parallélogramme dans les calculs d'angles.
Durée du test : 45 min environ

Exercice 1
Sur ce quadrillage, placer les points D, E et F tels que ABCD, ABEC et ACBF soient des parallélogrammes.

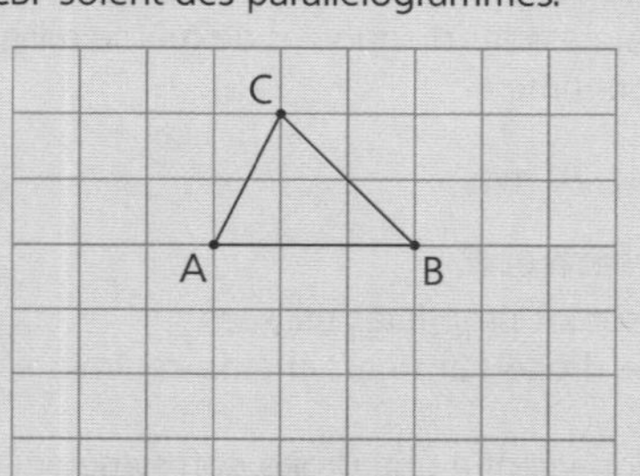

Exercices 2
Sur papier blanc, construire un parallélogramme JOLI tel que :
$JO = 7$ cm, $JI = 6$ cm et $\widehat{OJI} = 75°$.

Exercice 3
Sur papier blanc, construire un triangle OSE tel que :
$OS = 4$ cm, $OE = 3{,}8$ cm et $SE = 4{,}5$ cm.
Construire le point J tel que JOSE soit un parallélogramme.

Exercice 4
Sur cette figure, ABCD et ACEF sont des parallélogrammes.

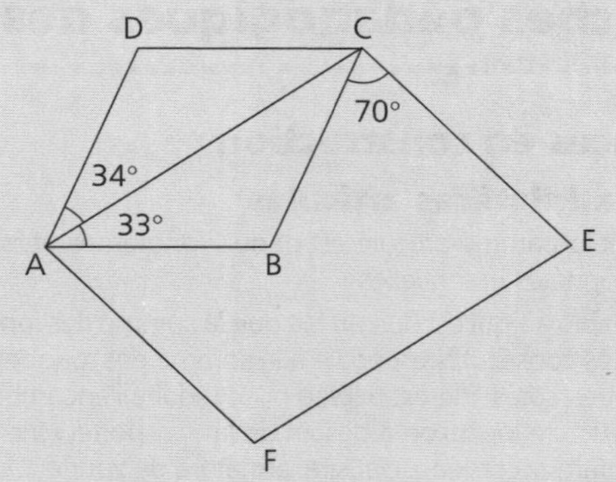

a. Combien mesure l'angle $\widehat{ACB}$? (expliquer la réponse).
b. Combien mesure l'angle $\widehat{AFE}$? (expliquer la réponse).

6 Parallélogrammes particuliers

■ Choix de la situation

L'objectif est de s'habituer à retrouver à partir du dessin les propriétés de chacun et de faire apparaître encore le rectangle, le losange et le carré comme des parallélogrammes particuliers, et le carré comme un rectangle particulier et un losange particulier.

■ Durée : 15 à 20 min

■ Déroulement

On pourra faire présenter les réponses dans un tableau. On fera ressortir les relations d'inclusion (sans prononcer le mot) entre les listes de propriétés.

7 Parallélogramme avec un angle droit

■ Choix de la situation

L'objectif est de faire démontrer que si un parallélogramme a un angle droit, alors c'est un rectangle.

■ Durée : 10 à 15 min

■ Déroulement

On pourra faire noter à titre de rappel les propriétés vues en sixième sur les droites parallèles et perpendiculaires.

8 Parallélogramme avec les diagonales de même longueur

■ Choix de la situation

L'objectif est de faire démontrer que si un parallélogramme a ses diagonales de même longueur, alors c'est un rectangle.

■ Durée : 20 à 25 min

■ Déroulement

La démonstration, dont les étapes sont nombreuses, devra être soigneusement rédigée.

9 Résoudre un problème

Choix de la situation

L'objectif est de faire démontrer que si un parallélogramme a deux côtés consécutifs de même longueur, alors c'est un losange.

Durée : 15 min

Déroulement

La démonstration est assez simple pour que l'initiative puisse en être laissée aux élèves.

▲ Test final

Durée : 45 min environ

Exercice 1

Construire un rectangle dont les diagonales mesurent 9 cm tel que l'angle entre les diagonales mesure 65°.
Expliquer la construction.

Exercice 2

Construire un losange de côté 5 cm dont un angle mesure 69°.
Expliquer la construction.

Exercice 3

a. Construire un carré ABCD de centre O et le point E tel que AODE soit un parallélogramme.

b. Expliquer pourquoi AODE est aussi un carré.

4. Corrigés

Revoir les acquis

1 b. **2** b. **3** b. **4** c. **5** b.

Sciences en construction

a. Rectangle rigide : échafaudage.
Losange déformable : pantographe, barrière accordéon.
Rectangle déformable : tabouret pliant, barrière accordéon.

b. Exemples :
Losange déformable : cric, treillis.
Rectangle déformable : support de partition.
Rectangle non déformable : cadre d'une fenêtre.
Parallélogramme déformable : mécanisme d'inclinaison des lames d'un store.

Activités

1. **a.** GHKJ est seul un parallélogramme.

b. BDHF, AHKI, CEHG, CEKJ.

c. BDHF semble être un rectangle ;
CEHG semble être un losange.

2. **a.** Dans la symétrie de centre O, A a pour image C et l'image d'une droite est une droite parallèle, donc (*d*) a pour image la droite (CD).
De même (*d*′) a pour image la droite (AD).
Donc B, intersection de (*d*) et (*d*′) a pour image l'intersection de (CD) et (AD) c'est-à-dire D.

b. O est donc aussi le milieu de [BD] et le centre de symétrie du parallélogramme.

c. La symétrie centrale conserve les longueurs et les mesures des angles, donc : AD = CB ; AB = CD ;
$\widehat{ADC} = \widehat{ADC}$; $\widehat{DAC} = \widehat{BCA}$; $\widehat{ACD} = \widehat{BAC}$; $\widehat{DAB} = \widehat{BCD}$.

3. **a.** Symétriques par rapport à O.

M	N	P	Q	(MP)	(MQ)	(MN)
N	M	Q	P	(NQ)	(NP)	(NM)

b. Sachant que l'image d'une droite par une symétrie centrale est une droite parallèle, on a :
(MP) // (NQ) et (MQ) // (NP).

c. Donc MNPQ est un parallélogramme.

4. **b.** Si un quadrilatère non croisé a deux côtés parallèles et de même longueur, alors c'est un parallélogramme.

5. **c.**

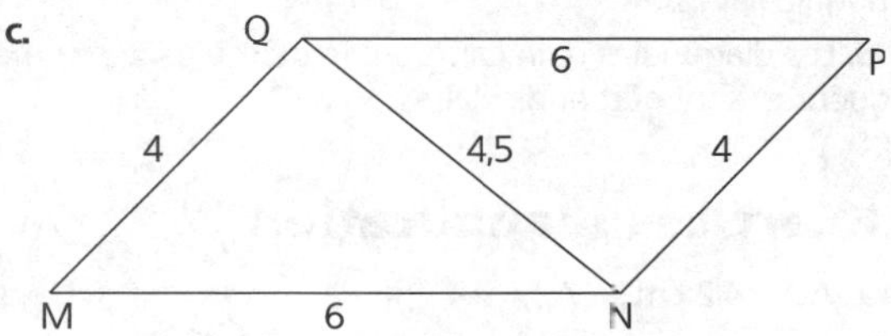

d.

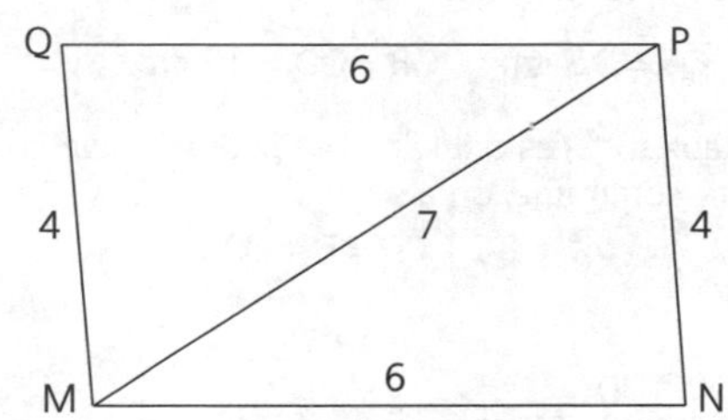

6. Parallélogramme : 1 ; 2 ; 3 ; 5.
Rectangle : 1 ; 2 ; 3 ; 4 ; 5 ; 6.
Losange : 1 ; 2 ; 3 ; 5 ; 7 ; 8.
Carré : 1 ; 2 ; 3 ; 4 ; 5 ; 6 ; 7 ; 8.

7. **a.** Il semble que ABCD soit un rectangle.

b. ABCD est un parallélogramme donc (AB) // (CD).
Or (AB) ⊥ (AD) donc (CD) ⊥ (AD).

c. (AD) // (BC) et (AD) ⊥ (AB) donc (BC) ⊥ (AB) …

d. Si un parallélogramme a un angle droit, alors c'est un rectangle.

8. **a.** ABCD semble être un rectangle.

b. Les segments [DC] et [BE] sont parallèles et de même longueur, donc le quadrilatère non croisé BCDE est un parallélogramme ; donc DB = CE.

c. Or on sait que AC = BD, donc AC = CE, donc le triangle ACE est isocèle en C.

d. Dans un triangle isocèle, la médiane principale est aussi hauteur, donc $\widehat{ABC} = 90°$.
Donc le parallélogramme ABCD a un angle droit, donc c'est un rectangle.

e. Si un parallélogramme a ses diagonales de même longueur, alors c'est un rectangle.

9. Facile.

■ Travail personnel

A. $(d_1) /\!/ (d_2)$.

B. Noms corrects : BCDA, ADCB, DABC, …
Noms incorrects : ACDB, ABDC, …

C. a. Un triangle équilatéral a trois axes de symétrie qui sont les médiatrices de ses côtés.

b. Un cerf-volant a un seul axe de symétrie qui est l'une de ses diagonales.

c. Un rectangle a deux axes de symétrie : les médiatrices de ses côtés.

d. Un losange a deux axes de symétrie : ses diagonales.

D. Le triangle équilatéral et le cerf-volant n'ont pas de centre de symétrie.
Le rectangle et le losange ont un centre de symétrie : le point d'intersection de leurs diagonales.

E. OA = OD, OC = OF, OB = OE.

$\widehat{OAB} = \widehat{ODE}$, $\widehat{AOC} = \widehat{DOF}$, …

F. a. Les diagonales d'un cerf-volant sont perpendiculaires.

b. Les diagonales d'un rectangle ont le même milieu et la même longueur.

c. Les diagonales d'un losange ont le même milieu et sont perpendiculaires.

d. Les diagonales d'un carré ont le même milieu, la même longueur et sont perpendiculaires.

■ Exercices d'application

1. a. AD = 4,2 cm ; AB = 4,4 cm.

b. $\widehat{BCD} = 48°$; $\widehat{ABC} = 132°$.

2. OA = OC = 3,5 cm ; OB = OD = 2,7 cm.

3. Les deux surfaces ont le même périmètre car en dehors de la frontière commune, on a :

BC + CD = DA + AB.

4. a.

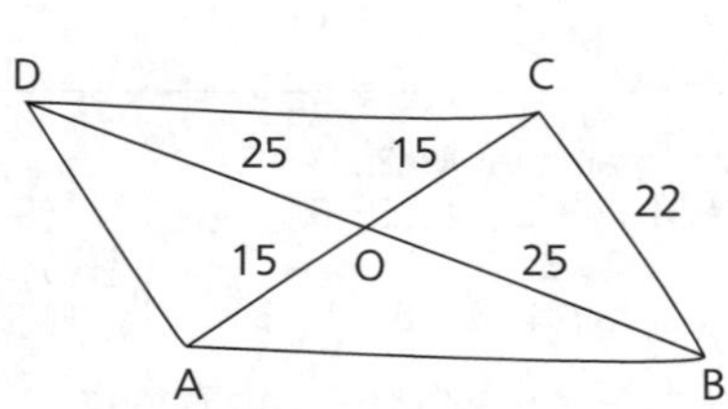

b. Le périmètre du triangle OAD est 62 mm.

5. M étant un point de [AB], son symétrique par rapport à O se trouve sur [CD]. M′ est donc à l'intersection des droites (CD) et (MO). Même raisonnement pour N′.

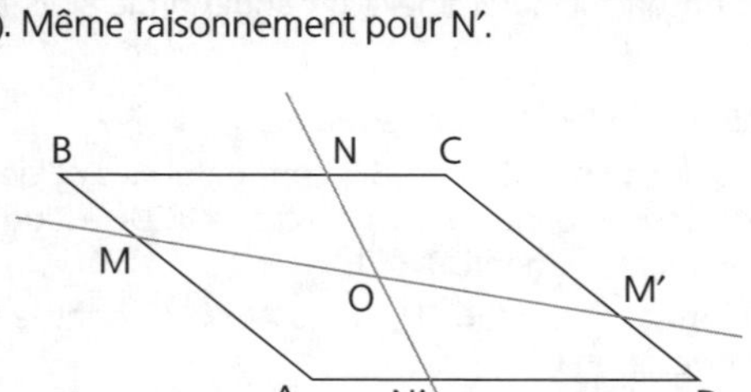

6. Il suffit de construire le milieu de [AC].

7. O centre du parallélogramme ABCD est le milieu de [AC] donc OA = OC. Or, OA = OM donc OC = OM, donc le triangle OMC est isocèle en O.

8.

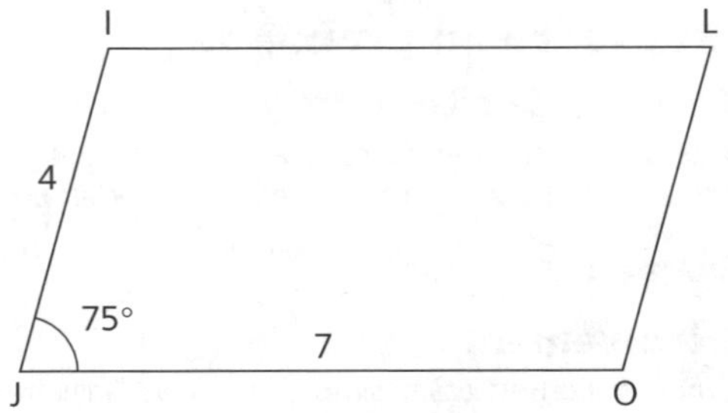

9. a. AD = 2 cm, DC = 4 cm, FG = 3 cm.

b. 12 cm. **c.** 18 cm.

10. c. • [CD] • [AD]

d. ABCD est un parallélogramme car il a un centre de symétrie qui est I.

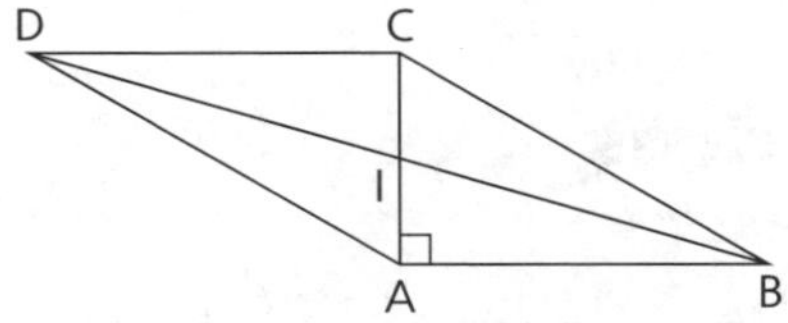

11. a. (AD) et (BC) sont parallèles parce qu'elles sont perpendiculaires à une même droite.

b. (d_1) et (d_2) étant aussi parallèles, le quadrilatère ABCD est un parallélogramme.

12. a. ABCD est un parallélogramme, donc :
AD = BC = 5,4 cm et CD = AB = 3,2 cm.

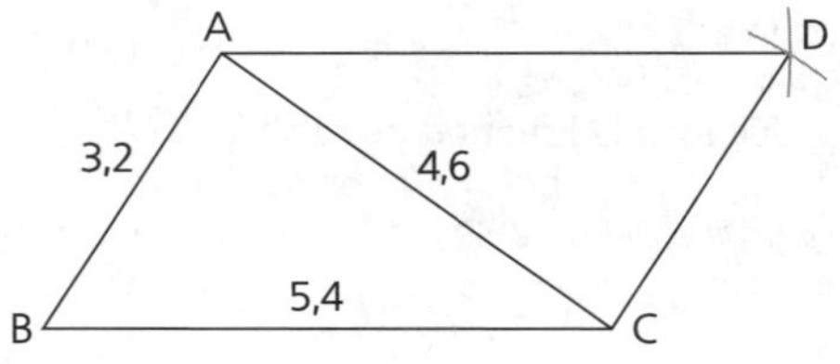

b. 17,2 cm.

13. a. ABCD est un parallélogramme, donc :
AD = BC = 5 cm et CD = AB = 6 cm.

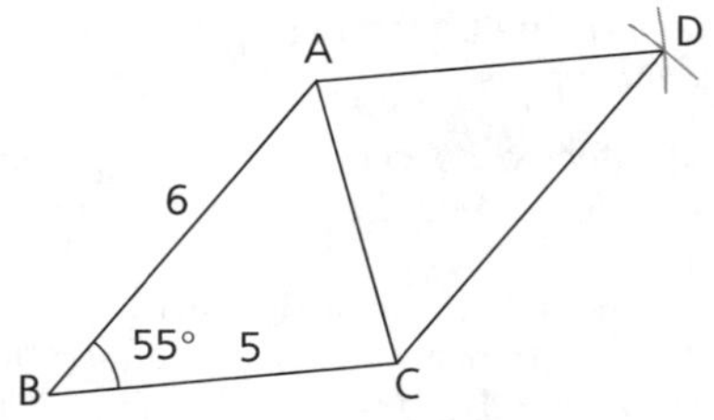

b. 22 cm.

c. $\widehat{ADC} = \widehat{ABC} = 55°$.

14. OC = OA = 3,5 cm ; OD = OB = 4 cm.

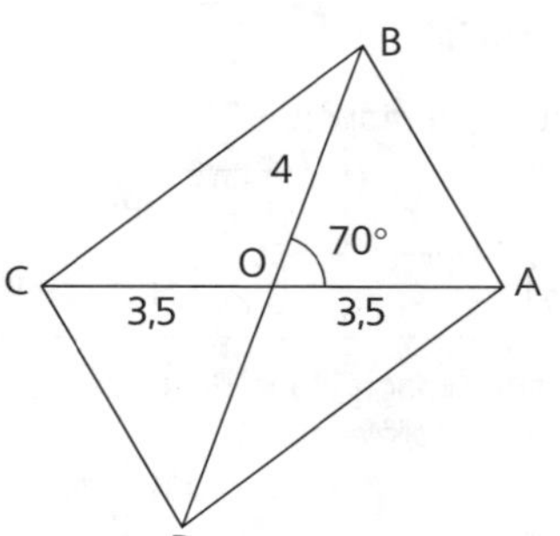

15. RC = CS = 4 cm ; OC = CE = 5 cm.

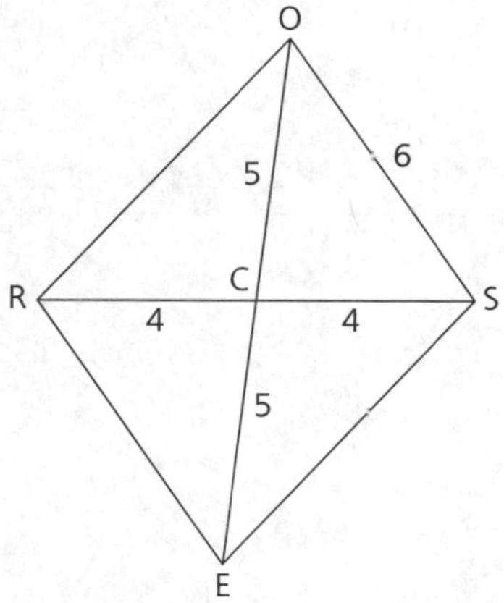

16. OC = OA = 5 cm ; OD = OB = 3 cm.

Figure réduite

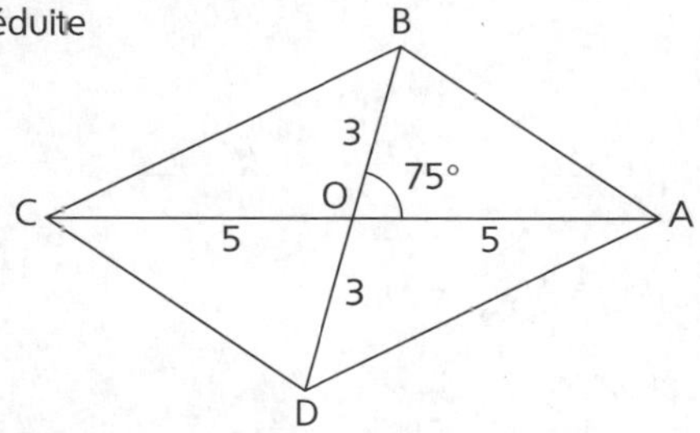

17. On nomme O le centre du parallélogramme :
OP = OU = 4 cm ; OA = OL = 2,5 cm.

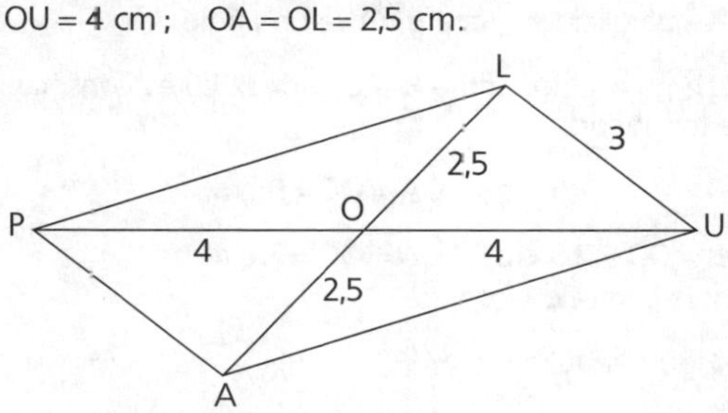

18. a. b.

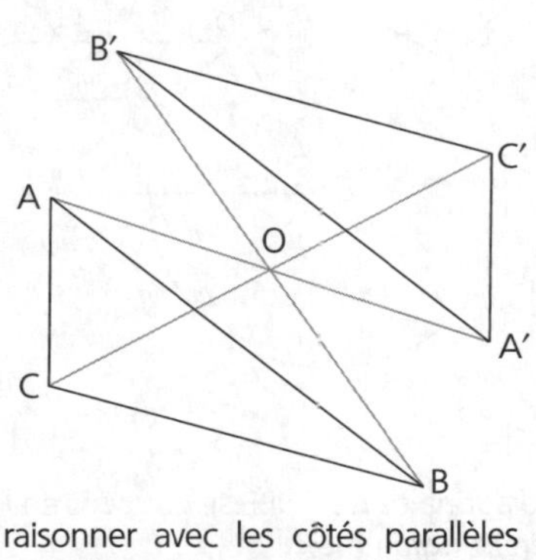

c. On peut raisonner avec les côtés parallèles et/ou de même longueur en utilisant les propriétés de la symétrie centrale. Les parallélogrammes sont : BCB′C′, ACA′C′ et ABA′B′.

19. Facile.

20. a. BHGA, BHIC, BHJD, BHKE, BHLF.
b. CEIG, CEJH, CEKI, CELJ.
c. EAHL, EBHK, ECHJ, EDHI, EFHG.

21. a. Figure réduite.

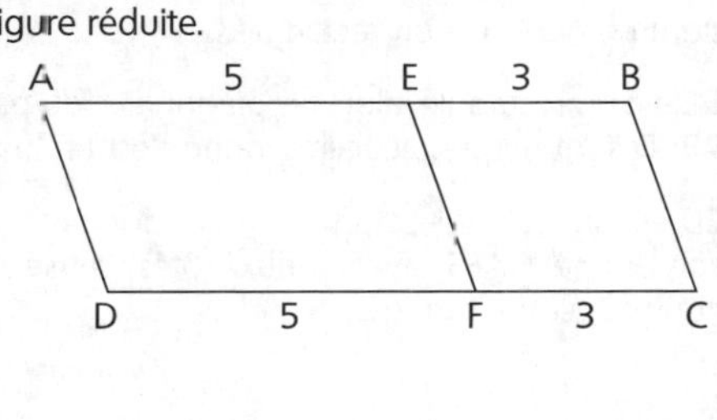

b. c. d. facile.

22.

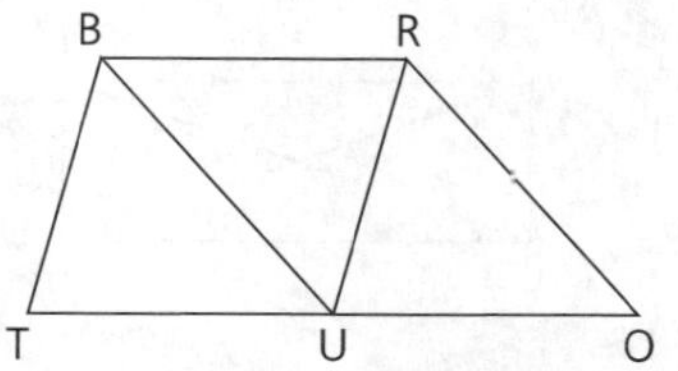

BROU est un parallélogramme, donc les côtés [BR] et [UO] sont parallèles et de même longueur. T est le symétrique de O par rapport à U donc les segments [TU] et [UO] sont parallèles et de même longueur. Donc les segments [BR] et [TU] sont parallèles et de même longueur, donc le quadrilatère non croisé BRUT est un parallélogramme.

23. a. Figure réduite

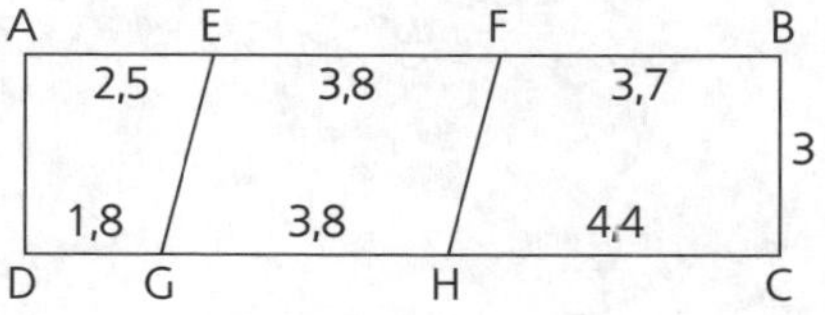

b. 6,3 – 2,5 = 3,8 ; EF = 3,8 cm.
10 – 1,8 – 4,4 = 3,8 ; GH = 3,8.
D'autre part (EF) et (GH) sont parallèles car ABCD est un rectangle, donc EFHG est un parallélogramme.

24. a. ABCD est un parallélogramme de centre O, donc OA = OC. M est le milieu de [OA] et N celui de [OC] donc OM = MA = ON = NC.

b. Donc O est le milieu de [MN]. Or O est aussi celui de [DB] puisque ABCD est un parallélogramme de centre O, donc MBND est un parallélogramme.

25. Facile.

26. On utilise le fait qu'un losange a 4 côtés de même longueur.

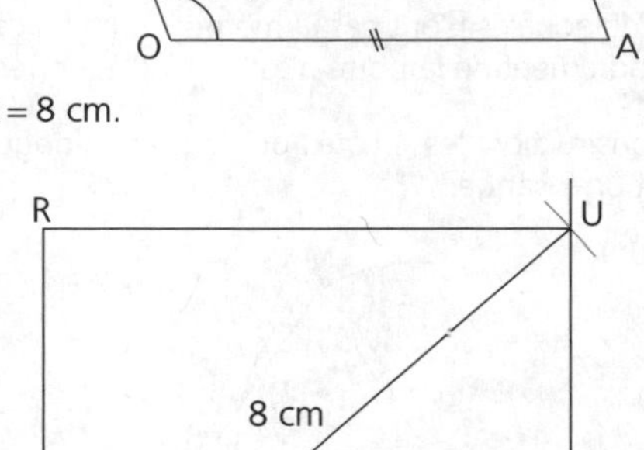

27. b. OR = 8 cm.

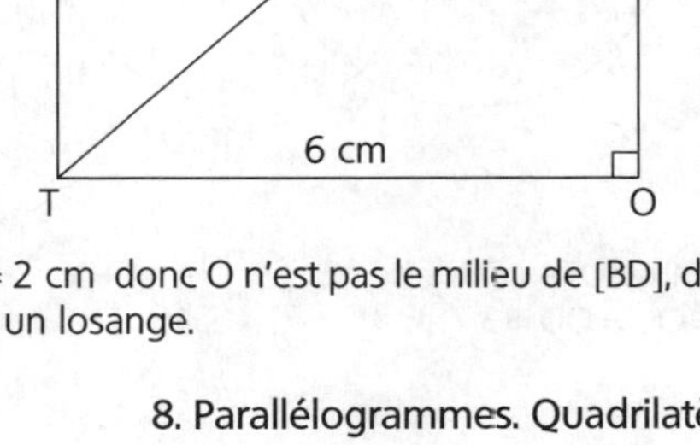

28. OD = 2 cm donc O n'est pas le milieu de [BD], donc ABCD n'est pas un losange.

29. PI = AX donc le cercle de centre A et de rayon PI passe par X.

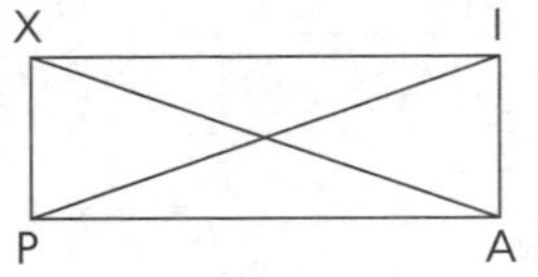

30. Facile.

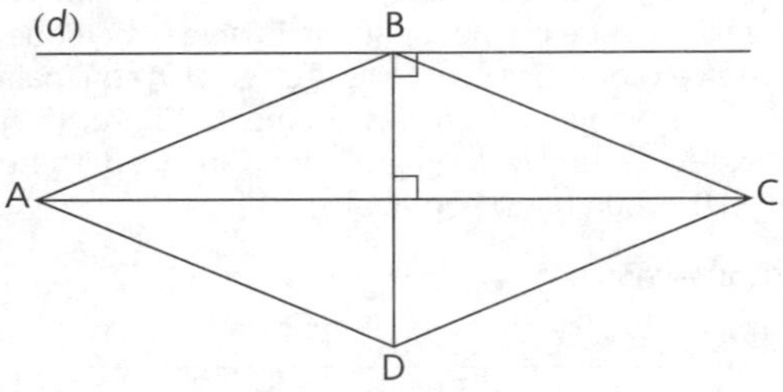

31. a.

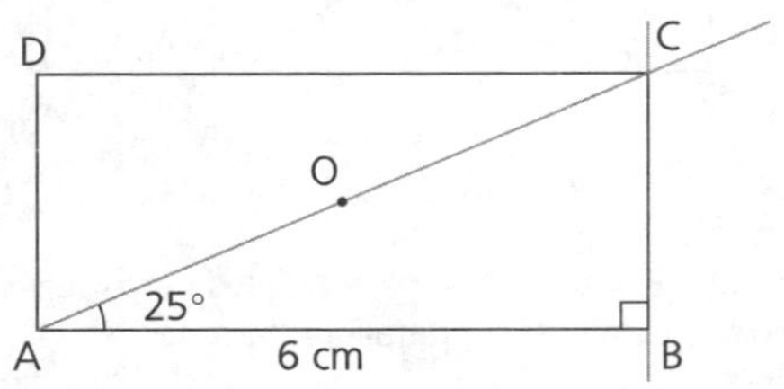

b. $\widehat{DAC} = 65°$;

$\widehat{OCD} = 25°$;

$\widehat{BCA} = 65°$.

32. Facile.

33. a. MP = BN et MS = AT.

b. NT + PS = NT + PM + MS.

Donc NT + PS = NT + BN + TA = BA.

c. 14 cm.

34. a. BA = GF car AGBF est un rectangle.

b. De même BC = IH et AC = ED, donc AB = BC = CA et le triangle ABC est équilatéral.

35. Les droites (PL) et (RT) sont toutes deux perpendiculaires à [OI] en son milieu.

36. Si les diagonales n'ont pas la même longueur, cela signifie que l'encadrement de la porte n'est pas « d'équerre ».

37. Par construction, les 4 côtés ont la même longueur, donc AMBN est un losange.

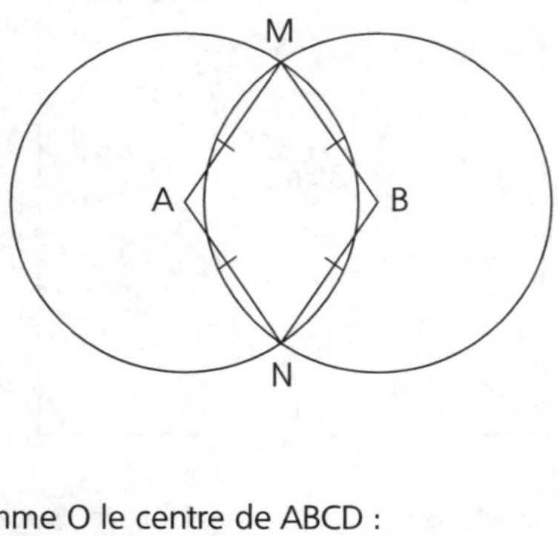

38. Facile

39. On nomme O le centre de ABCD :
OA = OB = OC = OD = 3 cm.

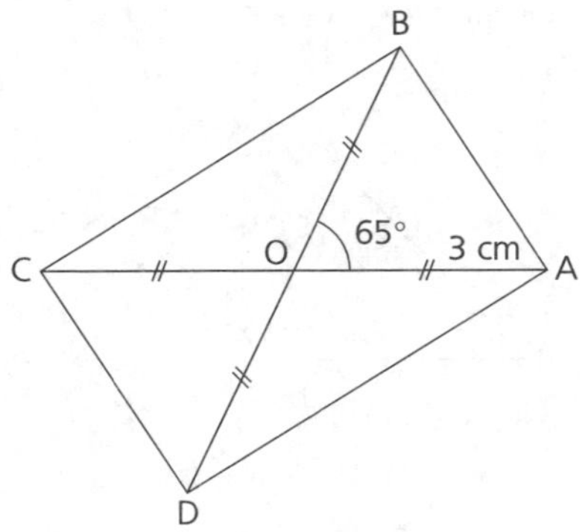

40. OR = OU = OB = OT = 4 cm.

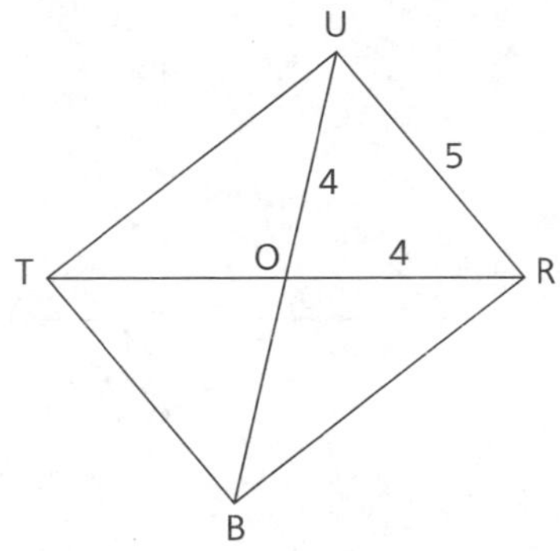

41. b. Le parallélogramme BACD a un angle droit.

42. b. Le parallélogramme BACD a deux côtés consécutifs de même longueur.

43. OB = OD = 2,5 cm ; OA = OC = 3 cm.

44. OB = OD = 3,5 cm ; OA = OC = 2 cm ;
O étant le centre du losange.

45. a. Figure réduite.

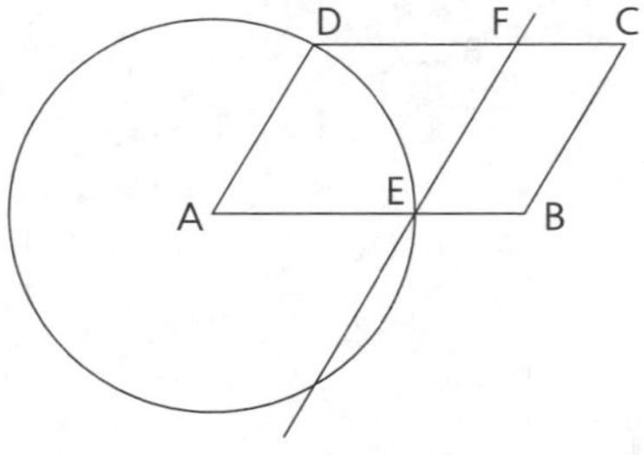

b. c. Facile

46. a. Les diagonales de ADBE se coupent en leur milieu donc c'est un parallélogramme.
Ses diagonales ont la même longueur donc c'est un rectangle.

b. (ED) est la médiatrice de [AB] donc DA = DB. Le rectangle ADBE a deux côtés consécutifs de même longueur, donc c'est un carré.

47. Facile.

48. Si ABCD est un losange, l'angle $\widehat{AOB}$ est droit, donc le parallélogramme AOBE est un rectangle.

49. Si AOBE est un rectangle, alors les diagonales du parallélogramme ABCD sont perpendiculaires, donc c'est un losange.

50. Si ABCD est un rectangle, alors AC = BD donc OA = OB et le parallélogramme OAEB, ayant deux côtés consécutifs de même longueur, est un losange.

51. Si OAEB est un losange, on a OA = OB. O étant le centre du parallélogramme ABCD, on a aussi AC = BD, donc ABCD est un rectangle.

52. a. Figure réduite

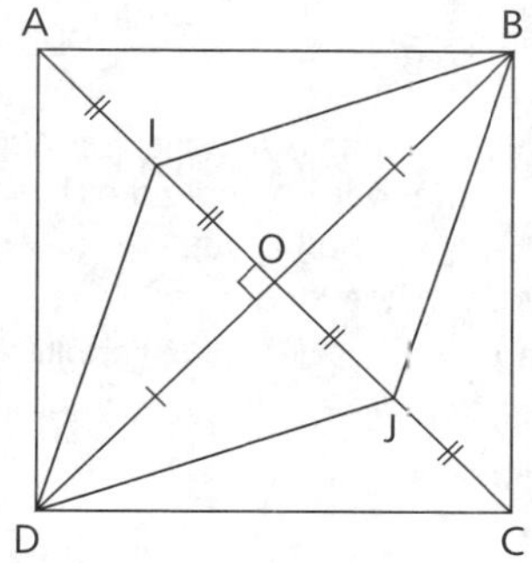

b. O est le milieu des diagonales de ABCD, donc de [AC].

c. $OI = \frac{1}{2}OA = \frac{1}{2}OC = OJ$. Donc O est le mileu de [IJ].

d. Les diagonales de ABCD sont perpendiculaires, donc : $(BD) \perp (IJ)$.

e. O est le mileu de [IJ] et [BD] donc BIDJ est un parallélogramme. De plus (BD) est la médiatrice de [IJ] donc BI = BJ et BIDJ a deux côtés consécutifs de même longueur. C'est donc un losange.

53. BDGE est un carré car ses diagonales se coupent en leur milieu, sont perpendiculaires et ont la même longueur.

54. a.

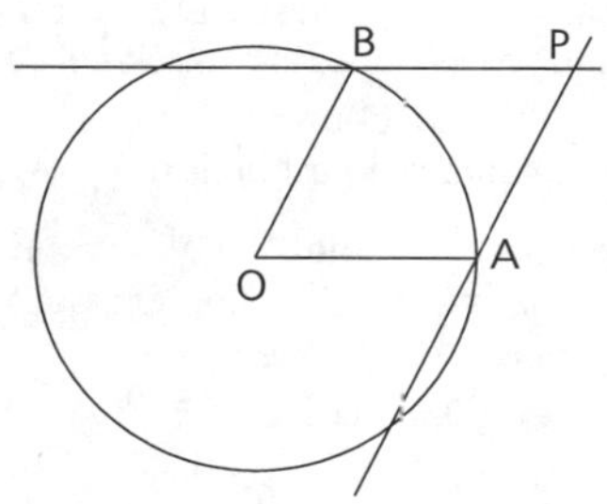

b. OAPB a ses côtés opposés deux à deux paralléles, donc c'est un parallèlogramme. De plus OA = OB, donc OAPB est un losange.

55. b. I est le milieu de [AD] et de [BC], donc ABCD est un parallélogramme. Si un parallélogramme a un angle droit, alors c'est un rectangle. Comme le triangle ABC est rectangle en A, le parallélogramme ABCD est un rectangle.

56. ABCD est un parallélogramme, donc $\widehat{BAD} = \widehat{DBC} = 58°$. Donc $\widehat{BAF} = 89°$. Donc le parallélogramme ABEF n'est pas un rectangle.

57. ABCD est un parallélogramme car ses diagonales ont même mileu.

58. ABC est un triangle isocèle en B. D est le symétrique de B par rapport à la droite (AD). Pourquoi le quadrilatère ABCD est-il un losange ?

59. 31 cm.

60. 20 cm.

61. 45°.

62. 16°.

63. 30 (360 : 12).

64. 14 cm.

■ Faire le point

65. b.	**66. b.**	**67. a.**	**68. a.**	**69. c.**
70. a.	**71. c.**	**72. a.**	**73. b.**	**74. c.**

■ Exercices de consolidation

75. a. 10 cm. **b.** 110°.

76. a. M doit être sur la médiatrice de [AC] et le côté [AB].

b. Figure réduite

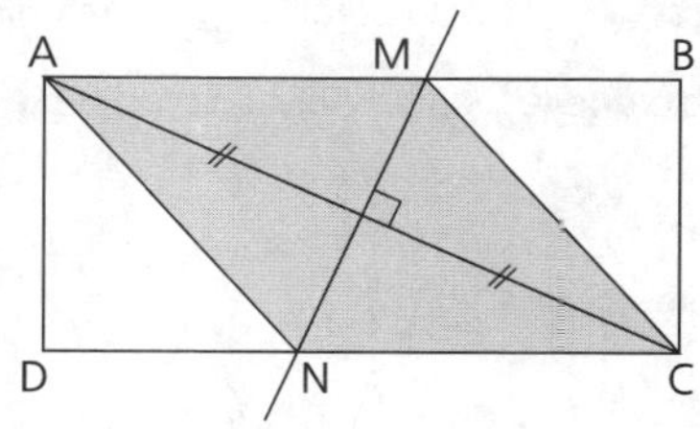

77. Les diagonales [AC] et [BD] ont le même milieu, donc ABCD est un parallélogramme. Donc DC = AB. Or ABC est isocèle en A, donc AB = AC. Donc DC = AC, donc le triangle ADC est isocèle en C.

78. ABCD est un rectangle, donc AC = BD.
AEFG est un rectangle, donc AF = EG.
Or EG = BD, donc AF = AC et le triangle AFC est isocèle en A.

79. On trace le segment [AB] de longueur 4 cm. ABCD est un parallélogramme de centre O et AO = 3 cm donc AC = 6 cm. De plus, les côtés opposés ont la même longueur :

$$BC = AD = 5 \text{ cm} \quad \text{et} \quad AC = AB = 4 \text{ cm}.$$

C se trouve donc à l'intersection du cercle de centre B et de rayon 5 cm et du cercle de centre A et de rayon 6 cm. D est à l'intersection du cercle de centre A et de rayon BC et du cercle de centre C et de rayon AB.

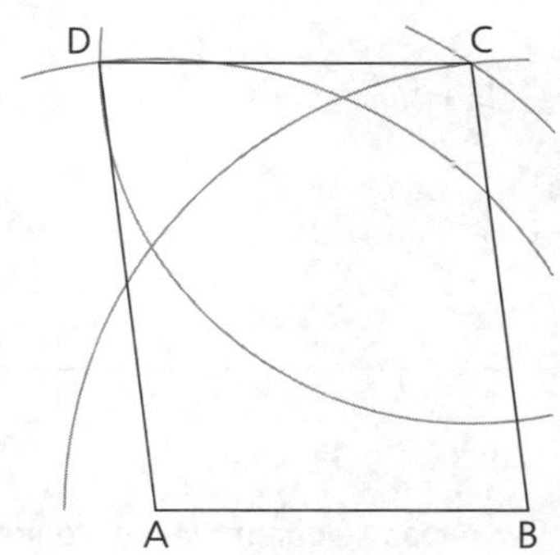

■ Exercices d'approfondissement

80. a. Les données ne sont pas le résultat d'un raisonnement ; aucune flèche n'est dirigée vers elles sur le schéma et elles sont écrites sur la premiere ligne.

b. Cadre orange : Dans un parallélogramme, les diagonales ont le même milieu.
Cadre vert : Si les diagonales d'un quadrilatère ont le même milieu, alors ce quadrilatère est un parallélogramme.

c. ABCD est un parallélogramme, donc le milieu I de [AC] est aussi milieu de [BD].
Dans le quadrilatère DEBF, I est à la fois le milieu de [BD] et le milieu de [EF] : ses diagonales ont le même milieu, donc ce quadrilatère est un parallélogramme.

81. ABCD est un rectangle, donc AC = BD. DBFE est un parallélogramme, donc DB = FE. Donc AC = DB = FE.

82. ABCD est un parallélogramme, donc les côtés [AB] et [DC] sont parallèles et de même longueur (propriété 1). ABEF est un parallélogramme, donc les côtés [AB] et [EF] sont parallèles et de même longueur (propriété 1). Donc les segments [DC] et [EF] sont parallèles et de même longueur. Donc le quadrilatère non croisé DCEF est un parallélogramme (propriété 2).

83. On nomme I le milieu de [AD]. I est alors le centre des parallélogrammes ABDE et ACDF dont [AD] est une diagonale. ABDE est un parallélogramme, donc I est aussi le milieu de [BE]. Donc c'est aussi le centre du parallélogramme CBFE.

84. 1. Il semble que le triangle ABM soit rectangle en M.

2. a.

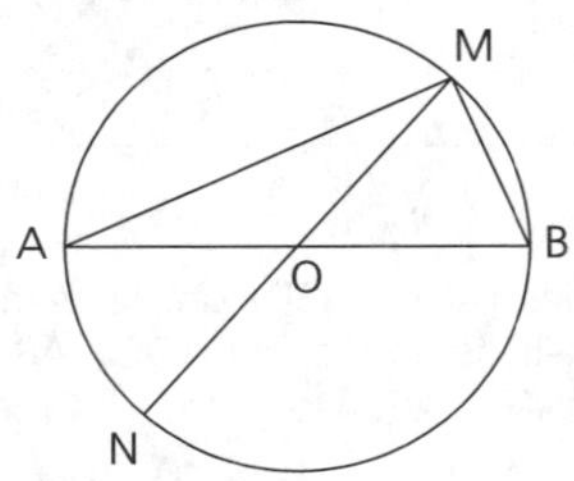

b. Les diamètres [AB] et [MN] ont le même milieu, donc AMBN est un parallélogramme ; De plus ces diamètres ont la même longueur, donc le parallélogramme AMBN est même un rectangle.

c. On peut en déduire que le triangle AMB est un triangle rectangle en M.

85. Les diagonales peuvent être construites comme bissectrices des deux angles visibles.

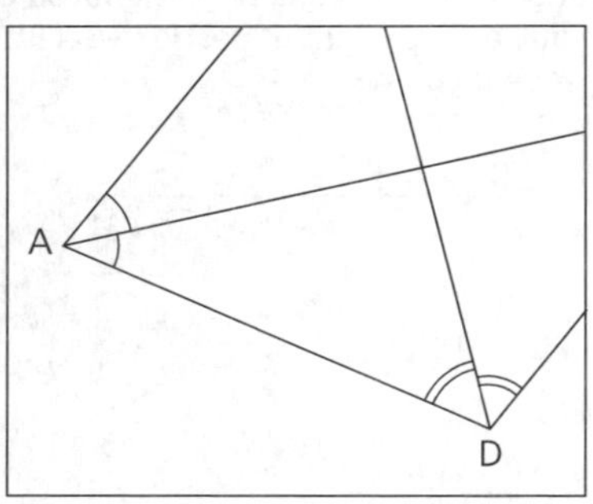

86. 3 × 8 cm = 24 cm.

87. b. ABCD est un parallélogramme de centre O, donc la droite (AC) coupe [BD] en son milieu. Comme elle est en plus perpendiculaire à (BD), (AC) est la médiatrice de [BD].

c. On a donc AB = AD.

d. Le parallélogramme ABCD a donc deux côtés consécutifs de même longueur, c'est donc un losange.

88. 1. b. D est symétrique de A par rapport à M, donc M est le milieu de [AD]. ABCD est donc un parallélogramme car ses diagonales ont le même milieu.

2.

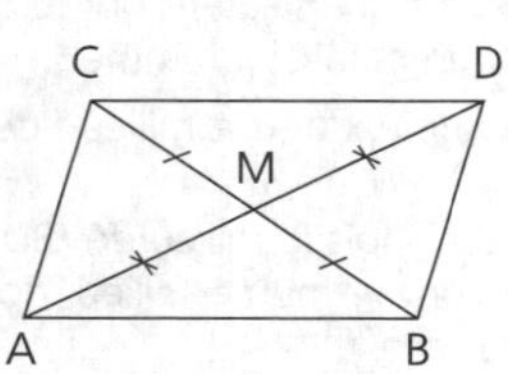

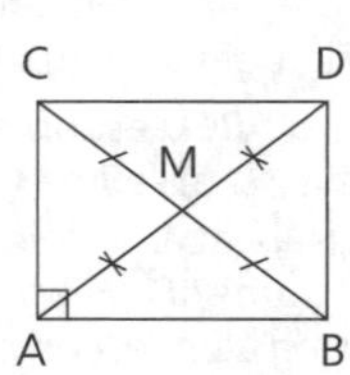

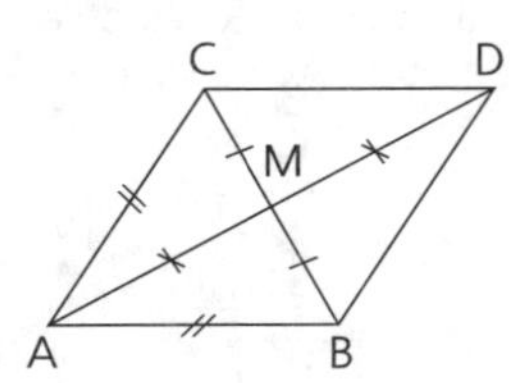

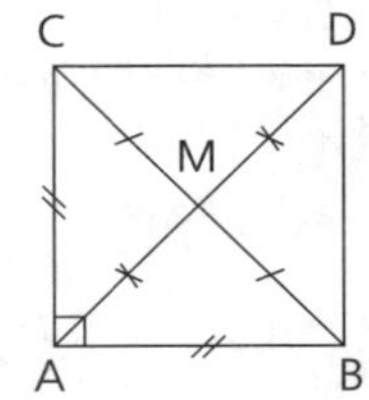

a. ABDC sera un rectangle si le triangle ABC est rectangle en A (parallélogramme avec un angle droit).

b. ABDC sera un losange si ABC est isocèle en A (deux côtés consécutifs de même longueur).

c. ABDC sera un carré si les deux conditions précédentes sont réunies.

89. a. Figure réduite.

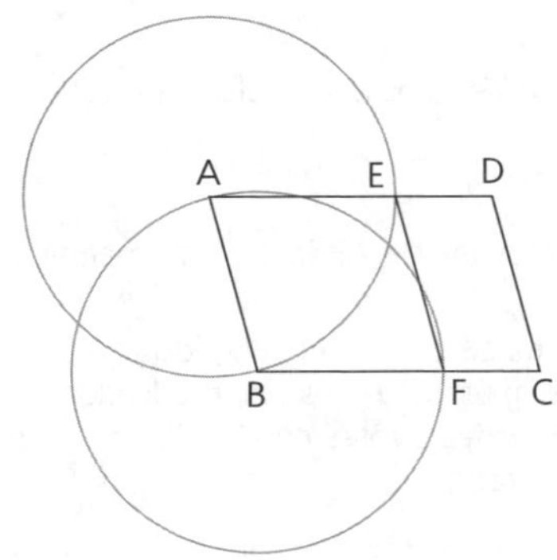

b. c. Facile.

d. Le quadrilatère non croisé ABFE est un parallélogramme parce qu'il a deux côtés opposés parallèles et de même longueur.

e. Comme il a aussi deux côtés consécutifs de même longueur, ce parallélogramme est un losange.

90. 1. a. Le parallélogramme AMCN sera un rectangle si ses diagonales ont la même longueur. On peut donc trouver la position de M et N en traçant le cercle de diamètre [AC].

b. Figure avec BD = 6 cm et AC = 5 cm.

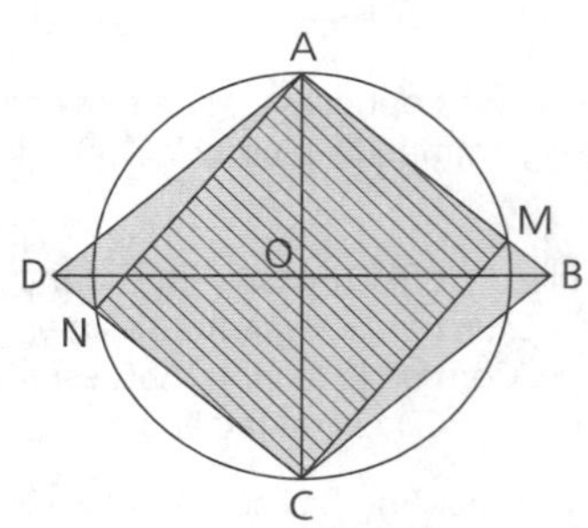

2. Pour que AMCN soit un carré, il faudrait que ses diagonales soient en plus perpendiculaires. Il faudrait pour cela que M soit confondu avec B et N avec D. Il faudrait donc que ABCD soit un carré, qui serait alors confondu avec le carré AMCN.

91. a. Il faut placer M et N sur la perpendiculaire à (AC) passant par le centre du rectangle.

b. Figure réduite.

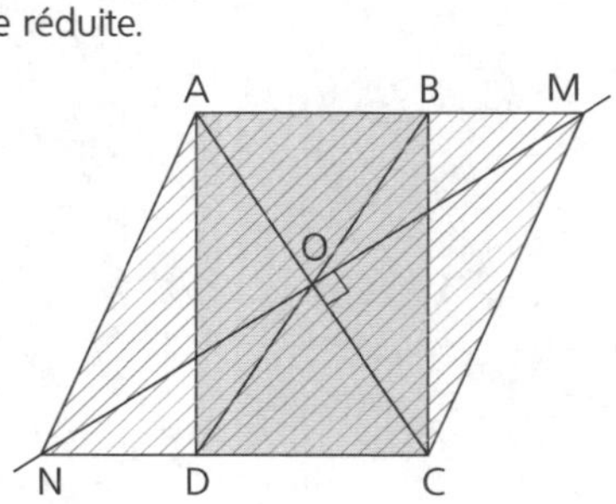

92. 1. a. $p(x) = x + x + x - 1 + x - 1$.
Donc $p(x) = 4x - 2$.

b. $p(3) = 10$; $p(5) = 18$.

c. Non car $\frac{10}{3} \neq \frac{18}{5}$.

d. $\widehat{BAD} = 360° : 5 = 72°$.

2. a. • 30 cm • 50 cm.

b. $5 \times (x + x - 1 + 1) = 5 \times 2x = 10x$.

c. Le périmètre du flocon est proportionnel à x avec un coefficient multiplicateur 10.

3.

93. Faux.

94. Faux.

95. Faux.

96. Faux, ils pourraient former un trapèze isocèle.

97. Vrai, car alors les diagonales n'ont pas la même longueur.

98. On nomme O le milieu de [AB].

a. BEAU est un rectangle, donc O est aussi le milieu de [EU] et AB = EU.

BRAS est un rectangle, donc O est aussi le milieu de [RS] et AB = RS.
Donc RUSE est un parallélogramme, puisque ses diagonales ont le même milieu et même un rectangle puisqu'elles ont la même longueur.

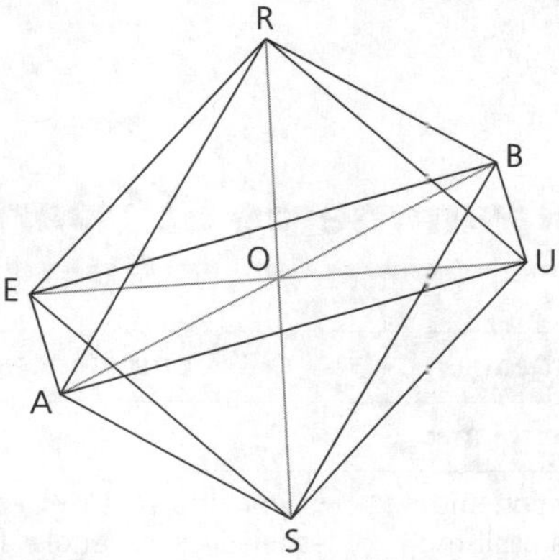

b. RUSE est aplati car les diagonales [EU] et [RS] doivent être toutes les deux perpendiculaires en O à (AC).

99. 20 cm : la somme des longueurs de 4 côtés consécutifs de l'étoile est égale au périmètre d'un cerf-volant.

■ Jeu

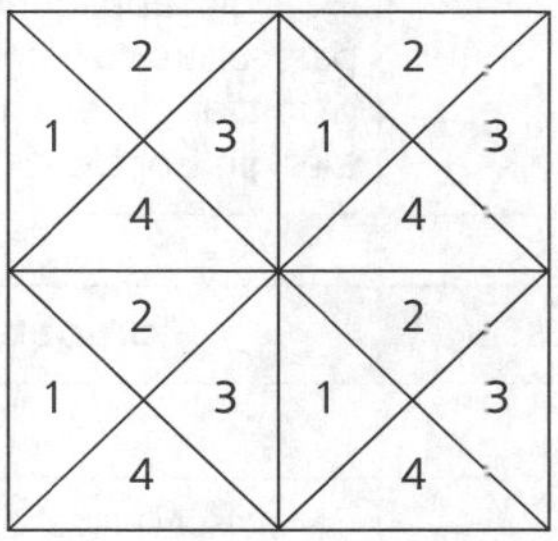

CHAPITRE 9

Angles et parallélisme

1. Programme de 5e : partie traitée dans ce chapitre

Contenus	Compétences	Exemples d'activités, commentaires
3.1. Figures planes		
Caractérisation angulaire du parallélisme	– Connaître et utiliser les propriétés relatives aux angles formés par deux parallèles et une sécante et leurs réciproques.	À cette occasion, le vocabulaire suivant est également utilisé ; angles opposés par le sommet, angles alternes-internes, angles correspondants, angles adjacents, angles complémentaires, angles supplémentaires. Les propriétés sont formulées et utilisées dans les deux sens (direct et réciproque), mais certaines réciproques peuvent être déclarées admises sans démonstration.
Triangle : Somme des angles d'un triangle	– Connaître et utiliser, dans une situation donnée, le résultat sur la somme des angles d'un triangle. – Savoir l'appliquer aux cas particuliers du triangle équilatéral, d'un triangle rectangle, d'un triangle isocèle.	La symétrie centrale ou la caractérisation angulaire du parallélisme qui en découle permettent de démontrer que la somme des angles d'un triangle est égale à 180 degrés. Exemples d'utilisation : trouver quels triangles isocèles ont un angle de 80 degrés.

Contenus	Compétences	Exemples d'activités, commentaires
4.2. Angles		
	– Maîtriser l'utilisation du rapporteur.	

2. Avant et après

a. Classe de 6^{e}

Contenus	Compétences	Exemples d'activités, commentaires
3.1. Figures planes, médiatrices, bissectrice		
Propriétés des quadrilatères usuels	– Utiliser différentes méthodes pour : – reporter une longueur ; – reproduire un angle ;	Ces compétences sont à développer en priorité sur papier uni, en utilisant les instruments usuels (règle, équerre et compas). Elles prennent leur sens lorsqu'elles sont mobilisées pour résoudre un problème : reproduire une figure d'après une de ses descriptions. Les méthodes doivent varier en fonction de l'espace dans lequel est posé le problème et des instruments laissés à la disposition des élèves : – pour le report de longueurs : usage du compas, d'une bande de papier ou de la règle graduée ; – pour la reproduction d'un angle : usage d'un gabarit ou du rapporteur. Le rapporteur est, pour les élèves de 6e, un nouvel instrument de mesure dont l'utilisation doit faire l'objet d'un apprentissage spécifique.

Propriétés des quadrilatères usuels	– Connaître les propriétés relatives aux côtés, aux angles, aux diagonales pour les quadrilatères suivants : rectangle, losange, cerf-volant, carré.	Certaines des propriétés évoquées ont déjà été étudiées à l'école primaire (notamment celles relatives aux côtés, à la présence d'angles droits ou à celle d'axes de symétrie), d'autres sont nouvelles (notamment celles relatives aux angles autres que les angles droits et celles relatives aux diagonales).
Propriétés des triangles usuels	– Connaître les propriétés relatives aux côtés et aux angles des triangles suivants : triangle isocèle, triangle équilatéral, triangle rectangle.	
Bissectrice d'un angle	– Connaître et utiliser la définition de la bissectrice. – Utiliser différentes méthodes pour tracer : – la bissectrice d'un angle.	La bissectrice d'un angle est définie en sixième comme la demi-droite qui partage l'angle en deux angles adjacents de même mesure. La justification de la construction de la bissectrice à la règle et au compas est reliée à la symétrie axiale.

Contenus	Compétences	Exemples d'activités, commentaires
4.2. Angles		
Programme cycle 3 ; document d'application p. 25 à 29	– Comparer des angles – Utiliser un rapporteur pour : – déterminer la mesure en degré d'un angle ; – construire un angle de mesure donnée en degré.	Dans la continuité du travail entrepris à l'école élémentaire, il est indispensable de faire un travail sur la comparaison des angles sans avoir recours à leur mesure, en les superposant, et notamment de mettre en évidence que l'égalité des angles est indépendante de la longueur des côtés. Le rapporteur est un nouvel instrument de mesure qu'il convient d'introduire à l'occasion de la construction et de l'étude des figures.

b. Classe de 4e

Contenus	Compétences	Exemples d'activités, commentaires
3.1. Figures planes		
Triangles rectangles : cosinus d'un angle	– Utiliser dans un triangle rectangle la relation entre le cosinus d'un angle aigu et les longueurs des côtés adjacents. – Utiliser la calculatrice pour déterminer une valeur approchée : – du cosinus d'un angle aigu donné ; – de l'angle aigu dont le cosinus est donné.	La propriété de proportionnalité des côtés de deux triangles déterminés par deux parallèles coupant deux sécantes permet de définir le cosinus comme un rapport de longueur. Les différentes connaissances relatives au triangle rectangle peuvent être synthétisées, en mettant en évidence que : – la donnée de deux côtés permet de déterminer le troisième côté et les deux angles aigus ; – la donnée d'un côté et d'un angle aigu permet de déterminer les deux autres côtés et l'autre angle aigu.
Bissectrices et cercle inscrit	– Caractériser les points de la bissectrice d'un angle donné par la propriété d'équidistance aux deux côtés de l'angle. – Construire le cercle inscrit dans un triangle.	Cette caractérisation permet de démontrer que les trois bissectrices d'un triangle sont concourantes et justifie la construction du cercle inscrit. L'analogie est faite avec le résultat concernant les médiatrices des trois côtés du triangle vu en classe de cinquième.

3. Fiches pédagogiques des activités

Ce chapitre de géométrie est particulièrement intéressant pour les démonstrations qu'il permet. Certes, il demande l'apprentissage d'un peu de vocabulaire mais il ne doit pas se réduire à cet aspect. On peut couper ce chapitre en deux périodes : une qui va jusqu'au parallélisme et l'autre qui comporte l'étude de la somme des angles d'un triangle. Ce découpage est très intéressant car il permet de reprendre, lors de la deuxième période, du vocabulaire des propriétés déjà étudiées et peut-être déjà oubliées ! L'occasion de consolider des savoirs dans la mémoire des élèves.

■ Sciences en construction

■ Un peu d'histoire

Archimède (287-212 avant J.-C.) C'est dans son *Arénaire*, petit traité dédié au roi Gélon, que l'on retrouve le texte suivant :

« J'ai placé d'abord une longue règle sur une surface plane, élevée dans un endroit d'où l'on pût voir le Soleil levant. Aussitôt après le lever du Soleil, je posai perpendiculairement sur cette règle un petit cylindre ; puis je dirigeai la règle vers le Soleil, l'œil étant à l'une de ses extrémités, et le cylindre étant placé entre le Soleil et l'œil de manière qu'il cachât entièrement l'astre. J'éloignai ensuite le cylindre de l'œil jusqu'à ce qu'on vît un mince filet de lumière déborder les côtés du cylindre…

Si notre vue (représentée par l'œil) n'était qu'un point, il suffirait de mener du lieu de vue, des lignes tangentes aux côtés du cylindre ; l'angle compris entre ces lignes serait un peu moindre que le diamètre du Soleil.

Mais, comme nos deux yeux ne sont pas un point unique, j'ai pris un autre corps rond, non moindre que la vue (l'intervalle entre les deux prunelles), puis, mettant ce corps à la place de la vue au bout de la règle, et menant des lignes tangentes aux deux corps dont l'une était cylindrique, j'ai pu obtenir l'angle qui comprend le diamètre du Soleil.

Or, voici comment on détermine le corps qui n'est pas moindre que la vue. On prend deux cylindres égaux, l'un blanc et l'autre noir. On les place en avant, le blanc plus loin, l'autre tout près, de manière qu'il touche au visage de l'observateur. Si ces deux cylindres sont moindres que la vue (l'espace interoculaire), le cylindre voisin ne cachera pas en entier le cylindre éloigné, et l'on apercevra des deux côtés quelque partie blanche du cylindre éloigné. On pourra ainsi, par divers essais, trouver des cylindres de grandeur telle que l'un soit exactement caché par l'autre. On aura donc la mesure de notre vue et un angle qui ne soit pas plus petit que le diamètre (apparent) du Soleil.

Ayant enfin porté ces angles sur un quart de cercle, j'ai trouvé que l'un était moins que 1/164, et l'autre plus que 1/200. Il est donc démontré que le diamètre (apparent) du soleil n'est pas moins que 90°/164, et qu'il est plus que 90°/200 ».

Ainsi, d'après Archimède, le diamètre apparent du Soleil a moins de 32′ 56″ et plus de 27′ 00, ce qui est parfaitement exact !

■ Choix de la situation

Après la lecture du paragraphe « Un peu d'histoire », on comprend que l'on a librement allégé la description pour la rendre accessible à un élève de cinquième.

On montre rapidement une façon très ancienne de mesurer un angle en faisant des visées et on en profite pour reprendre un exercice de comparaison avec des écritures fractionnaires ayant même numérateur.

■ Durée : 5 à 10 min

■ Déroulement

L'exercice est donné à lire. On peut en profiter pour rappeler le danger qu'il y aurait à regarder le Soleil sans protection !

Ceci pour le cas où des élèves voudraient refaire cette petite expérience.

La question utilise le mot « encadrement », on veillera à ce qu'il soit bien compris. On peut reformuler et demander laquelle de ces deux fractions d'angle est la plus grande ou celle qui est plus petite avant d'écrire l'encadrement demandé.

Si certains élèves demandent à exprimer ces mesures dans une autre écriture, on peut les guider dans ce calcul. Pour ce faire, on peut utiliser une calculatrice qui possède la touche pour les calculs sexagésimaux !

■ Synthèse

L'encadrement est relevé. On peut rappeler les éléments de base : sommets de l'angle, côtés de l'angle dont la longueur n'intervient pas pour la mesure, angles aigus et angles obtus… mais ceci est peut être déjà fait avec les exercices « Revoir les acquis ».

1 Angles complémentaires et angles supplémentaires

■ Choix de la situation

Les définitions sont données dans un cadre vocabulaire et une liste d'angles est proposée. L'élève doit retrouver parmi les angles ceux qui sont complémentaires et ceux qui sont supplémentaires. Les nombres permettent du calcul mental.

Un travail sur le sens des mots complémentaires et supplémentaires peut être conduit avec le collègue de français.

Ces mots sont utilisés dans la vie courante et l'apport mathématique est justement un complément !

Le complément est ce qu'il faut ajouter à une chose pour qu'elle soit complète, ici ce qu'il faut ajouter à un angle pour qu'il forme un angle droit.

Complémentaire est donc l'adjectif qui caractérise la chose qui complète. On retrouve cet adjectif pour deux couleurs complémentaires : le vert et le rouge qui en se combinant donnent la lumière blanche. Le professeur d'arts plastiques est sûrement intervenu sur ce sujet, on peut se renseigner.

Le supplément est ce qui est ajouté à quelque chose pour compléter, rendre égal ; mais le plus souvent, les élèves ont rencontré ce mot dans l'expression « en supplément », c'est-à-dire en plus, voire à la cantine, ils ont demandé un supplément, du rabiot abrégé en « du rab ».

L'adjectif supplémentaire se retrouve dans « délai supplémentaire » accordé, par exemple, pour un devoir maison. Le professeur d'éducation musicale a sûrement parlé des lignes supplémentaires ajoutées à la portée, là encore, on peut se renseigner.

■ Durée : 15 à 20 min

■ Déroulement

On fait lire le cadre à l'un des élèves. On interroge les élèves afin de faire reformuler avec d'autres mots que ceux du cadre, par exemple « si on ajoute la mesure des deux angles, il faut trouver 90° ». On peut préciser le vocabulaire et les élèves vont devoir chercher au brouillon.

Après quelques minutes d'une recherche individuelle, la correction peut être donnée : sur un tableau partagé en deux colonnes, une pour les angles complémentaires, l'autre pour les angles supplémentaires, deux élèves sont chargés d'écrire leurs réponses.

■ Synthèse

Le vocabulaire est relevé, ainsi que pour chaque définition, un exemple numérique.

Matériel
Transparent sur lequel sont dessinés un angle droit et un angle plat. Les angles de l'activité sont dessinés et découpés dans un autre transparent. Sur chacun d'eux figure sa mesure. On peut demander à un élève de choisir deux angles, soit complémentaires, soit supplémentaires et de vérifier son choix en posant les angles soit sur l'angle droit, soit sur l'angle plat.
On peut aussi télécharger sur le site compagnon un imagiciel. Il représente deux angles qui peuvent être déplacés et pour lesquels on peut faire afficher les mesures. Avec les flèches du clavier, on donne aux deux angles les mesures que l'on veut puis, avec la souris, on va placer ces deux angles soit dans l'angle droit, soit dans l'angle plat déjà dessinés.

■ Prolongement possible

On donne l'une des mesures et l'on demande quelle mesure donner au deuxième angle pour obtenir soit deux angles complémentaires, soit deux angles supplémentaires. C'est un exercice de calcul mental qui donne l'occasion de mémoriser ces deux définitions.

2 Angles adjacents

■ Choix de la situation

Des figures sont proposées à côté de celle de la définition. Comprendre une définition, c'est en reconnaître les caractéristiques ; pour ce faire, dans chaque figure proposée, il en manque une. En retrouvant la caractéristique qui manque, les élèves pourront énoncer la définition de deux angles adjacents.
L'exercice se poursuit avec une construction qui reprend les définitions déjà vues dans l'activité 1.
Pour le vocabulaire, on peut donner l'exercice 31 dans la rubrique « Pour s'exprimer » mais il faut attendre d'avoir traité les deux activités suivantes.

■ Durée : 20 à 25 min

■ Déroulement

On laisse aux élèves le soin de lire le cadre Vocabulaire et on leur demande d'observer les figures.
Par un jeu de questions-réponses, on arrive à faire formuler peu à peu la définition.
La deuxième question donne lieu à un tracé d'angles sans difficultés. On peut confier à un ou deux élèves la reproduction de leur figure sur un transparent, l'un reproduit pour complémentaires et l'autre pour supplémentaires.
Au cours de cette activité, on montre que le codage des angles doit être fait avec soin afin d'éviter toute confusion entre les angles considérés.

■ Synthèse

La définition des angles adjacents est recopiée et illustrée par une figure.

3 Angles opposés par le sommet

■ Choix de la situation

La figure est construite en utilisant la symétrie centrale, la conclusion prend appui sur une des propriétés de cette transformation.

■ Durée : 15 à 30 min

■ Déroulement

Préciser que le cadre Vocabulaire n'est à lire qu'après avoir réalisé la figure.
Une difficulté souvent rencontrée : les élèves sont démunis pour construire la symétrique d'une demi-droite car ils ne voient pas de point particulier dont ils sauraient construire le symétrique. Selon la mémoire de la classe au sujet de la symétrie centrale, on aidera les élèves.
Pour corriger, une figure est rapidement tracée au tableau et on demande d'énoncer la propriété de conservation des angles.

■ Synthèse

Après la lecture du cadre Vocabulaire, on demande aux élèves de proposer une définition et la propriété. On relève ensuite sur le cahier les deux énoncés.

4 Angles alternes-internes et angles correspondants

■ Choix de la situation

Une figure est donnée dans le cadre Vocabulaire et c'est à l'élève de repérer les angles deux par deux afin d'appliquer le vocabulaire proposé. Il s'agit ici de mettre en place du vocabulaire qui permet seulement de caractériser la position des angles.
Ce vocabulaire est repris dans l'exercice 31 de la rubrique « Pour s'exprimer ».

■ Durée : 15 à 20 min

■ Déroulement

Il semble difficile pour des élèves de mener à bien les deux actions : repérer les angles et choisir le bon vocabulaire. Pour cette raison, on utilisera le tableau et des craies de couleur pour être sûr que les élèves voient bien les angles dont on parle. On interroge à tour de rôle les élèves.

■ Synthèse

Une figure semblable à celle du manuel est relevée avec en plus les deux angles alternes-internes cités ci-dessous, codés en rouge et de même les deux angles correspondants codés en bleu.
On écrira :
– $\widehat{ABx}$ et $\widehat{BAy'}$, codés en rouge sont alternes-internes ;
– $\widehat{BAy'}$ et $\widehat{u'Bx'}$, codés en bleu sont correspondants

Matériel
Tableau et craies de couleur ou transparent et crayons de couleurs. Le transparent présente l'avantage d'avoir exactement la même figure et de donner, en faisant tourner le transparent, la possibilité de tester si les élèves ont bien perçu le sens des mots utilisés.

5 Expérimentation

■ Choix de la situation

La figure donnée sur le manuel va permettre aux élèves d'énoncer quelques conjectures. Pour certaines, la propriété des angles opposés par le sommet permet de conclure rapidement, pour les autres, c'est au cours de l'activité 6 que l'on va établir les égalités. On traitera ces deux activités 5 et 6 au cours d'une même séance.

■ Durée : 10 à 15 min

On ne relèvera que des angles alternes-internes ou correspondants.

■ Déroulement

On demande aux élèves d'observer la figure et d'en lire les propriétés écrites dans l'énoncé. On peut demander de la reproduire sur le cahier, ce sera chose faite pour l'activité 6.
On la reproduit au tableau ou sur un transparent pour le rétroprojecteur.
Au **b.**, on interroge à tour de rôle des élèves pour écrire les angles deux par deux au tableau, pour l'instant sans le signe =, ce n'est que lorsque la démonstration est établie que l'on écrit ce signe.

■ Synthèse

On insiste sur le fait que seules certaines égalités sont établies et l'on propose de passer à l'activité suivante.

Matériel
On peut télécharger sur le site compagnon un imagiciel. Il propose des dessins différents qui possèdent tous les mêmes propriétés, ces propriétés sont de ce fait perçues comme les seuls aspects invariants liés à cette figure constituée de deux parallèles coupées par une sécante.

6 Une preuve

■ Choix de la situation

Des conjectures ont été établies à l'activité précédente, il s'agit de les démontrer.

■ Durée : 10 à 15 min

■ Déroulement

Si la figure n'a pas été dessinée par les élèves, on demande de le faire.
On laisse chercher quelques instants la réponse aux questions posées, puis on conduit la démonstration au tableau en montrant sur la figure les objets dont on parle, on peut utiliser des couleurs.
On choisit de faire relever ou non cette démonstration, on peut ne relever que la conclusion : les deux angles $\widehat{yBA}$ et $\widehat{BAx'}$ sont symétriques, donc ils ont la même mesure. À ce moment-là, on peut rajouter, au tableau, le signe = entre ces deux angles.

■ Synthèse

Les propriétés sont relevées.

Matériel
Tableau et craies de couleur ou transparent et crayons de couleurs. Le transparent présente l'avantage de montrer exactement la même figure et, en le faisant tourner on oblige l'élève à situer les deux angles par rapport à l'ensemble : deux parallèles coupées par une sécante et non pas les deux à gauche de la figure, par exemple.

▲ Test intermédiaire
Après avoir étudié le vocabulaire spécifique et les propriétés angulaires liées au parallélisme, on peut proposer le test suivant.
Durée : 30 à 35 min

Exercice 1

a. Mesurer l'angle $\widehat{AOB}$ ci-dessous.

b. Dessiner un angle complémentaire et non adjacent à l'angle $\widehat{AOB}$. Quelle est sa mesure ?

c. Dessiner un angle complémentaire et adjacent à $\widehat{AOB}$.

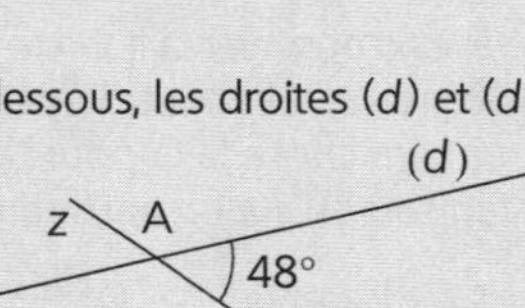

Exercice 2
Deux angles $\widehat{xOy}$ et $\widehat{yOz}$ sont adjacents et supplémentaires. $\widehat{xOy} = 127°$, quelle est la mesure de $\widehat{yOz}$?

Exercice 3
Sur la figure ci-dessous, les droites (*d*) et (*d'*) sont parallèles.

a. Quelle est la propriété qui permet de dire que : $\widehat{uBt} = 48°$.

b. Quelle autre propriété permet de dire que $\widehat{zBv} = 48°$.

Exercice 4

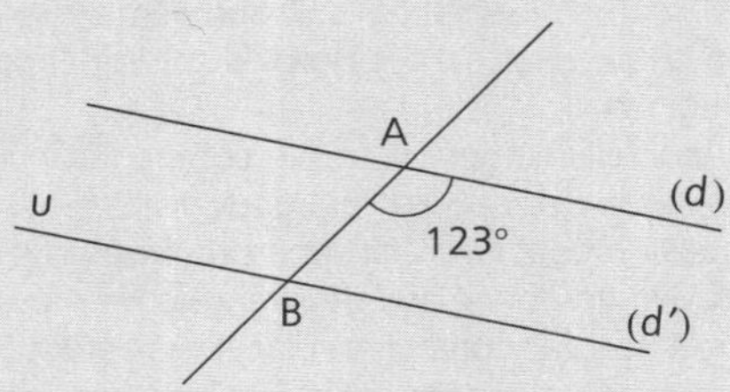

a. Quelle mesure faut-il donner à l'angle $\widehat{ABu}$ pour que les droites (*d*) et (*d'*) soient parallèles ?

b. On donne maintenant cette mesure à l'angle $\widehat{ABu}$, quelle est la propriété qui permet d'être sûr que les droites (*d*) et (*d'*) sont parallèles ?

7 Résoudre un problème

■ Choix de la situation

Un problème original qui demande un tracé supplémentaire, à savoir la parallèle aux deux droites qui passe par M. Donné après l'étude de la somme des angles d'un triangle, il peut être résolu différemment.
Si on veut préserver son intérêt, il faut le proposer à ce moment-là où tout au moins avant l'activité 9, quitte à le reprendre ensuite en demandant une autre résolution.

■ Durée : selon l'organisation choisie.

■ Déroulement

Le problème est proposé et laissé à la recherche des élèves.
Certains élèves peuvent avoir recours à une expérimentation en construisant une figure avec le rapporteur. Ce procédé expérimental, répété plusieurs fois, conduit à se conforter dans l'idée que la mesure est bien déterminée par les données de l'énoncé. On peut obtenir avec un logiciel de géométrie la même certitude, peut-être même trop grande à ce moment-là ! il vaut mieux ne pas afficher la valeur, mais montrer que l'angle garde la même forme.
Il n'en reste pas moins que le problème n'est pas résolu.
Après un temps de recherche suffisant pour que les élèves s'approprient le problème, on donne un « coup de pouce » en demandant quel tracé permet de se rapprocher d'une des figures clés de la leçon. Avec un rétroprojecteur, on peut cacher le demi-plan contenant (*yy'*) et de frontière parallèle à (*yy'*) pour suggérer le tracé de cette parallèle.
On peut interrompre la recherche et demander de poursuivre le travail à la maison.
On peut poursuivre en classe et laisser chercher les égalités d'angles qui conduisent au calcul de la mesure demandée.
Une fois le problème résolu, la rédaction de ce problème peut faire l'objet d'un devoir maison.

■ Synthèse

En fonction de l'organisation choisie, on peut proposer une correction au tableau à l'aide d'un schéma de démonstration (comme l'exercice 79 page 162) ou alors la rédiger avec les élèves ou, si l'on a donné la rédaction en devoir maison, on peut polycopier les rédactions de deux ou trois élèves.

Matériel
Là encore selon l'organisation retenue le matériel peut être :
– le tableau et des craies de couleur
– le rétroprojecteur
– on peut trouver sur le site compagnon un imagiciel permettant d'afficher la solution et d'explorer une généralisation du problème à des angles x et y.

8 Conjecturer une propriété

■ Choix de la situation

On part d'une figure à compléter afin de s'approcher au mieux de la démonstration.
Seules les conjectures sont demandées et on admet les propriétés. Si l'on a des élèves qui le souhaitent, on peut les accompagner dans une démarche de démonstration.

■ Durée : 15 à 20 min

■ Déroulement

L'activité se décompose en deux parties b. et c. Il est préférable de demander une figure distincte pour chacune d'elles.
On choisit d'imposer les instruments pour la réalisation des figures : rapporteur ou compas ou papier calque. Pour ce dernier choix, on a pris la précaution de prévenir les élèves avant la séance.
Étant donné que l'on n'envisage pas la démonstration, le papier calque permet d'obtenir très vite les figures et les conjectures. Le rapporteur met l'accent sur une mesure en particulier, mais se rapproche davantage des exercices proposés par la suite et dans lesquels on donne les mesures des angles.

■ Synthèse

On fait formuler les propriétés par les élèves en détachant, pour chaque propriété, les données des conclusions. On fait comparer ces deux énoncés à ceux des propriétés établies en 5 et 6. On peut demander pour chaque énoncé à quel type de problème il peut servir, on attend comme réponses :
– calculer la mesure d'un angle lorsque les droites sont parallèles,
– démontrer que deux droites sont parallèles lorsque l'on sait que deux angles ont même mesure.

Matériel
– Transparents pour le rétroprojecteur pour construire les demi-droites comme avec le papier calque.
– Transparents sur lesquels sont écrites les propriétés avec les figures « données-conclusion » : il est important de les voir écrites l'une à côté de l'autre.

9 Propriété angulaire dans un triangle

■ Choix de la situation

La situation retenue reprend les indications données dans les commentaires du programme : « La symétrie centrale ou la caractérisation angulaire du parallélisme qui en découle permettent de démontrer que la somme des angles d'un triangle est égale à 180 degrés. » À ce moment de la leçon, les élèves ont déjà démontré avec la symétrie centrale les propriétés angulaires liées au parallélisme, ce sont elles qui permettent la démonstration.

■ Durée : 15 à 20 min

■ Déroulement

L'activité peut être précédée par une étude préliminaire sans renvoyer les élèves à leur manuel : chaque élève dessine rapidement un triangle, en mesure les trois angles et cherche leur somme, cet exercice peut amener une discussion dans la classe et la possibilité d'émettre une conjecture. L'expérience montre que les résultats obtenus donnent la plupart du temps une somme voisine de 180°, rarement 180°. On peut demander si l'on peut tracer un autre triangle dont la somme des angles serait très différente de 180°. Assez souvent les élèves pensent que oui et ils proposent alors un triangle avec un angle obtus ou toute autre forme qui leur paraît propice à obtenir une somme différente de 180°. Cette recherche les intéresse et permet d'avoir au moins une figure pour la démonstration. On interrompt pour garder suffisamment de temps pour la démonstration sinon les élèves se renseignent auprès de leurs parents qui donnent la réponse et la démonstration n'est plus aussi intéressante pour eux !
La figure du manuel est reprise avec l'un des triangles et les égalités des angles sont codées au fur et à mesure de la démonstration.

■ Synthèse

La propriété est énoncée par les élèves puis recopiée à côté d'une figure.

Matériel
– Transparent pour le rétroprojecteur avec la figure du manuel et crayons de couleurs différentes pour le codage des angles (ou tableau et craies de couleur).
– On peut trouver sur le site compagnon un imagiciel affichant les mesures des trois angles et sur commande les deux angles clés et leurs mesures.

■ Prolongement possible

On peut donner la mesure de deux angles et demander la mesure du troisième.
On peut traiter les cas particuliers qui seront connus pour l'activité suivante qui devient alors un problème d'application.
Dans ce cas, on écrit la synthèse qui reprend tous les cas particuliers.

10 Résoudre un problème

■ Choix de la situation

Il s'agit d'un problème d'alignement de trois points pour lequel on utilise l'angle plat. Si l'on n'a pas vu les cas particuliers, c'est l'occasion de les étudier.

■ Durée : 20 à 25 min

■ Déroulement

On ne demande pas de construire la figure, mais bien de la tracer à main levée. On laisse aux élèves le temps de chercher seuls. Les premiers à avoir trouvé construisent la figure qui sera donnée, correction du **a.** faite, à finir à la maison.
Dès qu'un nombre suffisant d'élèves a trouvé, on demande à l'un d'eux la valeur trouvée et l'on s'assure qu'il n'y en a pas d'autres, éventuellement on les note au tableau.
On demande de justifier que cette valeur est correcte, la somme des trois angles de sommet B doit être égale à 180°.
Puis on remonte la démonstration point par point : l'angle de 60°, pourquoi ? Et l'angle de 45°, pourquoi ?

■ Synthèse

On fait formuler la propriété relative à chaque cas particulier et on l'écrit avec une figure pour illustrer.

Matériel
Transparent pour le rétroprojecteur pour construire la figure avec les élèves ou tableau et craies.
On peut trouver sur le site compagnon un imagiciel affichant la figure avec un angle $\widehat{DBC}$ variable ce qui permet d'explorer la situation et de conjecturer la réponse.

▲ **Test final**

Durée : 50 à 55 min

Exercice 1

Sur la figure donnée à main levée, les droites (xy) et (uv) sont parallèles.

Donner la mesure des angles $\widehat{a}$, $\widehat{b}$, $\widehat{c}$, $\widehat{d}$, $\widehat{e}$, $\widehat{f}$ et $\widehat{g}$.

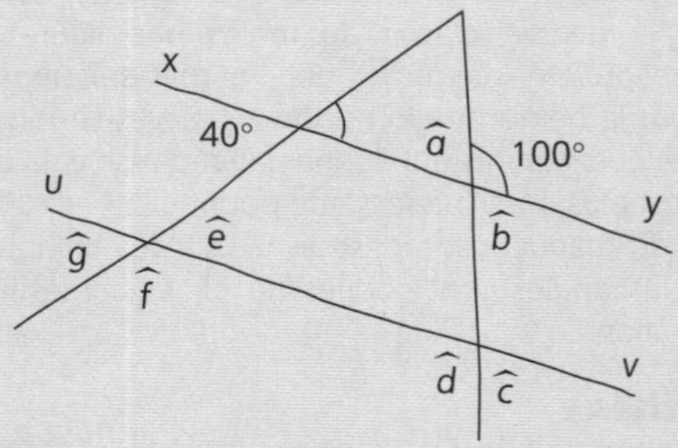

Exercice 2

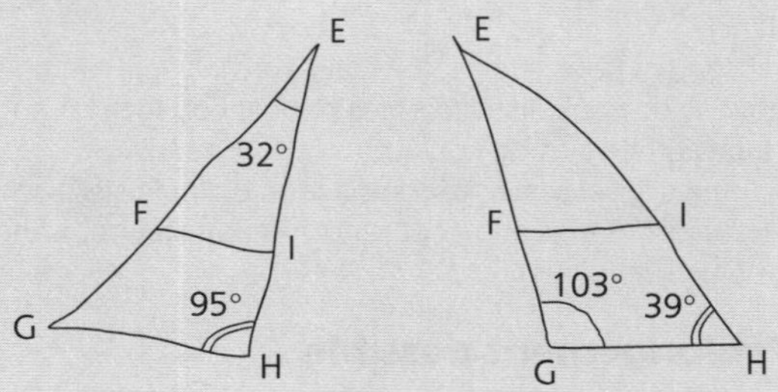

Pour chaque figure à main levée, on a tracé dans le triangle EGH une droite parallèle à (GH) qui coupe [EG] en F et [EH] en I.

Calculer dans les deux cas la mesure de chacun des angles des deux triangles EFI et EGH.

Exercice 3

Sur la figure à main levée, ABC est un triangle équilatéral.

Le point M est sur la droite (AB) tel que AB = AM.

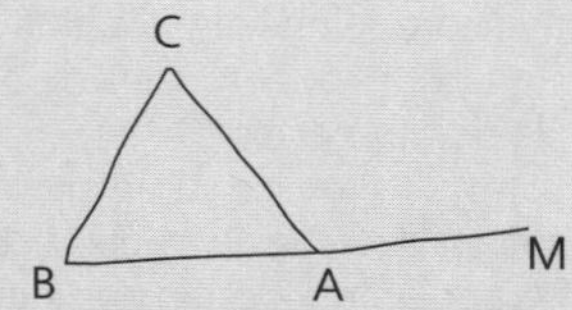

a. Calculer les mesures des angles du triangle AMC.

b. Calculer les mesures des angles du triangle BCM. Quelle est sa nature ?

Exercice 4

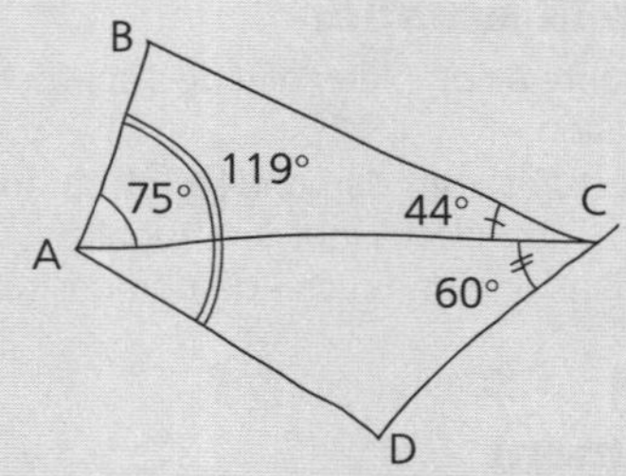

La figure donnée est tracée à main levée.

Peut-on dire si les droites (AD) et (BC) sont parallèles ? Expliquer pourquoi.

Exercice 5 (« bonne » classe)

ABC est un triangle isocèle en A. La bissectrice de $\widehat{ABC}$ coupe [AC] en D et on a AD = BD.

Calculer les mesures des angles du triangle ABC.

Exercice 5 (autre classe)

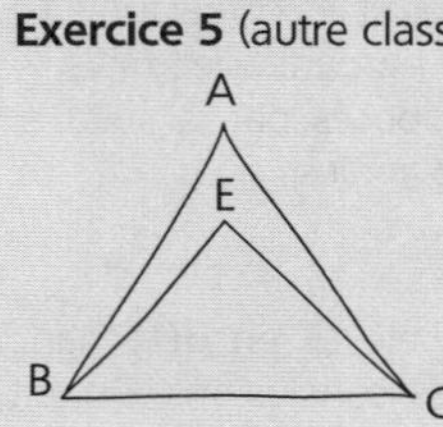

Sur la figure à main levée, ABC est un triangle équilatéral et BEC est un triangle rectangle isocèle en E.

Calculer la mesure de $\widehat{ABE}$ et $\widehat{ACE}$.

6. Corrigés

■ Revoir les acquis

1 b. **2** c. **3** b. **4** b. **5** b.

■ Sciences en construction

$\frac{90°}{200} < \widehat{a} < \frac{90°}{164}$ ou $0° < \widehat{a} < 1°$

■ Activités

1. a. $\widehat{COB}$ et $\widehat{PQR}$;

$\widehat{CEF}$ et $\widehat{GAB}$.

b. $\widehat{COB}$ et $\widehat{HUK}$;

$\widehat{CEF}$ et $\widehat{MIN}$;

$\widehat{PQR}$ et $\widehat{LYS}$.

2. a. ① $\widehat{a}$ et $\widehat{b}$ n'ont pas de côté commun.

② $\widehat{a}$ et $\widehat{b}$ n'ont pas le même sommet.

③ $\widehat{a}$ et $\widehat{b}$ ne sont pas de part et d'autre du côté commun.

b.

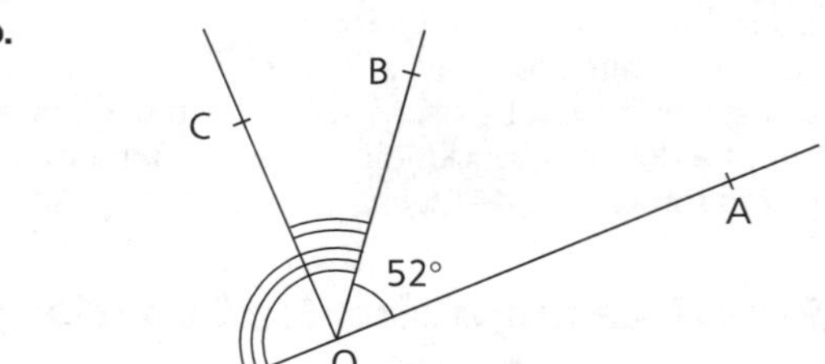

complémentaire : $\widehat{BOC} = 38°$

supplémentaire : $\widehat{BOD} = 128°$

3. a.

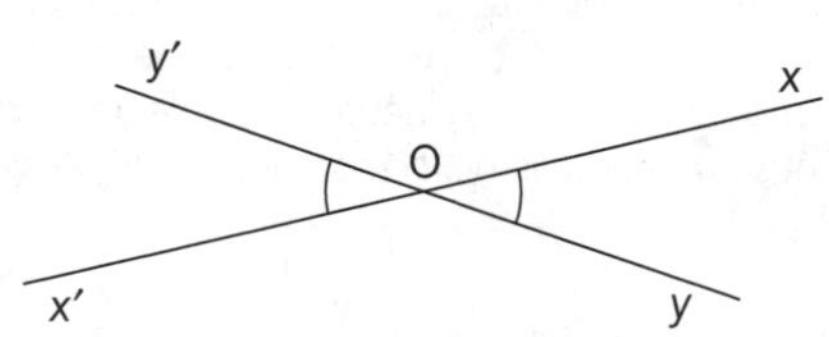

b. $\widehat{xOy} = \widehat{x'Oy'}$ car la symétrie centrale conserve les angles. Deux angles opposés par le sommet ont la même mesure.

4.

angles	alternes-internes	correspondants	ni l'un ni l'autre
a.			X
b.			X
c.		X	
d.			X
e.	X		
f.		X	

5. a. $\widehat{uBy}$ et $\widehat{y'Bu'}$

$\widehat{uBy'}$ et $\widehat{yBu'}$

$\widehat{uAx'}$ et $\widehat{xAu'}$

$\widehat{uAx}$ et $\widehat{x'Au'}$.

b. $\widehat{uBy}$ et $\widehat{uAx}$

$\widehat{uAx}$ et $\widehat{u'By'}$

$\widehat{u'By'}$ et $\widehat{u'Ax'}$

$\widehat{yBu'}$ et $\widehat{xAu'}$

$\widehat{yBu'}$ et $\widehat{uAx'}$

$\widehat{uAx'}$ et $\widehat{uBy'}$.

6. a. Par la symétrie de centre I :
- le symétrique du point A est le point B ;
- la symétrique de $[Ax)$ est $[By')$;
- la symétrique de $[AI)$ est $[BI)$.

Donc le symétrique de $\widehat{xAI}$ est $\widehat{IBy'}$.
Comme la symétrie conserve les angles, on a :
$\widehat{xAI} = \widehat{IBy'}$ c'est-à-dire $\widehat{xAB} = \widehat{ABy'}$.

b. $\widehat{yBu} = \widehat{ABy'}$ (angles opposés par le sommet).
$\widehat{xAB}$ et $\widehat{yBu}$ tous deux égaux à $\widehat{ABy'}$ sont égaux entre eux, donc $\widehat{xAB} = \widehat{yBu}$.

c. Si deux droites parallèles sont coupées par une sécante alors elles déterminent des angles alternes-internes égaux.
Si deux droites parallèles sont coupées par une sécante alors elles déterminent des angles correspondants égaux.

7.

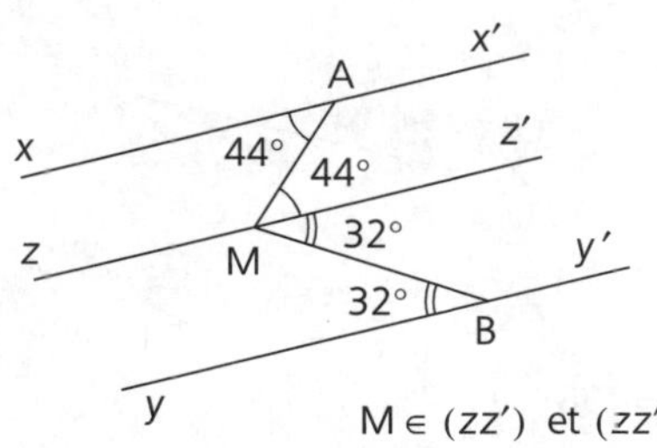

$M \in (zz')$ et $(zz') /\!/ (xx')$
et $(zz') /\!/ (yy')$

- $(xx') /\!/ (zz')$ donc $\widehat{xAM} = \widehat{AMz'}$

$(zz') /\!/ (yy')$ donc $\widehat{z'MB} = \widehat{MBy}$.

Comme $\widehat{xAM} = 44°$, $\widehat{AMz'} = 44°$

et $\widehat{MBy} = 32°$ donc $\widehat{z'MB} = 32°$.

$\widehat{AMz'} + \widehat{z'MB} = \widehat{AMB}$

donc $\widehat{AMB} = 44° + 32°$ $\boxed{\widehat{AMB} = 76°}$.

8. a. et **b.**

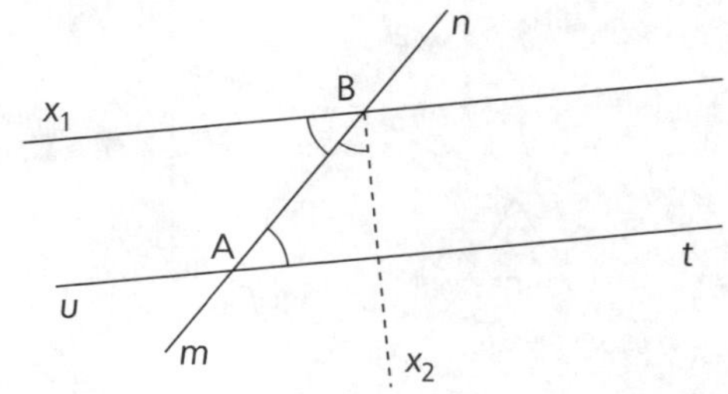

Les droites (Bx) et (ut) semblent parallèles dans le cas ou $\widehat{ABx}$ et $\widehat{BAt}$ occupent la position d'angles alternes-internes.

a. et **c.**

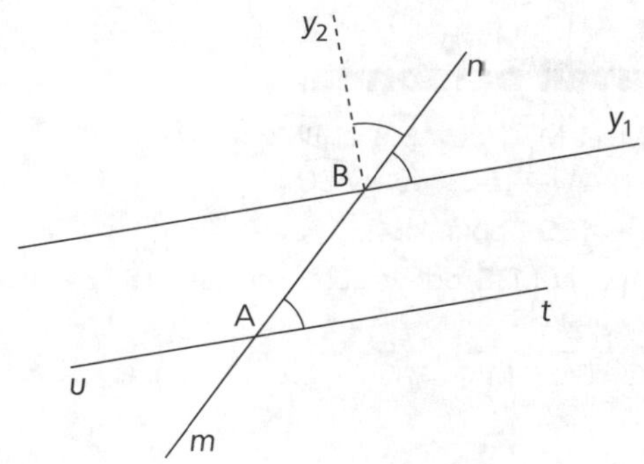

Les droites (By) et (ut) semblent parallèles dans le cas où les angles $\widehat{BAt}$ et $\widehat{nBy}$ sont des angles correspondants.

9.

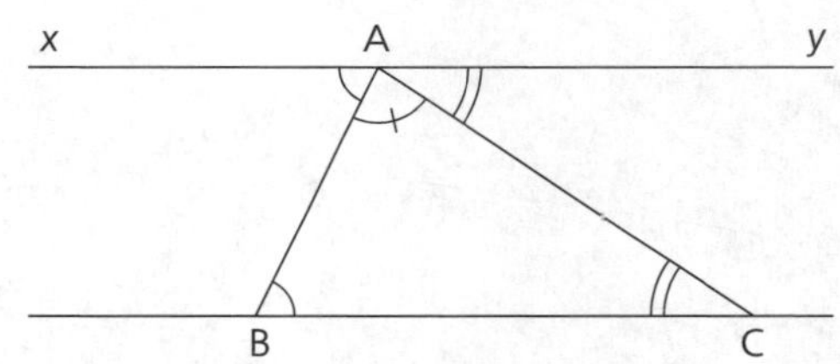

a. $\widehat{ABC} = \widehat{BAx}$

$\widehat{ACB} = \widehat{CAy}$

b. $\widehat{ABC} + \widehat{BAC} + \widehat{ACB} = \widehat{BAx} + \widehat{BAC} + \widehat{CAy} = \widehat{xAy} = 180°$.

c. Dans un triangle, la somme des trois angles est 180°.

10. a. A, B, C alignés signifie que $\widehat{ABC} = 180°$

$\widehat{ABC} = \widehat{ABE} + \widehat{EBD} + \widehat{DBC}$.

- D'après le codage ABE est équilatéral donc il a 3 angles égaux donc $\widehat{ABE} = \frac{1}{3} \times 180° = 60°$.
- D'après le codage, EBD est rectangle isocèle donc $\widehat{BED} = 90°$ et $\widehat{EBD} = \widehat{EDB}$.

$\widehat{EBD} + \widehat{EDB} = 180° - 90°$ donc $\widehat{EBD} = \frac{1}{2} \times 90° = 45°$.

- $\widehat{DBC} = 180° - \widehat{ABE} - \widehat{EBD}$

$\widehat{DBC} = 180° - 60° - 45°$

$\widehat{DBC} = 75°$.

- Dans BDC, rectangle en C, $\widehat{BDC} = 90° - \widehat{DBC}$

$\widehat{BDC} = 90° - 75° = 15°$ $\boxed{\widehat{BDC} = 15°}$.

b.

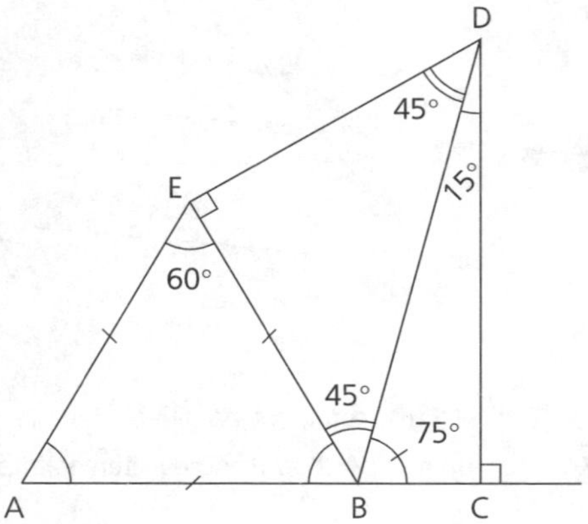

■ Travail personnel

A. $\widehat{ABM}$ et $\widehat{MBC}$ ou $\widehat{AMB}$ et $\widehat{BMC}$

B. a. • [BA) et [BC) pour $\widehat{ABC}$

• [BM) et [BC) pour $\widehat{MBC}$

b. $\widehat{ABC}$ et $\widehat{MBC}$ ont un côté commun : [BC) et leur sommet commun : B.

C. $\widehat{BAC} = \widehat{EAF} = \widehat{MAN} = \widehat{MAF} = \ldots$

D. a.

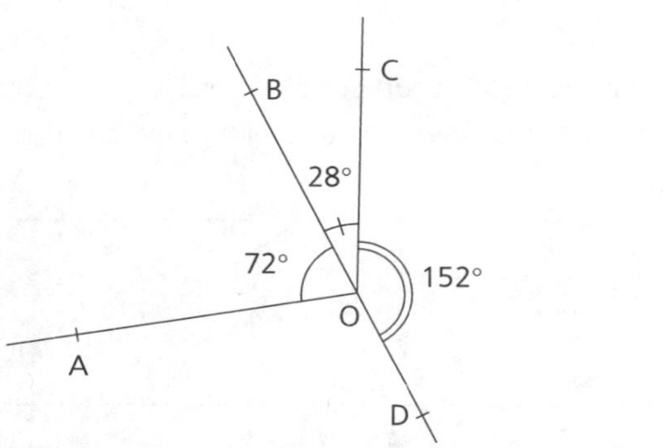

b. Oui. On aurait pu tracer la symétrie de [OD) par rapport à (OC) par exemple.

c. $\widehat{AOB}$ ou $\widehat{BOC}$ sont aigus, $\widehat{COD}$ est obtus.

■ Exercices d'application

1.

$\widehat{a}$	35°	63°	73°	9°	45°	83°
$\widehat{b}$	55°	27°	17°	81°	45°	7°

2.

$\widehat{a}$	119°	157°	52°	15°	7°	90°
$\widehat{b}$	61°	23°	128°	165°	173°	90°

3. a.

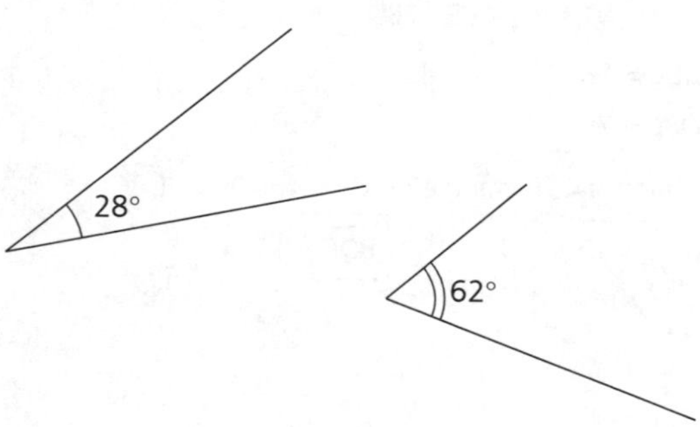

b.

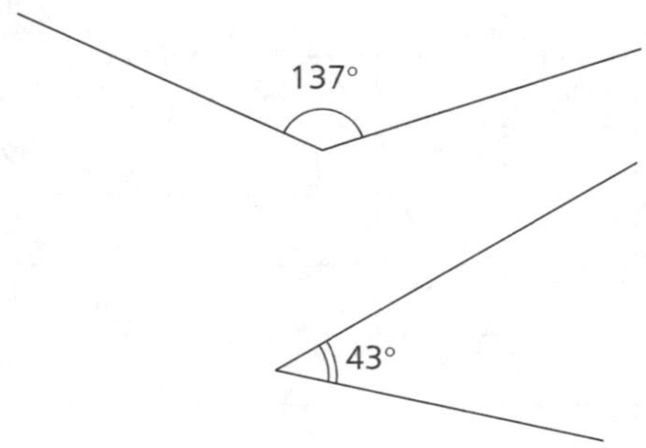

4. $\widehat{C} = 34°$, $\widehat{B} = 36°$, $\widehat{A} = 124°$.

5. a. oui **b.** non. **c.** non. **d.** oui.

6. 1. a.

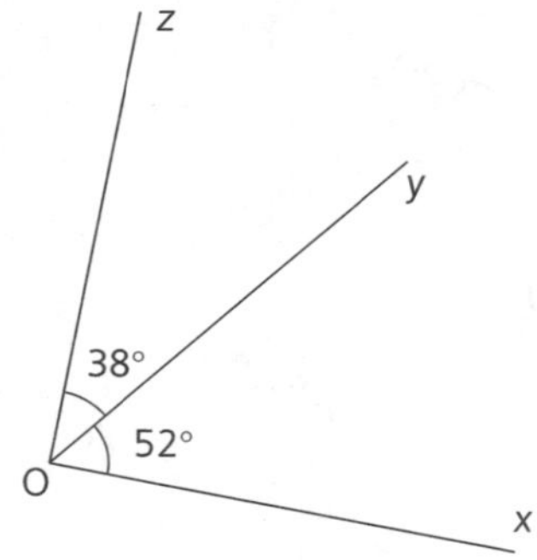

b. $\widehat{xOz} = 38° + 52°$

$\widehat{xOz} = 90°$ donc $\widehat{xOy}$ et $\widehat{yOz}$ sont complémentaires.

2. a.

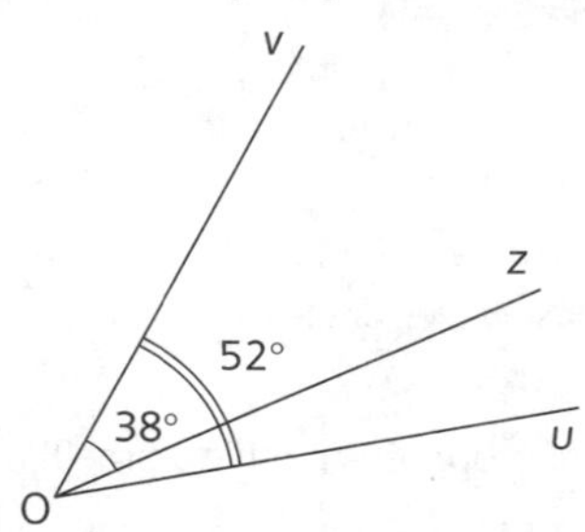

b. $\widehat{uOz} = 52° - 38°$

$\widehat{uOz} = 14°$.

7.

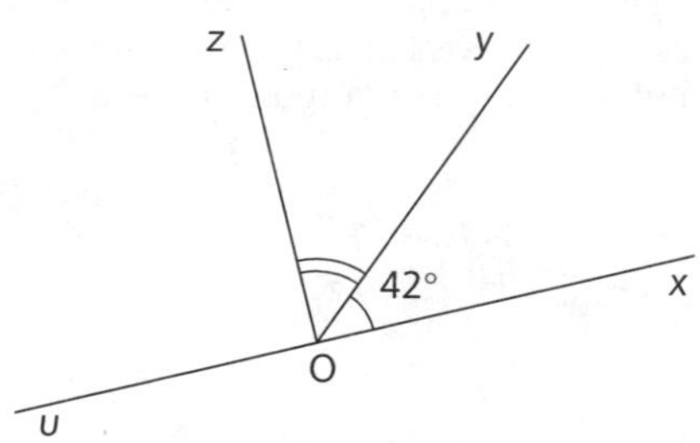

$\widehat{uOy} = 180° - \widehat{xOy}$

$= 180° - 42° = 138°$.

8. a. $\widehat{tOz} = 38°$.

b. $\widehat{vOt} = 180° - 38° = 142°$.

c. $\widehat{vOy} = 180° - 42° = 138°$.

d. $\widehat{xOy} = 38° + 42° = 80°$.

9. $\widehat{uOx} = 48° : 2 = 24°$.

$\widehat{zOu} = 90° - 24° = 66°$.

10. a. $\widehat{ABt} = 40°$ car $\widehat{ABt} = \widehat{xAB}$, angles alternes-internes déterminés par les parallèles (xy) et (zt) et la sécante (uv).

b. $\widehat{zBv}=40°$ car $\widehat{zBv}=\widehat{ABt}$ comme angles opposés par le sommet.

c. $\widehat{vBt}=180°-\widehat{zBv}=180°-40°=140°$.

d. $\widehat{uAy}=40°$.

11. a. $\widehat{ACB}=50°$ car $\widehat{ACB}=\widehat{uCz}$ comme angles opposés par le sommet.

$\widehat{CAy}=50°$ car $\widehat{CAy}=\widehat{ACB}$ angles alternes-internes avec les parallèles (xy) et (tz).

$\widehat{xAB}=60°$ car $\widehat{xAB}=\widehat{ABC}$, angles alternes-internes.

b. $\widehat{xAy}=180°$; $\widehat{BAC}=180°-50°-60°$.

$\boxed{\widehat{BAC}=70°}$.

12. a. $\widehat{xAB}=180°-\widehat{BAy}=180°-130°=50°$

$\widehat{xAB}=\widehat{vBt}=50°$ car $\widehat{xAB}$ et $\widehat{vBt}$ sont deux angles alternes-internes déterminés par les parallèles (xy) et (zt).

$\widehat{zBu}=\widehat{uBt}=50°$ car $\widehat{zBu}$ et $\widehat{vBt}$ sont deux angles opposés par le sommet.

b. • $\widehat{yAu}+\widehat{vBt}=130°+50°=180°$

$\widehat{yAu}$ et $\widehat{vBt}$ sont deux angles supplémentaires.

• $\widehat{yAu}+\widehat{zBu}=130°+50°=180°$

Donc $\widehat{yAu}$ et $\widehat{zBu}$ sont supplémentaires.

13.

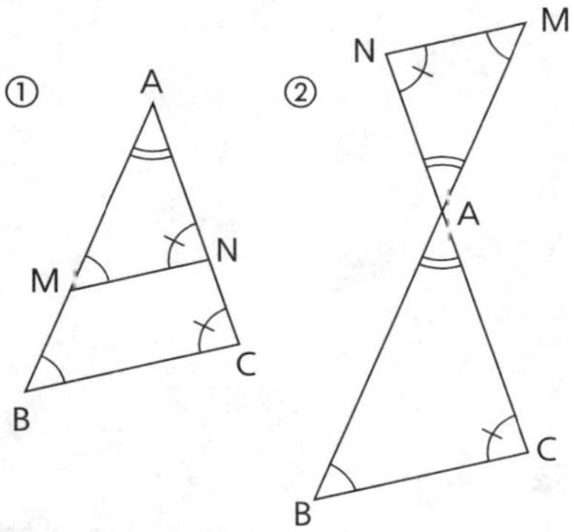

Les angles du triangle ABC et ceux du triangle AMN sont égaux car ① : un angle commun et 2 paires d'angles correspondants et ② : deux angles opposés par le sommet et deux paires d'angles correspondants.

14. a. D'après le codage :

$(BA)\perp(AD)$ et $(CD)\perp(AD)$

(AB) et (CD) toutes deux perpendiculaires à (AD) sont parallèles entre elles.

b.

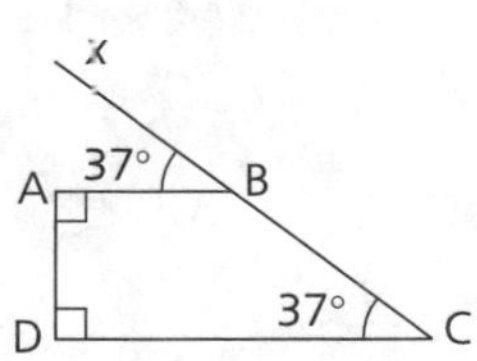

On prolonge [BC]
(BC) = (Bx).

$\widehat{ABx}=\widehat{DCB}$ car ce sont deux angles correspondants formés par les parallèles (AB) et (DC).

Donc $\widehat{ABx}=37°$ et $\widehat{ABC}=180°-37°=143°$.

15. a.

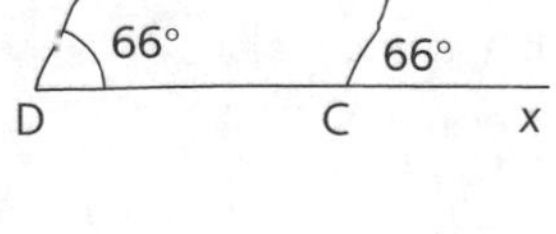

b. On prolonge [DC], [DC) = [Dx).

$\widehat{ABC}=\widehat{BCx}$ car se sont des angles correspondants avec les côtés parallèles du parallélogramme, donc : $\widehat{ABx}=66°$ et $\widehat{DCB}=180°-66°=114°$.

Le parallélogramme a un centre de symétrie, donc ses angles opposés sont deux à deux égaux.

$\widehat{ABC}=\widehat{ADC}=66°$ et $\widehat{DAB}=\widehat{BCD}=114°$.

16. a. (d_1) et (d_2) coupées par une sécante déterminent deux angles correspondants de même mesure donc elles sont parallèles.

b. (d_1) et (d_2) coupées par une sécante forment deux angles alternes-internes de même mesure donc elles sont parallèles.

17. Les droites (d) et d' forment avec la règle et grâce à l'équerre, deux angles correspondants égaux donc elles sont parallèles.

18. a.

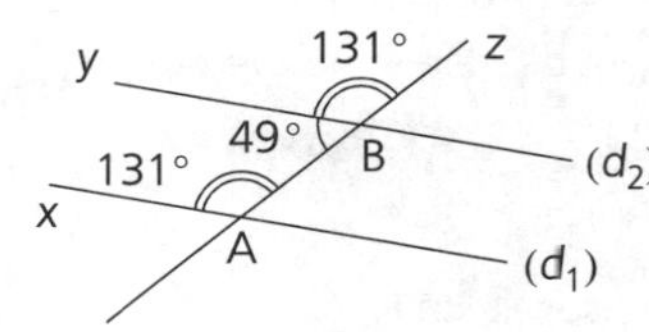

$\widehat{yBz}=180°-49°=131°$.

On constate que $\widehat{xAB}=\widehat{yBz}$.

Les droites (d_1) et (d_2) coupées par une sécante forment des angles correspondants égaux, donc elles sont parallèles.

b.

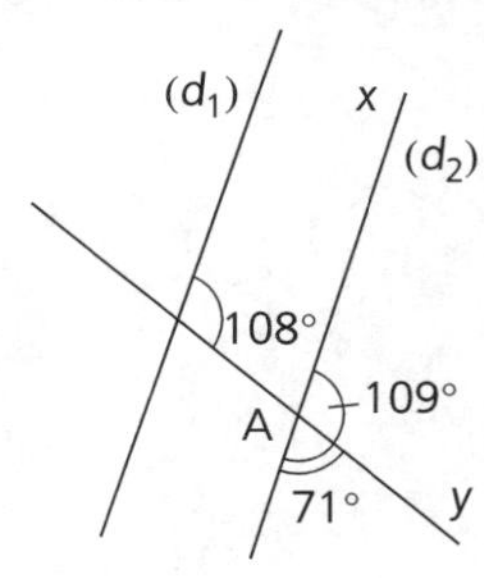

$\widehat{xAy}=180°-71°=109°$.

Les angles correspondants ne sont pas égaux donc les droites (d_1) et (d_2) ne sont pas parallèle.

19. $\widehat{nAy}=90°-48°=42°$.

$\widehat{nAy}=\widehat{ABu}=42°$.

Les droites (mn) et (uv) coupées par la sécante (xy) forment deux angles alternes-internes de même mesure donc elles sont parallèles.

20. BDC qui a deux côtés de même longueur est isocèle donc $\widehat{BDC}=\widehat{BCD}=67°$.

$\widehat{BDC}=\widehat{AED}=67°$, (AE) et (BD) qui déterminent des angles correspondants de même mesure sont parallèles.

$\widehat{ABD}=\widehat{BDC}=67°$, (AB) et (ED) qui déterminent des angles alternes-internes de même mesure sont parallèles.

ABDC qui a ses côtés parallèles 2 à 2 est donc un parallélogramme.

21. a. $\widehat{BAD}=180°-90°=90°$

$\widehat{BAE}=\frac{1}{2}\times\widehat{BAD}=\frac{1}{2}\times 90°=45°$.

b. $\widehat{EAB}=\widehat{ABC}=45°$, les droites (AE) et (BC) qui déterminent des angles alternes-internes de même mesure sont parallèles.

22. a.

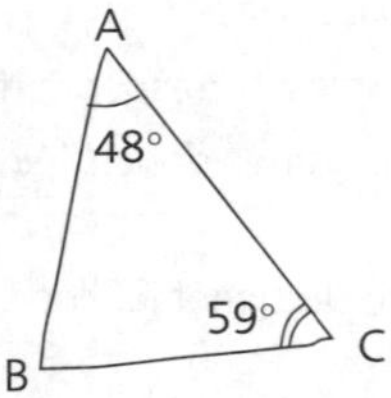

b. La somme des angles d'un triangle est 180° donc $\widehat{ABC} = 180° - (48° + 59°)$

$\widehat{ABC} = 73°$.

23. $\widehat{DEF} = 180° - 36° - 129°$

$\widehat{DEF} = 15°$.

24. $\widehat{FEG} = 180° - 50° - 65° = 65°$.

$\widehat{FEG} = \widehat{EGF} = 65°$ donc EFG est isocèle en F.

25. 1er cas : RST est isocèle en S.

$\widehat{SRT}$ et $\widehat{STR}$ sont de même mesure.

$\widehat{SRT} + \widehat{STR} = 180° - 52° = 128°$,

$\widehat{SRT} = \widehat{STR} = \frac{1}{2} \times 128° = 64°$.

2e cas : RST est isocèle en R.

$\widehat{RST} = \widehat{RTS} = 52°$ et $\widehat{SRT} = 180° - 2 \times 52°$

$\widehat{SRT} = 76°$.

3e cas : RST est isocèle en T.

$\widehat{RST} = \widehat{TRS} = 52°$ et $\widehat{STR} = 180° - 2 \times 52°$

$\widehat{STR} = 76°$.

26. a.

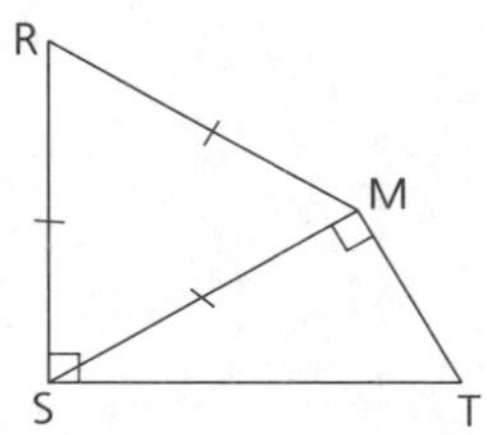

b. $\widehat{RST} = 90°$ car le triangle RST est rectangle en S.

$\widehat{RSM} = 60°$ car le triangle RSM est équilatéral donc $\widehat{MST} = 90° - 60° = 30°$. Dans le triangle SMT rectangle en M, les angles aigus sont complémentaires donc

$\widehat{STM} = 90° - 30° = 60°$.

c. $\widehat{RST} + \widehat{STM} + \widehat{TMR} + \widehat{MRS} = 90° + 60° + 90° + 60° + 60° = 360°$.

27. $\widehat{LKM} = 37°$.

$\widehat{KML} = 53°$.

$\widehat{KLM} = 180° - 37° - 53° = 90°$.

Les droites (KL) et (ML) sont perpendiculaires.

28. a.

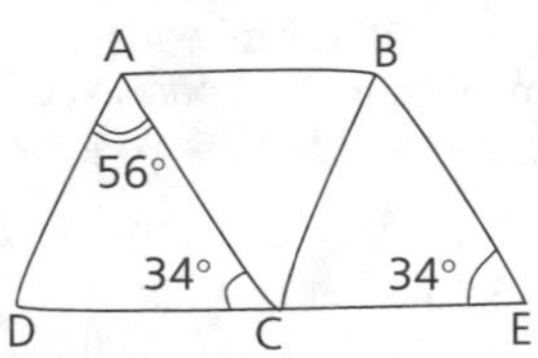

b. $\widehat{ACD} = \widehat{BEC} = 34°$ ce sont deux angles correspondants déterminés par les côtés [AC] et [BE] opposés et parallèles du parallélogramme ABEC.

$\widehat{DAC} = \widehat{ACB} = 56°$, ce sont deux angles alternes-internes déterminés par les côtés [AD] et [BC] du parallélogramme ABCD qui sont parallèles.

$\widehat{BCD} = \widehat{BCA} + \widehat{ACD} = 56° + 34° = 90°$.

Le parallélogramme ABCD qui a un angle droit est donc un rectangle.

29. [CM) est la bissectrice de $\widehat{ACB}$ donc :

$\widehat{ACM} = \widehat{MCB} = \frac{1}{2} \times 85° = 42{,}5°$.

Dans le triangle BMC, $\widehat{BMC} = 180° - 37° - 42{,}5°$,

$\widehat{BMC} = 100{,}5°$.

$M \in [AB]$ donc $\widehat{AMB} = 180°$,

$\widehat{AMC} = 180° - 100{,}5°$,

$\widehat{AMC} = 79{,}5$.

30. a. La gentiane avec ses feuilles opposées ne doit pas être confondue avec le verâtre toxique aux feuilles alternes.

b. Nous avons choisi des sports correspondant à nos goûts.

c. Habitant très loin du lycée, ils sont internes.

d. Les deux frères travaillent dans des bureaux adjacents.

31. a. 30°. **b.** 47°. **c.** 32°. **d.** 63°. **e.** 24°.

32. a. 70°. **b.** 124°. **c.** 57°. **d.** 88°. **e.** 135°.

33. $\widehat{a} = 52°$, $\widehat{b} = 128°$, $\widehat{c} = 52°$, $\widehat{e} = 47°$, $\widehat{f} = 133°$,

34. a. 80°. **b.** 50°. **c.** 90°.

35. $\widehat{BCD} = 180° - 2 \times 35°$

$\widehat{BCD} = 110°$.

$\widehat{ACB} = 180° - 110° = 70°$

ACB est isocèle en B.

36. $\widehat{ACB} = 90° - 35° = 55°$

$\widehat{BAM} = 90° - 24° = 66°$

$\widehat{AMC} = 180° - 24° - 55° = 101°$

$\widehat{AMB} = 180° - 35° - 66° = 79°$

$\widehat{BMC} = 79° + 101° = 180°$ donc B, M et C sont alignés.

Faire le point

37. b. **38.** a. **39.** b.

40. a. **41.** b. **42.** a.

43. b. **44.** c. **45.** c.

Exercices de consolidation

46.

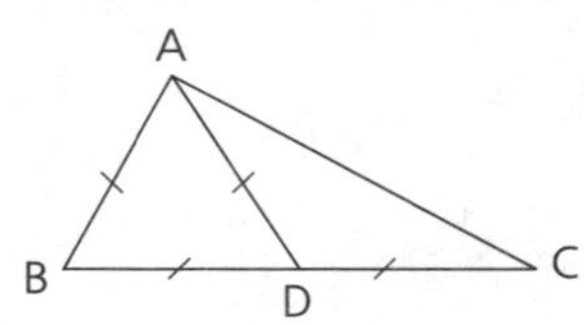

ABD est équilatéral donc $\widehat{ABD} = \widehat{ADB} = 60°$, ADC est isocèle avec $\widehat{ADC} = 180° - 60° = 120°$

$\widehat{DAC} = \widehat{DCA} = \frac{1}{2} \times (180° - 120°) = 30°$.

$\widehat{BAC} = 60° + 30° = 90°$ donc ABC est rectangle en A.

47. Si (*xy*) est parallèle à (BC) alors $\widehat{AMN} = \widehat{ABC}$ comme angles correspondants et $\widehat{AMN} = 54°$.

Dans AMN, $\widehat{ANM} = 180° - 54° - 53°$,

$\widehat{ANM} = 73°$.

$\widehat{MNC} = 180° - \widehat{ANM} = 180° - 73° = 107°$

48. On calcule d'abord : $\widehat{MCB} = 90° - 50° = 40°$.
- Tracer la demi-droite [Cx) telle que $\widehat{BCx} = 40°$.
- Noter M son point d'intersection avec [AB].
- Tracer la demi-droite [My) telle que $\widehat{AMy} = 40°$.

50. Dans le triangle MPH rectangle en H les angles $\widehat{HMP}$ et $\widehat{MPH}$ sont complémentaires donc :

$\widehat{MPH} = 90° - 25° = 65°$;

$\widehat{MIN} = 180° - \widehat{NIP} = 180° - 110° = 70°$.

Dans le triangle PIN, $\widehat{PNI} = 180° - 65° - 110° = 5°$.

D'après le codage $\widehat{PNI} = \widehat{INM} = 5°$.

Dans le triangle HON rectangle en H :

$\widehat{NOH} = 90° - 5° = 85°$

$\widehat{MOI} = \widehat{NOH} = 85°$, opposés par le sommet.

$\widehat{NOM} = 180° - 85 = 95°$.

$\widehat{HOI} = 95° = \widehat{NOM}$, opposés par le sommet.

Dans le triangle MOH, $\widehat{NMO} = 180° - 5° - 95° = 80°$.

51. a. Dans le triangle ABC, AB = BC donc il est isocèle et $\widehat{BAC} = \widehat{ABC} = 35°$.

$\widehat{ABC} = 180° - 2 \times 35° = 110°$.

Dans le triangle BCD, CB = CD donc il est isocèle et $\widehat{CBD} = \widehat{CDB}$.

$\widehat{CBD} = \widehat{CDB} = \frac{1}{2}(180° - 40°) = \frac{1}{2} \times 140° = 70°$.

$\widehat{ABD} = \widehat{ABC} + \widehat{CBD} = 110° + 70° = 180°$

donc A, B et D sont alignés.

b. Dans le triangle CDE, CD = CE donc il est isocèle et $\widehat{CDE} = \widehat{CED} = 37°$

$\widehat{DCE} = 180° - 2 \times 37° = 106°$

$\widehat{ACE} = \widehat{ACB} + \widehat{BCD} + \widehat{DCE}$

$\widehat{ACE} = 35° + 40° + 106° = 181°$

$\widehat{ACE} \neq 180°$ donc A, C, et E ne sont pas alignés.

■ Exercices d'approfondissement

52. a. Avec AB = AC, on peut en déduire que le triangle ABC est isocèle en A, donc $\widehat{ABC} = \widehat{ACB}$.

b. Avec CE = CD, on peut en déduire que le triangle CDE est isocèle en C, donc $\widehat{CED} = \widehat{CDE}$.

c. Avec $\widehat{ABC} = \widehat{CDE}$ on peut déduire que les quatre angles $\widehat{ABC}$, $\widehat{ACB}$, $\widehat{CED}$ et $\widehat{CDE}$ sont tous égaux entre eux.

d. En particulier, $\widehat{DEC} = \widehat{ECB}$.

Ces deux angles sont alternes-internes. Comme ils ont même mesure, les droites (ED) et (BC) qui les déterminent sont parallèles donc : (ED) // (BC).

e. $\widehat{EDC} = \widehat{BCx}$, ces 2 angles correspondants sont déterminés par les parallèles (ED) et (BC). On a établi au **c.** que $\widehat{ABC} = \widehat{EDC}$.

$\widehat{ABC}$ et $\widehat{BCx}$ tous deux égaux à $\widehat{EDC}$ sont donc égaux entre eux $\widehat{AEC} = \widehat{BCx}$, ces deux angles sont alternes-internes avec (AB) et (CD), comme ils sont égaux elles sont parallèles.

53. a. Si un quadrilatère a ses côtés opposés parallèles deux à deux alors c'est un parallélogramme.

b. $\widehat{xMN} = \widehat{xSR} = 79°$.

(MN) et (SR) déterminent deux angles correspondants égaux donc elles sont parallèles.

c. $\widehat{SRy} = 180° - 101° = 79°$.

(MS) et (NR) déterminent deux angles alternes-internes de même mesure donc elles sont parallèles.

d. (MN) // (SR) et (MS) // (NR).

MNRS dont les côtés opposés sont parallèles deux à deux est donc un parallélogramme.

54. 1. a. $\widehat{xAB} = 2 \times 18° = 36°$.

$\widehat{ABy'} = \widehat{xAB} = 36°$ comme angles alternes-internes déterminés par des parallèles $\widehat{ABy} = 180° - 36° = 144°$.

$\widehat{b} = \frac{1}{2} \times 144° = 72°$.

$\widehat{a} + \widehat{b} = 18° + 72° = 90°$.

b. $\widehat{xAB} = 2 \times 26° = 52°$.

$\widehat{ABy'} = \widehat{xAB} = 52°$.

$\widehat{ABy} = 180° - 52° = 128°$.

$\widehat{b} = \frac{1}{2} \times 128° = 64°$.

$\widehat{a} + \widehat{b} = 26° + 64° = 90°$.

c. $\widehat{xAB} = 2 \times 40° = 80°$.

$\widehat{ABy'} = \widehat{xAB} = 80°$.

$\widehat{ABy} = 180° - 80° = 100°$.

$\widehat{b} = \frac{1}{2} \times 100° = 50°$.

$\widehat{a} + \widehat{b} = 40° + 50° = 90°$.

On peut conjecturer que $\widehat{a}$ et $\widehat{b}$ sont complémentaires.

2. a. $\widehat{ABy'} = \widehat{xAB} = 2 \times \widehat{a}$

$\widehat{ABy} + \widehat{ABy'} = 180°$

$2\widehat{b} + 2\widehat{a} = 180°$

donc $\widehat{a} + \widehat{b} = 90°$.

Quelle que soit la mesure donnée à $\widehat{a}$, les angles $\widehat{a}$ et $\widehat{b}$ sont toujours complémentaires.

55. OA = OC = AC donc, le triangle AOC est équilatéral.

Donc $\widehat{AOC} = 60°$ de même $\widehat{COD} = 60°$

et aussi $\widehat{DOA'} = 60$. Donc $\widehat{AOA'} = 3 \times 60° = 180°$.

A, O et A' sont alignés.

De plus AO = OA', donc O est le milieu du segment [AA'], A' est bien le symétrique de A par rapport à O.

56. a.

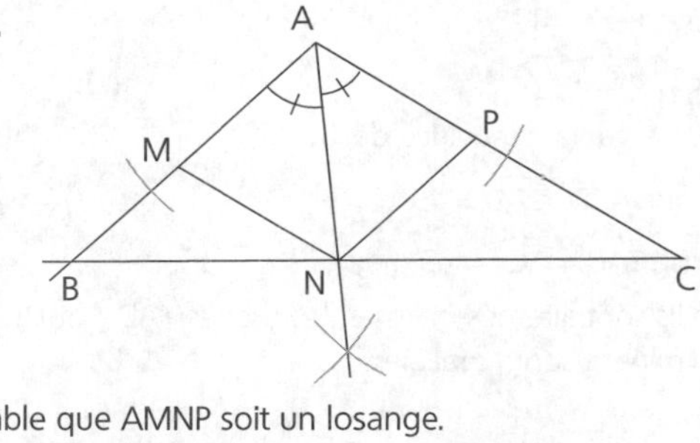

Il semble que AMNP soit un losange.

b. $\widehat{PAN} = \widehat{ANM}$, angles alternes-internes avec les côtés parallèles [AP] et [MN] du parallélogramme AMNP.

$\widehat{MAN}$ et $\widehat{MNA}$ tous deux égaux à $\widehat{PAN}$ sont égaux entre eux.

c. $\widehat{MAN} = \widehat{MNA}$ donc le triangle AMN est isocèle en M, on en déduit que $MA = MN$.
AMNP, parallélogramme avec deux côtés consécutifs de même longueur est donc un losange.

57. Placer un point A quelconque sur $[Oy)$.
Par A, tracer la parallèle $[Az)$ à $[Ox)$.

Mesurer $\widehat{zAy}$.

$\widehat{zAy} = \widehat{xOy}$, angles correspondants déterminés par des droites parallèles.

58. a.

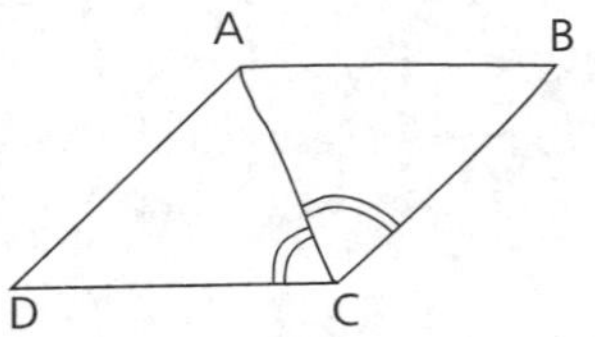

b. $\widehat{ACD} = \widehat{CAB}$, angles alternes-internes avec les côtés parallèles $[DC]$ et $[AB]$ du parallélogramme.

$\widehat{ACD} = \widehat{ACB}$ puisque $[CA)$ est la bissectrice de $\widehat{BCD}$.

$\widehat{BAC}$ et $\widehat{BCA}$ tous deux égaux à $\widehat{ACD}$ sont égaux entre eux donc ABC est isocèle en B et on a $BA = BC$.
Le parallélogramme ABCD qui a deux côtés consécutifs de même longueur est un losange.

59. a.

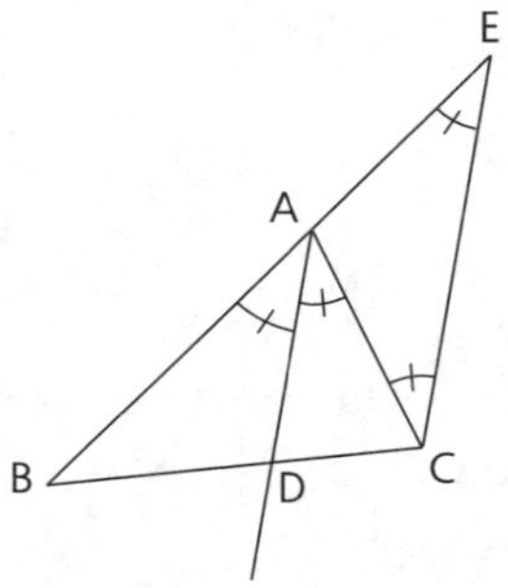

b. $\widehat{BAD} = \widehat{DAC}$ car $[AD)$ est la bissectrice de $\widehat{BAC}$

$\widehat{BAD} = \widehat{BEC}$ car ce sont des angles correspondants avec les parallèles (AD) et (CE).

$\widehat{ACE} = \widehat{CAD}$ car ce sont deux angles alternes-internes avec les parallèles (AD) et (CE).

Ces égalités permettent d'en déduire $\widehat{AEC} = \widehat{ACE}$.
Le triangle ACE est donc isocèle en A.

60. a. Dans un triangle rectangle isocèle, les deux angles aigus mesurent 45°.

Dans ABC, $\widehat{BCA} = 45°$

dans ACD, $\widehat{ACD} = 45°$

donc $[CA)$ est la bissectrice de $\widehat{BCD}$.

b. Dans ACD, $\widehat{CAD} = 45°$.

On a ainsi $\widehat{CAD} = \widehat{ACB} = 45°$.

Comme ils sont alternes-internes, les droites (AD) et (BC) qui les déterminent sont parallèles.

61. 1. a.

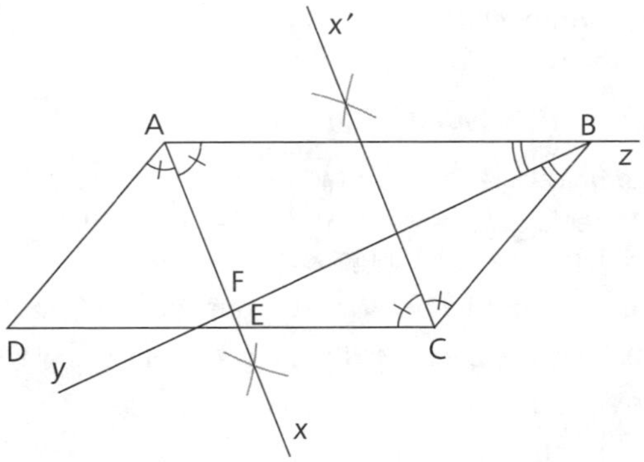

b. Les deux bissectrices semblent parallèles.
$[Ax)$ coupe $[DC]$ en E.

$\widehat{BAE} = \widehat{AED}$ comme angles alternes-internes avec les côtés $[AB]$ et $[DC]$ parallèles de ABCD.

$\widehat{BAE} = \frac{1}{2}\widehat{BAD}$ et $\widehat{DCx'} = \frac{1}{2}\widehat{BCD}$ or $\widehat{BAD} = \widehat{BCD}$ comme angles opposés de ABCD donc $\widehat{BAE} = \widehat{x'CD}$

on sait aussi que $\widehat{BAE} = \widehat{AED}$. ce qui prouve que $\widehat{AED} = \widehat{x'CD}$
$[Ax)$ et $[Cx')$ déterminent des angles correspondants de même mesure avec la sécante (DC), elles sont donc parallèles.

2. b. $[Ax)$ et $[By)$ semblent perpendiculaires.
$\widehat{CBz} = \widehat{DAB}$ angles correspondants avec les parallèles $[AD]$ et $[BC)$.

$\widehat{ABC} + \widehat{CBz} = 180°$

donc $\widehat{DAB} + \widehat{ABC} = 180°$

$\frac{1}{2}\widehat{DAB} + \frac{1}{2}\widehat{ABC} = \frac{1}{2} \times 180° = 90°$

$\widehat{BAx} + \widehat{ABy} = 90°$
$[Ax)$ et $[By)$ se coupent en F. Dans ABF,
$\widehat{AFB} = 180° - 90° = 90°$.

Donc les bissectrices $[Ax)$ et $[By)$ sont perpendiculaires.

62. DEC est équilatéral donc $\widehat{DEC} = \widehat{EDC} = \widehat{DCE} = 60°$

$\widehat{ADE} = 90° - 60° = 30°$

$AD = DE$ donc ADE est isocèle en D.

$\widehat{DAE} = \widehat{DEA}$ et $DAE + DEA = 180° - 30° = 150°$ donc

$\widehat{DEA} = \frac{1}{2} \times 150° = 75°$.

Par symétrie, $\widehat{ECB} = 30°$

BCF est équilatéral, donc $\widehat{BCF} = 60°$.

$\widehat{ECF} = 30° + 60° = 90°$ et de plus $CE = CF$.

Ce qui fait que ECF est rectangle isocèle donc $\widehat{CEF} = 45$.

$\widehat{AED} + \widehat{DEC} + \widehat{CEF} = 75° + 60° + 45° = 180°$.

Donc A, E et F sont alignés.

63.

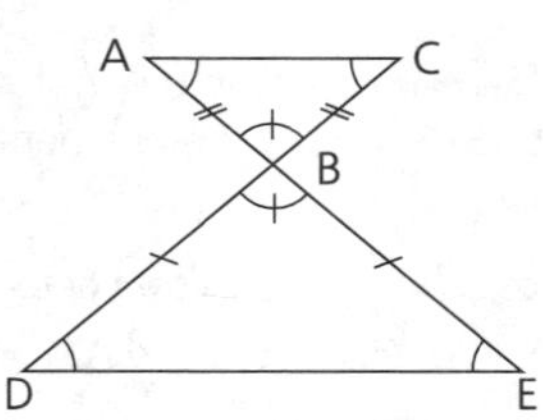

$BA = BC$ donc ABC est isocèle et donc $\widehat{BAC} = \widehat{BCA} = \widehat{a}$

$\widehat{ABC} = 180° - 2\widehat{a}$.

$\widehat{DBC} = \widehat{ABC} = 180° - 2\widehat{a}$, angles opposés par le sommet.

$DB = BE$ donc DBE est isocèle en B et donc $\widehat{BDE} = \widehat{BED}$

$\widehat{BDE} - \widehat{BED} = 180° - (180° - 2\widehat{a})$

$= 2\widehat{a}$

donc $\widehat{BDE} = \widehat{BED} = \widehat{a}$, on a enfin $\widehat{BAC} = \widehat{BED} = \widehat{a}$, or ces angles sont alternes-internes et comme ils sont égaux on peut en déduire : $(AB) /\!/ (DE)$.

La table à repasser reste donc horizontale à condition bien sûr qu'elle soit posée sur un sol horizontal !

64. a. $(EF) /\!/ (IC)$ et $(FC) /\!/ (EI)$
donc EFCI est un parallélogramme, on en déduit que ses côtés opposés ont la même longueur donc $FC = EI$.
Or on a $EA = CF$ donc $EA = EI$ et AEI est isocèle en E.
On en déduit que $\widehat{EAI} = \widehat{AIE}$.

$\widehat{AIE} = \widehat{IAF}$, angles alternes-internes avec (EI) et (AC) qui sont parallèles.
$\widehat{EAI}$ et $\widehat{IAF}$ tous deux égaux à $\widehat{EIA}$ sont égaux entre eux donc [AI) est la bissectrice de $\widehat{BAC}$.

b. Construire la bissectrice [Ax) de $\widehat{BAC}$ du triangle ABC.
Elle coupe en I le côté [BC].
Par I, construire la parallèle à (AC) qui coupe en E le côté [AB].
Par E, tracer la parallèle à (BC) qui coupe le côté [AC] en F.

65. $\widehat{CBK} = \widehat{LKB}$ car $(LM) /\!/ (BC)$.
$\widehat{LBK} = \widehat{KBC}$ car [BK) est la bissectrice de $\widehat{ABC}$
donc $\widehat{LBK} = \widehat{LKB}$ et LBK est isocèle en L donc $LB = LK$.
$\widehat{BCK} = \widehat{CKM}$ car $(LM) /\!/ (BC)$
$\widehat{BCK} = \widehat{KCM}$ car [CK) et la bissectrice de $\widehat{ACB}$ donc
$\widehat{CKM} = \widehat{KCM}$ et MCK est isocèle en M donc $MK = MC$.
$LM = LK + KM$ donc $LM = LB + MC$.

66. 1. $(x + 10) + x + (x - 10) = 180°$

$x + 10 + x + x - 10 = 180°$

$3x = 180°$

$x = 60°$.

$\widehat{B} = 60° - 10° = 50°$.

$\widehat{C} = 60° + 10° = 70°$.

2. a. $3x + x = 90°$

$4x = 90°$

$x = 22{,}5°$.

$3x = 67{,}5°$.

b. $AB = AC$ donc $\widehat{B} = \widehat{C} = 2x$.

$2x + 2x + x = 180°$

$5x = 180°$

$x = 36°$.

$\widehat{B} = \widehat{C} = 2 \times 36 = 72°$.

c. $AB = AC$ donc $\widehat{B} = \widehat{C}$

$x + 2(x + 15°) = 180°$

$x + 2x + 30 = 180°$

$3x = 150°$

$x = 50°$.

$\widehat{B} = \widehat{C} = 50° \times 15° = 65°$.

67. Faux, par exemple, les 2 angles supplémentaires 120° et 60° ne sont pas tous les deux obtus.

68. Faux, car $73° + 43° + 74° = 190°$.

69. Faux.
L'angle droit mesure 90°, il ne reste que 90° pour 2 angles.

70. Vrai.
Un triangle isocèle a ses 2 angles à la base égaux et leur somme doit être inférieure à 180° ce qui ne serait pas le cas s'ils étaient obtus.

71. Faux, exemple le triangle dont les angles sont 20°, 80° et 80°.

72. Faux, exemple

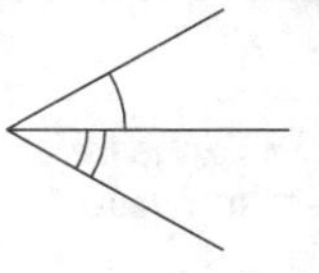

73. Faux, exemple

74. 52,5°.

75. $\widehat{DEF} = 30°$, $\widehat{DFG} = 70°$ et $\widehat{FDE} = 80°$.

■ Jeu

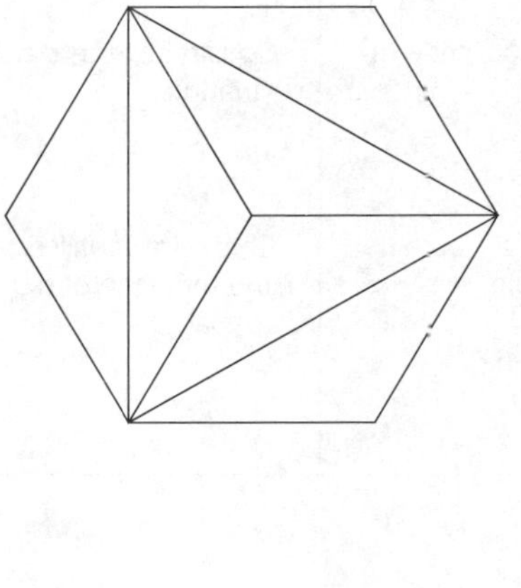

CHAPITRE 10

Triangles : constructions

1. Programme de 5e : partie traitée dans ce chapitre

Les travaux de géométrie plane prennent toujours appui sur des figures dessinées, suivant les cas, à main levée, à l'aide des instruments de dessin et de mesure, ou dans un environnement informatique. Ils sont conduits en liaison étroite avec l'étude des autres rubriques. Les diverses activités de géométrie habituent les élèves à expérimenter et à conjecturer, et permettent progressivement de s'entraîner à des justifications au moyen de courtes séquences déductives mettant en œuvre les outils du programme et ceux déjà acquis en classe de sixième. Les élèves sont ainsi initiés à ce qu'est l'activité mathématique en géométrie, tout en veillant à ne pas leur demander de prouver des propriétés perçues comme évidentes. Certaines propriétés admises permettent d'en générer d'autres qui, elles, peuvent être démontrées par les élèves avec l'aide de l'enseignant ou, en quelques occasions, par l'enseignant devant la classe. Chaque propriété caractéristique fait l'objet de deux énoncés (propriété directe et propriété réciproque).

Contenus	Compétences	Exemples d'activités, commentaires
3.1. Figures planes		
Construction de triangles et inégalité triangulaire	– Connaître et utiliser l'inégalité triangulaire. – Construire un triangle connaissant : – la longueur d'un côté et les deux angles qui lui sont adjacents, – les longueurs de deux côtés et l'angle compris entre ces deux côtés, – les longueurs des trois côtés. – Sur papier uni, reproduire un angle au compas.	Dans chaque cas où la construction est possible, les élèves sont invités à remarquer que lorsqu'un côté est tracé, on peut construire plusieurs triangles, deux à deux symétriques par rapport à ce côté, à sa médiatrice et à son milieu. L'inégalité triangulaire est mise en évidence à cette occasion et son énoncé est admis : $AB + BC \geqslant AC$. Le cas de l'égalité $AB + BC = AC$ est reconnu comme caractéristique de l'appartenance du point B au segment [AC]. Ces constructions permettent un premier contact (implicite) avec les trois cas d'isométrie des triangles (théorèmes rencontrés en classe de seconde).
Cercle circonscrit à un triangle	– Construire le cercle circonscrit à un triangle.	La caractérisation de la médiatrice d'un segment à l'aide de l'équidistance a déjà été rencontrée en classe de sixième. Elle permet de démontrer que les trois médiatrices d'un triangle sont concourantes et justifie la construction du cercle circonscrit à un triangle.
Médianes et hauteurs d'un triangle	– Connaître et utiliser la définition d'une médiane et d'une hauteur d'un triangle.	Ces notions sont à relier au travail sur l'aire d'un triangle (*cf.* § 4.3). Des activités de construction ou l'usage d'un logiciel de géométrie permettent de mettre en évidence les propriétés de concours des médianes et des hauteurs d'un triangle. La démonstration de ces propriétés n'est pas envisageable en classe de cinquième, mais possible en classe de quatrième.

2. Avant et après

a. Classe de 6e

Contenus	Compétences	Exemples d'activités, commentaires
3.1. Figures planes, médiatrice, bissectrice		
Propriétés des triangles usuels	– Connaître les propriétés relatives aux côtés et aux angles des triangles suivants : triangle isocèle, triangle équilatéral, triangle rectangle.	
Reproduction, construction de figures usuelles	– Utiliser ces propriétés pour reproduire ou construire ces figures.	Les procédés utilisés pour la reproduction ou la construction dépendent des indications fournies à l'élève et des instruments disponibles. Pour les figures suivantes : … triangle isocèle, triangle équilatéral, leur construction à la règle graduée et au compas est un objectif de la classe de sixième (dans la mesure où la construction ne fait pas intervenir le parallélisme).
Médiatrice d'un segment	– Connaître et utiliser la définition de la médiatrice ainsi que la caractérisation de ses points par la propriété d'équidistance. – Utiliser différentes méthodes pour tracer : – la médiatrice d'un segment.	
Cercle	– Caractériser les points du cercle par le fait que : – tout point qui appartient au cercle est à une même distance du centre ; – tout point situé à cette distance du centre appartient au cercle. – Construire, à la règle et au compas, un triangle connaissant les longueurs de ses côtés.	Cette compétence a été travaillée au cycle 3 (chercher à localiser des points dont les distances respectives à deux points donnés sont connues), sans y être exigible.

b. Classe de 4e

Contenus	Compétences	Exemples d'activités, commentaires
3.1. Figures planes		
Triangles : milieux et parallèles	– Connaître et utiliser les théorèmes suivants relatifs aux milieux de deux côtés d'un triangle. Dans un triangle, si une droite passe par les milieux de deux côtés, elle est parallèle au troisième côté. Dans un triangle, si une droite passe par le milieu d'un côté et est parallèle à un second côté, elle coupe le troisième côté en son milieu. Dans un triangle, la longueur du segment joignant les milieux de deux côtés est égale à la moitié de celle du troisième côté.	Ces théorèmes peuvent être démontrés en utilisant la symétrie centrale et les propriétés caractéristiques du parallélogramme ou les aires.

Triangles déterminés par deux parallèles coupant deux sécantes	– Connaître et utiliser la proportionnalité des longueurs pour les côtés des deux triangles déterminés par deux parallèles coupant deux sécantes : Dans un triangle ABC, où M est un point du côté [AB] et N un point du côté [AC], si (MN) est parallèle à (BC), alors $\frac{AM}{AB} = \frac{AN}{AC} = \frac{MN}{BC}$.	L'égalité des trois rapports est admise après avoir été étudiée dans des cas particuliers de rapport. Elle s'étend au cas où M et N sont respectivement sur les demi-droites [AB) et [AC). Le cas où les points M et B sont de part et d'autre de A n'est pas étudié. Le théorème de Thalès dans toute sa généralité et sa réciproque seront étudiés en classe de troisième.
Triangle rectangle : théorème de Pythagore et sa réciproque	– Caractériser le triangle rectangle par le théorème de Pythagore et sa réciproque. – Calculer la longueur d'un côté d'un triangle rectangle à partir de celle des deux autres.	
Triangle rectangle : cercle circonscrit	– Caractériser le triangle rectangle par son inscription dans un demi-cercle dont le diamètre est un côté du triangle. – Caractériser les points d'un cercle de diamètre donné par la propriété de l'angle droit.	Le cas où le demi-cercle n'est pas apparent est étudié. La propriété : « Dans un triangle rectangle, la médiane relative à l'hypoténuse a pour longueur la moitié de celle de l'hypoténuse », ainsi que sa réciproque sont mises en place.
Distance d'un point à une droite	– Savoir que le point d'une droite le plus proche d'un point donné est le pied de la perpendiculaire menée d'un point à la droite.	L'inégalité triangulaire et la symétrie axiale, vues auparavant, permettent de démontrer le résultat relatif à la distance d'un point à une droite, lequel peut aussi être relié au théorème de Pythagore.
Tangente à un cercle	– Construire la tangente à un cercle en l'un de ses points.	
Bissectrices et cercle inscrit	– Caractériser les points de la bissectrice d'un angle donné par la propriété d'équidistance aux deux côtés de l'angle. – Construire le cercle inscrit dans un triangle.	Cette caractérisation permet de démontrer que les trois bissectrices d'un triangle sont concourantes et justifie la construction du cercle inscrit. L'analogie est faite avec le résultat concernant les médiatrices des trois côtés du triangle vu en classe de cinquième.

3. Fiches pédagogiques des activités

Sciences en construction

■ Un peu d'histoire

On a l'habitude de situer la naissance des mathématiques vers −300 en Grèce antique à l'époque de la rédaction des « *Éléments* » d'Euclide.

Ils furent cependant précédés d'autres documents mathématiques comme par exemple en Égypte antique avec le papyrus Rhind (vers −1 900 environ), en Mésopotamie avec des tablettes en écriture cunéiforme (première moitié du deuxième millénaire avant notre ère).

Ces documents pré-euclidiens sont basés sur des évidences non justifiées. Chez Euclide au contraire rien n'est spontanément évident : le mathématicien ne se contente plus de manipulations de nombres ou de figures, mais il cherche à les justifier au moyen d'éléments fondateurs. Ainsi Euclide commence son traité par des **définitions** (point, ligne, surface, angle, cercle, triangle…) suivies de **demandes** ou postulats (on peut mener une ligne droite de tout point à tout autre point…) suivies de **notions communes** ou axiomes (les grandeurs égales à une même grandeur sont égales entre elles…).

Les ***Éléments*** d'Euclide comportent treize livres :
– les livres I à IV traitent de géométrie plane ;
– les livres V à X font intervenir les proportions ;
– les livres XI à XII traitent de géométrie dans l'espace.

Le texte proposé est l'énoncé qu'Euclide démontre dans la proposition IV du premier livre des *Éléments*.

■ Durée : 10 min environ

■ Déroulement

Une première lecture est faite individuellement, puis le texte est analysé et expliqué pas à pas avec l'ensemble de la classe.

On peut imaginer un travail avec l'aide d'un rétroprojecteur :
– un premier triangle est projeté ;
– un deuxième triangle est construit sur un autre transparent par superposition successive avec le premier triangle d'un côté, d'un angle adjacent à ce côté, puis de l'autre côté de l'angle.

On constate alors la superposition des deux triangles et la conclusion de la proposition est vérifiée.

■ Synthèse

Chaque élève essaie de rédiger le texte proposé avec le vocabulaire actuel. Une formulation commune peut être donnée finalement par le professeur.

1 Avec certaines informations

■ Choix de la situation

Par les constructions demandées, on veut montrer que la connaissance de deux côtés ou de deux angles ne suffit pas pour obtenir un triangle avec précision, mais qu'il faut ajouter une troisième donnée :
- deux côtés et le troisième côté ;
- deux côtés et l'angle qu'ils déterminent ;
- deux angles et leur côté commun.

■ Durée : 30 min

■ Déroulement

La première partie de cette activité demande un travail individuel. Le professeur surveille le travail de chacun en apportant une aide personnelle en cas de besoin puisque l'utilisation du rapporteur peut être source de difficultés pour certains élèves.
La seconde partie de l'activité peut être l'occasion d'un travail oral. Dans le cas où les échanges ne seraient pas productifs, on peut imaginer le questionnaire suivant :
– Dans quel cas les triangles obtenus ne sont pas superposables ?
– À chaque fois, quelle donnée supplémentaire permet à tous d'obtenir des triangles superposables ?

■ Synthèse

Sur le cahier de leçons, on note les trois cas dans lesquels on peut construire un triangle (voir le paragraphe 1 du cours page 188), en illustrant chacun par la construction correspondante que le professeur effectue au tableau.

■ Prolongement possible

– On peut prolonger cette activité en montrant qu'on peut également construire un triangle si on connaît la longueur d'un côté et la mesure de deux angles (voir l'exercice résolu 1. page 190).
– On peut trouver sur le site compagnon trois imagiciels illustrant les 3 méthodes de constructions avec des données variables. Celui qui illustre la construction avec les longueurs des 3 côtés permet d'illustrer aussi l'activité 4.

2 Retrouver tous les triangles

■ Choix de la situation

Cette activité suggérée dans les commentaires du programme doit permettre de remarquer que lorsqu'un côté est tracé, on peut construire plusieurs triangles, deux à deux symétriques par rapport à ce côté, à sa médiatrice et à son milieu.

■ Durée : 15 à 20 min

■ Déroulement

a. Les constructions demandées peuvent être faites par chaque élève sur son cahier.
On peut aussi prévoir une construction collective au tableau par quatre élèves successifs.

b. Pour aider à répondre à la question posée, on peut utiliser le rétroprojecteur pour montrer sur des transparents préparés à l'avance (voir la rubrique « Matériel ») que deux par deux ces triangles se correspondent par une symétrie. On attend bien sûr que les élèves s'expriment avec précision pour donner le centre ou l'axe de la symétrie.

■ Synthèse

Sur le cahier de leçons,
– on peut noter :
Autour d'un même segment [AB], on peut construire quatre triangles superposables qui se correspondent deux à deux par une symétrie.
– et illustrer par une figure photocopiée à l'avance (voir la rubrique « Matériel ») que les élèves compléteront.

Matériel :
– Rétroprojecteur et les transparents suivants :

Symétrie par rapport à la droite (AB)

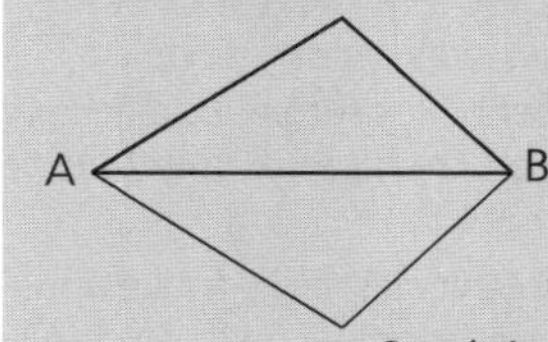

Symétrie par rapport au milieu I de [AB]

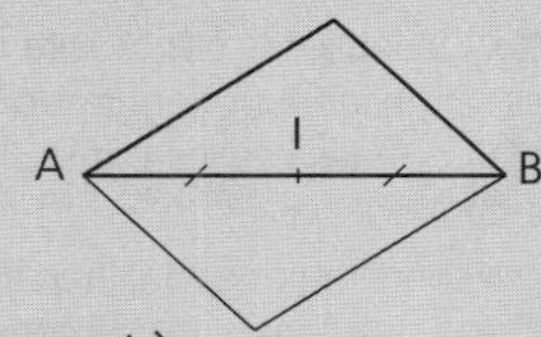

Symétrie par rapport à la médiatrice de [AB]

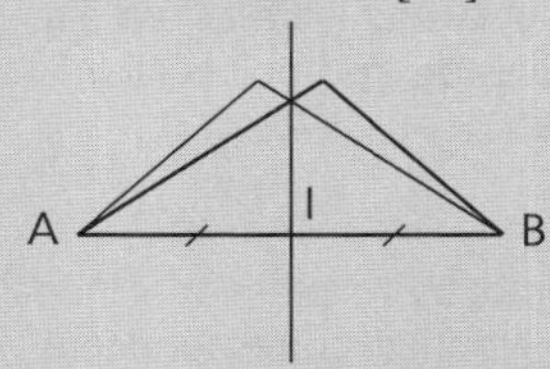

– Feuille à photocopier pour chaque élève.

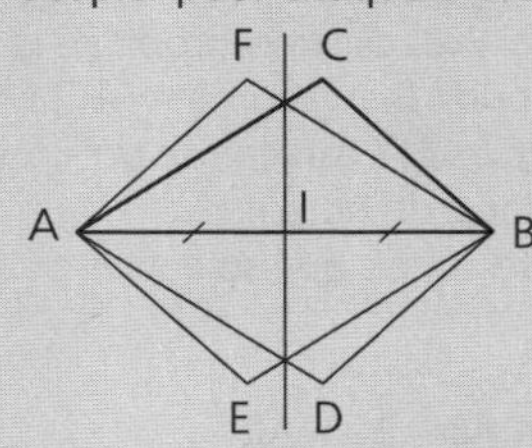

ABC et ABD sont ......
ABC et ABE sont ......
ABC et ABF sont ......

■ Prolongement possible

On retrouve cette activité dans les exercices 3 et 4 page 192.
On peut réinvestir ces symétries dans les exercices 14 et 15 page 193 dans lesquels on donne un côté et les deux angles qui lui sont adjacents.

3 D'autres informations

■ Choix de la situation

L'objectif de cette activité est de montrer que connaître la longueur de deux côtés d'un triangle et la mesure d'un angle autre que celui que ces côtés déterminent ne permet pas de construire un triangle avec précision.

■ Durée : environ 15 min

■ Déroulement

Les élèves travaillent individuellement pour construire leur triangle et comparent la figure obtenue avec celle de leurs voisins.
On peut espérer que les élèves n'auront pas tous la même figure. Dans ce cas une construction commune sur le tableau est indispensable.

■ Synthèse

En synthèse, on relira l'énoncé du cours :
« On peut construire un triangle quand on connaît la longueur de deux côtés et la mesure de **l'angle compris entre ces côtés** » en montrant qu'il est important de s'exprimer avec précision.

4 Triangle possible ou impossible ?

■ Choix de la situation

La question « Peut-on toujours construire un triangle dont les

côtés ont pour mesure trois nombres donnés ? » peut être posée en préambule dans la classe.
Pour y répondre on cherche à construire un triangle de périmètre donné.

■ Durée : 20 à 25 min

■ Déroulement

a. b. On laisse les élèves faire chacun leurs constructions.
Les réponses sont données oralement. Elles seront justifiées par le fait que les cercles construits se touchent, se coupent ou ne se coupent pas.

c. La condition que l'on cherche à obtenir n'est facile à faire apparaître que si l'on essaie de construire le triangle à partir du côté le plus long. Pour cela, une telle construction préparée sur transparent peut être utile et faciliter le travail oral attendu.
On distinguera le cas de trois points alignés et le cas de trois points non alignés.

■ Synthèse

En résumé, on introduira l'expression « inégalité triangulaire » et on énoncera la propriété correspondante.
On fera remarquer également que :
– l'égalité $AB + BC = AC$ est une propriété caractéristique de l'appartenance du point B au segment [AC] ;
– l'inégalité $AB + BC > AC$ caractérise trois points non alignés.
Sur le cahier de leçons, on note :
Inégalité triangulaire : quels que soient les points A, B, C, on a : $AB + BC \geqslant AC$.
En particulier :
• Si $B \in [AC]$, alors $AB + BC = AC$.
• Si $AB + BC = AC$, alors $B \in [AC]$.
Conséquence : Pour construire un triangle dont les côtés ont pour longueur trois nombres donnés, il faut que le plus grand soit inférieur à la somme des deux autres.

Matériel :
Rétroprojecteur et transparent avec les constructions de Maxime, Vanessa et Alicia faites à partir du côté le plus long.

▲ Test intermédiaire

À l'issue de cette première partie consacrée à la construction de triangles, on peut proposer le test suivant.
Durée : 30 min

Exercice 1
Construire un triangle ABC tel que :
$$BC = 6 \text{ cm}, \quad AB = 7 \text{ cm} \quad \text{et} \quad \widehat{ABC} = 55°.$$

Exercice 2
Dans chacun des cas suivants, construire si cela est possible les trois points E, F, G. À chaque fois justifier la construction.
a. $EF = 8$ cm, $FG = 4,5$ cm et $EG = 2,5$ cm.
b. $EF = 8,5$ cm, $FG = 5,2$ cm et $EG = 4,5$ cm.
c. $EF = 9$ cm, $FG = 5,3$ cm et $EG = 3,7$ cm.

Exercice 3
S, T, U sont trois points alignés dans cet ordre tels que :
$$TS = 6,5 \text{ cm} \quad \text{et} \quad US = 7,8 \text{ cm}.$$
Calculer TU.

5 Expérimentation

■ Choix de la situation

La médiatrice d'un segment étant déjà connue, il s'agit simplement de mettre en évidence par une construction, qu'il existe, un cercle qui passe par les trois sommets d'un triangle et dont le centre est le point commun aux médiatrices des trois côtés.

■ Durée : 20 min

■ Déroulement

Avant de commencer le travail demandé dans cette activité, on pourra rappeler à la classe entière la définition de la médiatrice d'un segment et demander à un élève de faire sa construction au tableau.
Ensuite chaque élève fait ses constructions sur son cahier et répond aux questions posées.
Après 15 min environ pendant lesquelles le professeur s'assure que chaque élève fait correctement les constructions demandées, un d'entre eux donne les réponses attendues.

■ Synthèse

Oralement, on peut dire qu'il semble que les médiatrices des trois côtés d'un triangle sont concourantes en un point qui est le centre d'un cercle passant par ses trois sommets.

6 Démonstration

■ Choix de la situation

Il s'agit ici de démontrer les résultats apparus dans l'activité précédente et pour cela une figure avec un triangle et les médiatrices de deux côtés sont données.

■ Durée : 15 à 20 min

■ Déroulement

Les réponses à la question **a.** peuvent être données oralement par les élèves et écrites au tableau par le professeur.
Pour la question **b.** les élèves devront expliciter le passage des égalités $OA = OB$ et $OA = OC$ à l'égalité $OB = OC$ ce qui permettra de justifier les réponses attendues.

■ Synthèse

Le professeur peut alors présenter avec le rétroprojecteur un schéma de la démonstration comme ci-dessous déjà complété ou à compléter en reprenant les réponses précédentes.

O appartenant à la médiatrice de [AB] → $OA = OB$
O appartenant à la médiatrice de [AC] → $OA = OC$
$OA = OB$ et $OA = OC$ → $OA = OB = OC$
$OA = OB = OC$ → O est le centre d'un cercle passant par A, B et C
$OA = OB = OC$ → O appartenant à la médiatrice de [BC]

Le professeur introduit alors le nom du cercle : « cercle circonscrit », et explique l'expression : « droites concourantes ».
Cette activité peut être aussi l'occasion de rédiger en français une démonstration.
Sur le cahier de leçons,
– on note :
Les médiatrices des trois côtés d'un triangle sont concourantes en un point qui est le centre d'un cercle passant par ses trois sommets. Ce cercle est appelé cercle circonscrit au triangle ;
– on illustre par une figure.

Matériel :
– Rétroprojecteur et transparent avec le schéma préparé complété ou à compléter.
– On peut trouver sur le site compagnon un imagiciel illustrant le concours des médiatrices d'un triangle avec la possibilité d'observer les positions qu'il peut prendre selon la forme du triangle.

7 Expérimentation

■ Choix de la situation

On propose ici de mettre en évidence que, dans un triangle donné, les trois hauteurs sont concourantes. Comme les commentaires du programme le soulignent, aucune démonstration du résultat n'est à effectuer en classe de cinquième.

■ Durée : 15 min environ

■ Déroulement

Avant tout travail personnel, un élève lit l'encadré Vocabulaire. On peut ensuite demander à l'ensemble des élèves : « Combien existe-t-il de hauteurs dans un triangle ? Lesquelles ? ».
Chaque élève procède alors seul aux constructions demandées et répond à la question posée. Le travail est vérifié individuellement et la réponse est énoncée par un élève : la droite (CH) est perpendiculaire à la droite (AB) donc elle est la troisième hauteur.

■ Synthèse

À la suite de cette activité, on peut noter qu'il semble que les trois hauteurs d'un triangle sont concourantes.

8 Avec un logiciel de géométrie

■ Choix de la situation

L'objectif de cette activité est de montrer que le constat réalisé dans l'activité précédente est vrai quel que soit le triangle.
– Cette activité n'est possible que si les élèves peuvent travailler dans une salle équipée d'ordinateurs.
– Si les élèves ne peuvent pas travailler sur ordinateur, on peut demander à chaque élève de construire un triangle quelconque et de reprendre les questions de l'activité précédente.

Travail sur ordinateur

■ Durée : 20 à 25 min environ

■ Déroulement

Les élèves travaillent seuls, le professeur répondant aux questions éventuelles et surveillant l'évolution du travail.
On signalera que pour créer une hauteur, on doit utiliser sa définition.
On interprétera la mesure de l'angle $\widehat{CKA}$:
$\widehat{CKA} = 90°$ donc $(CH) \perp (AB)$ donc (CH) est la troisième hauteur du triangle.

Travail sur feuille

■ Durée : 15 min environ

■ Déroulement

Les élèves travaillent seuls, le professeur surveillant l'évolution du travail.
Un bilan est alors fait oralement, pour affirmer que dans tous les cas la droite (CH) est la troisième hauteur du triangle.

■ Synthèse

Le professeur introduit alors le nom du point H : « orthocentre ».
On fera remarquer que le résultat obtenu n'a pas été démontré mais vérifié un grand nombre de fois et admis. On pourra préciser que la démonstration pourra être faite en classe de quatrième.
Sur le cahier de leçons,
– on note :
Une hauteur d'un triangle est une droite qui passe par un sommet et qui est perpendiculaire au côté opposé.
Les trois hauteurs d'un triangle sont concourantes en un point appelé l'orthocentre du triangle ;
– on illustre par une figure.

■ Prolongement possible

On peut prolonger cette activité par un problème ouvert :

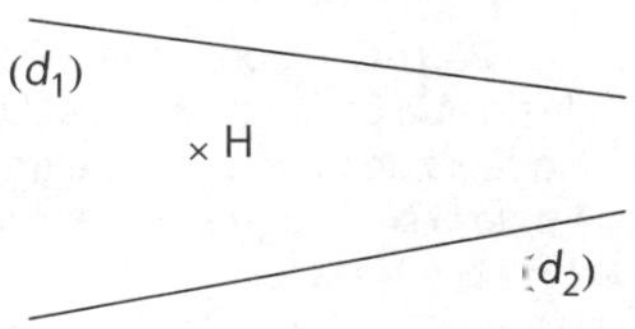

Les deux droites (d_1) et (d_2) se coupent en un point A. Reproduire cette figure et, sans sortir du cadre, tracer la droite (AH).
On peut si nécessaire ajouter en conseil : tracer les perpendiculaires à (d_1) et (d_2) passant par H.

9 Expérimentation

■ Choix de la situation

On propose de mettre en évidence que, dans un triangle donné, les trois médianes sont concourantes et que leur point d'intersection a une position particulière. Comme les commentaires du programme le soulignent, aucune démonstration du résultat ne sera effectuée.

■ Durée : 15 min environ

■ Déroulement

Avant tout travail personnel, un élève lit l'encadré Vocabulaire. On peut ensuite demander à l'ensemble des élèves : « Combien existe-t-il de médianes dans un triangle ? Lesquelles ? ».
– Pour les questions **a.**, **b.** et **c.** chaque élève procède seul aux constructions demandées et répond à la question posée.
Oralement, on pourra conclure que la droite (CG) passe par le milieu du segment [AB].
– Pour répondre à la question **d.** on peut suggérer de noter les longueurs trouvées dans un tableau comme celui-ci :

AG =	BG =	CG =
GA′ =	GB′ =	GC′ =

Ainsi, la remarque sera plus facile à mettre en évidence.
Ce tableau sera complété par les réponses d'un élève données oralement : on constatera qu'il s'agit d'un tableau de proportionnalité dont le coefficient est 2.

■ Synthèse

À la suite de cette activité, on peut noter qu'il semble que les trois médianes d'un triangle sont concourantes, et que le point G semble avoir une position particulière sur chaque médiane.

10 Avec un logiciel de géométrie

■ Choix de la situation

Comme précédemment, l'objectif de cette activité est de montrer que le constat réalisé dans l'activité précédente est vrai quel que soit le triangle.
– Cette activité n'est possible que si les élèves peuvent travailler dans une salle équipée d'ordinateurs.
– Si les élèves ne peuvent pas travailler sur ordinateur, on peut demander à chaque élève de construire un triangle quelconque et de reprendre les questions de l'activité précédente.

Travail sur ordinateur

■ Durée : 20 à 25 min environ

■ Déroulement

Les élèves travaillent seuls, le professeur répondant aux questions éventuelles en surveillant l'évolution du travail.

On signalera que pour créer une médiane, on doit utiliser sa définition.
On interprétera la mesure de l'angle $\widehat{CGC'}$:
$\widehat{CGC'} = 180°$ donc $G \in (CC')$ donc la troisième médiane du triangle passe par le point G commun aux deux autres médianes.
L'affichage des longueurs demandé doit mettre en évidence la position particulière de G sur chaque médiane, quel que soit le triangle construit.

Travail sur feuille

■ Durée : 15 min environ

■ Déroulement

Les élèves travaillent seuls, le professeur surveillant l'évolution du travail.
Un bilan est alors fait oralement, pour affirmer que dans tous les cas la droite (CG) est la troisième médiane du triangle. De plus, on constatera que dans tous les cas, on a :
$AG = 2 \times AG'$, $BG = 2 \times BG'$ et $CG = 2 \times CG'$.

■ Synthèse

Le professeur introduit alors le nom du point G : « centre de gravité ».
On peut aussi, en partant de l'égalité : $AG = 2 \times GA'$ établir l'égalité : $AG = \frac{2}{3}AA'$.

On fera remarquer que le résultat obtenu n'a pas été démontré mais vérifié un grand nombre de fois et admis. On pourra préciser que la démonstration pourra être faite en classe de quatrième.
Sur le cahier de leçons,
– on note :
Une médiane d'un triangle est une droite qui passe par un sommet et par le milieu du côté opposé.
Les trois médianes d'un triangle sont concourantes en un point appelé le centre de gravité du triangle ;
– on illustre par une figure et, en légende, on note les égalités précisant la position du centre de gravité sur chaque médiane.

■ Prolongement possible

On peut prolonger cette activité par un problème ouvert : tel que le n° 93 page 200.

▲ Test final

Durée : 45 min.

Exercice 1

1. Construire un triangle ABC tel que :
AB = 9 cm, BC = 8 cm et AC = 7,5 cm.

2. Construire :

a. en rouge une médiatrice de ce triangle.

b. en bleu une hauteur de ce triangle.

c. en vert une médiane de ce triangle.

Coder la figure pour faire apparaître la définition de chacune de ces droites.

Exercice 2

Le cercle $\mathscr{C}$ de centre O est le cercle circonscrit à un triangle ABC isocèle en A.

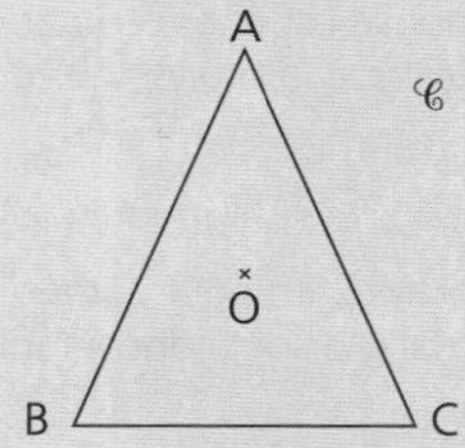

a. Faire une figure.

b. Construire la médiatrice du segment [AB]. Elle coupe la droite (BC) en D.
Que représente-t-elle pour le triangle ABD ?

c. Expliquer pourquoi la droite (AO) est une hauteur du triangle ABD.

d. Quel est l'orthocentre du triangle ABD ?
En déduire que la droite (BO) est perpendiculaire à la droite (AD).

Exercice 3

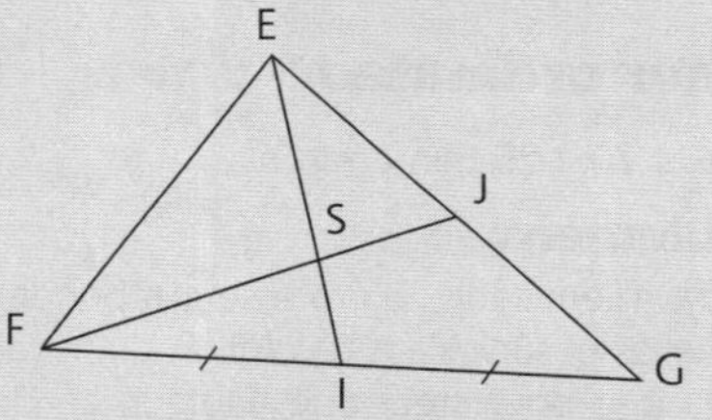

Sur la figure ci-dessus, I est le milieu du segment [FG].
ES = 3 cm, SI = 1,5 cm et FS = 4 cm.

a. Pour le triangle EFG, que représente la droite (EI) ? le point S ?

b. Expliquer pourquoi J est le milieu du segment [EG].
Calculer la longueur SJ.

4. Corrigés

■ Revoir les acquis

1 b. **2** b. **3** c. **4** b. **5** c.

■ Sciences en construction

Si deux triangles ont respectivement deux côtés de même longueur et si les angles compris entre ces deux côtés ont la même mesure, alors leurs troisièmes côtés ont la même longueur, et les angles compris entre des côtés de même longueur ont la même mesure.

■ Activités

1. a. Échelle $\frac{1}{2}$

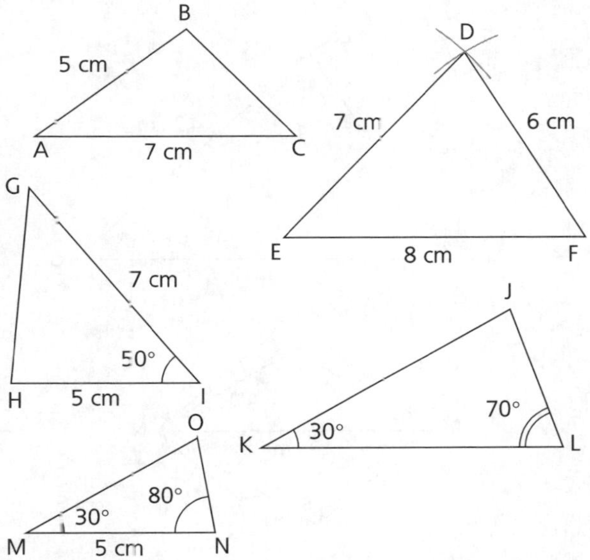

Les triangles DEF, GHI et OMN sont tous superposables.
Ce n'est pas le cas des triangles ABC et JKL.

b. Il faut trois renseignements :
- les trois côtés ;
- ou deux côtés et l'angle qu'ils déterminent ;
- ou un côté et les deux angles adjacents à ce côté.

2. a.

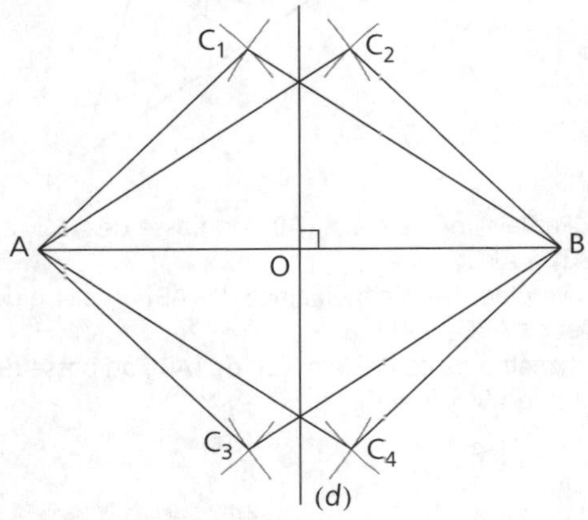

b. O est le milieu du segment [AB].
(*d*) est la médiatrice du segment [AB].
- Par la symétrie d'axe (AB), on passe de ABC_1 et ABC_3 et de ABC_2 à ABC_4.
- Par la symétrie d'axe (*d*), on passe de ABC_1 à ABC_2 et de ABC_3 à ABC_4.
- Par la symétrie de centre O, on passe de ABC_1 à ABC_4 et de ABC_2 à ABC_3.

3. a.

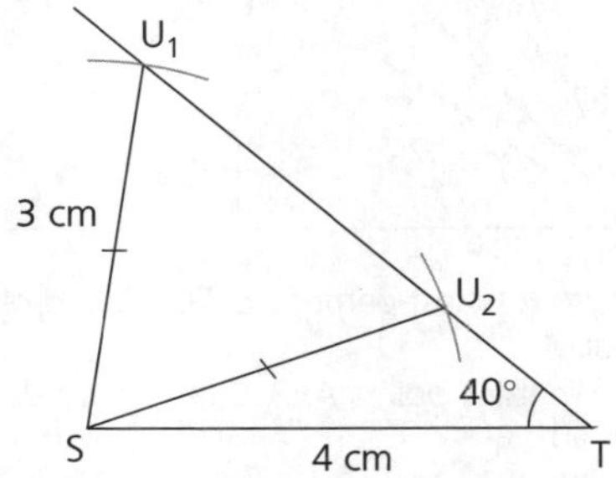

b. On peut obtenir deux triangles répondant aux conditions données.

4. a. Échelle $\frac{1}{2}$

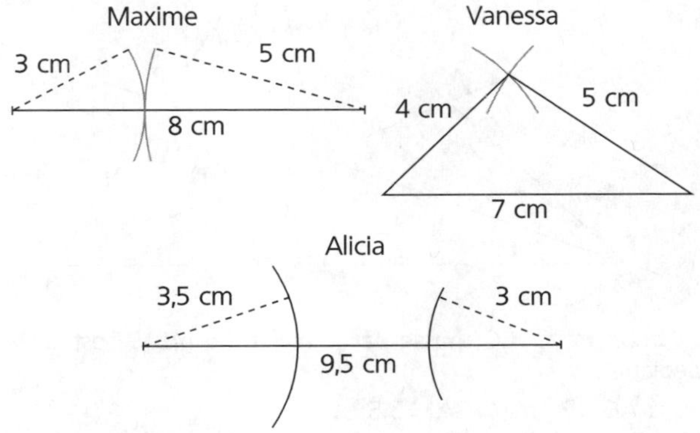

Seule Vanessa a pu construire un triangle.

b. La longueur de chaque côté doit être inférieure à la somme des longueurs des deux autres côtés.

5. a. b. Échelle $\frac{1}{2}$

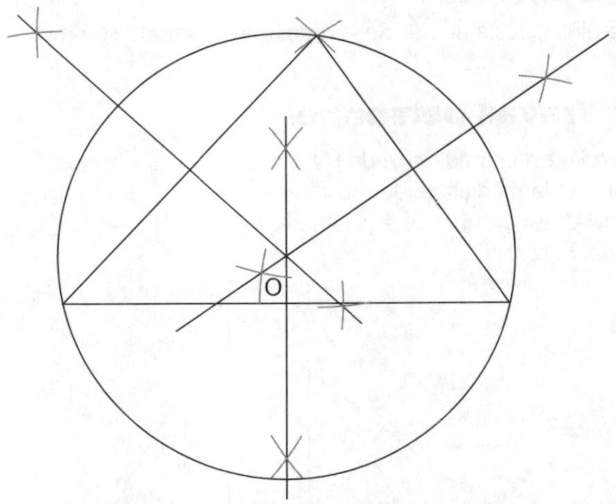

c. Le cercle de centre O passant par l'un des sommets passe par les deux autres sommets.

d. La troisième médiatrice passe par O.

6. a. • O appartient à la médiatrice de [AB] donc $OA = OB$;
- O appartient à la médiatrice de [AC] donc $OA = OC$.

b. • Les deux égalités précédentes montrent que $OA = OB = OC$, donc B et C sont sur le cercle de centre O passant par A.
- Puisque $OB = OC$, O appartient à la médiatrice de [BC].

7. a. b.

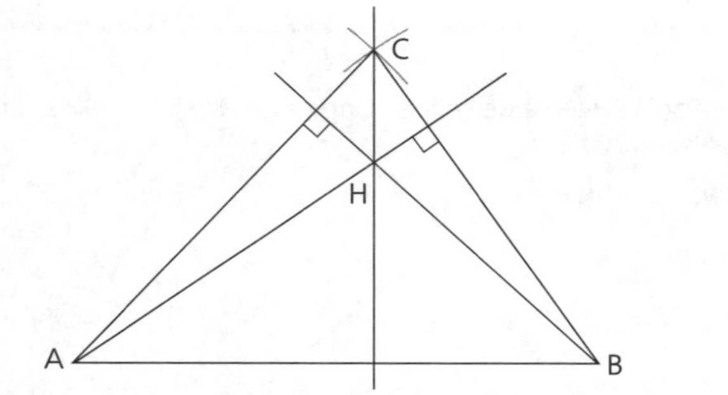

c. La droite (CH) est perpendiculaire à la droite (AB) ; c'est la 3e hauteur.
Quels que soient les points A, B, C la mesure de l'angle $\widehat{CKA}$ est toujours 90°.

9. a. b.

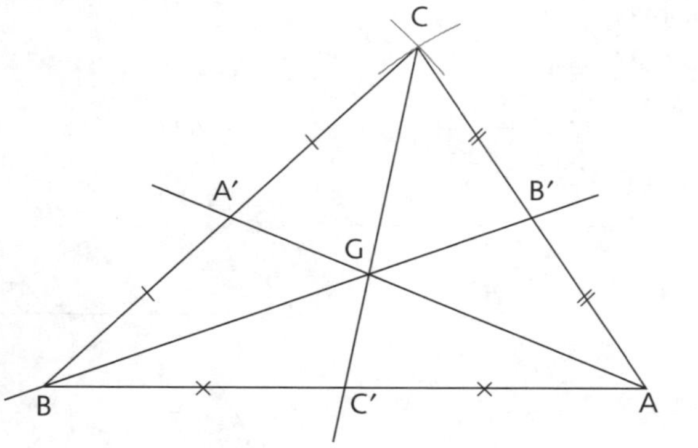

b. La droite (CG) passe par le milieu de [AB] ; c'est la 3e médiane.

c. AG = 7 cm. GA′ = 3,5 cm.
BG = 8 cm. GB′ = 4 cm.
CG = 5,6 cm. GC′ = 2,8 cm.
On remarque que sur chaque médiane G est deux fois plus loin du sommet que du milieu du côté opposé.

On constate que $\widehat{CGC'}$ mesure toujours 180° ; donc la 3e médiane passe par G.
De plus G reste aux $\frac{2}{3}$ de la médiane à partir du sommet.

■ Travail personnel

A. (BD) est la médiatrice de [AE].
(AE) est la médiatrice de [BD].
B. MAB est un triangle équilatéral.
C. a. b. c.

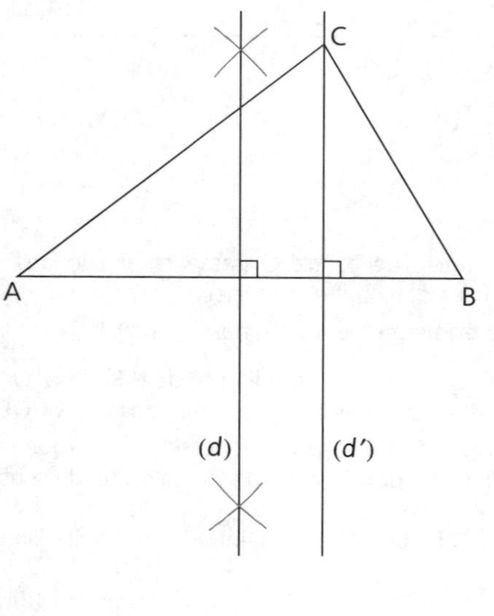

d. (d) et (d′) sont parallèles.
D.

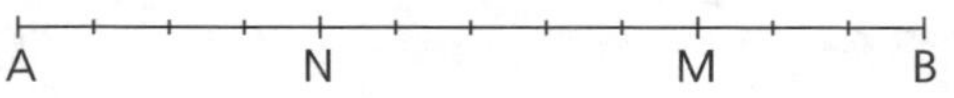

AM = 4,5 cm ; BN = 4 cm.
E. OB = OA = AB = 4 cm.
Donc BC = 8 cm.

■ Exercices d'application

1.

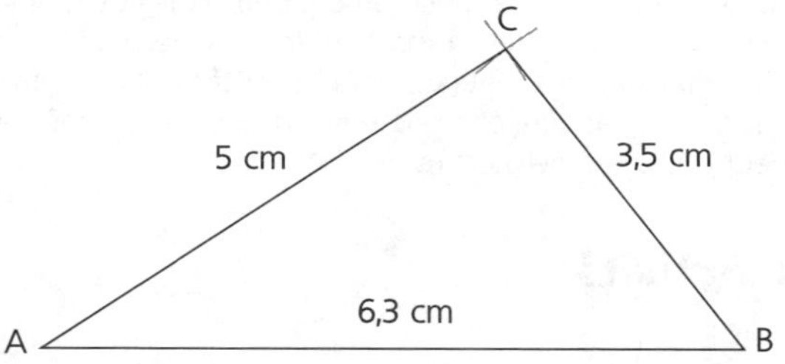

2.

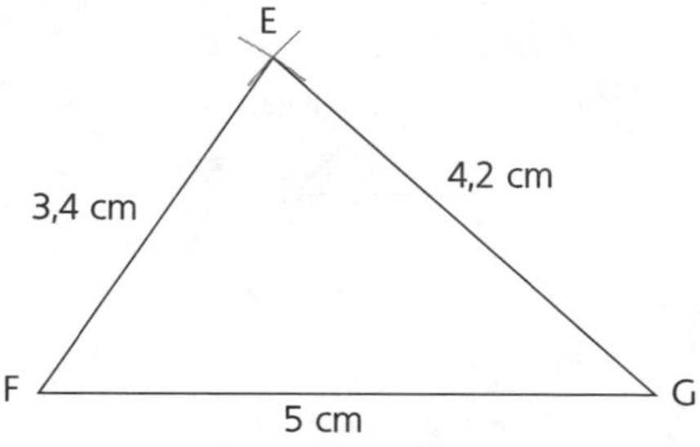

3. a. b.

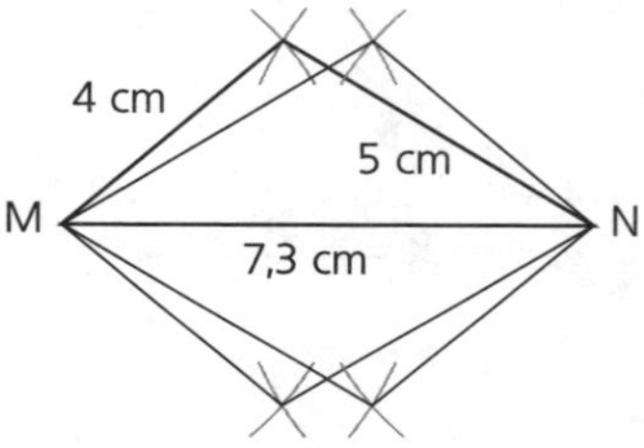

4. a.

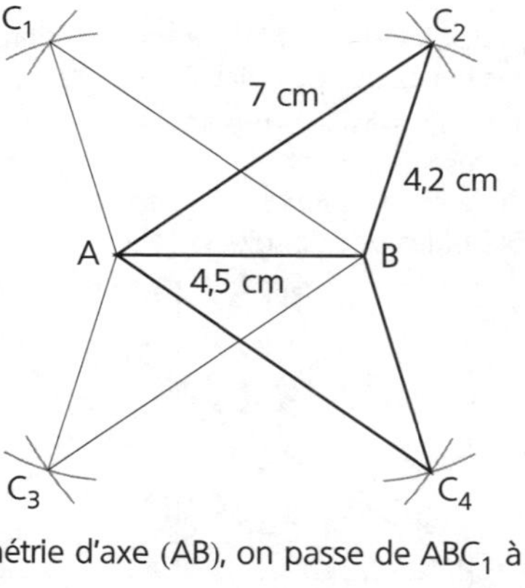

b. Par la symétrie d'axe (AB), on passe de ABC_1 à ABC_3 et de ABC_2 à ABC_4.
Par la symétrie d'axe la médiatrice de [AB] on passe de ABC_1 à ABC_2 et de ABC_3 à ABC_4.
Par la symétrie de centre le milieu de [AB], on passe de ABC_1 à ABC_4 et de ABC_2 à ABC_3.

5.

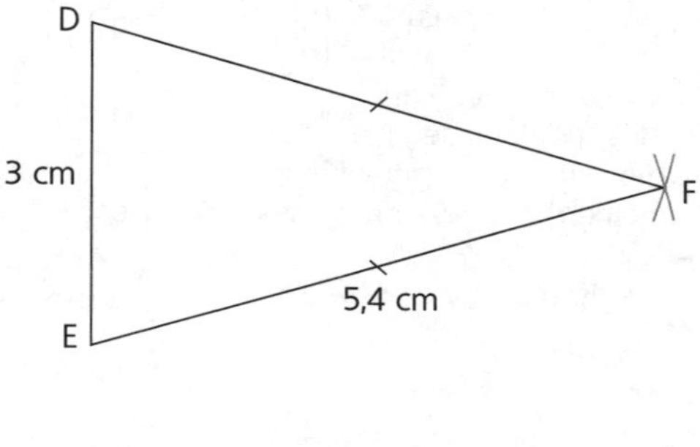

6. $16{,}8 : 3 = 5{,}6$. Chaque côté mesure 5,6 cm.

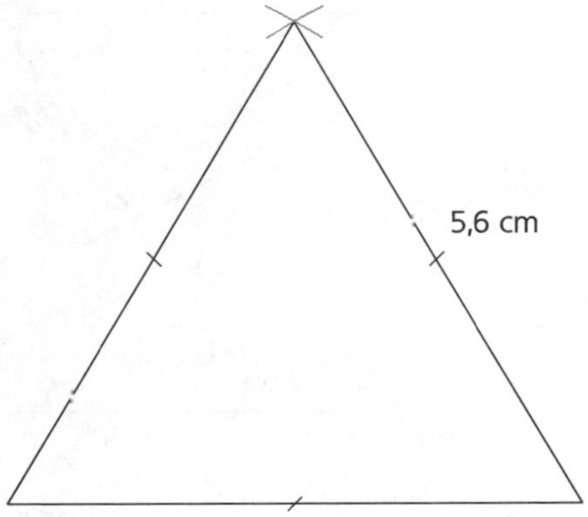

7.

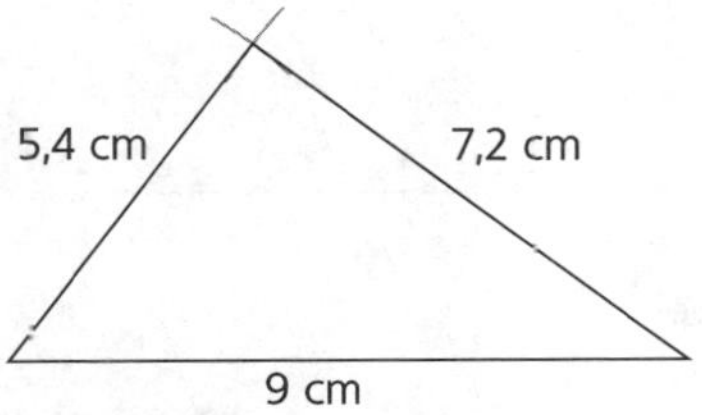

Il semble que le triangle est rectangle.

8.

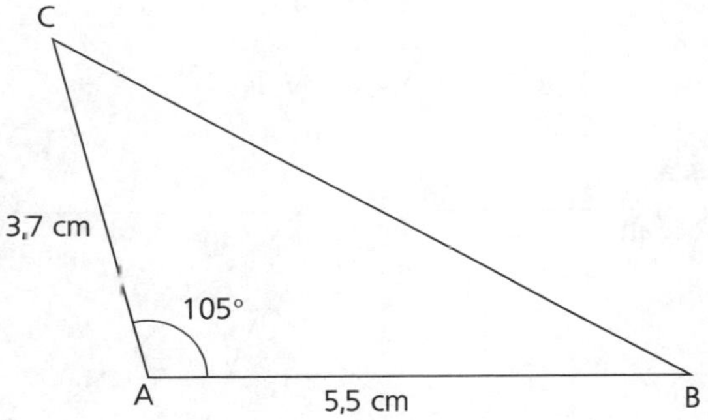

9.

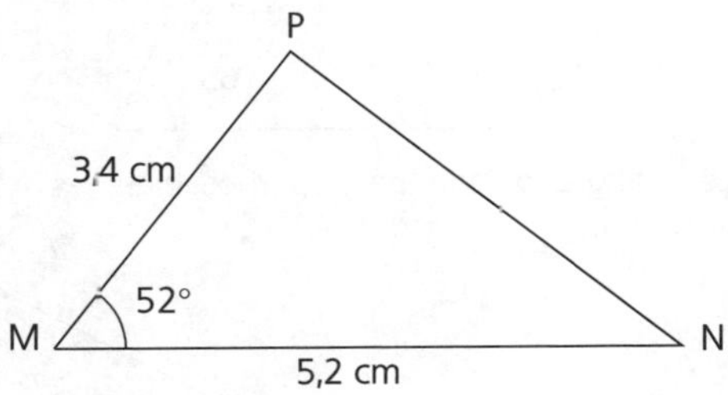

10. a.

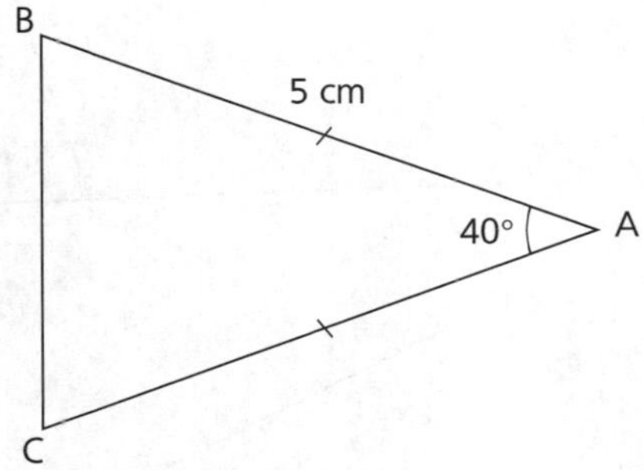

b. $\dfrac{180° - 40°}{2} = 70°$.

11.

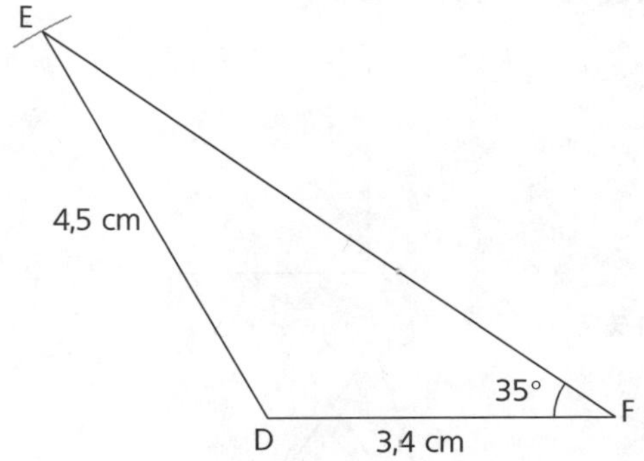

12.

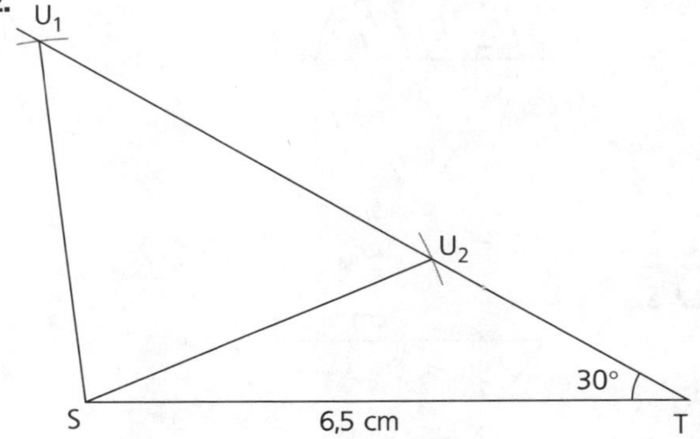

13.

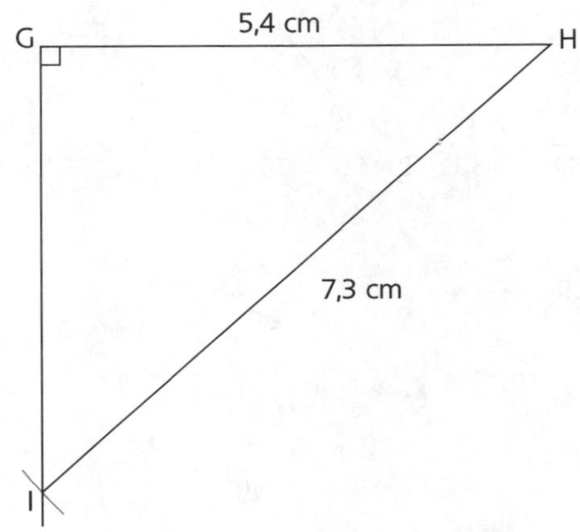

14. a. b.

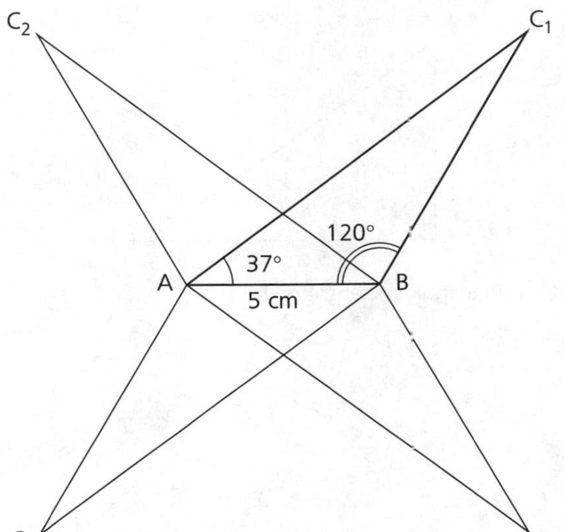

15.

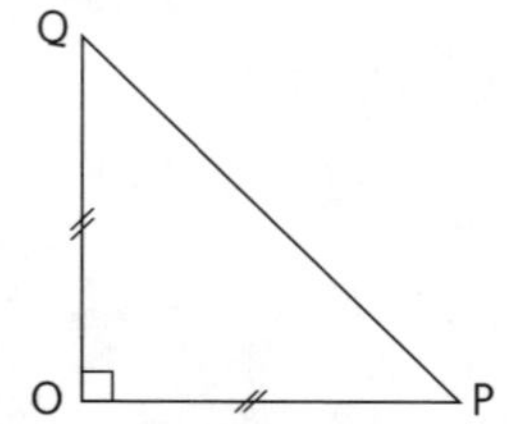

16.

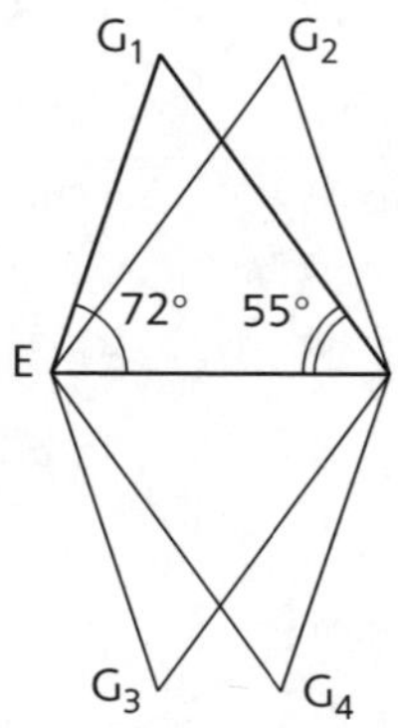

17. a.

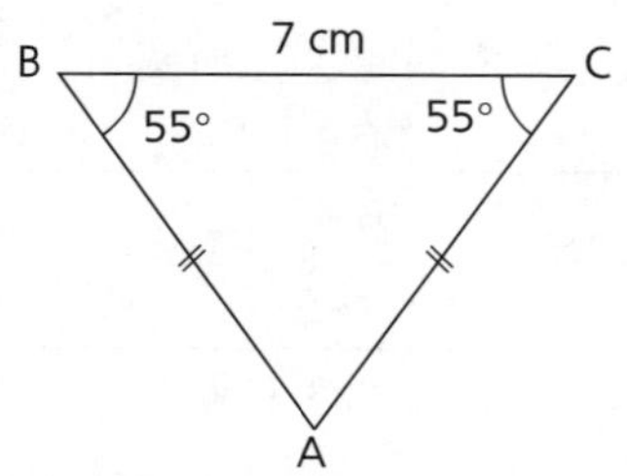

b. $\widehat{BAC} = 180° - 2 \times 55° = 70°$.

18.

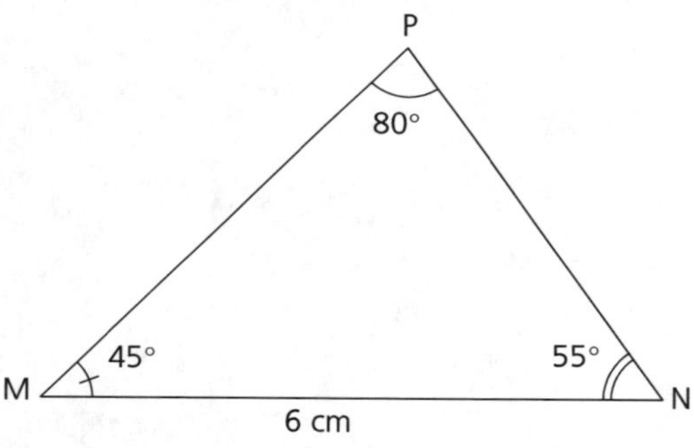

19.

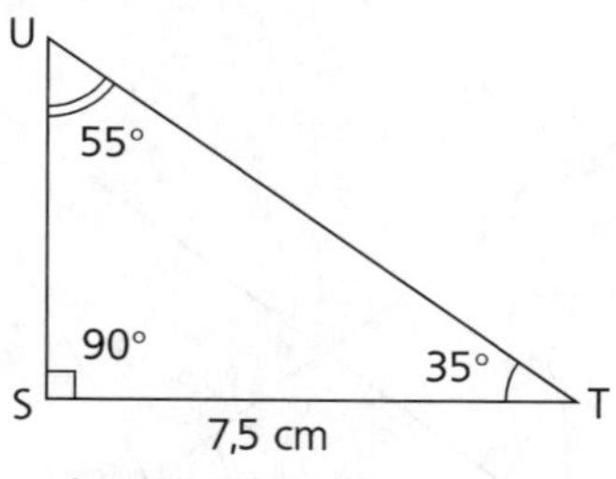

STU est un triangle rectangle en S.

20.

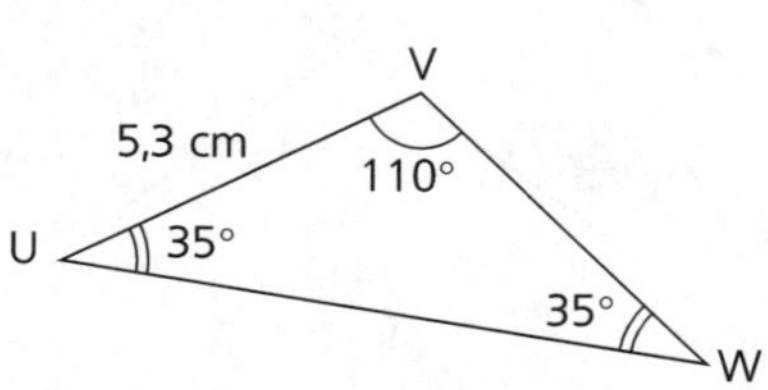

UVW est un triangle isocèle en V.

21. a.

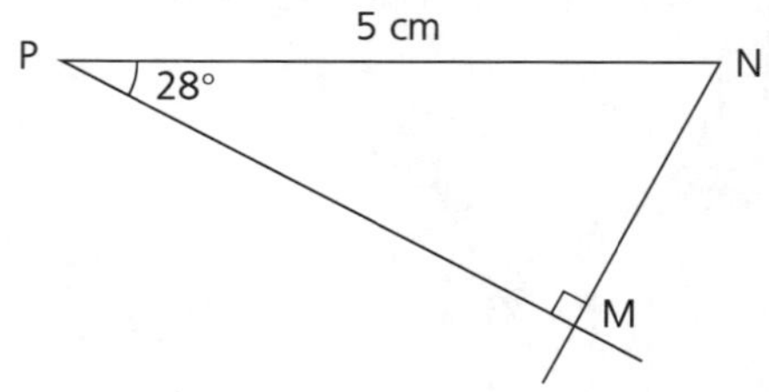

b. $\widehat{MNP} = 62°$.

22.

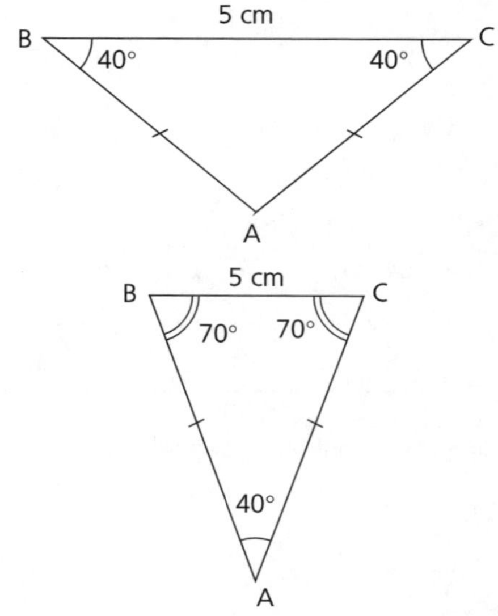

23. a.

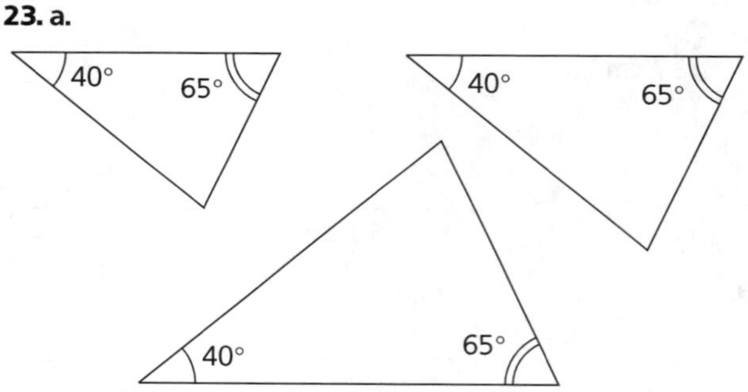

b. Les triangles ne sont pas superposables.

24.

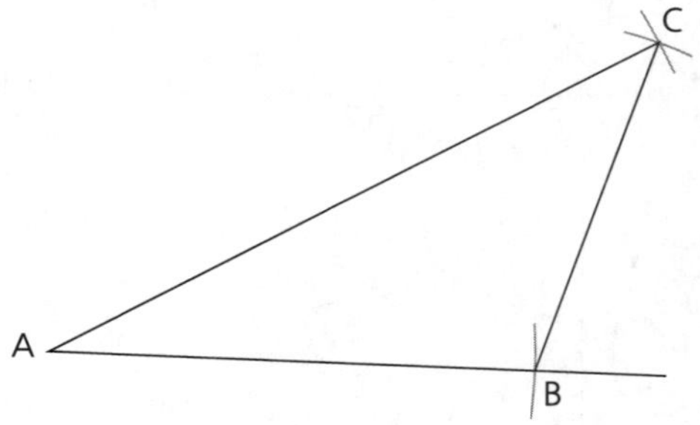

25.

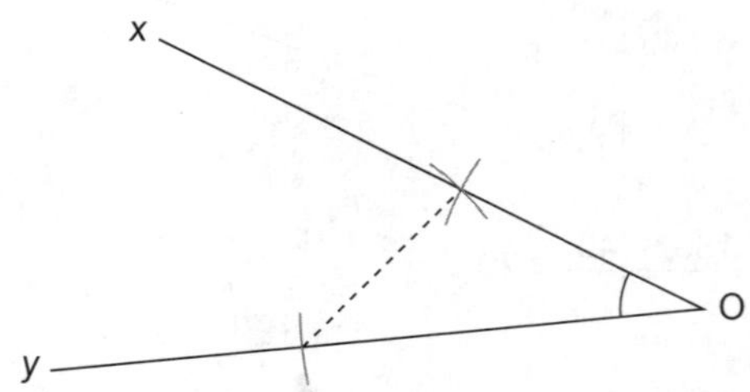

26.

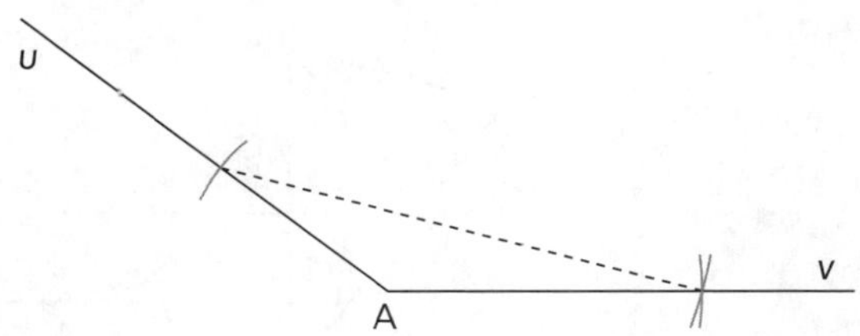

27. a.

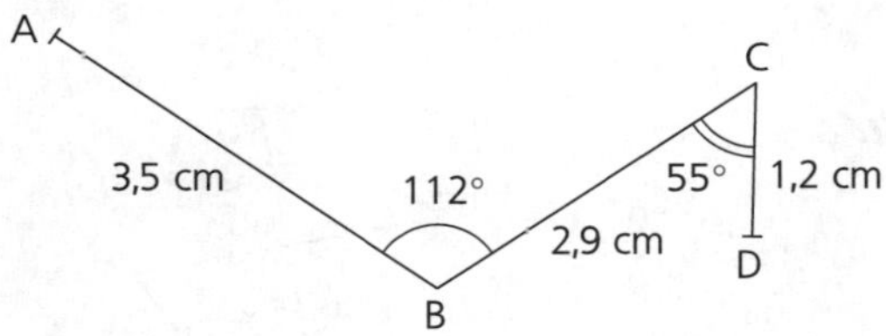

28. a. $3 + 7 = 10$ et $11 > 3 + 7$ donc on ne peut pas construire le triangle.

b. $4 + 2,5 = 6,5$ et $6 < 4 + 2,5$ donc on peut construire le triangle.

c. $3,7 + 2,5 = 6,2$ et $6,3 > 6,2$ donc on ne peut pas construire le triangle.

d. $3,4 + 1,7 = 5,1$ on peut placer trois points alignés.

29. a. $AC + BC = 1,2 + 1,7 = 2,9$.
A, B et C ne sont pas alignés.

b. $3,7 + 2 = 5,7$.
A, B et C ne sont pas alignés.

c. $AB = 6,4$ cm $AC = 8,2$ cm $BC = 18$ cm.
$AB + AC = 6,4 + 8,2 = 14,6$.
A, B et C ne sont pas alignés.

30. 1,5 dm = 15 cm

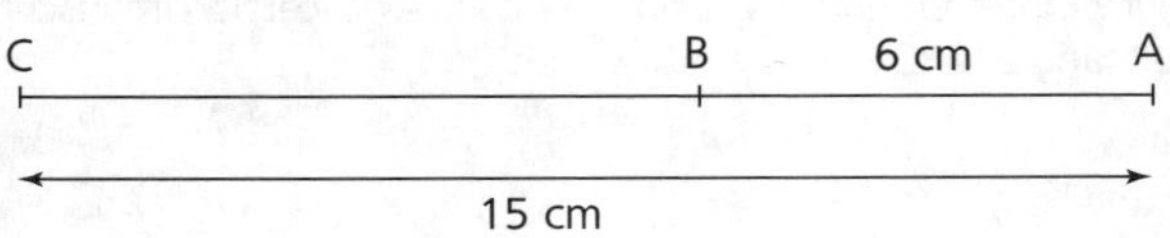

$15 - 6 = 9$ donc $CB = 9$ cm.

31.

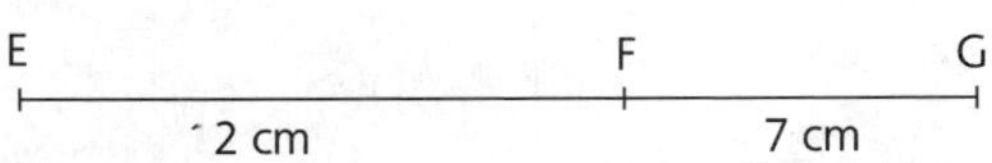

$12 + 7 = 19$ donc $EG = 19$ cm.

32.

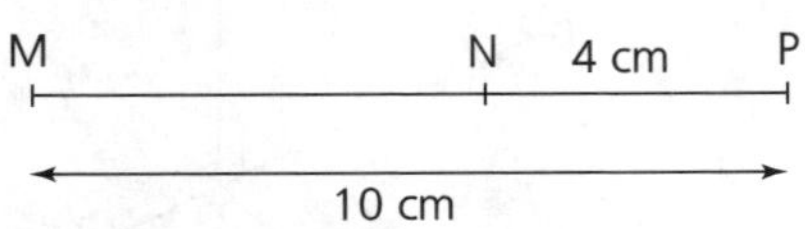

$10 - 4 = 6$ donc $MN = 6$ cm.

33. $AB + AC > BC$ et $AB = AC$ donc $AB > 3$ cm.

34. a. $14 - 8 = 6$ donc la somme des longueurs des deux autres côtés serait égale à 7 cm ; elle serait inférieure à la longueur du troisième côté.
Donc c'est impossible.

b. $19 - 8 = 11$ donc la somme des longueurs des deux autres côtés serait égale à 11 cm ; elle serait bien supérieure à la longueur du troisième côté.
Donc le périmètre peut être égal à 19 cm.

35. a.

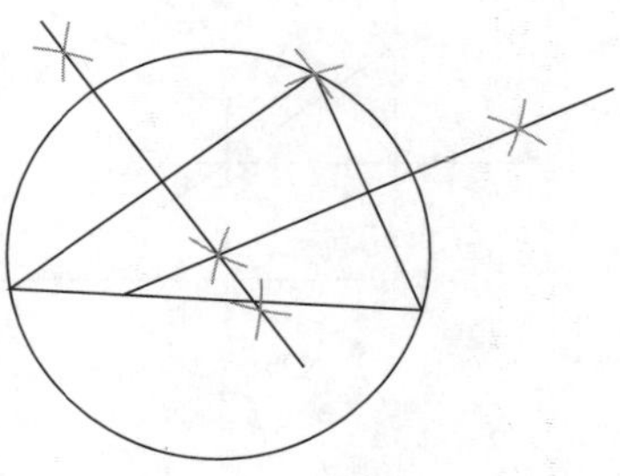

b.

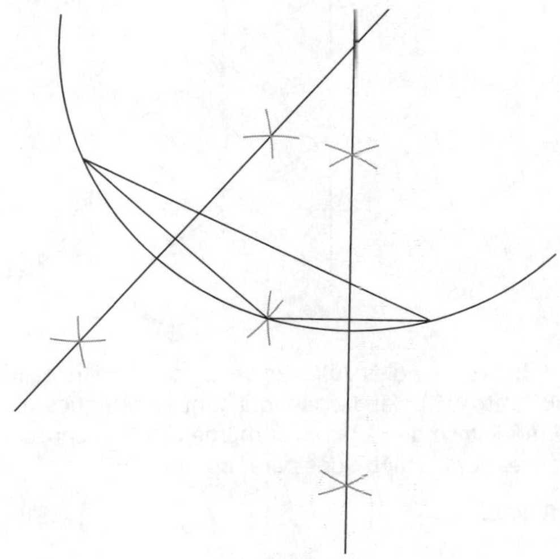

36. a.

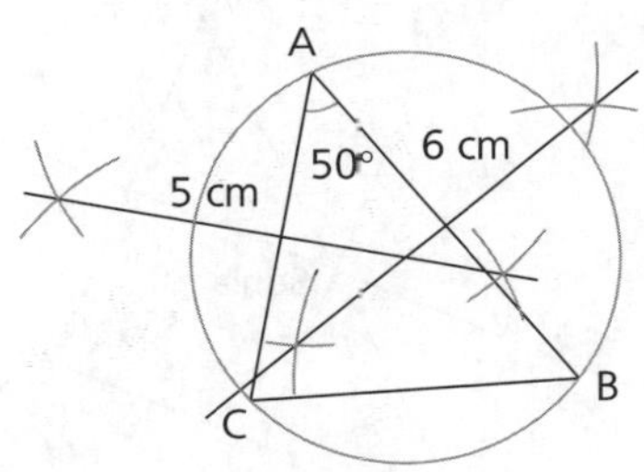

b.

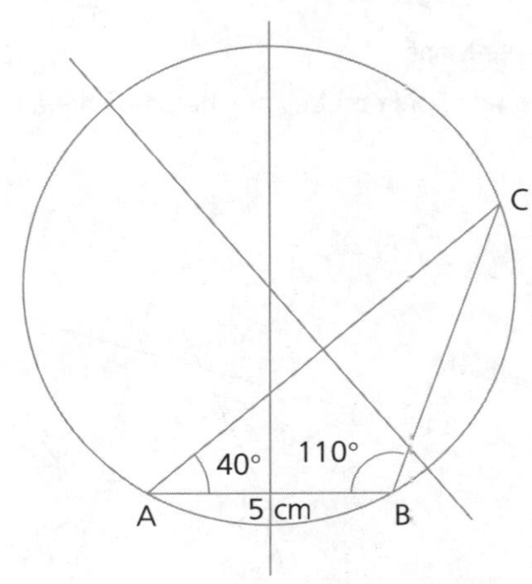

37. a.

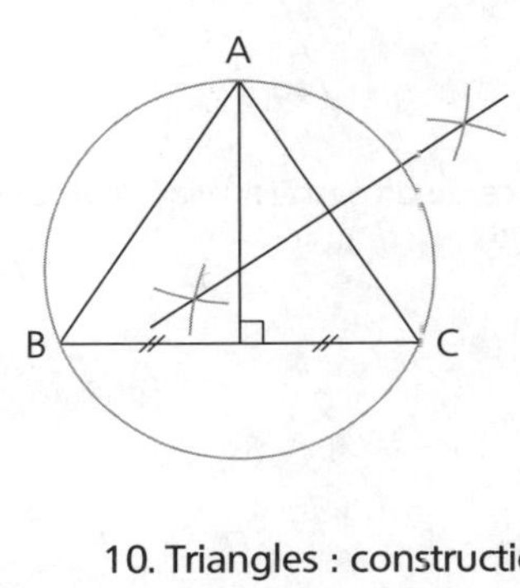

b.

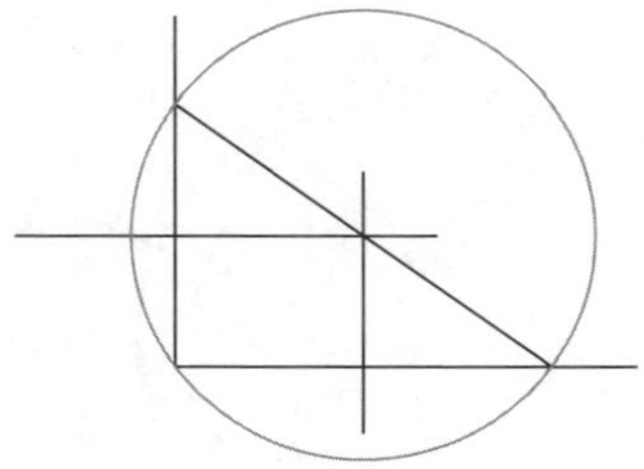

38. a. b.

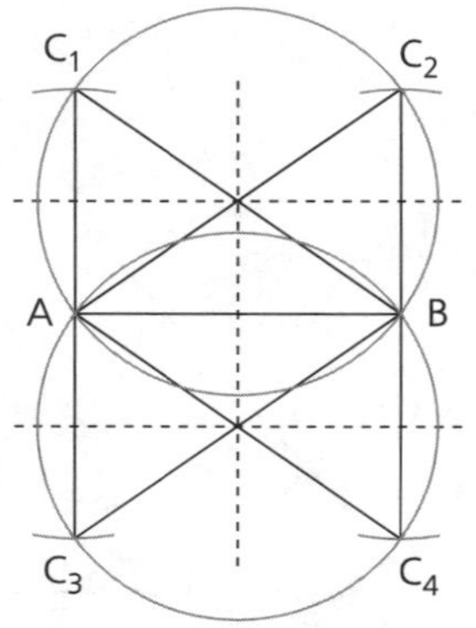

b. Les triangles ABC_1 et ABC_2 d'une part et les triangles ABC_3 et ABC_4 d'autre part, qui sont symétriques par rapport à la médiatrice de [AB], ont le même cercle circonscrit. Ces deux cercles sont symétriques par rapport à (AB).

39. a. b.

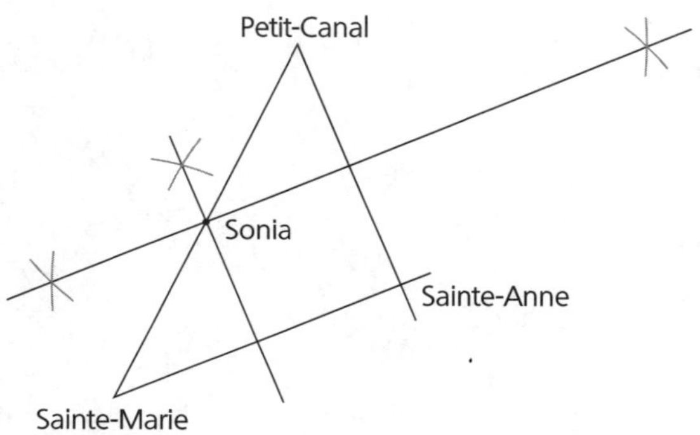

L'habitation de Sonia est très proche de pointe-à-Pitre.

40.

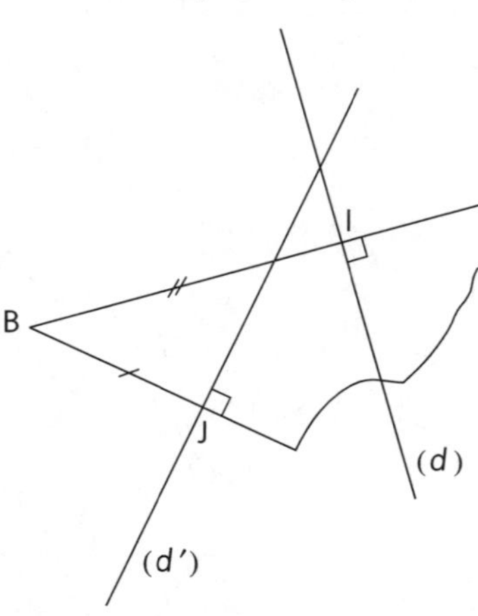

Le centre du cercle circonscrit au triangle ABC est le point commun aux droites (d) et (d').

41.

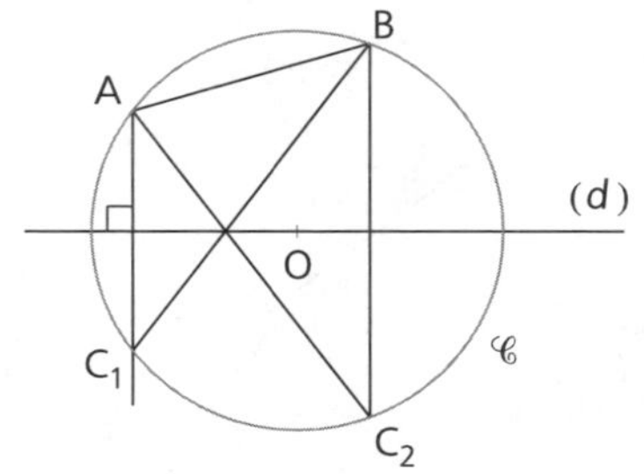

42.

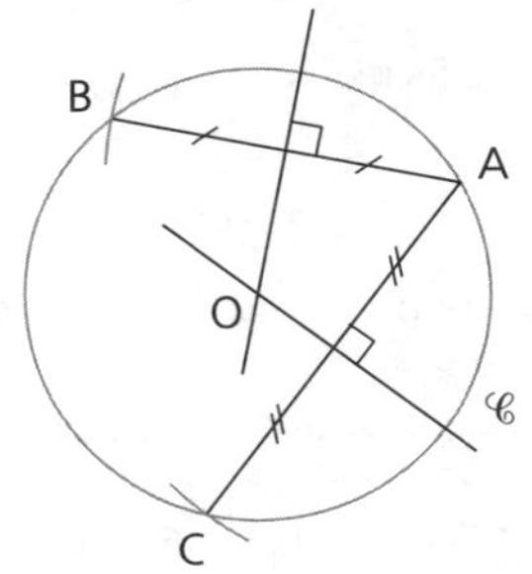

43. a.

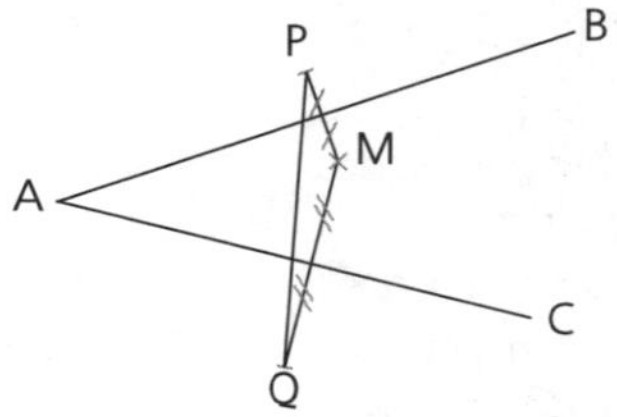

b. (AB) est la médiatrice du segment [MP].
(AC) est la médiatrice du segment [MQ].
Leur point commun A est donc le centre du cercle circonscrit au triangle MPQ.

44. a.

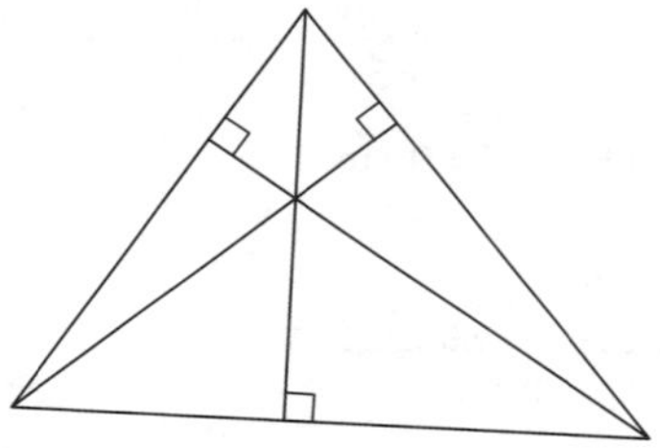

b.

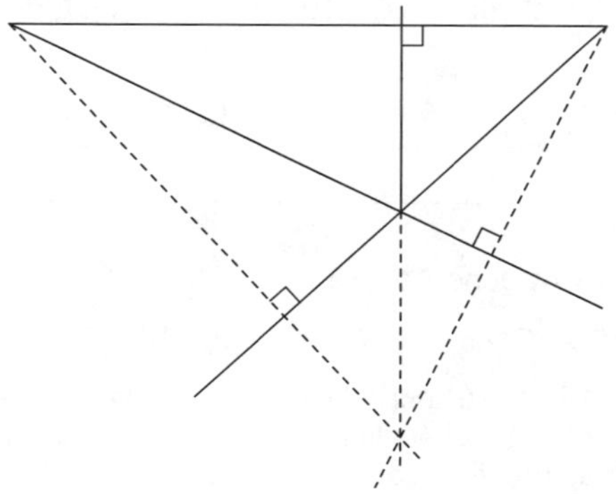

45. a. b.

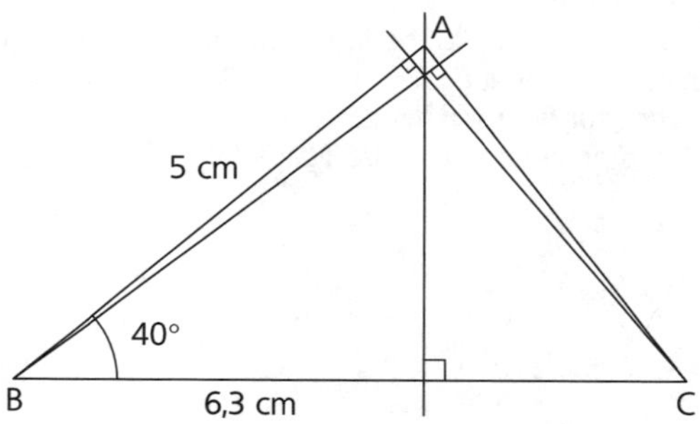

46. a. b.

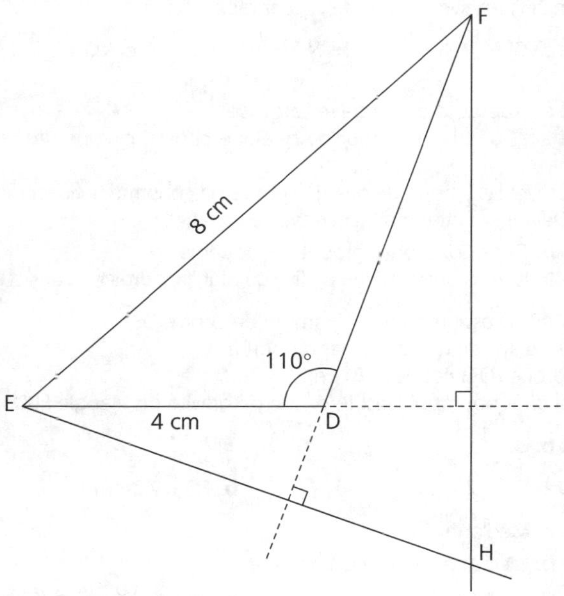

H est l'orthocentre du triangle DEF.

47. a. (CH) est une hauteur donc : $(CH) \perp (AB)$.
De même : $(BH) \perp (AC)$.
Les droites (CA), (BA) et (HA) sont perpendiculaires à chacun des côtés du triangle HBC ; ce sont les hauteurs de ce triangle donc A est l'orthocentre.

48. a. Dans le triangle ABD rectangle en A, on a :

$$\widehat{ABD} = 90° - 65° = 25°.$$

Donc $\widehat{ABD} = \widehat{AEC}$.
Ce sont deux angles correspondants de même mesure donc : $(BD) /\!/ (CE)$.

b. $(BD) /\!/ (CE)$ et $(BH) \perp (BD)$ donc : $(BH) \perp (CE)$.
Donc (BH) est une hauteur du triangle BCE.

49. a. $\widehat{BGH} = 180° - (35° + 55°) = 90°$.
$\widehat{BFC} = 180° - (35° + 55°) = 90°$.

b. $\widehat{BGH} = 90°$ donc (AG) est une hauteur.
$\widehat{BFC} = 90°$ donc (BF) est une hauteur.
Leur point commun H est l'orthocentre du triangle ABC.

50. ABCD est un cerf-volant donc les droites (BD) et (AC) sont perpendiculaires.
Donc la droite (ED) est une hauteur du triangle AEC.
$(AB) \perp (EC)$ donc (AB) est une hauteur du triangle AEC.
Leur point commun B est l'orthocentre de ce triangle.

51. a. b.

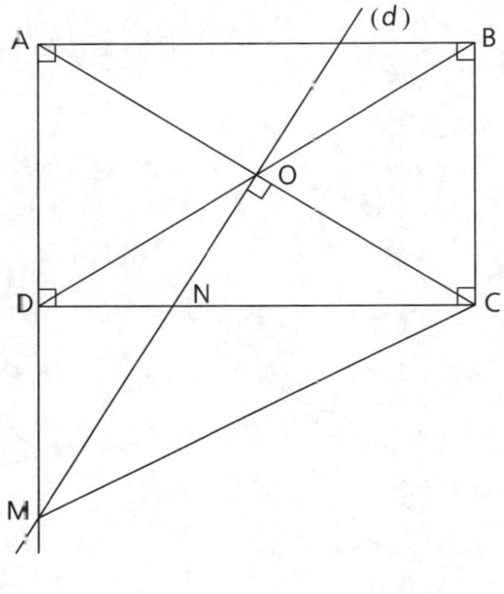

c. $(CD) \perp (AM)$ et $(MO) \perp (AC)$ donc (CD) et (MO) sont deux hauteurs du triangle AMC.
Donc N est l'orthocentre du triangle.

d. (AN) est la 3e hauteur, donc : $(AN) \perp (CM)$.

52. a. Les droites (EB) et (AD) sont deux hauteurs du triangle AEC donc F est l'orthocentre de ce triangle.

b. La droite (FC) qui passe par un sommet et l'orthocentre est la troisième hauteur.

53. a.

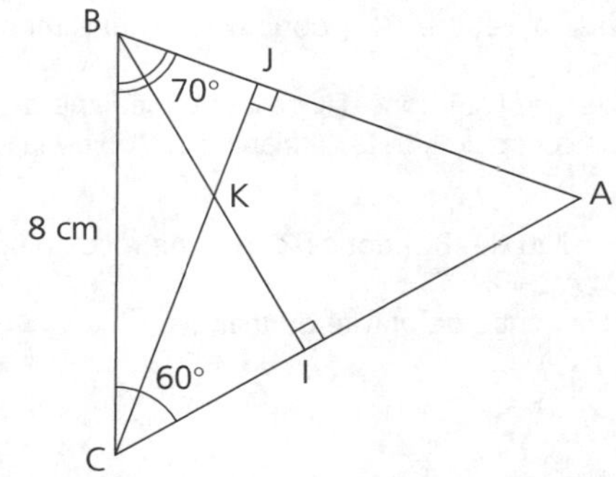

b. $\widehat{IBC} = 90° - 60° = 30°$; $\widehat{BCJ} = 90° - 70° = 20°$.
$\widehat{BKC} = 180° - (30° + 20°) = 130°$.

54. a.

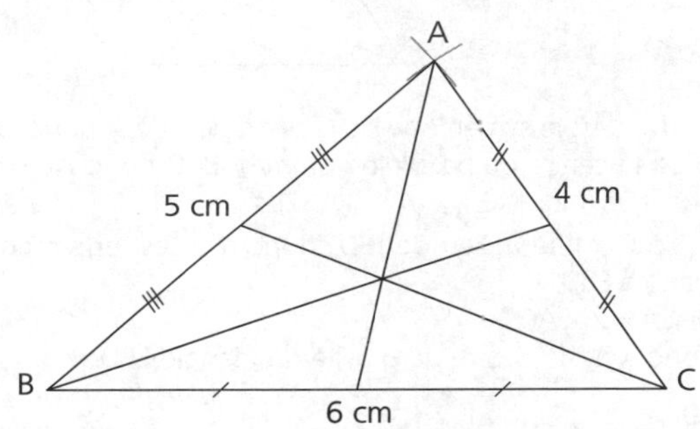

b.

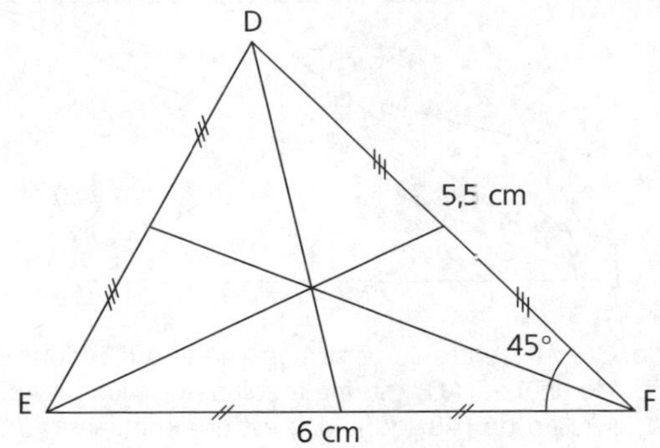

55. a. b.

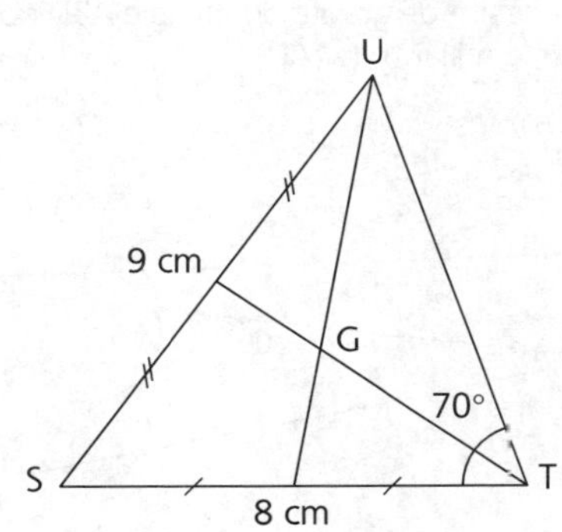

G est le centre de gravité du triangle STU.

56. a.

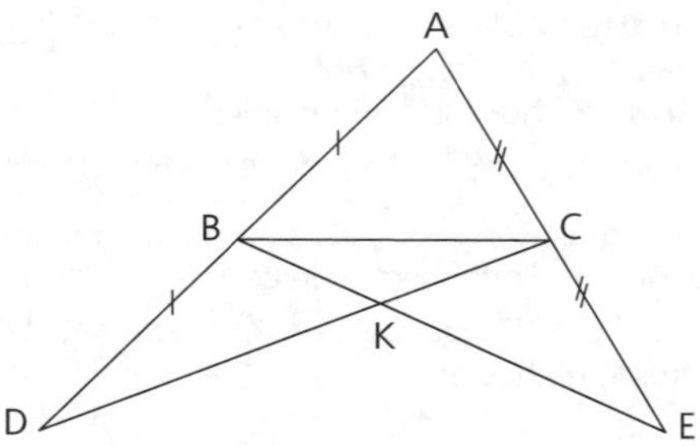

b. B est le milieu de [AD] donc (EB) est une médiane du triangle ADE.
C est le milieu de [AE] donc (DC) est une médiane de ADE.
Donc K est le centre de gravité du triangle et (AK) est la troisième médiane.

57. I est le milieu de [BC] donc (AI) est une médiane du triangle ABC. Or AG = 2 × GI.
Donc G est le centre de gravité du triangle.

58. a.

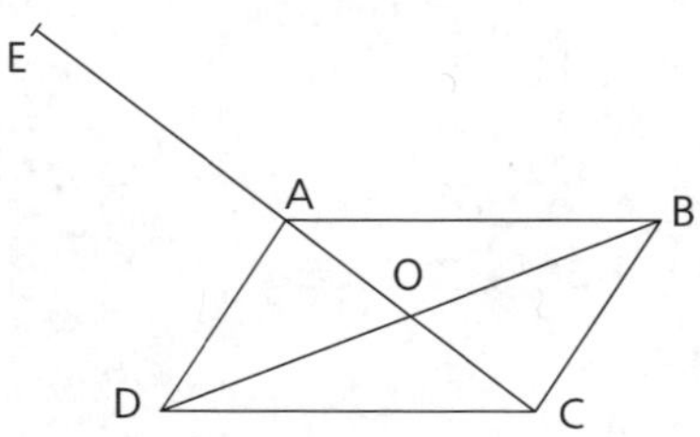

b. E est le symétrique de C par rapport à A donc EA = AC.
O est le centre du parallélogramme ABCD donc AC = 2 × AO.
Donc EA = 2 × AO.

c. O est le milieu de [BD] donc (EO) est une médiane du triangle EBD.
Or EA = 2 × AO.
Donc A est le centre de gravité du triangle EBD.

59.

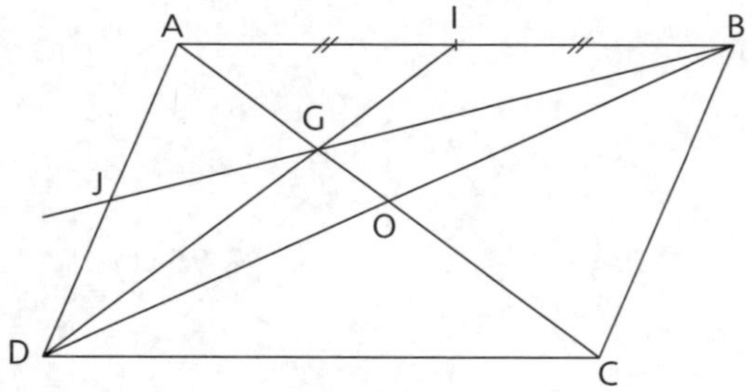

a. O est le centre du parallélogramme ABCD donc O est le milieu de [BD] et (AO) est une médiane du triangle ABD.
I est le milieu de [AB] donc (DI) est une médiane du triangle ABD.

b. G est le centre de gravité du triangle ABD donc la droite (BG) passe par le milieu J de [AD].

60. a.

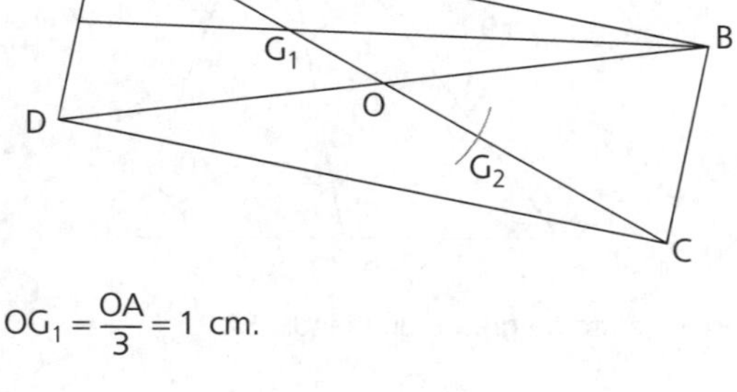

b. $OG_1 = \frac{OA}{3} = 1$ cm.

c. BCD est symétrique de DAB par rapport à O.
Donc G_2 est symétrique de G_1 par rapport à O.

61. a. $GI = \frac{1}{3}MI$. **b.** $NG = 2GJ$. **c.** $KG = \frac{1}{2}GP$.

62. a. D'après le dictionnaire Larousse.
1. Tracer une ligne autour de quelque chose : circonscrire un espace.
2. Limiter l'extension de quelque chose : circonscrire un incendie.
3. Délimiter nettement : circonscrire un sujet.

b. Orthodoxe, orthographe, orthopédie.
Ces trois mots ont le même préfixe qui signifie « droit », « correct ».

63. ABCD est un parallélogramme de centre O.
E est le symétrique de D par rapport à A.
La droite (OE) coupe (AB) en F.
Expliquer pourquoi F est le centre de gravité du triangle EBD.

64. b. c.

65. a. EG = 7,7 cm. **b.** FG = 2,7 cm.

66. a. Médiane.
b. Médiane, médiatrice, hauteur.
c. Hauteur.

67. a. GI = 1,5 cm. **b.** GC = 4,8 cm.
c. AI = 6,75 cm. **d.** AG = 5 cm.

■ Faire le point

68. b. **69.** c. **70.** b. **71.** a.
72. b. **73.** c. **74.** b. **75.** b. **76.** c.

■ Exercices de consolidation

77. a. Maud et Pascal ont choisi des triangles particuliers : Maud un triangle isocèle et Pascal un triangle rectangle.

b.

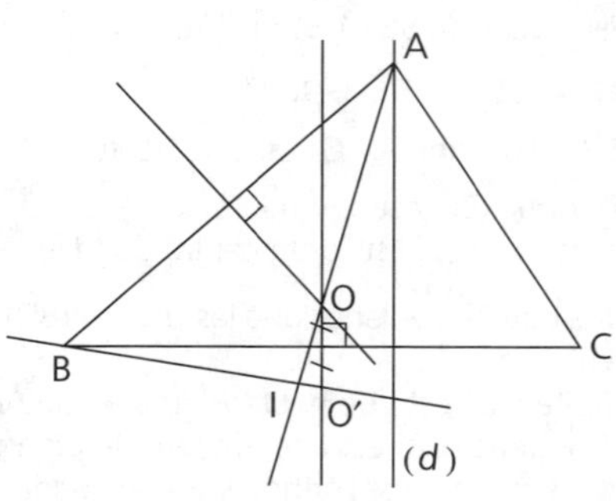

78.

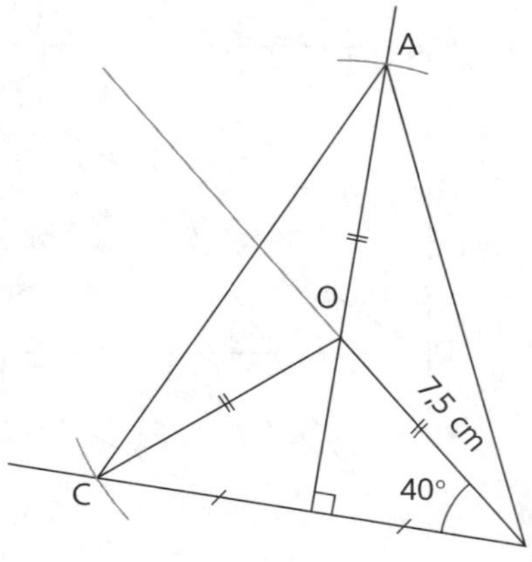

79. a.

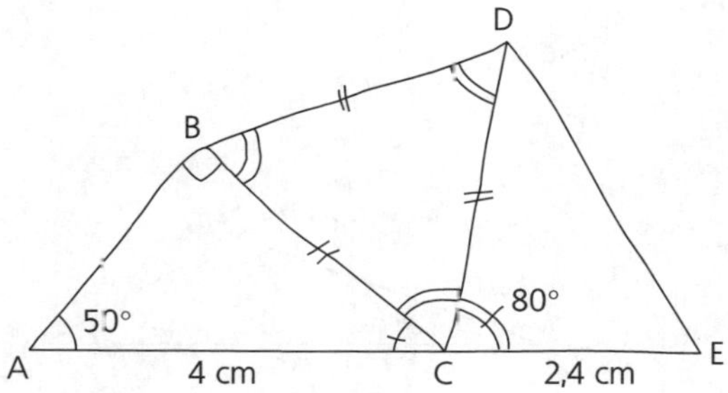

b. $\widehat{ACB} = 90° - 50° = 40°$.

$\widehat{BCD} = 60°$.

Donc $\widehat{ACE} = 40° + 60° + 80° = 180°$.

Les points A, C, E sont alignés.

Donc $AE = AC + CE = 4\text{ cm} + 2{,}4\text{ cm} = 6{,}4\text{ cm}$.

80. a. b.

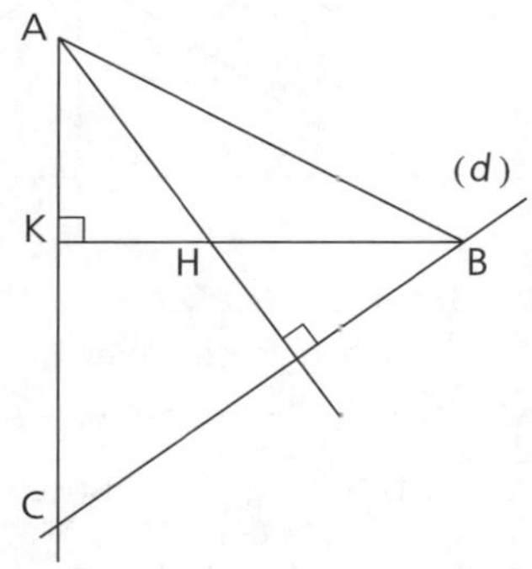

1. (BH) est une hauteur ; elle est perpendiculaire à la droite (AC) en K. Donc C est sur la droite (AK).

2. (AH) est une hauteur ; elle est perpendiculaire à la droite (BC). Donc C est sur la droite (d) qui passe par B et est perpendiculaire à (AH).

3. C est le point commun aux droites (AK) et (d).

■ Exercices d'approfondissement

81. 1. a. ABC est un triangle rectangle.

b. (AB) est une hauteur du triangle BCE car elle passe par le sommet B et est perpendiculaire au côté opposé [CE].

c. BCD est un triangle rectangle en D donc $(BD) \perp (CD)$. Donc (CD) est la hauteur issue de C du triangle BCE.

d. M est le point commun à deux hauteurs donc M est l'orthocentre.

e. • (EM) est la troisième hauteur ;

• $(EM) \perp (BC)$.

2. ABC est un triangle rectangle en A donc $(AB) \perp (CA)$.
BCD est un triangle rectangle en D donc $(CD) \perp (BD)$.
Les droites (AB) et (CD) sont donc deux hauteurs du triangle BCE. Leur point commun M est l'orthocentre du triangle et la droite (EM) est la troisième hauteur de ce triangle. Donc la droite (EM) est perpendiculaire à la droite (BC).

82. 1. a. D est le milieu de [EC].

b. O est le milieu des diagonales [BD] et [AC].

c. Les droites (AD) et (EO) sont deux médianes du triangle AEC. Donc F est le centre de gravité de ce triangle.

2. a. $AF = \frac{2}{3}AD$.

b. $AF = \frac{2}{3} \times 6$ donc $AF = 4$ cm.

83. Le centre du cercle circonscrit à un triangle est le point commun aux médiatrices de ce triangle. Or les trois triangles ABC, ABD et ABE ont un côté commun [AB].
Les centres de leur cercle circonscrit sont donc tous sur la médiatrice du segment [AB].

84. 1.

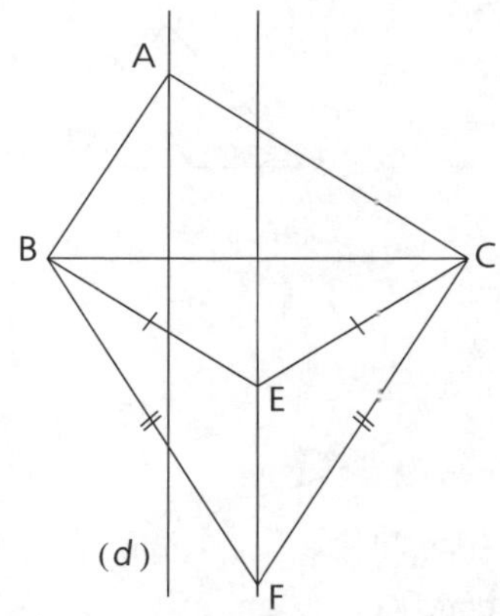

2. (d) semble être une hauteur du triangle ABC.

3. a. EB = EC et FB = FC.
(EF) est la médiatrice de [BC].

b. $(EF) \perp (BC)$ et $(d) /\!/ (EF)$.
Donc $(d) \perp (BC)$.
(d) est bien une hauteur de ABC.

85.

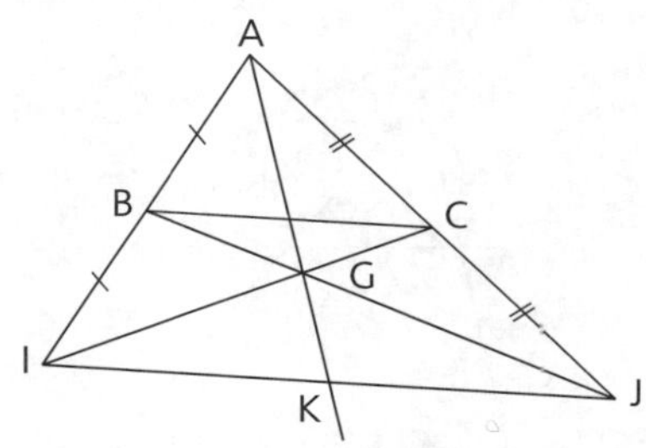

I est le symétrique de A par rapport à B donc B est le milieu du segment [AI].
J est le symétrique de A par rapport à C donc C est le milieu du segment [AJ].
Donc les droites (JB) et (IC) sont deux médianes du triangle AIJ qui se coupent en G.
La droite (AG) est la troisième médiane ; elle coupe le segment [IJ] en son milieu K.

86.

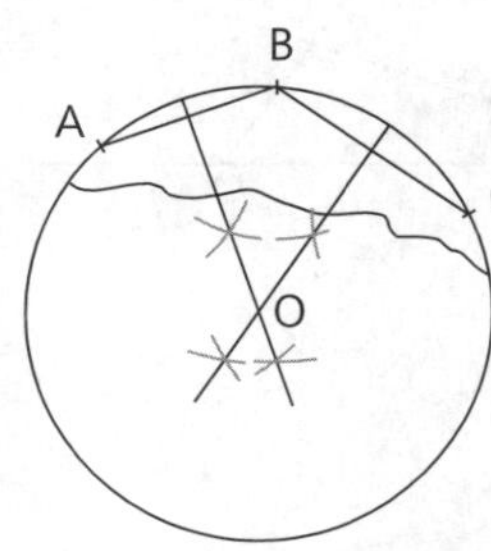

87. a. ABK est rectangle en K donc :

$$\widehat{BAK} = 90° - \widehat{ABK} = 90° - 55° = 35°.$$

ABH est isocèle en H donc :

$\widehat{ABH} = \widehat{BAK} = 35°$; $\widehat{IBC} = \widehat{ABC} - \widehat{ABH} = 55° - 35° = 20°$.

Dans le triangle BIC, on a :

$$\widehat{BIC} = 180° - (20° + 70°) = 90°.$$

Les droites (AK) et (BI) sont deux hauteurs du triangle ABC donc H est son orthocentre.

88. a.

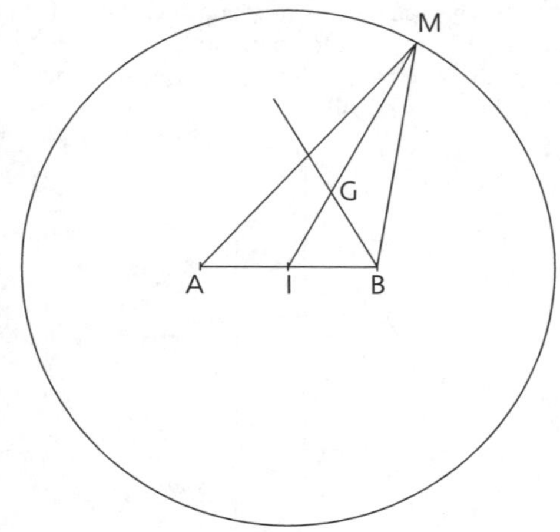

b. IM = 4,5 cm.

$IG = \frac{1}{3}IM$ donc IG = 1,5 cm.

c. Quel que soit le point M, IG = 1,5 cm.
Donc G est sur le cercle de centre I et de rayon 1,5 cm, c'est-à-dire le cercle de diamètre [AB].

89. Puisque (IJ) et (BC) sont parallèles, les angles $\widehat{AIJ}$ et $\widehat{ABC}$ sont deux angles correspondants égaux.
Donc $\widehat{ABC} = 50°$.

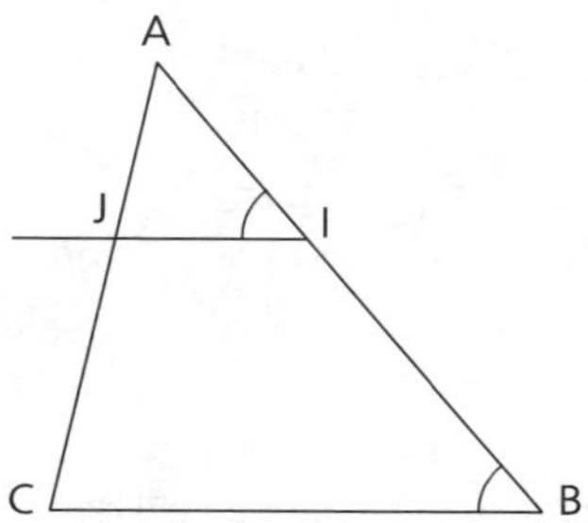

90. a.

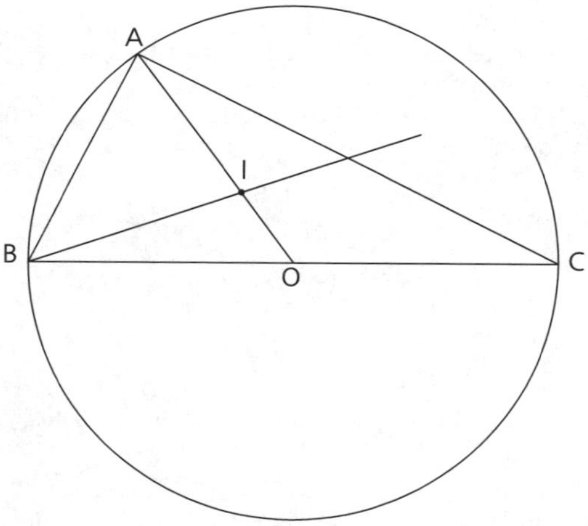

O est milieu de [BC] donc (AO) est une médiane de ABC.

$IO = \frac{1}{3}AO$ donc I est le centre de gravité de ABC.

Donc (BI) est une médiane et coupe [AC] en son milieu.

91. $\widehat{LNM} = 180° - 50° = 130°$.

Dans le triangle LMN, on a : $\widehat{MLN} = 180° - (130° + 30°) = 20°$.

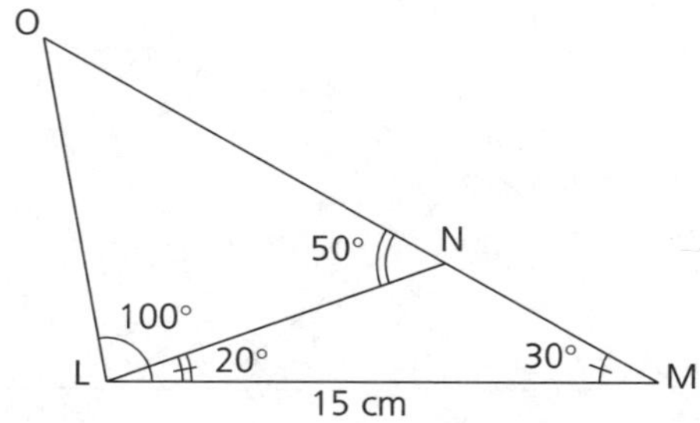

92. 1. a.

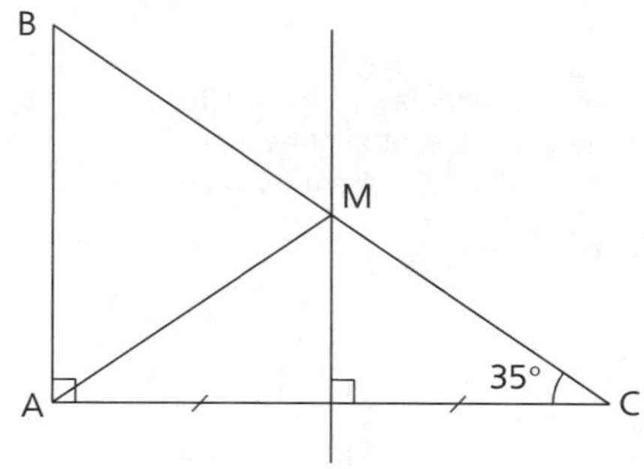

$\widehat{ABC} = 90° - 35° = 55°$.

2. b. AMC est un triangle isocèle en M.

3. a. $\widehat{MAC} = \widehat{ACM} = 35°$ donc $\widehat{BAM} = 90° - 35° = 45°$.

b. $\widehat{BAM} = \widehat{ABM}$ donc BMA est isocèle en M.

4. AMC est isocèle en M donc MA = MC.
BMA est isocèle en M donc MA = MB.
M est donc le centre du cercle circonscrit au triangle ABC : c'est le milieu de [BC].

93.

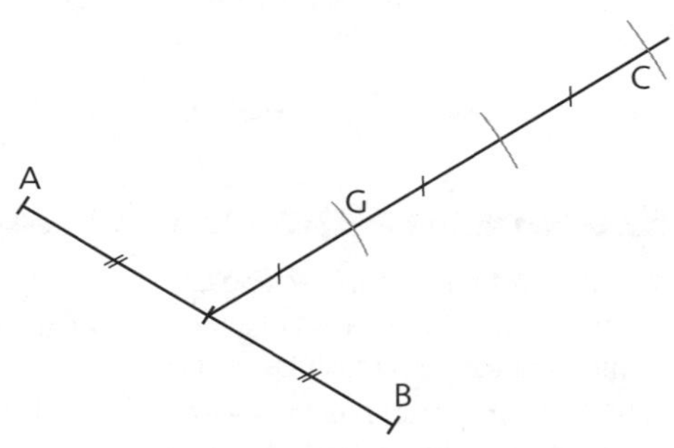

94. a. Les triangles OAB, OBC et OCA sont isocèles en O donc les angles à la base ont la même mesure.

b. Dans le triangle BOC la somme des angles est 180° donc : $\widehat{BOC} + z + z = 180°$ soit : $\widehat{BOC} + 2z = 180°$.

c. $x + x + y + y + z + z = 2x + 2y + 2z = 180°$.

d. En comparant les deux égalités, on obtient :
$\widehat{BOC} = 2x + 2y$ soit $\widehat{BOC} = 2(x + y)$ d'où $\widehat{BOC} = 2\widehat{BAC}$.

95. Vrai. Dans un triangle équilatéral toutes les médiatrices sont aussi hauteurs.

96. Faux. Sur la figure ci-contre le point O est à l'extérieur du triangle ABC.

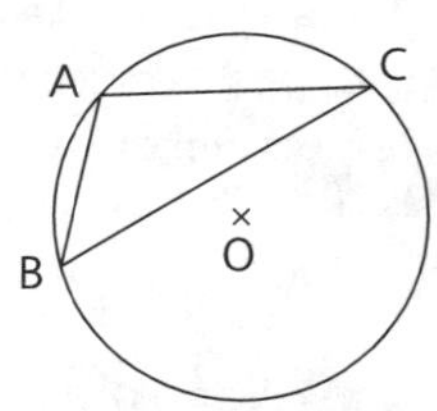

97. Faux. En effet AB + BC = 7,8 + 2,1 = 9,9 et AB + BC ≠ AC.

98. Vrai. D'après l'inégalité triangulaire :
• BC < AB + AC soit BC < 2 + 5 donc BC < 7.

• AC < AB + AC soit 5 < 2 + BC donc BC > 3.

99. Faux. Le centre de gravité est commun aux droites (AI) et (CJ), or (CJ) et (JK) sont distinctes.

100. Vrai. (AI) est une médiane et AG = 2GI.

101. D'après l'inégalité triangulaire on doit avoir dans chaque cas :

A

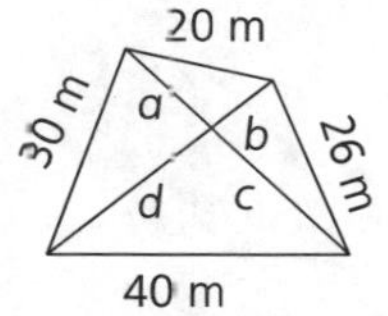

$a + b + c + d > 60$ m

B

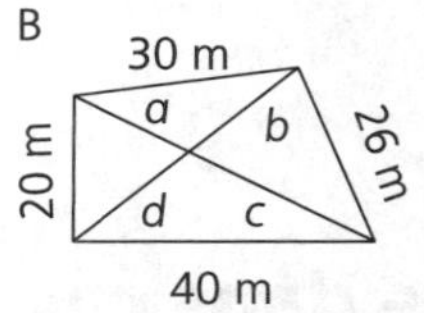

$a + b + c + d > 70$ m

C

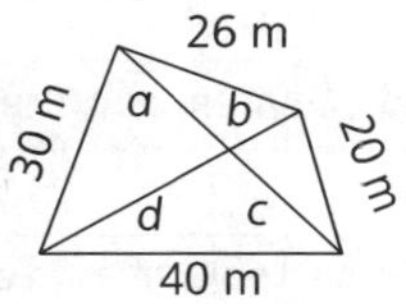

$a + b + c + d > 66$ m

Donc :
- le chêne est sur le terrain A ;
- le bouleau est sur le terrain B ;
- l'acacia est sur le terrain C.

102.

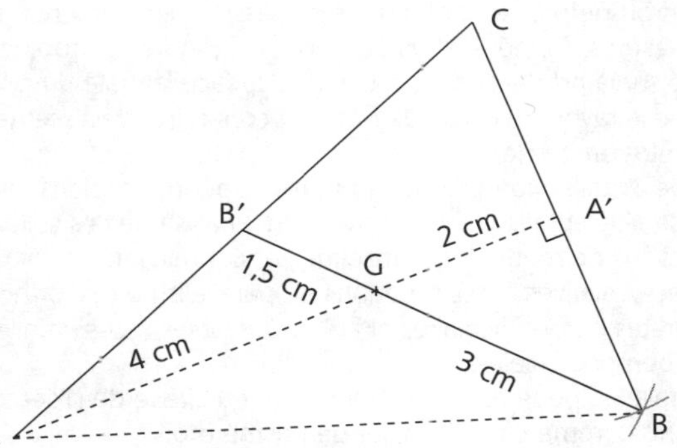

■ Jeu

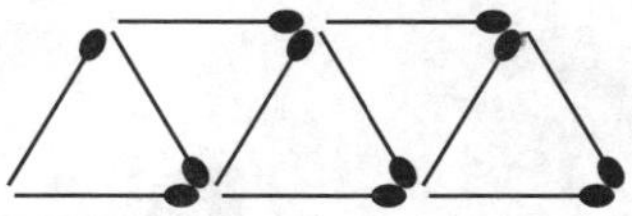

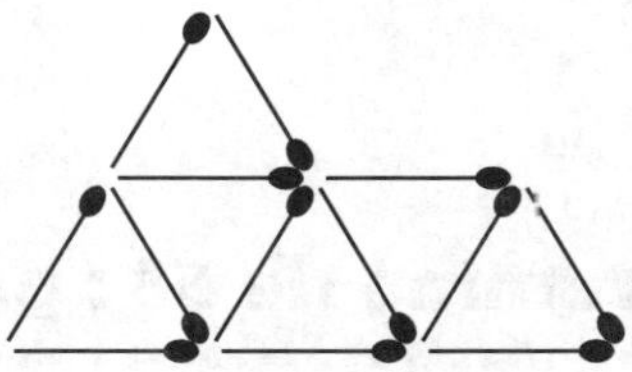

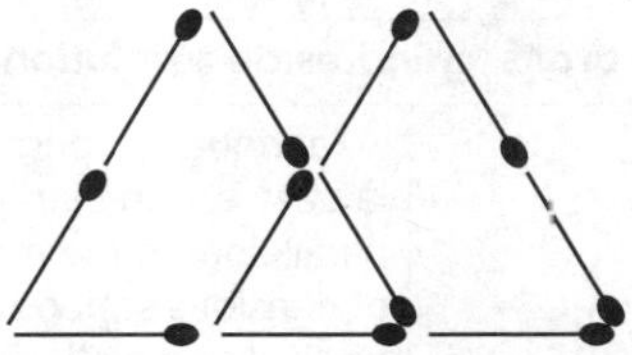

CHAPITRE 11

Prismes et cylindres

1. Programme de 5e : partie traitée dans ce chapitre

Contenus	Compétences exigibles	Exemples d'activités, commentaires
3. 2. Prismes droits, cylindres de révolution		
	– Fabriquer un prisme droit dont la base est un triangle ou un parallélogramme et dont les dimensions sont données, en particulier à partir d'un patron.	Comme en classe de sixième, l'objectif est d'entretenir et d'approfondir les acquis : représenter, décrire et construire des solides de l'espace, en particulier à l'aide de patrons. Passer de l'objet à ses représentations (et inversement) constitue encore l'essentiel du travail, lequel pourra être fait en liaison avec l'enseignement de la technologie. L'observation et la manipulation d'objets usuels sont des points d'appui indispensables.
	– Fabriquer un cylindre de révolution dont le rayon du cercle de base est donné.	Un patron de prisme droit peut être dessiné directement à partir des mesures données, alors que pour le cylindre, le problème est centré sur la production du rectangle (surface latérale du cylindre) lorsque le rayon du cercle de base est connu (réinvestissement du périmètre du cercle).
	– Dessiner à main levée une représentation en perspective cavalière de ces deux solides. *[Technologie].*	L'usage d'outils informatiques (logiciels de géométrie dans l'espace) peut se révéler utile pour une meilleure analyse de ces solides. Les travaux permettent de consolider les connaissances déjà mises en place, relatives à des situations de parallélisme et d'orthogonalité : arêtes perpendiculaires et arêtes parallèles, faces parallèles et faces perpendiculaires. Le parallélépipède rectangle, rencontré en classe de sixième, est reconnu comme cas particulier de prisme droit.

2. Avant et après

a. Classe de 6e

Contenus	Compétences exigibles	Exemples d'activités, commentaires
1. 3. Parallélépipède rectangle : description, représentation en perspective, patrons.		
	Fabriquer ou reconnaître un parallélépipède rectangle de dimensions données, à partir de la donnée : – de ses trois dimensions ; – du dessin d'un de ses patrons ; – d'un dessin le représentant en perspective cavalière. [Arts plastiques] Dessiner ou compléter un patron d'un parallélépipède rectangle. [Arts plastiques]	L'observation et la manipulation d'objets usuels constituent des points d'appui indispensables. À l'école élémentaire, les élèves ont déjà travaillé sur le parallélépipède rectangle et le cube (description, construction, patron). Cette étude est poursuivie en 6e, en mettant l'accent sur un aspect nouveau : la représentation en perspective cavalière, dont certaines caractéristiques sont précisées aux élèves. L'usage d'outils informatiques permet en outre une visualisation de différentes représentations d'un objet de l'espace. *[B2i]* Même si les compétences attendues ne concernent que le parallélépipède rectangle, les travaux portent sur différents objets de l'espace. Ils s'appuient sur l'étude de solides, éventuellement réalisés en technologie, amenant à passer de l'objet à ses représentations et inversement. Le cube est reconnu comme un parallélépipède rectangle particulier. Le vocabulaire (face, arête, sommet) est utilisé dans des situations où il apparaît nécessaire, en même temps que celui qui permet de caractériser les propriétés des faces ou des arêtes.

		La capacité présente et future à « voir dans l'espace » est liée à la construction par l'élève d'images mentales portant en particulier sur les relations de parallélisme et d'orthogonalité extraites du parallélépipède rectangle, sans que des compétences particulières soient exigibles dans ce domaine.

b. Classe de 4^e

Contenus	Compétences exigibles	Exemples d'activités, commentaires
3. 2. Configurations dans l'espace		
Pyramide et cône de révolution	– Réaliser le patron d'une pyramide de dimensions données. [Technologie]	Comme dans les classes précédentes, l'observation et la manipulation d'objets usuels constituent des points d'appui indispensables. Les activités sur les pyramides exploitent des situations limitées et simples : pyramides dont une arête latérale est aussi la hauteur, pyramides régulières à 3, 4 ou 6 faces latérales. L'objectif est toujours d'apprendre à voir dans l'espace, ce qui implique un large usage des représentations en perspective et la réalisation de patrons. Ces travaux permettent de consolider les images mentales relatives à des situations d'orthogonalité. La réalisation du patron d'un cône n'est pas une compétence exigible, mais peut être envisagée comme situation problème intéressante.

3. Fiches pédagogiques des activités

Sciences en construction

■ Un peu d'histoire

La perspective à point de fuite a été très utilisée en peinture à partir de la Renaissance pour obtenir une représentation plus satisfaisante de scènes présentant une certaine profondeur de champ. La perspective cavalière est utilisée en dessin technique, en dessin d'architecture et par quelques peintres, notamment japonais et chinois.

■ Choix de la situation

L'objectif est de remettre en place le principe essentiel de la perspective cavalière (la conservation du parallélisme) à partir de la représentation d'un objet usuel en forme de prisme. On pourra faire observer que le fait de dessiner, en perspective cavalière, la façade arrière de la maison aussi grande que la façade avant alors qu'on l'imagine plus éloignée n'a rien de naturel.

■ Durée : 20 à 30 min

Matériel

On pourra utiliser le document à photocopier fourni pour éviter de devoir utiliser un calque.

On peut trouver sur le site compagnon un imagiciel illustrant le dessin de la maison avec la possibilité de faire varier la position du point de fuite de façon à passer d'un modèle de perspective à l'autre.

1 Découvrir le vocabulaire

■ Choix de la situation

Les prismes sont présentés relativement à un parallélépipède rectangle, parce que les élèves sont habitués à voir en trois dimensions la représentation en perspective de ce dernier.

De ce fait, la forme des faces qui ne sont pas représentées en vraie grandeur est mieux comprise. L'activité doit permettre d'assurer une certaine maîtrise du vocabulaire de base concernant les prismes. Le fait que les faces latérales sont toujours des rectangles, à la différence des deux bases, devra être relevé, ainsi que le fait que les deux bases ont la même forme et les mêmes dimensions. Les mots « hauteur » et « base » seront dégagés de leur sens premier qui suggère une base horizontale et une hauteur verticale.

■ Durée : 20 min

■ Déroulement

Il est souhaitable d'avoir à disposition des objets réels en forme de prisme, et de les utiliser dans cette introduction du vocabulaire. On peut aussi utiliser un logiciel de géométrie dans l'espace.

2 Représenter un prisme droit

■ Choix de la situation

L'objectif est d'abord d'apprendre le respect des deux règles principales de représentation : des arêtes latérales dessinées parallèles et de même longueur et des bases superposables.

La vision dans l'espace pour la distinction entre arêtes visibles et non visibles est aussi un objectif.

■ Durée : 25 à 30 min

■ Déroulement

On peut gagner du temps dans la reproduction des figures en utilisant les documents à photocopier. Le contrôle des dessins pourra en partie s'effectuer par comparaison et critique des dessins entre les élèves. Des figures Geoplan pourront permettre une illustration collective de la solution.

3 À partir d'un patron

■ Choix de la situation

Dans cette première activité, l'élève n'a pas à concevoir le patron, mais à comprendre les liens entre le dessin du patron et l'objet réel qu'il aura fabriqué.

■ Durée : 20 à 30 min

■ Déroulement

Si on souhaite pouvoir faire des allers-retours entre le patron et l'objet, il faut donner comme consigne de ne pas le coller.

> *Matériel*
> On peut utiliser les documents à photocopier pour gagner du temps.
> On peut trouver sur le site compagnon une figure Geospace avec la possibilité de faire tourner le prisme et d'ouvrir ou fermer un patron.

4 Résoudre un problème

■ Choix de la situation

Dans cette seconde activité sur le patron d'un prisme, aucune indication n'est donnée : les élèves sont supposés s'inspirer des liens trouvés dans l'activité précédente pour s'adapter à une nouvelle situation.

■ Durée : 20 à 30 min

■ Déroulement

Le nombre et les dimensions des faces latérales devront être établis prioritairement. On pourra faire noter sur le dessin du patron les longueurs égales.

▲ Test intermédiaire

Ce chapitre peut être partagé entre l'étude du prisme et celle du cylindre.
Les exercices ci-dessous ne testent les compétences que pour cette première partie.
Durée du test : 45 min environ.

Exercice 1
Pour ce prisme droit, la face ABCD est en vraie grandeur :

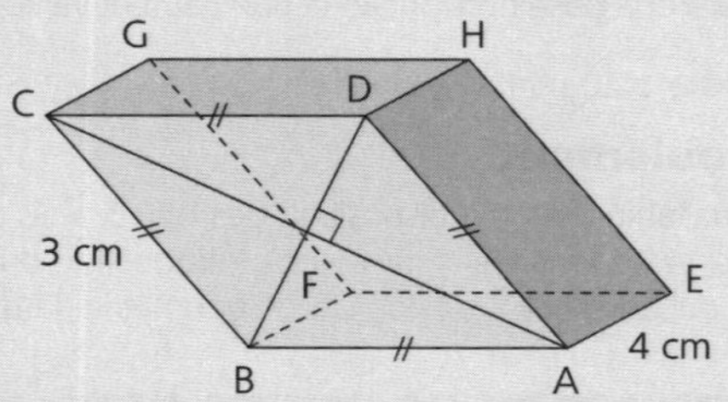

a. Donner les noms de ses bases et de ses arêtes latérales.
b. Indiquer sa hauteur en cm.
c. Calculer le périmètre d'une base.

Exercice 2
Compléter la représentation du prisme droit en dessinant en pointillé les arêtes cachées.

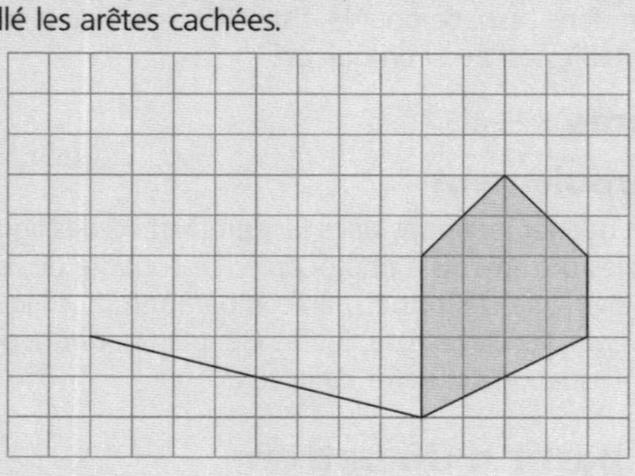

Exercice 3
Les dimensions sont en cm.
a. Représenter ce prisme droit avec une base de face.
b. Dessiner un patron de ce prisme.

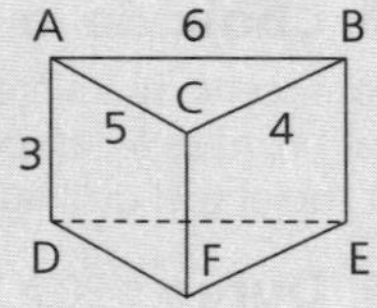

5 Découvrir le vocabulaire

■ Choix de la situation

La situation permet de donner du sens à la définition du cylindre comme solide engendré par un rectangle tournant autour de l'un de ses côtés et de découvrir le vocabulaire de base. Le mot « génératrice » n'est pas mentionné dans le programme.

■ Durée : 20 min

> *Matériel*
> Il est indispensable de disposer effectivement d'un rectangle rigide à faire tourner. Un logiciel de géométrie dans l'espace peut aussi aider à visualiser cette situation.
> On peut trouver sur le site compagnon une figure Geospace permettant de visualiser la rotation du rectangle et le cylindre obtenu.

■ Prolongement possible

Avec un logiciel, on peut explorer d'autres solides engendrés par rotation d'un polygone autour de l'un de ses côtés, par exemple un parallélogramme.

6 Représenter un cylindre de révolution

■ Choix de la situation

L'objectif est la mise en application de la règle principale : les deux bases doivent être dessinées superposables (à peu près dans le cas d'un dessin à main levée).

■ Durée : 15 à 20 min

■ Déroulement

On pourra utiliser un document à photocopier. On fera observer que dans le cas de la figure 1, la base peut être tracée au compas.

7 À partir d'un patron

■ Choix de la situation

L'objectif est de faire percevoir les liens entre les dimensions du patron et celles du cylindre à travers une prise en main de l'objet.

■ Durée : 15 à 20 min

■ Déroulement

Le collage du patron devra être évité tant que les réponses à la question **c.** n'auront été données, de façon à pouvoir faire des allers-retours entre le patron et le cylindre.

> *Matériel*
> Un logiciel de géométrie dans l'espace pourra aussi permettre ces passages.
> On peut trouver sur le site compagnon une figure Geospace avec la possibilité de faire tourner le cylindre et d'ouvrir ou fermer un patron.

8 Construire le patron à partir d'un objet

■ Choix de la situation

L'objectif est que les élèves arrivent à prévoir les dimensions du rectangle en complétant les mesures par un calcul.

■ Durée : 15 min

■ Déroulement

Le mode de calcul de la longueur du rectangle devra être clairement établi.

▲ Test final

Durée du test : 45 min environ.

Exercice 1
On fait tourner un rectangle de 6 cm sur 8 cm autour de sa largeur. Quelles seront les dimensions du prisme obtenu ?

Exercice 2

a. Représenter avec une base en vraie grandeur un cylindre de rayon 3 cm et de hauteur 5 cm.

b. Représenter avec une base en vraie grandeur un prisme de même hauteur et dont la base est un triangle équilatéral de côté 4 cm.

Exercice 3

a. Réaliser un patron d'un cylindre de révolution de hauteur 5 cm et de rayon 3 cm.

b. Réaliser un patron d'un prisme de même hauteur et dont la base est un triangle équilatéral de côté 4 cm.

4. Corrigés

■ Revoir les acquis

1 a. **2** a. **3** c. **4** b. **5** a. **6** b.

■ Sciences en construction

a.

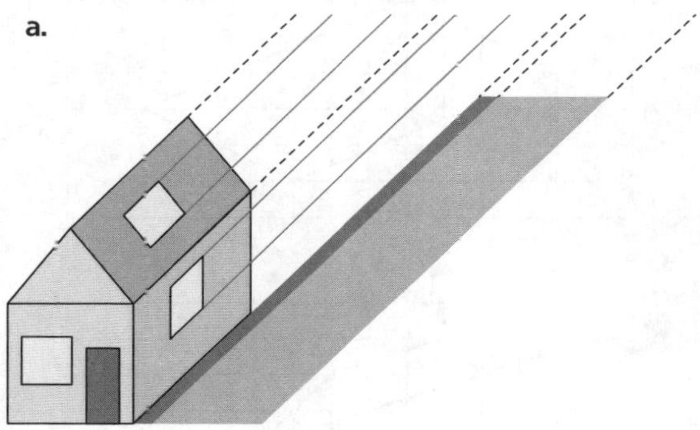

b.

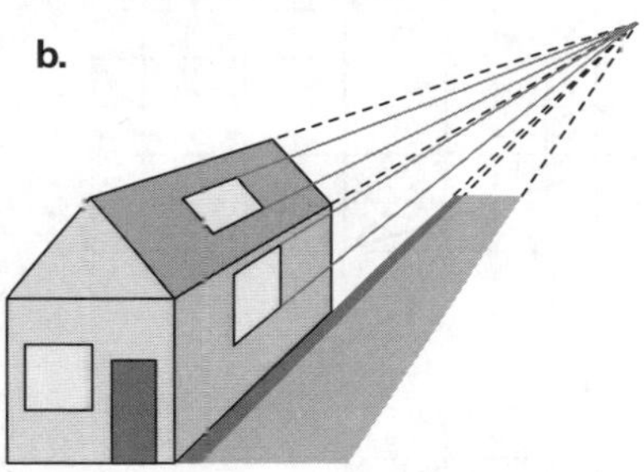

■ Activités

1. ① **a.** ADC, HEG triangles rectangles isocèles
b. ADHE, DCGH, ACGE.
c. [DH], [AE], [CG].
d. 4 cm.

② **a.** DEH, CFG triangles rectangles isocèles
b. EDCF, DCGH, EFGH.
c. [DC], [EF], [GH].
d. 5 cm.

③ **a.** EIF, HIG triangles (isocèles)
b. EFGH, IJCF, EIJH.
c. [IJ], [EH], [FG].
d. 3 cm.

④ **a.** ADCI, HEJG trapèzes rectangles
b. ADHE, DCGH, ICGJ, AIJE.
c. [DH], [AE], [CG], [IJ].
d. 4 cm.

2. ① 8 sommets, 6 faces, 12 arêtes.

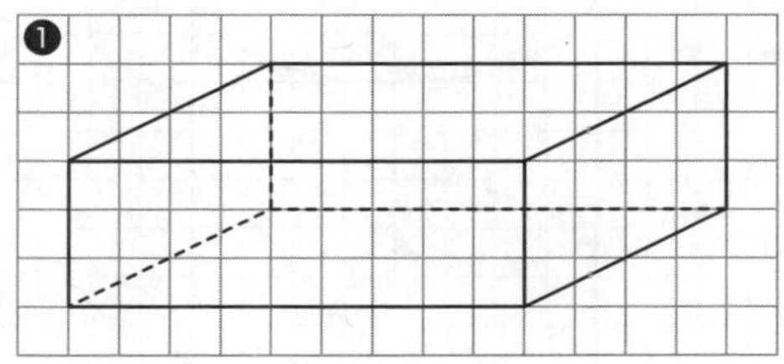

② 16 sommets, 10 faces, 24 arêtes.

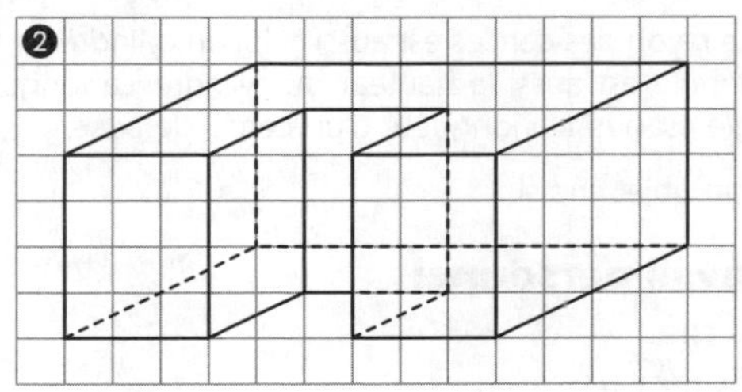

③ 12 sommets, 8 faces, 18 arêtes.

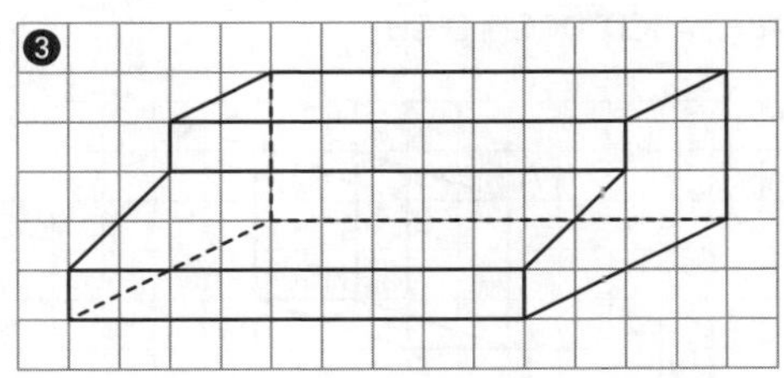

④ 16 sommets, 10 faces, 24 arêtes.

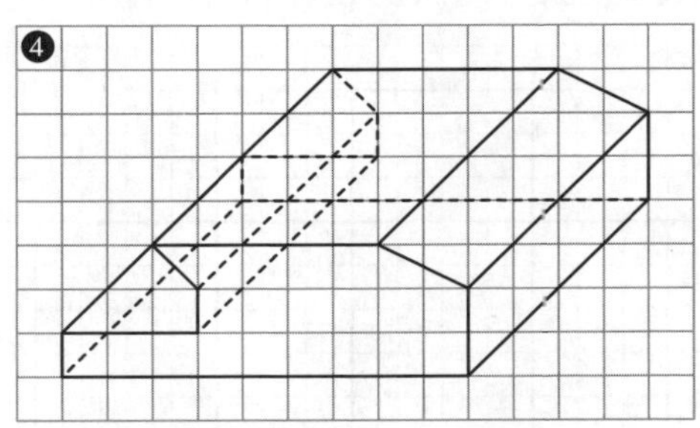

3. La hauteur du prisme est la largeur du rectangle qui représente la surface latérale.

4. Facile.

5. **a.** Rayon 2 cm ; hauteur 1,5 cm.
b. Rayon 1,5 cm ; hauteur 2 cm.

6. ①

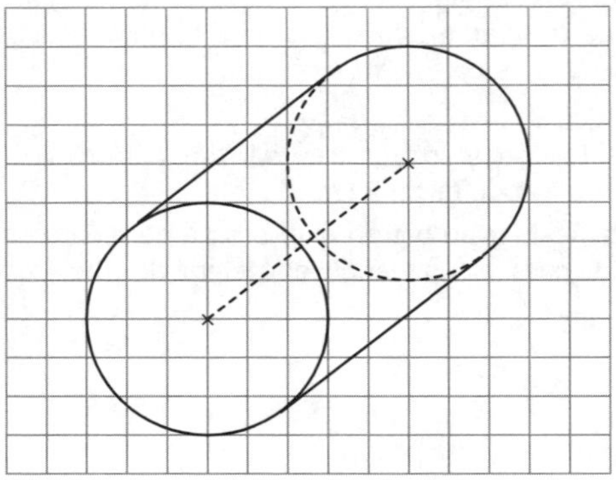

②

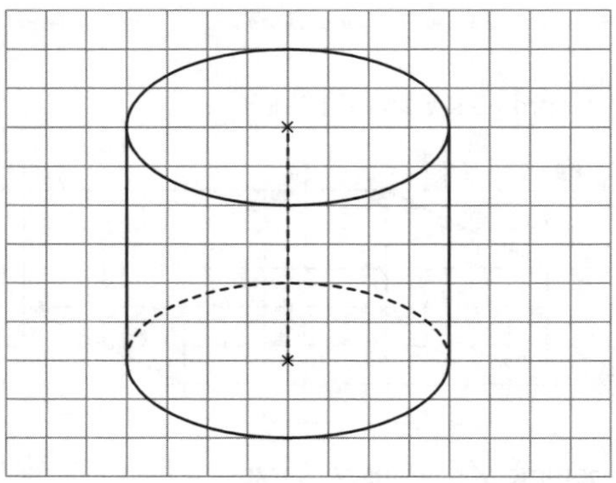

7. **c.** Le rayon des cercles est aussi celui du cylindre. La largeur du rectangle est aussi la hauteur du cylindre. La longueur du rectangle est aussi la longueur d'un cercle de base.

8. Selon objet choisi.

■ Travail personnel

A. 100 cm.

B. [AD], [BC], [EH], [FG].

C. **a.** ADHE.

b. ABFE, ABCD, DCGH, EFGH.

D.

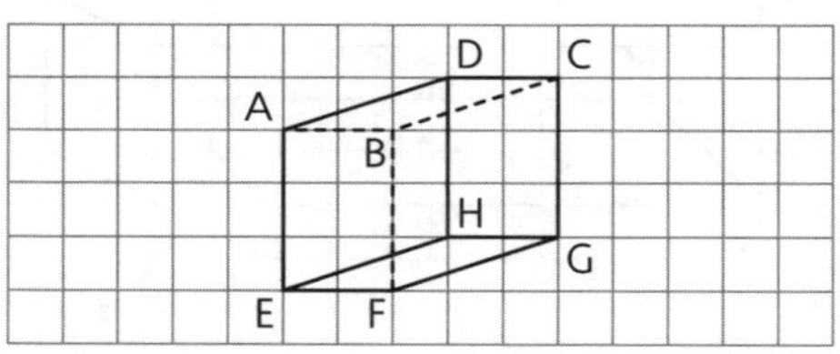

E. En considérant un carreau pour 1 cm :

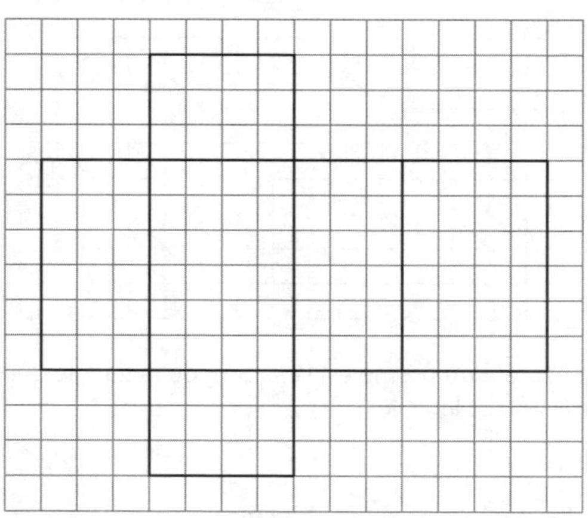

F. 44,0 cm.

■ Exercices d'application

1. ① **a.** Triangles rectangles isocèles.

b. ADGF. **c.** 3.

② **a.** Parallélogrammes.

b. ADIJ ou JIGF. **c.** 3.

③ **a.** Triangles isocèles.

b. ABCD ou BCLK. **c.** 1.

④ **a.** Losanges.

b. PIJN ou NPLK. **c.** 3.

2. ① **a.** 5 cm. **b.** ABF et DCE.

c. Rectangle tel que sur la figure.

② **a.** 6 cm. **b.** AIHFD et BJGEC.

c. Rectangle de 6 cm sur 3 cm.

③ **a.** 6 cm. **b.** b. ABF et DCE.

c. Rectangle de 6 cm sur 2 cm.

3. **a.**

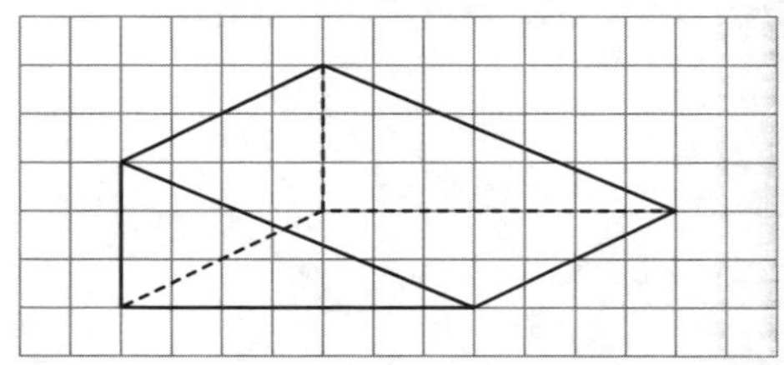

b.

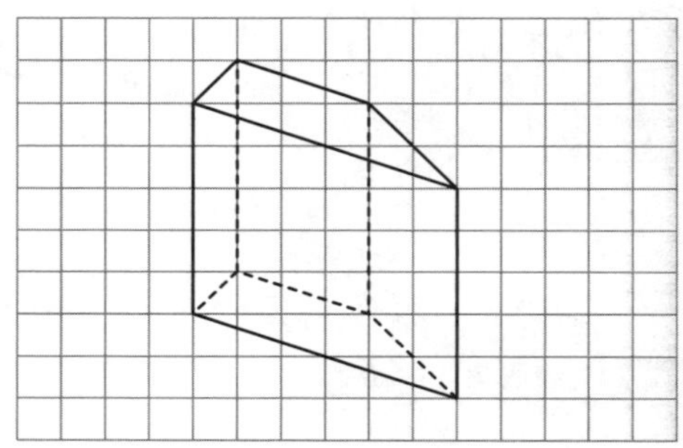

4. **a.**

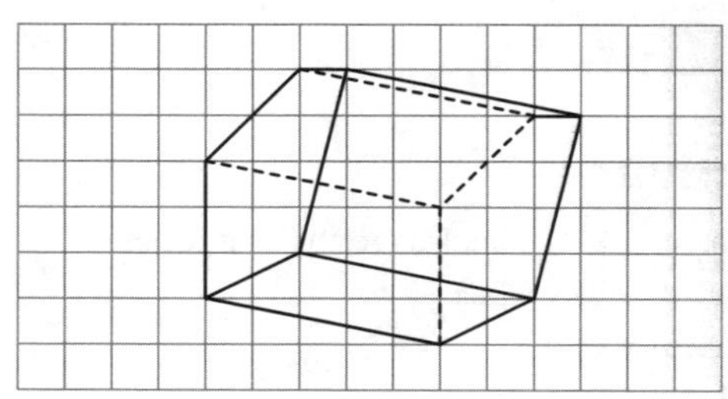

b.

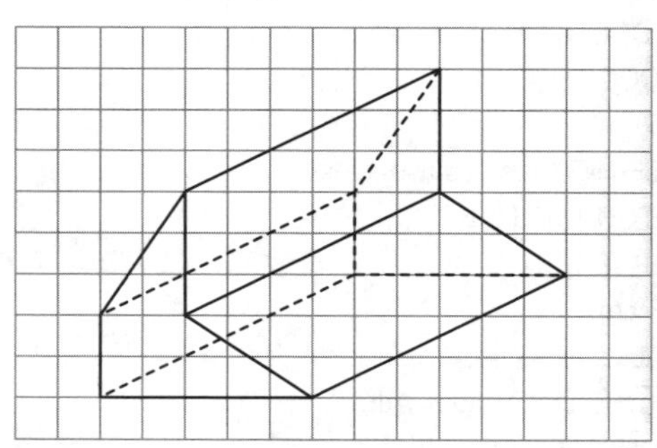

5. Figure réduite.

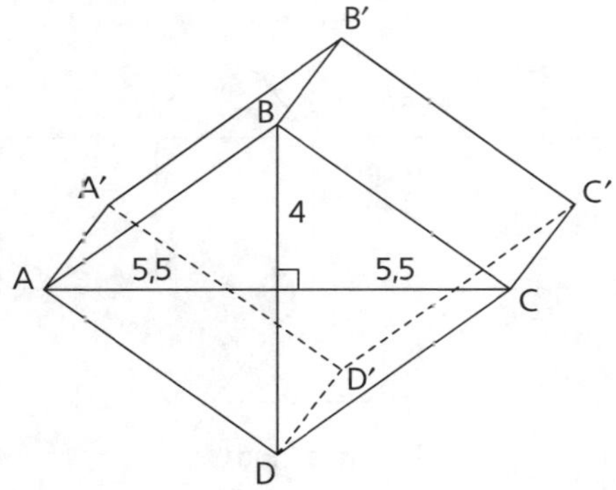

6. BC = 5 cm ; BA = 7 cm ; AC = 6 cm.

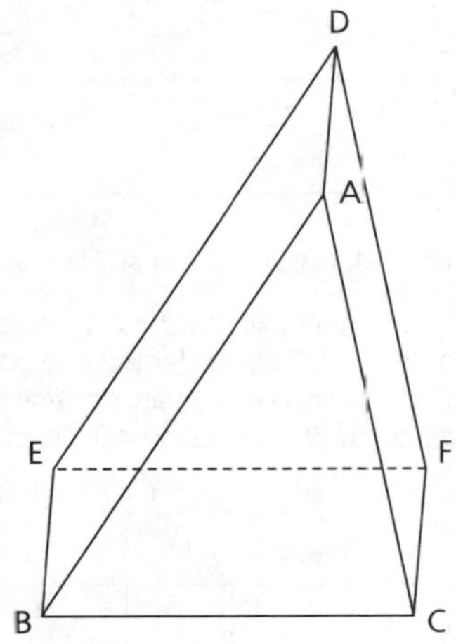

7. AB = 3 cm ; AD = 9 cm.

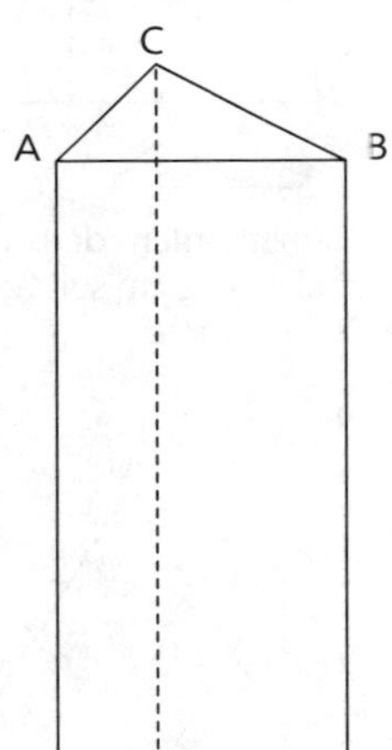

8. AB = 3 cm ; AC = 3,5 cm ; BC = 2,5 cm.

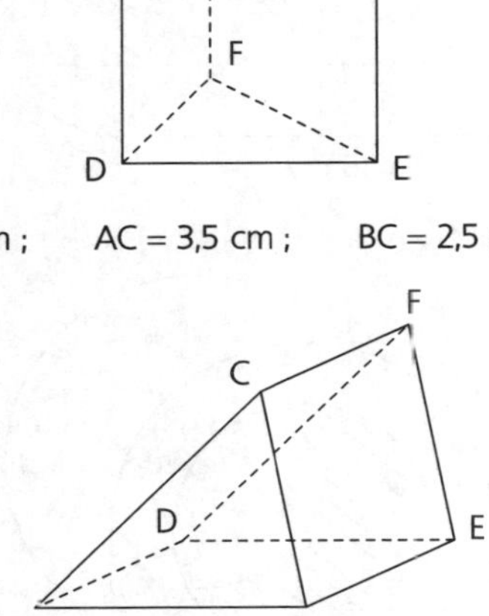

9. **a.** Les bases sont des losanges.

c.

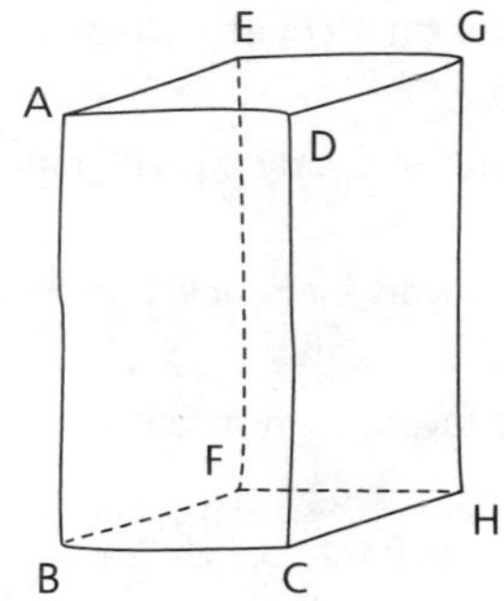

10. Figure réduite.

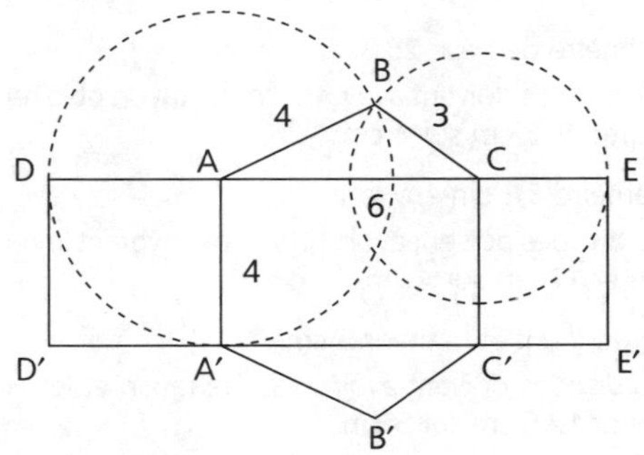

11. Figure réduite.

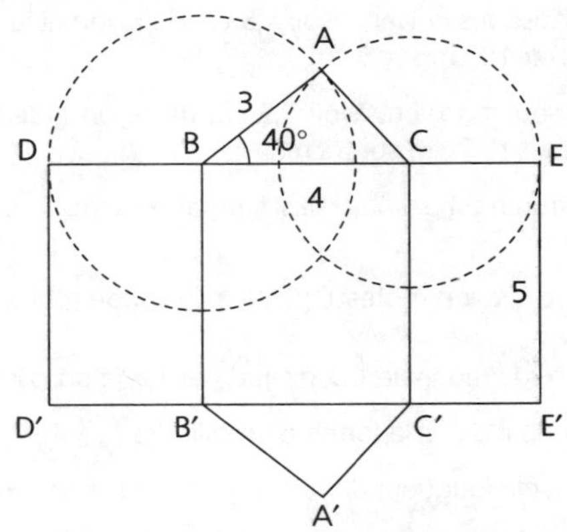

12. **a.** 4 cm. **b.** 2 cm. **c.** 2 cm et 4 cm.

13. **a.**

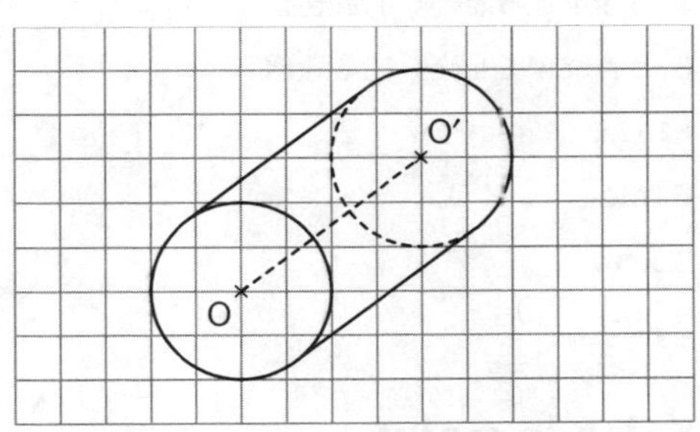

b.

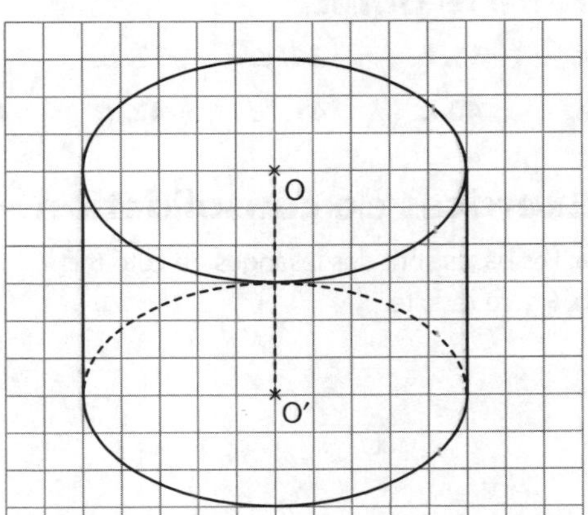

14. Cercles de rayon 4 cm en vraie grandeur et hauteur 7 cm réduite.

15. Cercles de rayon 3 cm en vraie grandeur et hauteur 3 cm réduite.

16. Cercles de rayon 3 cm aplatis et hauteur 5 cm en vraie grandeur.

17. Cercles de rayon 2 cm aplatis et hauteur 7 cm en vraie grandeur.

18. a. Périmètre de base 15,7 cm environ.

b. Les disques doivent avoir 2,5 cm de rayon et le rectangle doit mesurer 15,7 cm sur 7 cm.

19. a. Périmètre de base 25,8 cm environ.

b. Les disques doivent avoir 4,1 cm de rayon et le rectangle doit mesurer 25,8 cm sur 4 cm.

20. a. Diamètre 3,8 cm environ.

b. Les disques doivent avoir 1,9 cm de rayon et le rectangle doit mesurer 12 cm sur 4 cm.

21. a. Rayon 2 cm et hauteur 5 cm.

b. Les disques doivent avoir 2 cm de rayon et le rectangle doit mesurer 12,6 cm sur 5 cm.

22. b. Rayon : 1,6 cm environ.

c. Les disques doivent avoir 1,5 cm de rayon et le rectangle doit mesurer 10 cm sur 5 cm.

23. Les disques doivent avoir 2,5 cm de rayon et le rectangle doit mesurer 15,7 cm sur 5 cm.

24. Le patron n'est pas valable. Il faudrait avoir ED = IE = 2,5 cm et DF = FJ = 1,5 cm.

25. a. Tube, crayon, poteau, paille, pile ronde, puits, tringle à rideau, …

b. Pièce de monnaie, CD, disque, galette, jeton, pile plate, …

26. L'anneau n'a pas la forme d'un cylindre.

27. Non, car la longueur du rectangle est $3d$ et non πd, d étant le diamètre.

28. 6 sommets, 5 faces, 9 arêtes.

29. 8 sommets, 6 faces, 12 arêtes.

30. 81 cm.

31. 6 côtés.

32. 2,5 cm

33. 22 cm.

■ Faire le point

34. c. **35.** b. **36.** c. **37.** b. **38.** c.

39. a. **40.** c. **41.** b. **42.** c. **43.** b.

■ Exercices de consolidation

44. a. Les bases sont des losanges de côté 6 cm.

b. Figure réduite.

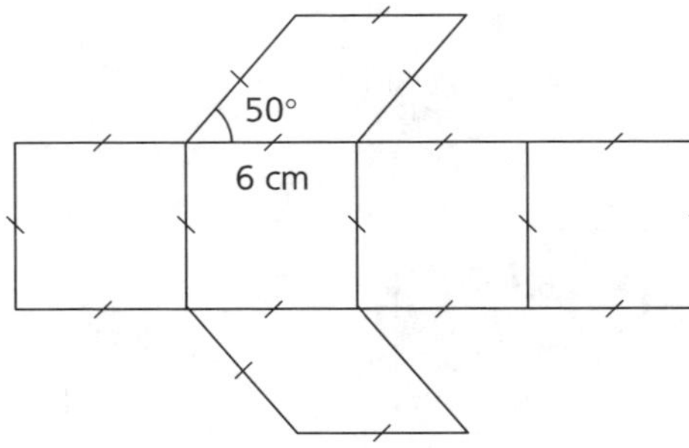

45. a. Oui. **b.** Non et non.

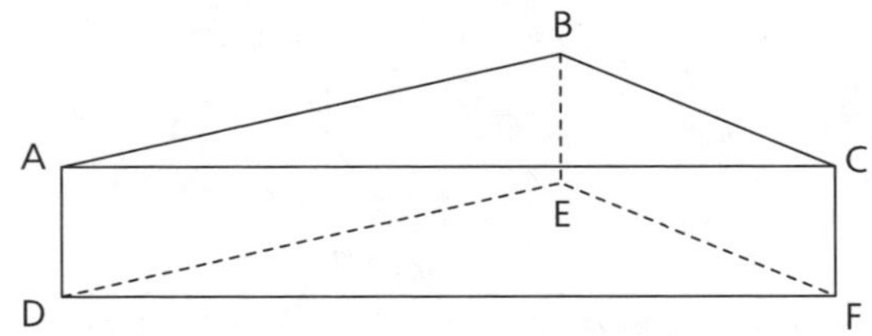

c. [AD] et [BE]. **d.** ABED, BCFE et ACFD. **e.** ABED et BCFE.

46. a. On trace le segment [AB] de 3 cm. On trace l'angle $\widehat{BAD}$ de 44°. On place le point D sur la demi-droite obtenue, à 2 cm de A. On place C à l'intersection d'un arc de centre D et de rayon AB et d'un arc de centre B et de rayon AD. On trace ABCD.

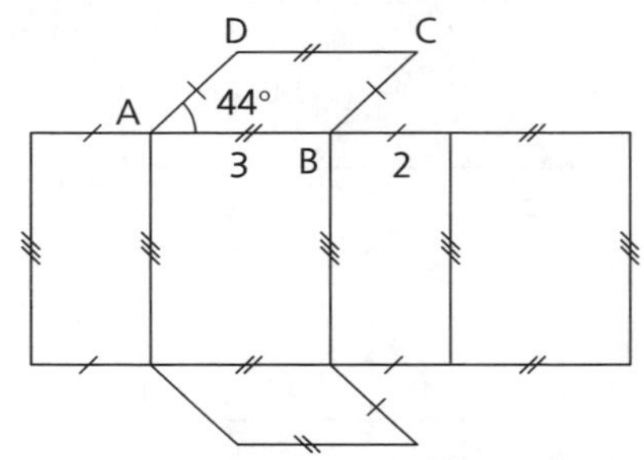

b. On juxtapose alternativement deux rectangles de 3 cm sur 4 cm et deux rectangles de 2 cm sur 4 cm pour correspondre aux côtés du parallélogramme.

47.

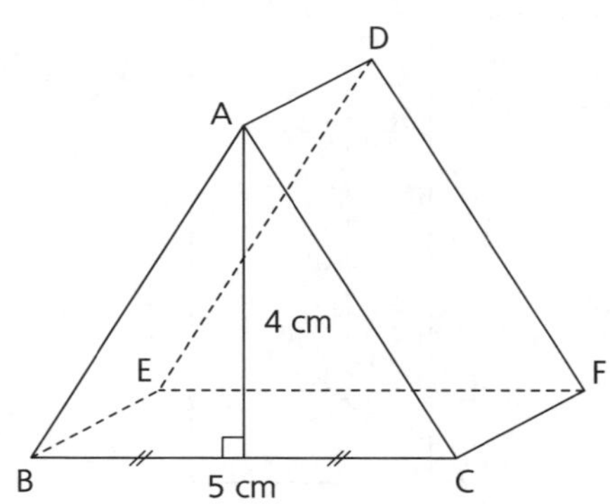

48. Figure réduite.

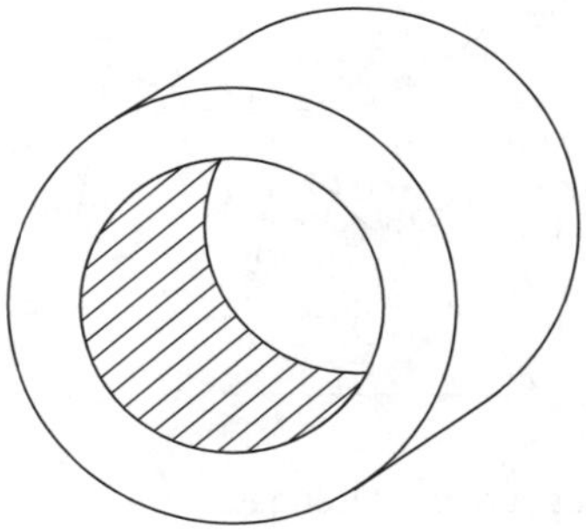

49. $11\pi + 82 \approx 116{,}6$. Le ruban a pour longueur 116,6 cm environ.

■ Exercices d'approfondissement

50. Hauteur 5 cm et périmètre de base 24 cm ou hauteur 6 cm et périmètre de base 20 cm.

51. Patron impossible car l'un des côtés du triangle serait plus grand que la somme des deux autres.

52. a.

Nombre de faces	5	6	7	8
Nombre de sommets	6	8	10	12

b. $n = 2 \times f - 4$.

53. ABFE est non seulement un rectangle, mais un carré de côté 6 cm. Les diagonales (AF) et (BE) de ce carré sont donc perpendiculaires.

54. Tous les prismes cherchés ont des bases qui sont des triangles rectangles isocèles. Pour chaque arête du pavé, il existe un prisme unique tel que cette arête relie les sommets des angles droits des deux bases. Il y a donc 12 possibilités. On peut aussi dire qu'il y a 4 bases possibles par face, soit 24 bases qui donnent 12 prismes.

55. Les bases doivent avoir un périmètre de 6 cm ou 3 cm et être placées de façon à former un patron valide.

56. Chaque cylindre a un rayon qui mesure 5 cm de moins que le précédent.
$50 + 45 + 40 + 35 + \dots + 5 = 275$.
La hauteur totale est 275 cm.

57. Les dimensions des différentes faces peuvent être reportées au compas et non mesurées.

58. a. b. AB = 2 cm. CF = 4 cm.

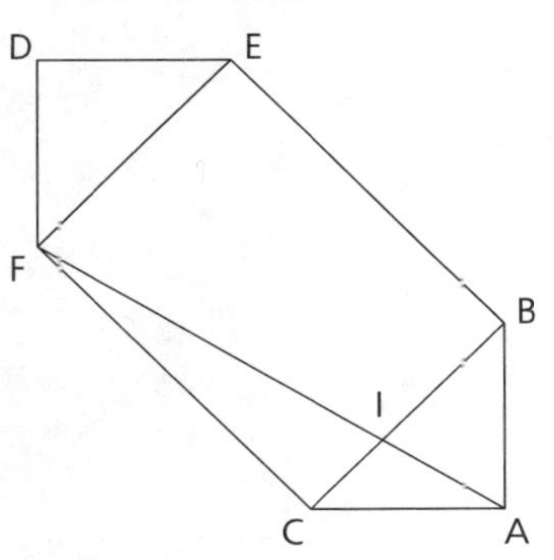

59. Figures réduites.

a.

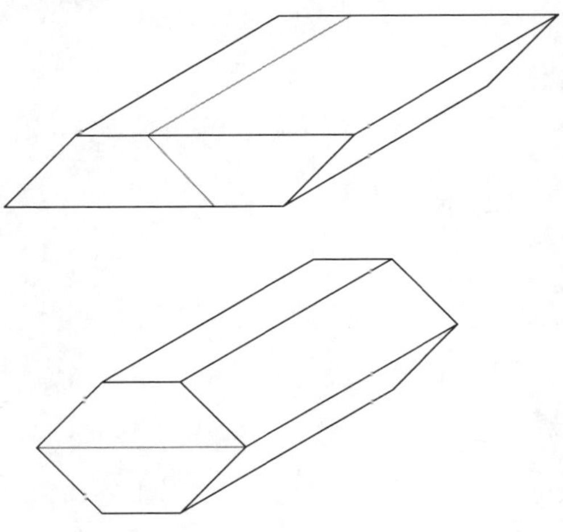

c.

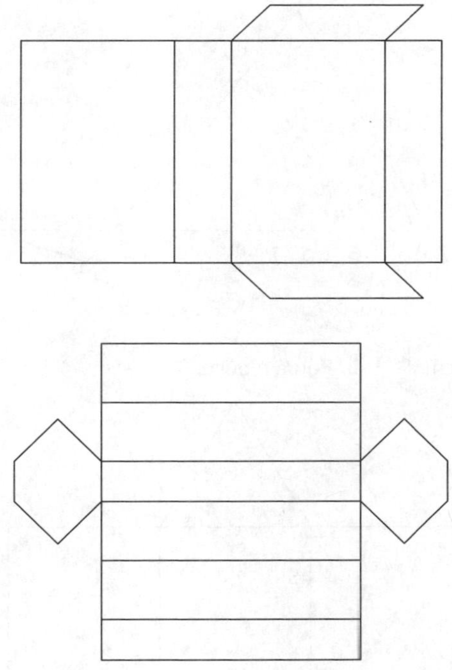

60.

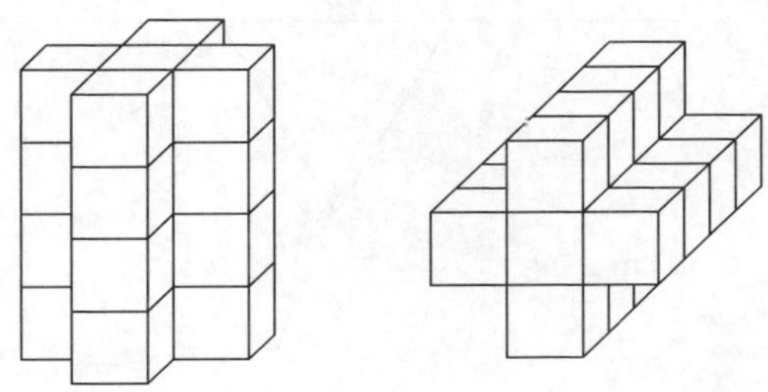

61. Figure réduite.

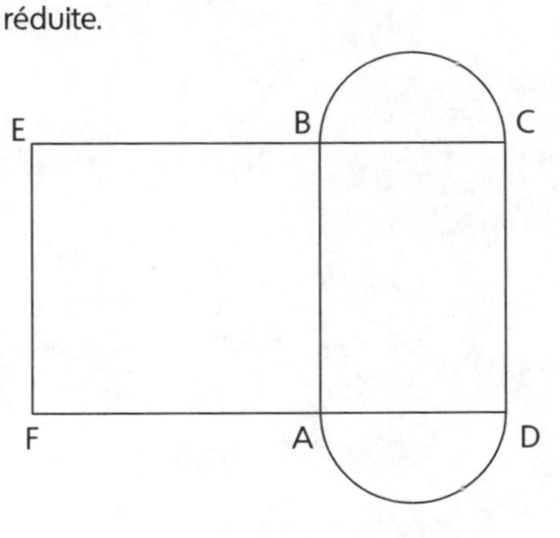

62.

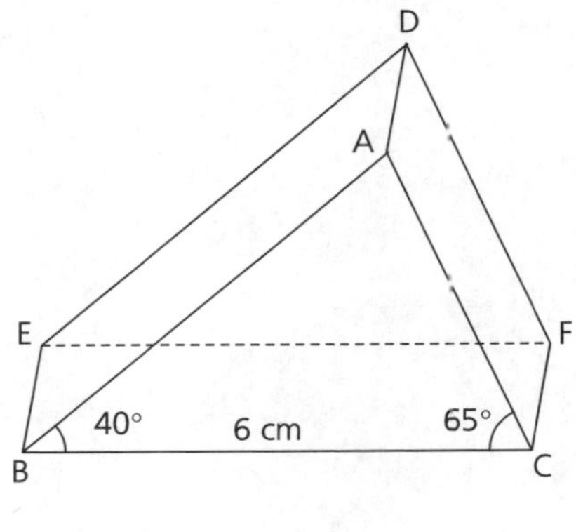

63.

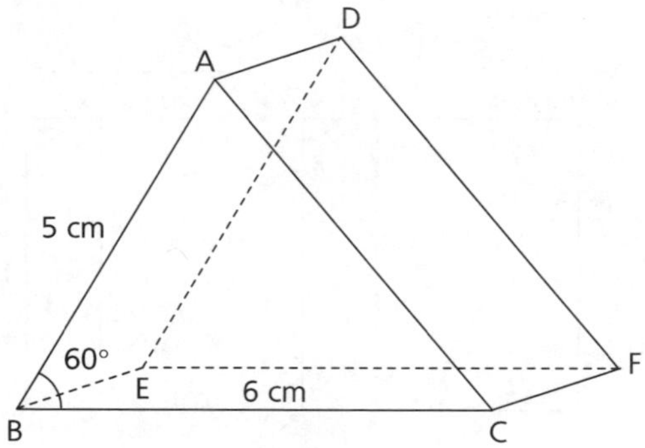

64.

A. **a.** 5 cm. **b.** Figure réduite.

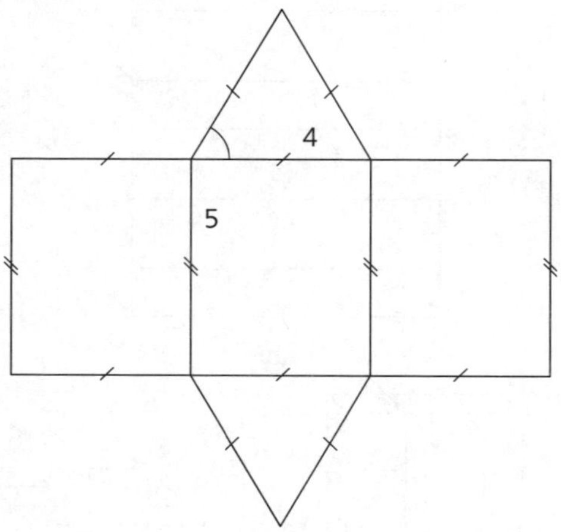

c. 39 cm.

B. **1.** **a.** $(x+1)$. **b.** $3x$.

2. **a.** $3(x+1)+2(3x)=9x+3$.

b. 75 cm. **c.** 5 cm.

65. Vrai. **66. Faux.**

67. Vrai, car 3 arêtes partent de chaque sommet.

68. Vrai, c'est 3 fois le nombre de sommets d'une base.

69. Faux. Exemple pour un prisme de hauteur x dont la base est un triangle équilatéral de côté 3 cm, le périmètre du patron habituel est $2x+24$ alors que la somme des longueurs des arêtes est $3x+18$.

70. Faux, la hauteur est égale au rayon.

71. Le périmètre de l'ouverture du sachet mesure 30 cm. Le périmètre du cylindre est d'environ 31,4 cm. Donc il ne passera pas l'ouverture. Dans l'autre sens, il passera encore moins.

72. Le prisme aura 14 faces parce que les bases auront 12 côtés de même longueur que les côtés du carré.

■ Jeu

				3	1		
				4	2		
3	2	4	1	2	3	1	4
4	1	2	3	1	4	3	2
				4	2		
				3	1		

CHAPITRE 12

Calculs d'aires

1. Programme de 5e : partie traitée dans ce chapitre

La rubrique « Grandeurs et mesures » s'appuie sur la résolution de problèmes souvent empruntés à la vie courante. Les compétences acquises en sixième dans ce domaine sont entretenues et réinvesties dans des problèmes de synthèse en liaison avec les paragraphes précédents (notamment : nombres et calcul, géométrie) et les autres disciplines : technologie, arts plastiques, sciences de la vie et de la terre, sciences physiques et chimiques. Certains de ces problèmes qui conduisent à exprimer une grandeur en fonction d'une autre sont l'occasion de faire fonctionner les priorités opératoires (cf. § 2.1) en utilisant une lettre. Le travail sur les aires s'étend à de nouveaux objets géométriques. Comme en classe de sixième, l'utilisation d'unités dans les calculs sur les grandeurs est légitime. Elle est de nature à en faciliter le contrôle et à en soutenir le sens. Les questions de changement d'unités sont reliées à l'utilisation de la proportionnalité de préférence au recours systématique à un tableau de conversion.

Contenus	Compétences	Exemples d'activités, commentaires
4.3. Aires		
Parallélogramme, triangle, disque	– Calculer l'aire d'un parallélogramme.	La formule de l'aire du parallélogramme est déduite de celle du rectangle.
	– Calculer l'aire d'un triangle connaissant un côté et la hauteur associée.	La formule de l'aire du triangle est déduite de celles de l'aire du parallélogramme, du triangle rectangle ou du rectangle. Le fait que chaque médiane d'un triangle le partage en deux triangles de même aire est démontré.
	– Calculer l'aire d'un disque de rayon donné.	Une démarche expérimentale permet de vérifier la formule de l'aire du disque.
	– Calculer l'aire d'une surface plane ou celle d'un solide, par décomposition en surfaces dont les aires sont facilement calculables.	Les élèves peuvent calculer l'aire latérale d'un prisme droit ou d'un cylindre de révolution à partir du périmètre de leur base et de leur hauteur.

2. Avant et après

a. Classe de 6e

Le recours aux longueurs et aux aires permet d'enrichir le travail sur les nombres non entiers et les opérations étudiées en classe de sixième. Il est important que les élèves disposent de références concrètes pour certaines grandeurs et soient capables d'estimer une mesure (ordre de grandeur). L'utilisation d'unités dans les calculs sur les grandeurs est légitime. Elle est de nature à en faciliter le contrôle et à en soutenir le sens. À travers les activités sur les longueurs, les aires et les volumes, les élèves peuvent élaborer et utiliser un premier répertoire de formules.

Contenus	Compétences	Exemples d'activités, commentaires
4.3. Aires : mesure, comparaison et calcul d'aires		
	– Comparer des aires. – Déterminer l'aire d'une surface à partir d'un pavage simple.	Poursuivant le travail effectué à l'école élémentaire, les élèves sont confrontés à des problèmes dans lesquels il faut : – comparer des aires à l'aide de reports, de décompositions, de découpages et de recompositions, sans perte ni chevauchement ;

Contenus	Compétences	Exemples d'activités, commentaires
		– déterminer des aires à l'aide de quadrillage et d'encadrements.
	– Différencier périmètre et aire.	Certaines activités proposées conduisent les élèves à comprendre notamment que leurs sens de variation ne sont pas toujours similaires.
	– Connaître et utiliser la formule donnant l'aire d'un rectangle.	Au cycle 3 de l'école élémentaire, les élèves ont calculé l'aire d'un rectangle dont l'un des côtés au moins était de dimension entière. En sixième, le résultat est généralisé au cas de rectangles dont les dimensions sont des décimaux [*cf.* § 2. Nombres et calcul].
	– Calculer l'aire d'un triangle rectangle.	Des manipulations permettent aux élèves de comprendre le passage du rectangle au triangle rectangle. À partir de là, ils peuvent être confrontés au calcul d'aires de figures décomposables en rectangles et triangles rectangles.
	– Effectuer pour les aires des changements d'unités de mesure.	Comme pour les longueurs, l'utilisation des équivalences entre diverses unités est préférée à celle systématique d'un tableau de conversion.

b. Classe de 4e

Comme en classes de cinquième et sixième, la rubrique « Grandeurs et mesures » s'appuie sur la résolution de problèmes souvent empruntés à la vie courante et aux autres disciplines. Le travail sur les aires se poursuit. Il permet en particulier d'aborder la variation d'une grandeur en fonction d'une autre. Comme dans les classes précédentes, l'utilisation d'unités dans les calculs sur les grandeurs est légitime. Elle est de nature à en faciliter le contrôle et à en soutenir le sens.

Contenus	Compétences	Exemples d'activités, commentaires
4.1. Aires et volumes		
Calculs d'aires et volumes	– Calculer le volume d'une pyramide et d'un cône de révolution à l'aide de la formule $V = \frac{1}{3}Bh$.	L'objectif est, d'une part, d'entretenir les acquis des classes antérieures et, d'autre part, de manipuler de nouvelles formules, en liaison avec la pratique du calcul littéral. Les formules d'aires offrent l'occasion d'étudier les variations d'une grandeur en fonction d'une autre. La recherche de l'aire latérale d'une pyramide et d'un cône de révolution est proposée, à titre de problème.

3. Fiches pédagogiques des activités

Sciences en construction

Un peu d'histoire

Dans les premiers travaux connus de géométrie dus aux Égyptiens et aux Babyloniens (2 000 ans avant notre ère), on cherche à évaluer les aires.

Dans le papyrus égyptien Rhind, on trouve que pour calculer l'aire d'un disque de diamètre *d*, on calcule l'aire d'un carré de côté $\frac{8d}{9}$, ce qui revient à prendre $\frac{256}{81}$ comme valeur de π, soit environ 3,16 ; la précision n'est pas très grande, mais suffisante pour les utilisateurs de l'époque.

Archimède (287 – 212 avant notre ère), en encadrant un disque par des polygones réguliers ayant jusqu'à 96 côtés, a démontré la double inégalité :

$$3 + \frac{10}{71} < \pi < 3 + \frac{1}{7} \quad \text{soit} \quad 3{,}140\,8 < \pi < 3{,}142\,8$$

Ainsi les deux premières décimales de π étaient déjà connues.

Grâce à Archimède on savait également calculer l'aire d'un triangle en fonction des longueurs *a*, *b*, *c* de ses côtés et de son demi-périmètre *p* :

$$\mathcal{A} = \sqrt{p(p-a)(p-b)(p-c)}.$$

Cette formule est appelée formule de Héron car c'est Héron d'Alexandrie (fin du 1e siècle), connu pour ses travaux en optique, en mécanique, en géométrie qui l'a démontrée. La démonstration a en effet été retrouvée à Constantinople en 1896 dans l'ouvrage *Metrica*.

Choix de la situation

En classe de sixième, les élèves ont appris à calculer l'aire d'un triangle rectangle. On leur propose ici de vérifier la formule démontrée par Héron pour un tel triangle.

Durée : 15 min environ

Déroulement

L'énoncé est lu collectivement et la formule donnée est explicitée avec l'ensemble des élèves pour rappeler à chacun la notation $\mathcal{A}^2$.

Chaque élève construit le triangle demandé et mesure son hypoténuse. La réponse est donnée oralement pour s'assurer rapidement que la construction effectuée par chacun est correcte.

La formule donnant l'aire d'un triangle rectangle ayant été rappelée dans la rubrique « Prendre un bon départ », la réponse à la question **b.** devrait être donnée sans difficulté.

La vérification peut être faite au tableau par un élève de la classe.

Prolongement possible

On peut éventuellement faire construire un triangle dont les longueurs des côtés sont données et en faire calculer l'aire avec la formule de Héron.

1 Sur un quadrillage

Choix de la situation

Il s'agit ici, comme les élèves l'ont déjà fait en classe de sixième, de calculer (sans formule) puis de comparer les aires de plusieurs parallélogrammes construits sur un quadrillage. Ils ont été choisis de façon à faire apparaître l'influence de certaines longueurs dans les résultats constatés.

Durée : 15 min environ

Déroulement

Un rappel de la définition d'un parallélogramme est fait oralement.
On laisse ensuite chaque élève examiner les figures proposées et répondre à la question posée.
Une réponse orale est demandée à quelques élèves.
Une discussion s'engage alors pour comparer ces parallélogrammes :
– ces parallélogrammes ont-ils un élément commun ? Lequel ?
– qu'est-ce qui différencie les parallélogrammes qui ont des aires différentes ?
On cherche par ces questions à faire apparaître qu'ils ont tous un côté de même longueur, mais que la hauteur est différente quand les aires sont différentes.

Synthèse

On peut conclure : il semble que les parallélogrammes qui ont un côté et la hauteur relative à ce côté de même longueur ont la même aire.

2 Avec un découpage

Choix de la situation

Par un découpage et un recollement, cette activité doit permettre de trouver la formule de l'aire d'un parallélogramme à partir de celle du rectangle.

Durée : 30 min environ

Déroulement

La question **a.** peut être préparée à l'avance à la maison ; on peut, de plus, demander aux élèves de reproduire, par avance, deux parallélogrammes sans découpage : l'un pour une éventuelle correction en classe, et l'autre pour un autre découpage.
Au cours de la séance en classe, le professeur vérifie le travail effectué par les élèves ; si cela est nécessaire, une correction à l'aide du rétroprojecteur peut être faite.
Le rectangle reconstitué, chaque élève doit pouvoir répondre sans difficulté à la question **b.** Lors de sa correction, on s'interroge sur les mesures nécessaires à ce calcul ; c'est le moment pour le professeur d'introduire la définition d'une hauteur dans un parallélogramme.
On peut supposer que les élèves auront effectué le découpage suivant le segment [AH]. Cependant il faut prévoir aussi le découpage suivant la hauteur issue de A et relative au côté [AD], effectuer mesures et calcul dans ce cas et vérifier la valeur déjà trouvée.

Synthèse

On peut demander à un élève de résumer le travail effectué, en énonçant une formule permettant le calcul de l'aire d'un parallélogramme.
Sur le cahier de leçons, on note :
La hauteur relative à un côté d'un parallélogramme est la longueur de tout segment perpendiculaire à ce côté et à son côté opposé.

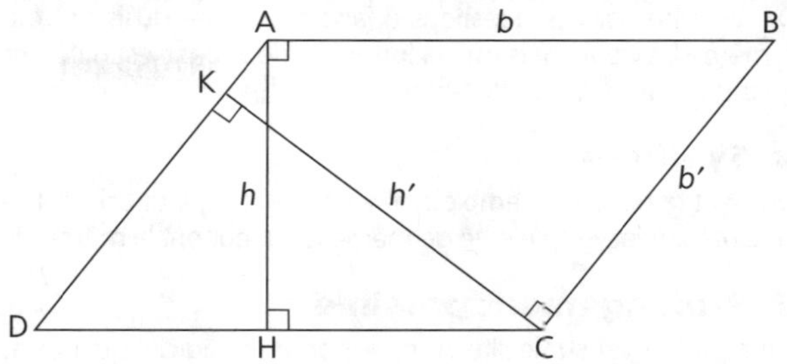

Sur cette figure (distribuée auparavant aux élèves) :
AH est la hauteur relative aux côtés [AB] et [CD],
CK est la hauteur relative aux côtés [AD] et [BC].
L'aire d'un parallélogramme est égale au produit de la longueur d'un côté par la hauteur relative à ce côté.

$\mathcal{A} = b \times h$ $\mathcal{A} = b' \times h'$.

On peut également prévoir un affichage des différentes formules établies dans ce chapitre et le compléter au fur et à mesure qu'elles sont découvertes.

Matériel
On prévoit pour l'activité un rétroprojecteur avec sur deux transparents chacun des morceaux du parallélogramme découpé, pour montrer par superposition des deux feuilles le passage du parallélogramme au rectangle.
On prévoit pour le cahier de leçons une feuille photocopiée avec un parallélogramme ayant des dimensions convenables pour mesurer et calculer son aire.

Prolongements possibles

On peut proposer de mettre en évidence la formule dans une situation où le découpage est inopérant.

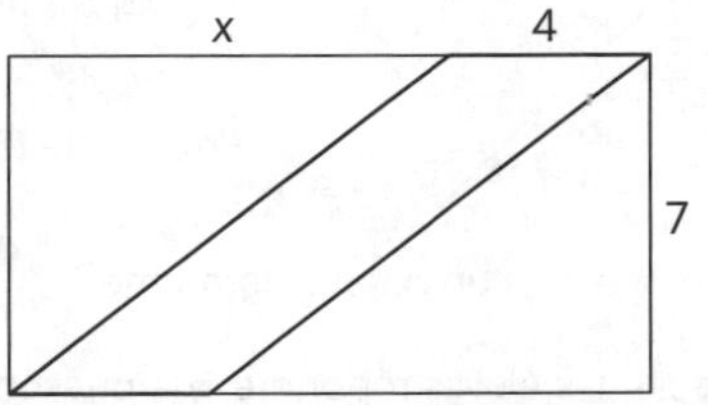

Dans ce cas, l'aire est calculée par différence entre l'aire d'un rectangle et celle de triangles rectangles à l'aide du calcul littéral (ce qui est un exemple de son utilité).
On peut télécharger sur le site compagnon un imagiciel : en déformant un parallélogramme qui conserve la même base et la même hauteur relative à cette base, on vérifie que l'aire reste constante.

3 Sur un quadrillage

Choix de la situation

On utilise cette fois encore un quadrillage pour calculer et comparer les aires de plusieurs triangles. Comme pour les parallélogrammes de l'activité **1**, ils ont été choisis de façon à faire apparaître l'influence de certaines longueurs dans les résultats constatés.

Durée : environ 10 min

Déroulement

On laisse chaque élève répondre seul à la question posée.
Une réponse orale est demandée à quelques élèves.
Une discussion s'engage alors pour comparer ces triangles :
– ces triangles ont-ils un élément commun ? Lequel ?
– qu'est-ce qui différencie les triangles qui ont des aires différentes ?

On cherche par ces questions à faire apparaître qu'ils ont tous la même hauteur, mais que la longueur de la base est différente quand les aires sont différentes.

■ Synthèse

On peut conclure : il semble que les triangles qui ont un côté et la hauteur relative à ce côté de même longueur ont la même aire.

■ Prolongement possible

On peut trouver sur le site compagnon un imagiciel qui permet de faire varier sur un quadrillage la longueur de la base (celle-ci restant sur une ligne du quadrillage) et la position du troisième sommet en affichant la mesure de l'aire de façon à permettre une découverte de la formule par exploration.

4 Avec un parallélogramme

■ Choix de la situation

Comme le suggèrent les commentaires du programme, on se propose d'utiliser les propriétés de la symétrie centrale pour calculer l'aire d'un triangle à partir de l'aire d'un parallélogramme.

■ Durée : 20 min environ

■ Déroulement

On laisse chaque élève lire la question **a.** et faire la construction demandée.
Celle-ci étant vérifiée sur chaque cahier, on aborde oralement la question **b.** Que les élèves constatent que ABCD est un parallélogramme ne fait pas de doute. Le travail doit porter sur la justification demandée. On peut à cette occasion établir le schéma déductif suivant en justifiant chaque étape par la définition qui convient :

I milieu de [AC] — D symétrique de B par rapport à I

D symétrique de B par rapport à I → I milieu de [BD]

I milieu de [AC] et I milieu de [BD] → ABCD un parallélogramme

On laisse ensuite les élèves répondre à la question **c.**.

■ Synthèse

On constate avec les élèves que la connaissance de la longueur du côté [BC] et de celle de la hauteur [AH] ont permis de calculer l'aire du triangle.

5 Cas général

■ Choix de la situation

On choisit de démontrer la formule de l'aire d'un triangle.

■ Durée : 10 min

■ Déroulement

Cette fois c'est le professeur qui mènera le travail en reproduisant au tableau les étapes décrites dans l'activité précédente.
Toutes les justifications seront demandées oralement aux élèves.

■ Synthèse

On résume oralement la méthode en insistant sur les longueurs que l'on doit connaître pour effectuer le calcul.
Sur le cahier de leçons, on note :
L'aire d'un triangle est égale à la moitié du produit de la longueur d'un côté par la hauteur relative à ce côté.
Les élèves peuvent alors coller la figure préparée et distribuée par le professeur.

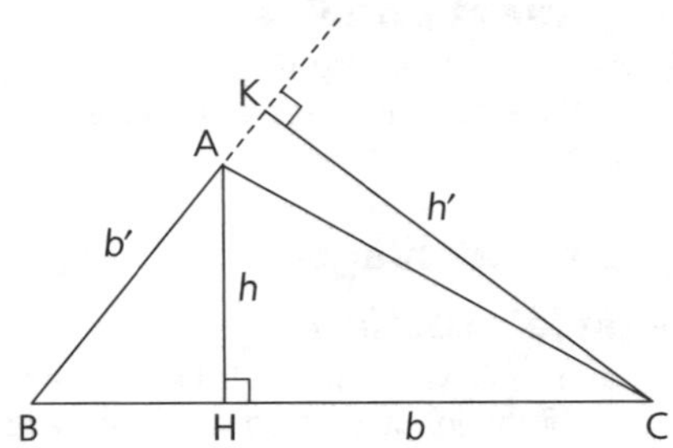

$\mathcal{A} = \dfrac{b \times h}{2}$ $\mathcal{A} = \dfrac{b' \times h'}{2}$.

Matériel
On prévoit pour le cahier de leçons une feuille photocopiée avec un triangle ayant des dimensions convenables pour mesurer et calculer son aire.

■ Prolongement possible

On peut télécharger sur le site compagnon un imagiciel : en déformant un triangle qui conserve la même base et la même hauteur relative à cette base, on vérifie que l'aire reste constante.

6 Résoudre un problème

■ Choix de la situation

C'est une activité suggérée par le programme ; il s'agit de démontrer qu'une médiane d'un triangle le partage en deux triangles de même aire.

■ Durée : 15 min environ

■ Déroulement

On laisse les élèves prendre connaissance de l'énoncé et chercher une solution. Le rappel de la définition d'une médiane sera peut-être utile. Le professeur surveille l'évolution du travail de chacun.
Dans la mesure où aucune longueur n'est donnée ni par un nombre, ni par une lettre, les élèves doivent eux-mêmes repérer les éléments permettant le calcul.
Si aucun élève ne trouve une réponse, on peut, après quelques minutes de réflexion, les guider par une série de questions-réponses : Que doit-on calculer ? Que doit-on connaître pour cela ? …
Un élève, éventuellement guidé par le professeur, corrigera au tableau ce problème.

■ Synthèse

En résumé, on peut noter sur le cahier que dans un triangle chaque médiane le partage en deux triangles de même aire.

■ Prolongement possible

On peut proposer aux élèves l'exercice suivant :
ABCD est un parallélogramme. I et J sont respectivement les milieux des côtés [BC] et [CD]. Démontrer que les quatre triangles ABI, AIC, ACJ et AJD ont la même aire.

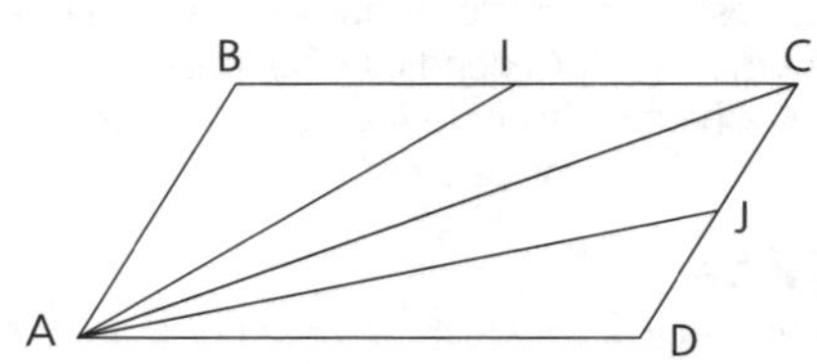

7 Aire d'un polygone régulier

■ Choix de la situation

On cherche à expliquer la formule de l'aire d'un disque en montrant que l'on peut s'en approcher à l'aide de l'aire de polygones réguliers ayant de plus en plus de côtés. Ainsi, on essaie de retrouver une formule qu'on ne peut pas prouver.

■ **Durée :** 15 à 20 min

■ **Déroulement**

On laisse les élèves lire la première question. Le calcul de l'aire du triangle OAB ne devrait pas poser de difficultés.
La manipulation des lettres étant difficile en classe de cinquième, la suite de l'activité est dirigée par le professeur. Les élèves doivent comprendre que le polygone est composé de huit triangles identiques et donc que son aire est égale à :

$8 \times b \times \frac{h}{2}$ c'est-à-dire $p \times \frac{h}{2}$.

Pour la deuxième question, on peut télécharger sur le site compagnon un imagiciel. En augmentant de plus en plus le nombre des côtés, on observe que le polygone est de plus en plus proche du disque. Ainsi on observe que son périmètre se rapproche de la longueur du cercle soit $2\pi R$, et que la hauteur d'un triangle se rapproche du rayon du cercle soit R.
La formule $p \times \frac{h}{2}$ se rapproche alors de $2\pi R \times \frac{R}{2}$.

■ **Synthèse**

Sur le cahier de leçons, on note la formule de l'aire d'un disque illustrée par un exemple.
On doit apprendre aux élèves à distinguer la valeur exacte et la valeur arrondie du résultat.

8 Résoudre un problème

■ **Choix de la situation**

Le problème proposé permet d'appliquer les formules d'aires de rectangle et de disque. Il permet surtout de montrer que le choix d'une valeur arrondie de π peut modifier une réponse.

■ **Durée :** 15 min environ

■ **Déroulement**

On laisse les élèves prendre connaissance de l'énoncé du problème. Le travail est individuel. En dehors des erreurs de calcul éventuelles, la différence des réponses dépend de l'utilisation ou non de la touche [π] de la calculatrice.
Avec cette touche l'aire de la table est environ 1,5394 m^2 et elle est supérieure à celle du rectangle qui est 1,5390 m^2.
Par contre, si les élèves choisissent 3,14, comme ils en ont souvent l'habitude l'aire de la table est environ 1,5386 m^2 et elle est inférieure à celle du rectangle.
C'est en circulant dans la classe qu'on comprendra l'origine des erreurs éventuelles.
Au bout de 10 minutes de recherche, la réponse est demandée à plusieurs élèves de la classe. Un élève corrige au tableau. Si deux élèves au moins ont travaillé l'un avec la touche [π], l'autre avec 3,14, ils porteront au tableau leurs calculs. On pourra alors montrer l'influence d'une valeur approchée de π.

■ **Synthèse**

Sur le cahier de leçons, on complétera avec une remarque :
Pour calculer une valeur arrondie de l'aire d'un disque, on utilise la touche [π] d'une calculatrice.

▲ **Test intermédiaire**

À l'issue de cette première partie consacrée à la mise en place des formules d'aires de figures usuelles, on peut proposer le test suivant.
Durée : 30 min

Exercice 1

ABC est un triangle tel que BC = 10 cm et AC = 9 cm.
La hauteur relative à [AC] est égale à 6 cm.
Calculer la hauteur relative à [BC].

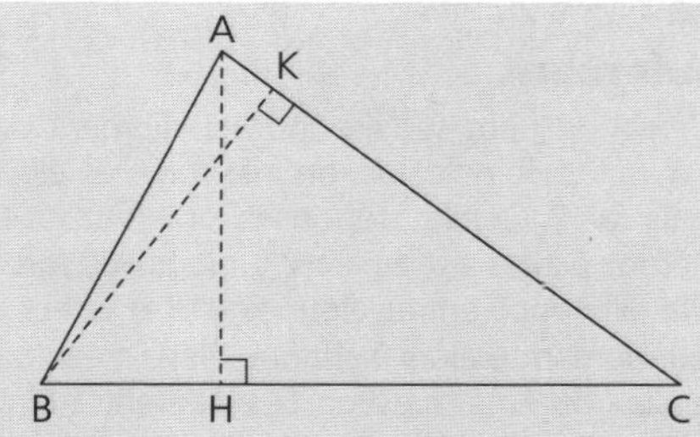

Exercice 2

ABC est un triangle isocèle de sommet A. La hauteur relative au côté [BC] est égale à 5 cm. Son aire est égale à celle du parallélogramme ci-dessous.

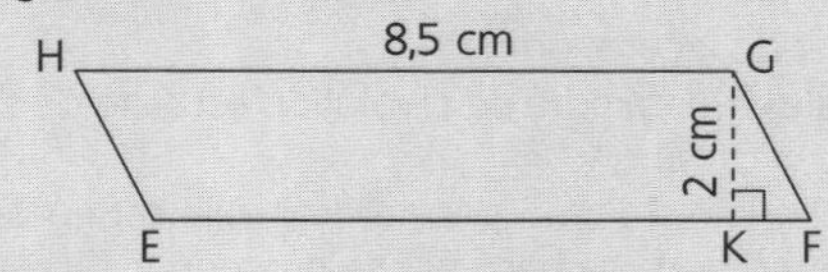

Calculer BC.

Exercice 3

Un disque a pour diamètre 5 cm.
Calculer la valeur exacte de son aire. Donner sa valeur arrondie au centième.

9 La chambre de Louise

■ **Choix de la situation**

On souhaite grâce à un problème concret introduire la formule permettant de calculer l'aire latérale d'un prisme. C'est l'occasion aussi de réinvestir la propriété de distributivité de la multiplication sur l'addition.

■ **Durée :** 20 min environ

■ **Déroulement**

La chambre de Louise étant décrite comme un prisme droit, on demande aux élèves de rappeler sa définition et la nature de ses faces latérales.
On laisse alors les élèves répondre à la première question que l'on corrige oralement.
Ils réfléchissent ensuite à la deuxième question. Dans le cas où personne ne trouve la réponse, un élève peut venir au tableau et écrire la suite des calculs effectués à la première question :
$2,5 \times 2 + 2,5 \times 3 + 2,5 \times 4 + 2,5 \times 2 + \cdots$
Cette écriture détaillée permettra aux élèves de mieux voir la factorisation : $2,5 \times (2 + 3 + 4 + 2 + \cdots)$
Il ne restera plus qu'à reconnaître la somme de la parenthèse comme étant le périmètre de la base.
Le professeur demande alors à chaque élève d'écrire la phrase demandée à la troisième question. Les différentes formulations sont confrontées et la classe en choisit une que tous les élèves écriront.

■ **Synthèse**

Sur le cahier de leçons, on note :
L'aire latérale d'un prisme droit est l'aire totale de toutes ses faces.
Elle est égale au produit du périmètre de sa base par sa hauteur.
La formule avec des lettres est écrite.
Un exemple peut être noté.

10 La boîte de conserve

■ **Choix de la situation**

C'est encore dans une situation concrète que l'on va effectuer le calcul de l'aire latérale d'un cylindre de révolution. On propose d'étudier la feuille entourant une boîte de conserve ; pour cela on peut tout simplement en apporter une dans la classe ce qui permettra de montrer que cette feuille est un rectangle.

■ **Durée :** 15 à 20 min

■ **Déroulement**

Le travail demandé peut se faire individuellement. Après une dizaine de minutes de réflexion, on interroge les élèves. Quels calculs ont-ils fait ? Quelles réponses ont-ils trouvées ? Ces réponses seront écrites au tableau. Il faudra encore une fois insister sur la différence entre valeur exacte et valeur arrondie.
Le professeur demande alors à chaque élève d'écrire la phrase demandée à la troisième question. Les différentes formulations sont confrontées et si les élèves ne le disent pas, le professeur fait remarquer la ressemblance avec les résultats de l'activité précédente. La phrase retenue est alors recopiée par tous.

■ **Synthèse**

Sur le cahier de leçons, on note :
L'aire latérale d'un cylindre de révolution est l'aire de sa surface latérale.
Comme l'aire latérale d'un prisme droit, elle est égale au produit du périmètre de sa base par sa hauteur.
Les deux formules $\mathcal{A} = p \times h$ et $\mathcal{A} = 2\pi R \times h$ sont écrites.
Un exemple peut être donné en insistant encore sur la valeur exacte et la valeur arrondie du résultat.

Matériel
On peut apporter une boîte de conserve.
On peut trouver sur le site compagnon une figure Geospace avec la possibilité de faire tourner le cylindre et d'ouvrir ou fermer un patron.

▲ **Test final**
À la suite de cette étude, on peut proposer le test suivant.
Durée : 45 min

Exercice 1

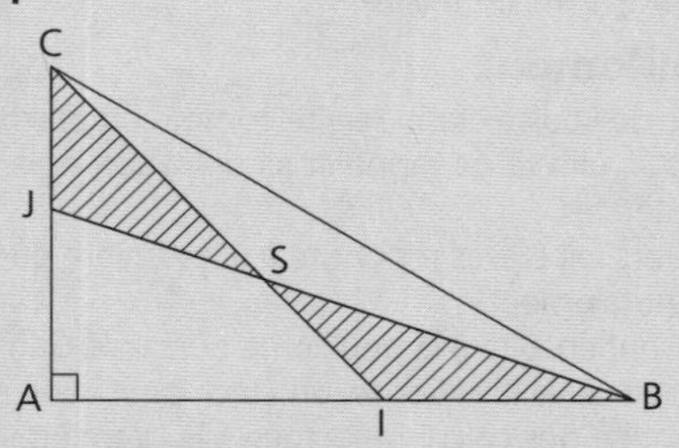

ABC est un triangle rectangle en A tel que AB = 7 cm et AC = 4,2 cm.
I est un point du segment [AB] tel que AI = 4 cm.
J est un point du segment [AC] tel que AJ = 2,4 cm.

a. Calculer l'aire du triangle ACI.
b. Calculer l'aire du tiangle ABJ.
c. Comparer l'aire du triangle CSJ et l'aire du triangle BSI.

Exercice 2

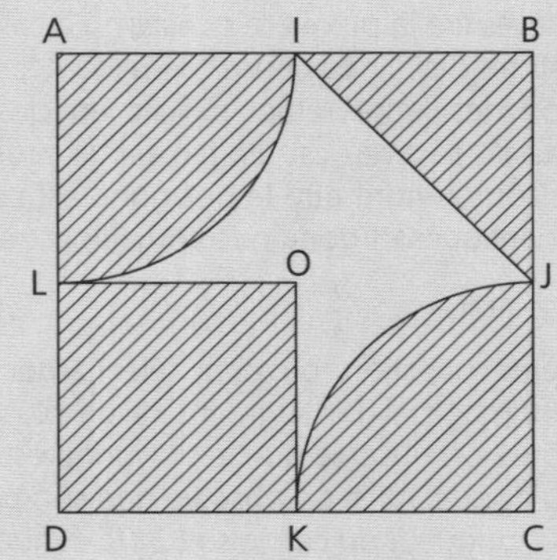

ABCD est un carré de centre O et de côté 8 cm. I, J, K et L sont les milieux des côtés de ce carré.
Calculer l'aire de la surface non hachurée. En donner une valeur arrondie au centième.

Exercice 3

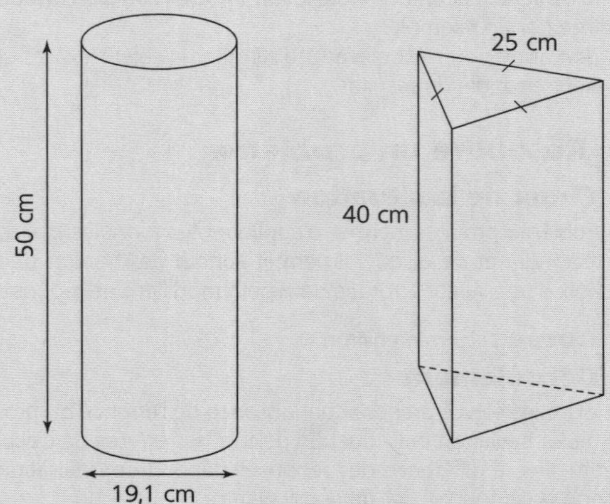

On a représenté ci-dessus un cylindre de révolution de 50 cm de hauteur et de diamètre 19,1 cm, et un prisme droit de 40 cm de hauteur dont la base est un triangle équilatéral de côté 25 cm.
Quel est celui des deux solides qui a la plus grande aire latérale ?

4. Corrigés

■ Revoir les acquis

1 c. **2** b. **3** c. **4** b. **5** a.

■ Sciences en construction

a.

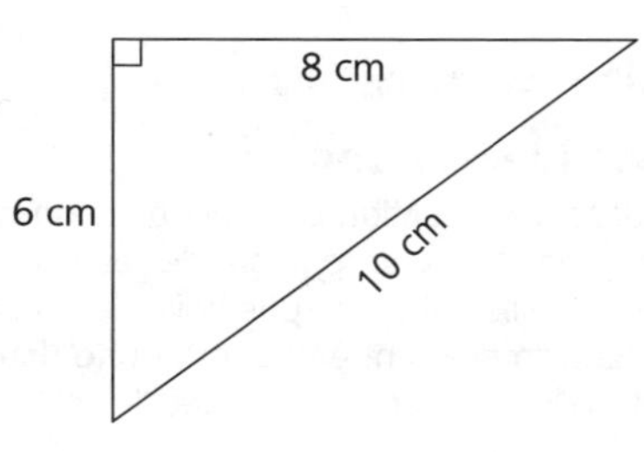

b. • $\dfrac{6 \times 8}{2} = 24$. L'aire est égale à 24 cm^2.

• $p = \dfrac{6 + 8 + 10}{2} = 12$;
$p(p-a)(p-b)(p-c) = 12 \times 6 \times 4 \times 2 = 576$;
$576 = 24^2$, donc l'aire est 24 cm^2.

■ Activités

1. Les parallélogrammes ①, ② et ③ ont la même aire : 40 carreaux.
L'aire du parallélogramme ④ est 30 carreaux.
Ils ont tous un côté de même mesure, et les trois premiers ont la même hauteur.

2. a.

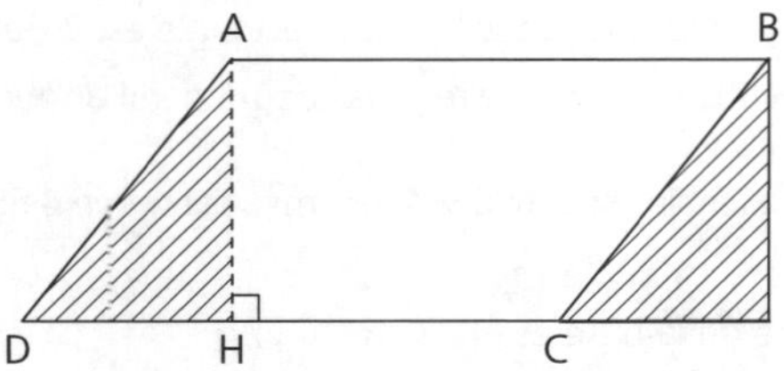

b. AH = 2 cm ;
$4 \times 2 = 8$.
L'aire de ABCD est 8 cm^2.

3. Les triangles ① et ② ont la même aire : 15 carreaux.
L'aire du triangle ③ est 12,5 carreaux.
Ils ont tous la même hauteur, et les deux premiers ont la même base.

4. a.

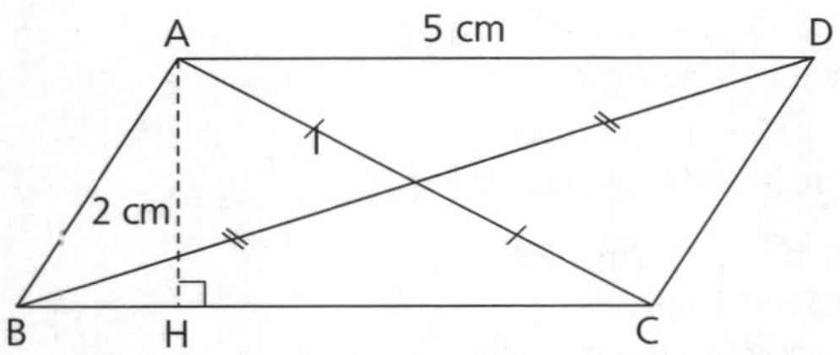

b. ABCD est un parallélogramme car ses diagonales ont le même milieu.

c. $2 \times 5 = 10$.
L'aire de ABCD est égale à 10 cm^2.
L'aire du triangle ABC est égale à 7,5 cm^2.

5.

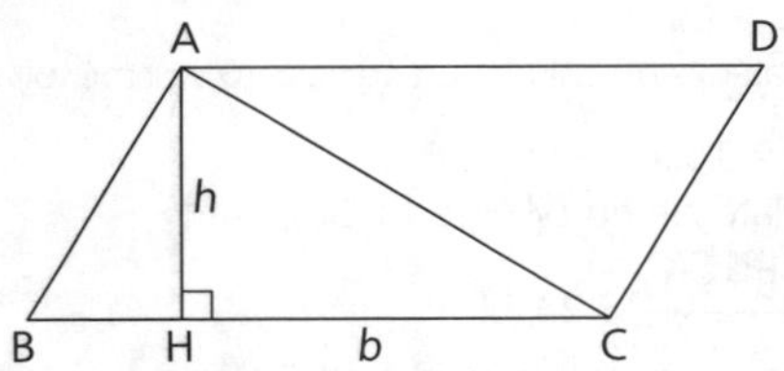

L'aire du triangle ABC est la moitié de l'aire de ABCD.

6. Aire de ABM : $\dfrac{BM \times AH}{2}$.

Aire de AMC : $\dfrac{MC \times AH}{2}$.

(AM) est une médiane donc M est le milieu de [BC]. Par conséquent BM = MC.
Donc ABM et AMC ont la même aire.

7. a. Aire de OAB : $b \times \dfrac{h}{2}$

L'aire de ABCDEFGH est 8 fois celle de OAB, à savoir : $8 \times b \times \dfrac{h}{2}$;

or $8 \times b = p$ donc l'aire de ABCDEFGH est $p \times \dfrac{h}{2}$.

b. Lorsque le nombre de côtés augmente indéfiniment, la hauteur h se rapproche de R et le périmètre p se rapproche de la longueur du cercle $2\pi R$.
Donc $\mathcal{A} = 2\pi R \times \dfrac{R}{2}$ soit $\mathcal{A} = \pi R^2$.

8. • $\pi \times 0{,}7^2 = 0{,}49\pi$.
L'aire de la table ronde est égale à $0{,}49\pi$ c'est-à-dire 1,54 m^2 environ.
• $0{,}9 \times 1{,}71 = 1{,}539$.
L'aire du rectangle est égale à 1,539 m^2.
Donc l'aire de la table ronde est supérieure à celle du rectangle.

9. 1. a. $2 \times 2{,}5 = 5$ $\quad 3 \times 2{,}5 = 7{,}5$ $\quad 4 \times 2{,}5 = 10$
$2 \times 2{,}5 = 5$ $\quad (4 - 2) \times 2{,}5 = 5$ $\quad (3 - 2)2{,}5 = 2{,}5$
$5 + 7{,}5 + 10 + 5 + 5 + 2{,}5 = 35$.
L'aire totale des six murs est 35 m^2.

b. 6 multiplications et 5 additions.
2. $(2 + 3 + 4 + 2 + 2 + 1) \times 2{,}5 = 14 \times 2{,}5 = 35$.
3. Pour calculer l'aire latérale d'un prisme droit, on multiplie le périmètre de sa base par sa hauteur.

10. a. La feuille est un rectangle de dimensions 11,5 cm et 10π cm.
$11{,}5 \times 10\pi = 115\pi$.
L'aire de cette feuille est 115π cm^2 soit environ 361,28 cm^2.

b. Pour calculer l'aire latérale d'un cylindre de révolution, on multiplie le périmètre de sa base par sa hauteur.

■ Travail personnel

A. Aire de ① : 2 cm × 9 cm = 18 cm^2
$18 : 3 = 6$.
La longueur du rectangle ② est 6 cm.

B. Aire de ABC : $\dfrac{3 \text{ cm} \times 6 \text{ cm}}{2} = 9$ cm^2.

Aire de ADE : $\dfrac{3 \text{ cm} \times 5 \text{ cm}}{2} = 7{,}5$ cm^2.

C. a. 350 m^2. **b.** 4 720 000 m^2. **c.** 0,0932 m^2.
d. 0,004 m^2. **e.** 36 000 000 m^2. **f.** 0,000137 m^2.

D. La figure ②. Son périmètre est 22 u et son aire 22 u^2.

E. a. $\ell = 13$ m.
b. $p = 2(10{,}9 \text{ m} + 9{,}52 \text{ m}) = 40{,}84$ m
$\ell \approx 40{,}8407$ m ;
donc $p > \ell$.

■ Exercices d'application

1. a. 28 cm^2. **b.** 19,76 dm^2. **c.** 7,6 cm^2.

2. $17 : 5 = 3{,}4$.
La hauteur mesure 3,4 dm.

3. $165 : 12{,}5 = 13{,}2$.
La longueur du côté est 13,2 cm.

4. a. $9 \times 2{,}5 = 22{,}5$ donc l'aire de ABCD est 22,5 cm^2.
b. $22{,}5 : 3 = 7{,}5$ donc $h = 7{,}5$ cm.

5. a. $18 \times 3{,}6 = 64{,}8$ donc l'aire de BLEU est 64,8 cm^2.
b. $64{,}8 : 12 = 5{,}4$ donc LE = 5,4 cm.

6.

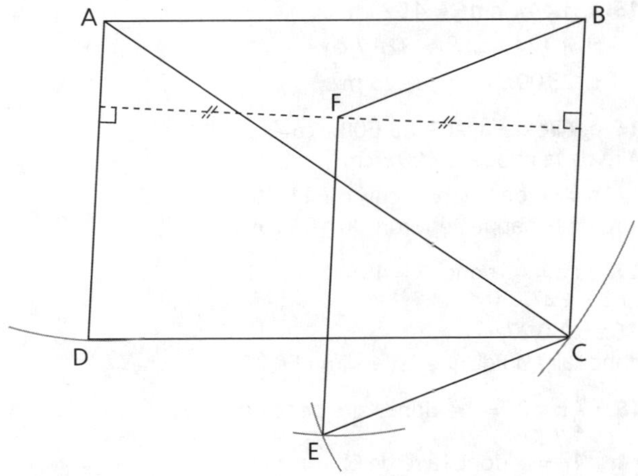

7. a. 3,75 dm^2. **b.** 840 mm^2. **c.** 3 cm^2.

8. $\frac{(15-9)\times 8}{2} = 24,$

L'aire de BIC est 24 cm^2.

9. $\frac{16{,}20\times 2}{4{,}5} = 7{,}2.$

La hauteur relative à [AB] est 7,2 cm.

10. $\frac{6\times 7}{2} = 21$ donc l'aire de ABC est 21 cm^2.

$\frac{21\times 2}{8} = 5{,}25$ donc AH = 5,25 cm.

11. $\frac{40\times 15}{2} = 300$ donc l'aire de EMU est 300 mm^2.

$\frac{300\times 2}{20} = 30$ donc EU = 30 mm.

12. $\frac{2\times 3}{2} = 3$ donc l'aire de ABC est 3 cm^2.

Aire de ACD : 3 cm × 3 cm = 9 cm^2.

$\frac{9\times 2}{3} = 6$ donc CD = 6 cm.

13. $\frac{10\times 2}{4} = 5$ donc la hauteur relative à [BC] est 5 cm.

Dans un triangle isocèle en A, la hauteur issue de A est la médiatrice de [BC]. Donc A est sur la médiatrice de [BC] à 5 cm du milieu H de [BC].

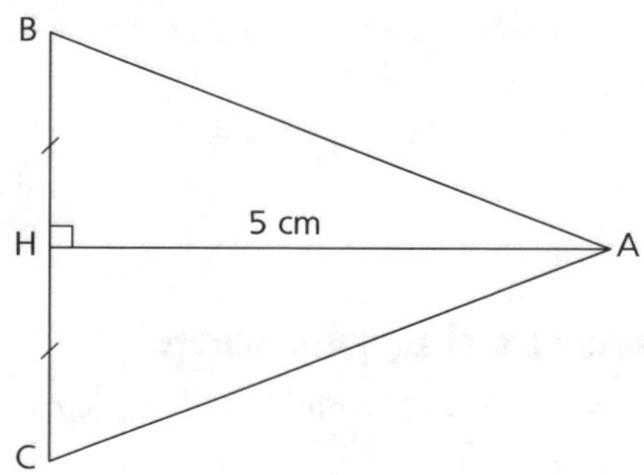

14. a.

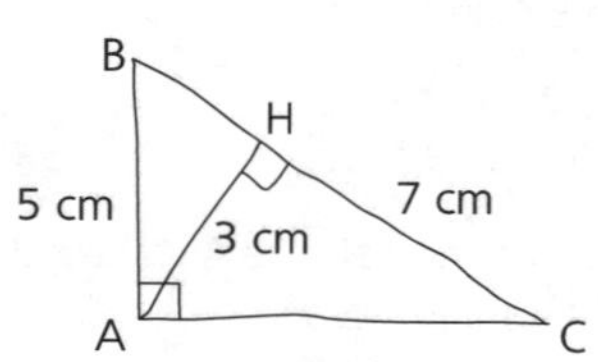

b. $\frac{3\times 7}{2} = 10{,}5$ donc l'aire de ABC est 10,5 cm^2.

c. $\frac{10{,}5\times 2}{5} = 4{,}2$ donc AC = 4,2 cm.

15. a. $1{,}44\pi$ dm$^2 \approx 4{,}52$ dm^2.

b. $10{,}24\pi$ cm$^2 \approx 32{,}17$ cm^2.

c. $28{,}09\pi$ m$^2 \approx 88{,}25$ m^2.

16. a. Aire de la table : 3 600π cm^2.
Aire de la nappe 6 400π cm^2.

b. Aire de la table : environ 11 310 cm^2.
Aire de la nappe : environ 20 106 cm^2.

17. 8 : 2 = 4 donc R = 4 cm.
$\mathcal{A} = \pi \times 4^2 = 16\pi$
$16\pi \approx 50{,}27$;
donc l'aire du disque est environ 50,27 cm^2.

18. • $\frac{1}{2}\pi \times 2^2 = 2\pi$ donc l'aire de $\mathcal{D}$ est 2π cm^2.

• $\pi \times 1^2 = \pi$ donc l'aire de $\mathcal{D}'$ est π cm^2.

• $\mathcal{A} = 2\pi$ cm$^2 - \pi$ cm^2 soit $\mathcal{A} = \pi$ cm^2.
$\mathcal{A} \approx 3{,}14$ cm^2.

19. • 90 × 40 = 3 600 donc l'aire du rectangle est 3 600 m^2.

• $\pi \times 20^2 = 400\pi$ donc l'aire des deux demi-disques est 400π m^2.

• L'aire de ce terrain est $(3\,600 + 400\pi)$ m^2 soit environ 4 857 m^2.

20. 2 × (9,2 + 13,4) = 45,2.
Le périmètre de la base est 45,2 cm.
45,2 × 20 = 904.
L'aire latérale du prisme est 904 cm^2.

21. 3 × 4 = 12.
Le périmètre de la base est 12 cm.
12 × 10 = 120.
L'aire latérale du prisme est 120 cm^2.

22. a. (2 × 5 + 2,5) × 7 = 78.
L'aire latérale est 87,5 cm^2.

b. 2(2 + 4,5) × 6 = 78.
L'aire latérale est 78 cm^2.

c. 5 × 4 × 5 = 100.
L'aire latérale est 100 cm^2.

23. p = 4 × 7 cm = 28 cm ;
145,6 : 28 = 5,2.
La hauteur du prisme est 5,2 cm.

24. p = 38,4 cm : 4 = 9,6 cm ;
9,6 : 3 = 3,2.
Les côtés de la base mesurent 3,2 cm.

25. $5\pi \times 5{,}3 = 26{,}5\pi$;
$26{,}5\pi \approx 83$.
L'aire latérale du cylindre est égale à $26{,}5\pi$ cm^2 soit environ 83 cm^2.

26. $2 \times 3{,}5 \times \pi \times 14 = 98\pi$.
L'aire latérale du cylindre est 98π cm^2.

27. $\frac{3{,}5\pi \times 14}{2} = 24{,}5\pi.$
L'aire de la surface arrondie est $24{,}5\pi$ m^2.
3,5 × 14 = 49.
L'aire de la surface rectangulaire est 49 m^2.
$24{,}5\pi + 49 \approx 126$.
L'aire latérale totale est environ 126 m^2.

28. $2\pi \times 2 \times 4 = 16\pi$.
L'aire latérale du cylindre est égale 16π cm^2.
$\pi \times 2^2 \times 2 = 8\pi$.
L'aire des deux bases est égale à 8π cm^2.
$16\pi + 8\pi = 24\pi$.
L'aire totale du cylindre est égale à 24π cm^2.

29. a. $2\pi \times 8{,}5 \times 6 = 102\pi$.
L'aire latérale du cylindre de révolution ① est égale à 102π cm^2.

b. $102\pi : 15 = 6{,}8\pi$.
Le périmètre de la base est $6{,}8\pi$ cm.
6,8 : 2 = 3,4.
Le rayon de la base du cylindre ② est 3,4 cm.

30. $\pi \times 14 \times 7 = 98\pi$.
L'aire latérale est égale à 98π cm^2.
$\pi \times 7^2 = 49\pi$.
L'aire du fond est égale à 49π cm^2.
$98\pi + 49\pi = 147\pi$.
L'aire du métal utilisé est égale à 147π cm^2.

31. a. Les aires des vautours sont leurs nids ou les surfaces sur lesquelles ils construisent leurs nids.

b. Les aires de stationnement sont des terrains délimités et aménagés pour le stationnement des véhicules.

c. Le canal latéral à la Loire est un canal qui suit le cours d'eau de la Loire ; il double ce fleuve.

32. $2{,}5 \times 5 = 12{,}5$;
$2{,}7 \times 4{,}6 = 12{,}42$.
Ces deux calculs devraient permettre de trouver l'aire du parallélogramme ABCD, donc les résultats devraient être égaux.
Il y a donc erreur dans les mesures.

■ Calcul mental

33.

b	5 cm	**7 cm**	90 dm	4,5 m
h	3 cm	40 mm	**14 m**	**3 m**
$\mathcal{A}$	**15 cm²**	28 cm²	126 m²	13,5 m²

34. a. 21 cm². **b.** 10 cm². **c.** 16 cm².

35. a. 6 cm². **b.** 7,5 cm². **c.** 30 cm².
d. $4{,}5\pi$ cm². **e.** 10 cm².

■ Faire le point

36. a. **37. b.** **38. c.** **39. a.**

40. b. **41. a.** **42. b.** **43. c.**

■ Exercices de consolidation

44. $1\,540 : 70 = 22$.
La hauteur relative à [AB] dans le parallélogramme ABCD est 22 mm.
$36 - 22 = 14$
La hauteur relative à [CD] dans le parallélogramme CDEF est 14 mm.
ABCD est un parallélogramme donc :
CD = AB = 70 mm ;
$70 \times 14 = 980$.
L'aire de CDEF est égale à 980 mm².

45.

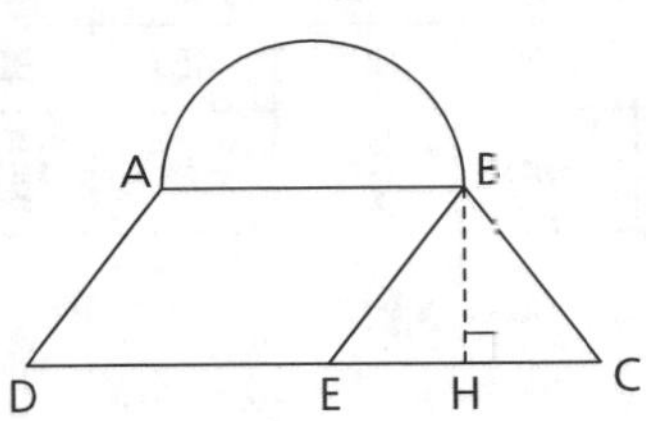

BH = 22 − 10 = 12 cm.
AB = 2 × 10 = 20 cm.
EC = 38 − 20 = 18 cm.
$\mathcal{A}(\text{ABED}) = 20 \times 12$ donc $\mathcal{A}(\text{ABED}) = 240$ cm²
$\mathcal{A}(\text{EBC}) = \dfrac{18 \times 12}{2}$ donc $\mathcal{A}(\text{EBC}) = 108$ cm²
$\mathcal{A}(\text{demi-disque}) = \dfrac{1}{2} \times \pi \times 10^2 = 50\pi$ cm²
$240 + 108 + 50\pi = 348 + 50\pi$.
L'aire de la figure bleue est égale à $(348 + 50\pi)$ cm² soit environ 505,08 cm².

46. a.

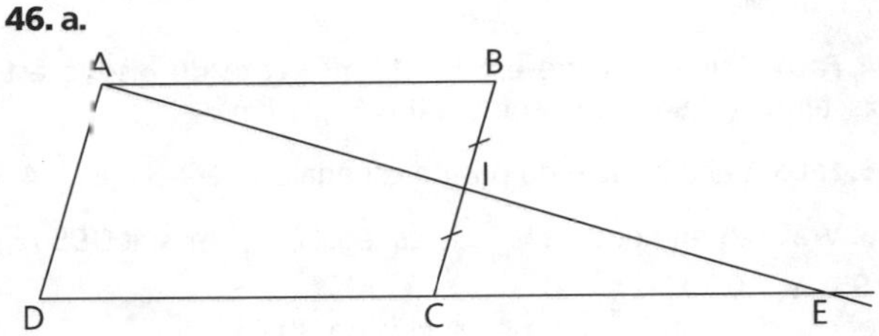

b. Les triangles ABI et ECI sont symétriques par rapport à I donc ils ont la même aire.
L'aire de ADE est la somme des aires de ECI est AICD. L'aire de ABCD est la somme des aires de ABI et AICD.
Donc ADE et ABCD on la même aire.

47. a.

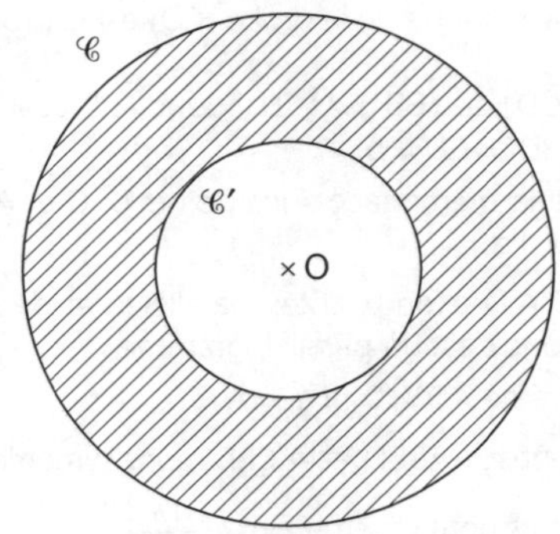

b. L'aire de 𝒞 est 25π cm².
L'aire de 𝒞′ est 9π cm².
$25\pi - 9\pi = 16\pi$.
L'aire de la couronne hachurée est 16π cm².
$16\pi = \pi \times 4^2$.
Il faut donc tracer un cercle de centre O et de rayon 4 cm.

48. a. $2\pi \times 6 \times 14 = 168\pi$.
L'aire latérale du cylindre ① est égale à 168π cm².
L'aire latérale du cylindre ② est égale à $14\pi \times h$ cm².
Donc : $14\pi \times h = 168\pi$

$$h = \frac{168\pi}{14\pi} = \frac{168}{14} = 12.$$

b. L'aire latérale du cylindre ③ est égale à $21\pi \times R$ cm².
Donc : $21\pi \times R = 168\pi$

$$R = \frac{168\pi}{21\pi} = \frac{168}{21} = 8.$$

■ Exercices d'approfondissement

49. 1. La hauteur relative à [DC] dans le triangle DIC est $12 - x$ cm.

2. a. Aire de ABI : $\dfrac{16 \times x}{2} = 8x$.

b. Aire de DIC : $\dfrac{16 \times (12 - x)}{2} = 8(12 - x) = 96 - 8x$.

c. $8x + 96 - 8x = 96$.
L'aire du domaine bleu est égale à 96 cm².

3. a. L'aire du domaine bleu est toujours égale à 96 cm².
b. L'aire de ABCD est 192 cm².
$192 - 96 = 96$.
L'aire du domaine vert est égale à 96 cm².
Les domaines vert et bleu ont la même aire.

50. a. Les triangles AMB et ANB ont la même base [AB] et la même hauteur relative à [AB], donc ils ont la même aire.
b. $\mathcal{A}(\text{AMI}) = \mathcal{A}(\text{AMB}) - \mathcal{A}(\text{AIB})$
$\mathcal{A}(\text{BNI}) = \mathcal{A}(\text{ANB}) - \mathcal{A}(\text{AIB})$.
Donc $\mathcal{A}(\text{AMI}) = \mathcal{A}(\text{BNI})$.

51. a. Les triangles vert et bleu sont symétriques par rapport à O donc ils ont la même aire.

b. • AMIR a ses côtés parallèles deux à deux donc AMIR est un parallélogramme.
Par conséquent les triangles ARI et AMI ont la même aire.
• NISC a ses côtés parallèles deux à deux donc NISC est un parallélogramme.
Par conséquent les triangles NIC et ISC ont la même aire.

• $\mathcal{A}(\text{NDRI}) = \mathcal{A}(\text{ADC}) - \mathcal{A}(\text{ARI}) - \mathcal{A}(\text{NIC})$
$= \mathcal{A}(\text{ABC}) - \mathcal{A}(\text{AMI}) - \mathcal{A}(\text{ISC})$
$= \mathcal{A}(\text{MBSI})$.
Les deux parallélogrammes ont la même aire.

52. 1. a. Les symétriques de C et D par rapport à O sont B et D′, donc la symétrique de la droite (CD) est la droite (BD′) parallèle à (CD).
$(AB) /\!/ (CD)$ et $(BD') /\!/ (CD)$ donc A, B et D′ sont alignés.
De plus $BD' = CD = b$.

b. De la même façon, les points D, C er A′ sont alignés et $CA' = AB = a$.

2. a. AD′A′D a deux côtés parallèles et de même longueur $a + b$, donc c'est un parallélogramme.

b. Aire de AD′A′D : $(a + b) \times h$.

3. Les trapèzes ABCD et A′CBD′ sont symétriques par rapport à O donc ils ont la même aire : $\dfrac{(a+b)\times h}{2}$.

53. Aire de AIB : $\dfrac{1{,}6 \times AB}{2} = 0{,}8 \times AB$.

Aire de BIC : $\dfrac{1{,}6 \times BC}{2} = 0{,}8 \times BC$.

Aire de CIA : $\dfrac{1{,}6 \times CA}{2} = 0{,}8 \times CA$.

Aire de ABC : $\mathcal{A}(\text{AIB}) + \mathcal{A}(\text{BIC}) + \mathcal{A}(\text{CIA})$
$0{,}8AB + 0{,}8BC + 0{,}8CA$
c'est-à-dire $0{,}8(AB + BC + CA) = 0{,}8 \times 18$
Aire de ABC est 14,4 cm^2.

54. a. Rayon du disque : 1,9 cm.
Parallélogramme : base : 2,3 cm ; hauteur relative à cette base : 1,4 cm

b. 18 mm représentent 15 km donc :
19 mm représentent $\dfrac{15}{18} \times 19$ km soit $\dfrac{95}{6}$ km.
23 mm représentent $\dfrac{15}{18} \times 23$ km soit $\dfrac{115}{6}$ km.
14 mm représentent $\dfrac{15}{18} \times 14$ km soit $\dfrac{35}{3}$ km.

Aire du disque : environ $\pi \times \left(\dfrac{95}{6}\right)^2$,
soit environ 788 km^2.
Aire du parallélogramme : $\dfrac{115}{6} \times \dfrac{35}{3}$ soit environ 224 km^2
$788 + 224 = 1\,012$.
La superficie de Tahiti est environ égale à 1 012 km^2.

55. $\dfrac{1}{4} \times \pi \times 3^2 = 2{,}25\pi$.
L'aire d'un quart de disque est égale à $2{,}25\pi$ cm^2.
L'aire de la surface du carré extérieure au quart de disque est égale à $3^2 - 2{,}25\pi$ soit $(9 - 2{,}25\pi)$ cm^2.
$2{,}25\pi - (9 - 2{,}25\pi) \approx 5{,}14$.
L'aire de la figure $\mathcal{F}$ est environ égale à 5,14 cm^2.

56. a. $\mathcal{A}(\text{AIJ}) = \dfrac{1}{8}\mathcal{A}(\text{ABCD})$.

$\mathcal{A}(\text{BIC}) = \dfrac{1}{4}\mathcal{A}(\text{ABCD})$.

$\mathcal{A}(\text{CDJ}) = \dfrac{1}{4}\mathcal{A}(\text{ABCD})$.

b. $\mathcal{A}(\text{CIJ}) = \mathcal{A}(\text{ABCD}) - \dfrac{1}{8}\mathcal{A}(\text{ABCD}) - \dfrac{1}{4}\mathcal{A}(\text{ABCD}) - \dfrac{1}{4}\mathcal{A}(\text{ABCD})$

$\mathcal{A}(\text{CIJ}) = \dfrac{3}{8}\mathcal{A}(\text{ABCD})$.

c. $\mathcal{A}(\text{CIJ}) = \dfrac{3}{8} \times 36 \times 20 = 270$.
L'aire du triangle CIJ est égale à 270 cm^2.

57. Si h est la mesure commune aux deux hauteurs, l'aire du parallélogramme ABCD est égale à $h \times AB$ et à $h \times BC$, donc $AB = BC$.
Le parallélogramme ABCD a deux côtés consécutifs de même longueur, donc ABCD est un losange.

58. Le rayon du cylindre est 15 cm.
$\dfrac{1}{2} \times 2 \times \pi \times 15 \times 25 = 375\pi$ soit environ 1 178.
L'aire latérale du demi-cylindre est environ égale à 1 178 cm^2.
$\pi \times 15^2 \approx 707$.
L'aire des deux demi-disques est environ égale à 707 cm^2.
$2(30 + 25) \times 40 = 4\,400$.
L'aire latérale du parallélépipède rectangle est égale à 4 400 cm^2.
$1\,178 + 707 + 4\,400 = 6\,285$.
L'aire de la surface extérieure à peindre est environ égale à 6 285 cm^2.

59. Le réservoir a la forme d'un prisme droit,
$[22 + 30 + (22 - 9) + 15 + (30 - 12)] \times 6 = 588$.
L'aire latérale est égale à 588 cm^2.
$22 \times 30 - \dfrac{12 \times 9}{2} = 606$.
L'aire d'une base est égale à 606 cm^2.
$588 + 2 \times 606 = 1\,800$.
L'aire latérale de la tôle est égale à 1 800 cm^2.

60. Le prisme a cinq arêtes de 16 cm entre les deux bases.
$5 \times 16 = 80$.
La longueur totale de ces arêtes est 80 cm.
2 m = 200 cm ; $\dfrac{200\text{ cm} - 80\text{ cm}}{2} = 60$ cm.
Le périmètre de chaque base est égal à 60 cm.
$60 \times 16 = 960$.
L'aire latérale de ce prisme droit est égale à 960 cm^2.

61. a.

Secteur	①	②	③	④	**Disque**
Angle	**90°**	60°	45°	30°	360°
Aire exacte	$\mathbf{4\pi}$	$\mathbf{\frac{8}{3}\pi}$	$\mathbf{2\pi}$	$\mathbf{\frac{4}{3}\pi}$	$\mathbf{16\pi}$

b. $\mathcal{A}_5 + \mathcal{A}_6 = \mathcal{A}_{\text{disque}} - \mathcal{A}_1 - \mathcal{A}_2 - \mathcal{A}_3 - \mathcal{A}_4$
$= 16\pi - 4\pi - \dfrac{8}{3}\pi - 2\pi - \dfrac{4}{3}\pi$
$= \left(10 - \dfrac{8}{3} - \dfrac{4}{3}\right)\pi = 6\pi$

or $\mathcal{A}_6 = 9 \times \mathcal{A}_5$
donc $\mathcal{A}_5 + 9\mathcal{A}_5 = 6\pi$ soit $10\mathcal{A}_5 = 6\pi$.
Par conséquent $\mathcal{A}_5 = 0{,}6\pi$ et $\mathcal{A}_6 = 5{,}4\pi$.

62. Vrai. En effet les triangles ABC et ADC sont symétriques par rapport au centre du parallélogramme donc ils ont la même aire : la moitié de celle de ABCD.

63. Faux. En effet, si on double le rayon R d'un disque, l'aire du nouveau disque est égale à $\pi \times 2R \times 2R$ soit $4\pi R^2$ donc l'aire est multipliée par 4.

64. Faux. L'aire du carré est 15,21 cm^2 ; celle du disque est exactement $4{,}84\pi$ cm^2 soit environ 15,21 cm^2.

65. Faux. L'aire latérale du prisme est égale à $(9 + 5 + 8) \times 4$.

66. Vrai. Le périmètre de la base est égal à $\dfrac{3{,}8}{4}$ m soit 0,95 m.
$0{,}95 : \pi \approx 0{,}30$.
Donc le diamètre de la base est environ 30 cm.

67. L'aire rouge est l'aire de deux disques.

L'aire bleue est égale à quatre fois l'aire des trois-quarts d'un disque, c'est-à-dire l'aire de trois disques.

Donc $\frac{\text{aire rouge}}{\text{aire bleue}} = \frac{2}{3}$.

68.

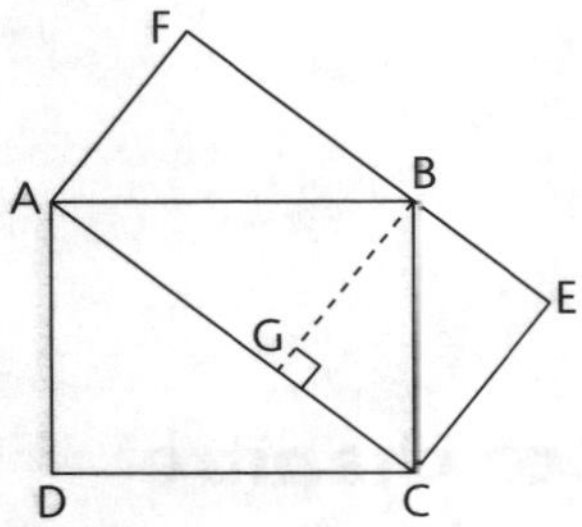

$\mathscr{A}(\text{ACEF}) = \mathscr{A}(\text{AGBF}) + \mathscr{A}(\text{GCEB})$

$= 2 \times \mathscr{A}(\text{AGB}) + 2 \times \mathscr{A}(\text{GCB})$

$= 2 \times [\mathscr{A}(\text{AGB}) + \mathscr{A}(\text{GCB})]$

$= 2 \times \mathscr{A}(\text{ABC})$

donc $\mathscr{A}(\text{ACEF}) = \mathscr{A}(\text{ABCD})$

$3 \times 4 = 12$

$\mathscr{A}(\text{ACEF}) = 12\ \text{cm}^2$.

■ Jeu

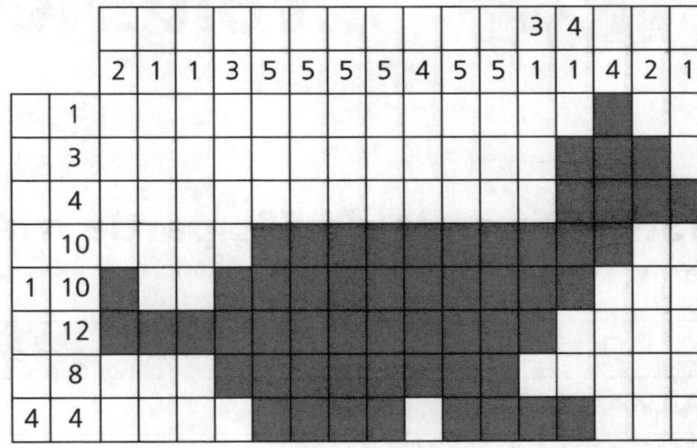

CHAPITRE 13

Volumes

1. Programme de 5e : partie traitée dans ce chapitre

Contenus	Compétences	Exemples d'activités, commentaires
4.4 Volumes		
Prisme, cylindre de révolution	– Calculer le volume d'un prisme droit, en particulier celui d'un parallélépipède rectangle. – Calculer le volume d'un cylindre de révolution. – Effectuer pour des volumes des changements d'unités de mesure. *[Technologie : contrôler des mesures, des dimensions, des pièces]*	Contrairement à la notion, abordée dès l'école primaire, celle de volume n'est travaillée que depuis la classe de sixième. Elle doit donc être consolidée en classe de cinquième. Une relation est établie entre les calculs de volume du prisme droit et du cylindre : dans les deux cas, l'aire de la surface de la base du solide est multipliée par sa hauteur. Le fait que le volume d'un prisme droit ou d'un cylindre est proportionnel : – à sa hauteur, lorsque la base est constante – à l'aire de sa base lorsque la hauteur est constante est mis en évidence.

2. Avant et après

a. Classe de 6e

Contenus	Compétences	Exemples d'activités, commentaires
4.4 Volumes		
	– Déterminer le volume d'un parallélépipède rectangle en se rapportant à un dénombrement d'unités. – Connaître et utiliser les unités de volume et les relier aux unités de contenance. – Savoir que $1 \text{ L} = 1 \text{ dm}^3$. – Effectuer pour les volumes des changements d'unités de mesure.	La construction des connaissances relatives au volume relève du collège. Il s'agit d'étendre à l'espace des démarches de pavage déjà pratiquées pour déterminer des aires. À l'entrée en sixième, les élèves n'ont aucune connaissance des unités de volume autres que celles relatives aux contenances. Il s'agit donc de les aider à mettre en place des images mentales comme celle du décimètre cube rempli par mille centimètres cubes. Des cas où interviennent des valeurs non entières sont étudiés (par exemple un pavé $3 \times 2 \times 1{,}5$), dans la mesure où ils sont susceptibles d'un traitement simple à l'aide d'un pavage. Aucune compétence n'est exigible à ce sujet. Le cas général sera étudié en classe de cinquième. Comme pour les longueurs et les aires, l'utilisation des équivalences entre diverses unités est préférée à celle systématique d'un tableau de conversion.

b. Classe de 4e

Contenus	Compétences	Exemples d'activités, commentaires
4.1 Aires et volumes		
Calcul d'aires et volumes.	– Calculer le volume d'une pyramide et d'un cône de révolution à l'aide de la formule $V = \frac{1}{3}Bh$.	La formule donnant le volume de la pyramide peut-être justifiée expérimentalement dans des cas simples. L'objectif est, d'une part, d'entretenir les acquis des classes antérieures et, d'autre part, de manipuler de nouvelles formules, en liaison avec la pratique du calcul littéral. Les formules d'aires ou de volumes offrent l'occasion d'étudier les variations d'une grandeur en fonction d'une autre. La recherche de l'aire latérale d'une pyramide et d'un cône de révolution est proposée, à titre de problème.

3. Fiches pédagogiques des activités

Sciences en construction

Un peu d'histoire

Les Babyloniens avaient de grandes connaissances en mathématique, qui nous sont apparues grâce à des tablettes d'argile découvertes au cours des fouilles lors des 150 dernières années. Les Babyloniens utilisaient une numération très complexe. Celle-ci en base 60, était représentée par des signes de la graphie cunéiforme.

 = 1 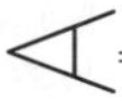 = 10  = 60

Ils possédaient aussi des symboles pour 600, 3 600, 36 000.

Choix de la situation

Cette activité a pour objectif de mettre en évidence les progrès réalisés au fil des siècles. Ils ont permis d'uniformiser les mesures de capacité en proposant un système simple basé sur la numération en base 10.
La situation est simple et les élèves devraient assez facilement effectuer le travail demandé.

Durée : 10 min

Déroulement

On peut auparavant demander aux élèves de situer l'ancienne cité de Babylone sur le globe.
Travail en autonomie puis correction au tableau par les élèves.

Synthèse

On fera remarquer que les systèmes de mesures actuels sont en base 10 sauf la mesure du temps.

1 Utiliser le centimètre cube

Choix de la situation

Cette activité permet comme le demande le programme de retravailler la notion de volume qui a été abordée pour la première fois en classe de 6e.
Le travail proposé doit donner du sens à cette notion.
La question **a.** permet de travailler la capacité à comptabiliser correctement le nombre de cubes d'un assemblage lorsque certains cubes sont cachés et d'exprimer ainsi le volume d'un objet.
La question **b.** met en évidence le lien existant entre la longueur de l'arête d'un cube en cm et le volume de ce cube en cm^3.
Enfin le travail effectué à cette occasion prépare au mieux l'activité suivante où l'on va relier les différentes unités de volume entre elles.

Durée : 10 min

Déroulement

Le travail demandé devrait être assez bien réussi par les élèves que l'on peut donc laisser travailler en autonomie. On pourra à cette occasion solliciter des élèves qui sont généralement en difficulté afin qu'ils présentent la correction au tableau.

Synthèse

On pourra formuler la remarque suivante : 64 cm^3 représentent 64 cubes de 1 cm^3 ou un seul cube d'arête 4 cm. On peut, si on le désire, dégager la formule permettant de calculer le volume d'un cube.

Prolongement possible

On peut selon le niveau de la classe demander la longueur d'une arête d'un cube dont le volume est 125 cm^3.

2 Unités de volume

Choix de la situation

L'objectif de cette activité est de faire apparaître les liens entre les différentes unités de volume dérivées du mètre cube comme des évidences logiques et non comme des formules à apprendre. Les élèves doivent être capables d'effectuer des conversions d'unités voisines sans avoir besoin d'un tableau d'unités.

Durée : 10 min

Déroulement

Travail en autonomie pendant 5 minutes puis correction au tableau par les élèves. Les élèves devraient effectuer le travail demandé sans difficulté. Il est ici demandé d'exprimer un volume dans une unité plus petite, ce travail est plus facile à réaliser dans ce sens (car il fait intervenir la multiplication par 1 000…)
On peut donc demander en supplément aux élèves de compléter les égalités suivantes (« dans l'autre sens ») :
1 cm^3 = …dm^3 = …m^3. Cette question en apparence anodine risque de générer des réponses surprenantes.

Synthèse

On donnera la définition du mètre cube puis l'on « présentera » les différentes unités de volume.
On soulignera le fait que pour exprimer une quantité d'une unité de volume à l'unité de volume voisine on multiplie ou divise par 1 000.

À l'aide de deux exemples tels que :
- $54{,}85\ dm^3 = 54\ 850\ cm^3$;
- $54{,}85\ dm^3 = 0{,}05485\ m^3$;

on remarquera que :
« quand l'unité est 1 000 fois plus petite, la quantité est 1 000 fois plus grande et inversement ».

Prolongement possible

• On peut utiliser en salle informatique :
les exercices interactifs disponibles sur le site compagnon qui traitent des conversions d'unités de volume,
on peut trouver sur le site compagnon un imagiciel qui permet de comprendre le passage d'une unité de volume à l'unité immédiatement supérieure dans le système métrique.

3 Ordres de grandeur

Choix de la situation

L'objectif est d'utiliser les unités de volume et de capacité dans un contexte familier.
On suppose que les unités de capacité ont été revues à l'aide par exemple de la rubrique « Revoir les acquis ».

Durée : 20 min

Déroulement

On peut organiser un travail en groupe.

a. Les élèves procéderont certainement par éliminations successives et devraient réussir cette question assez facilement. La correction pourra être l'occasion d'un échange au sein de la classe à propos des stratégies adoptées par chacun des groupes.

b. Si l'on s'aperçoit que l'ensemble de la classe « bloque » on pourra éventuellement remplir un cube en plastique de 10 cm de côté avec 1 litre d'eau. Ceci afin d'inscrire dans les esprits l'égalité : $1\ dm^3 = 1\ L$.
Ici encore le choix de l'unité adéquate peut donner lieu à un échange au sein de la classe.

Synthèse

On insistera sur l'égalité $1\ dm^3 = 1\ L$.
On pourra rassembler dans un tableau identique à celui présenté à la page 244 les liens entre les unités de volume et de capacité.
On mettra en couleurs les opérateurs qui permettent de relier une unité à une autre.

4 Parallélépipède rectangle

Choix de la situation

L'objectif est d'établir le volume d'un parallélépipède rectangle.
La situation est simple et classique, dans la continuité de ce qui a été fait auparavant.
La formule qui a été énoncée à la question **c.** est utilisée dans la question **d.** avec des nombres décimaux.

Durée : 15 min

Déroulement

Travail en autonomie puis correction.

c. On devrait rencontrer sur les cahiers des phrases du type « on multiplie la longueur par la largeur puis le résultat par la hauteur ».
On pourra alors demander une formulation plus mathématique (utiliser le mot produit…)

Synthèse

On énoncera la propriété suivante :
Le volume d'un parallélépipède rectangle est égal au produit de ses trois dimensions.
On proposera alors la formule :

$$V = L \times l \times h.$$

En exemple on demandera de calculer le volume d'un parallélépipède rectangle de dimensions 12 dm, 50 cm et 0,4 m.
Cet exemple doit permettre de mettre en évidence que pour calculer un volume on doit d'abord exprimer les longueurs dans la même unité.

Prolongement possible

On peut trouver sur le site compagnon un imagiciel qui permet de faire varier les dimensions du parallélépipède « en cubes » en affichant son volume.

5 Prisme droit de base triangulaire

Choix de la situation

L'objectif est de découvrir la formule du volume d'un prisme droit. Les deux prismes proposés ont des bases triangulaires ceci afin de se ramener au travail effectué à l'activité précédente.

a. On attend que l'élève associe le volume de chacun de ces prismes à la moitié de celui d'un parallélépipède rectangle.

b. Nous avons choisi de donner l'égalité :
$V = \text{Aire base} \times \text{hauteur}$ et demandons juste à l'élève de vérifier que cette égalité est vraie pour les deux prismes proposés.

Durée : 15 min

Déroulement

Travail en autonomie. On peut demander aux élèves de décrire leur raisonnement.

Synthèse

On généralisera la formule :

$$V = \text{Aire base} \times \text{hauteur}.$$

On fera remarquer que cette formule s'applique aussi au parallélépipède rectangle.
On illustrera cette formule d'exemples. On pourra notamment proposer l'exemple suivant :
L'aire de base d'un prisme droit est 140 cm, sa hauteur est 3 dm ; quel est son volume ?
Ceci pour insister encore une fois sur l'attention que l'on doit porter à la concordance des unités.

Prolongement possible

On proposera des prismes droits ayant pour bases des figures de base :
parallélogramme, losange mais aussi des prismes dont le calcul de l'aire de la base se fait par découpage (voir l'exercice 1 page 245)

6 Du prisme droit au cylindre de révolution

Choix de la situation

L'objectif est de découvrir la formule du volume d'un cylindre de révolution. Nous avons choisi d'approcher ce volume à l'aide de prismes droits dont les bases sont des polygones inscrits dans le cercle de base. Une méthode similaire a été employée au cours de l'activité 7 du chapitre précédent.
On pourra aussi utiliser l'imagiciel disponible sur le site compagnon pour accompagner cette activité.

Durée : 10 min

Déroulement

Soit on dispose d'un vidéoprojecteur et l'on projette l'imagiciel en faisant varier le nombre de côtés du polygone de base.
Soit on laisse les élèves réfléchir 5 minutes individuellement et l'on effectue la synthèse.

Synthèse

On écrira l'égalité :
$V = \text{Aire base} \times \text{hauteur}$ et on soulignera que cette égalité s'écrit aussi : $V = \pi R^2 h$.

7 Une canette

■ Choix de la situation

L'objectif est d'utiliser la formule du volume d'un cylindre de révolution. Cette activité d'application permet aussi d'aborder les notions de valeur exacte et valeur approchée ainsi que la correspondance entre les unités de volume et de capacité.

■ Durée : 15 min

■ Déroulement

On peut, si on le désire, demander auparavant aux élèves de mesurer les dimensions d'une canette de 33 cL.

En classe, un travail en autonomie puis une correction au tableau par des élèves.

Si le besoin s'en fait sentir on demandera à un élève de rappeler la méthode pour donner un arrondi

■ Synthèse

On fera remarquer que la valeur exacte du volume d'un cylindre de révolution est de la forme $k\pi$ (suivie de l'unité…).

8 Résoudre un problème

■ Choix de la situation

L'objectif est de mettre en évidence que le volume d'un cylindre est proportionnel à sa hauteur lorsque la base est constante et d'utiliser cette propriété pour résoudre un problème.

■ Durée : 15 min

■ Déroulement

On peut laisser les élèves travailler en groupes et désigner un rapporteur par groupe.

a. Deux méthodes de résolution devraient apparaître dans les groupes :

– Calcul de l'aire de la base du réservoir à l'aide du réservoir ① puis utilisation de la formule $V = B \times h$

– La situation de proportionnalité apparaît évidente et l'on utilise des coefficients multiplicateurs (2 et 3,75).

On demandera aux groupes qui ont opté pour cette méthode de justifier leur raisonnement.

b. On devrait là encore retrouver dans les productions des élèves les deux méthodes précédentes.

■ Synthèse

On notera que le volume d'un cylindre de révolution ou d'un prisme droit est proportionnel à sa hauteur lorsque la base est constante, le coefficient de proportionnalité étant l'aire de la base.

■ Prolongement possible

On pourra traiter l'exercice page 249 afin de dégager la propriété suivante :

Le volume d'un prisme droit ou d'un cylindre est proportionnel à l'aire de sa base lorsque la hauteur est constante.

▲ Test final

Durée : 45 min

Exercice 1

1. Convertir en m^3 :

a. 38 dm^3. **b.** 57,4 dam^3. **c.** 38 L.

2. Convertir en L.

a. 57 dm^3. **b.** 25,4 dam^3. **c.** 43,47 cm^3.

Exercice 2

Calculer le volume des solides suivants :

a. ABCDEFGH est un cube d'arête 6 cm.

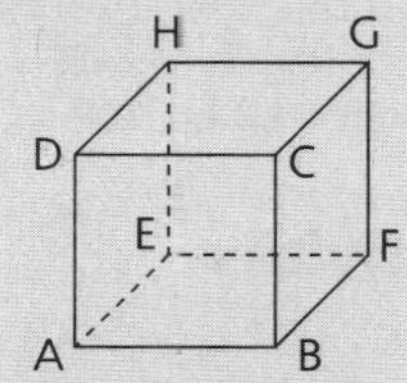

b. IJKLMNOP est un parallélépipède rectangle de dimensions :
14 dm, 6 dm et 5 dm.

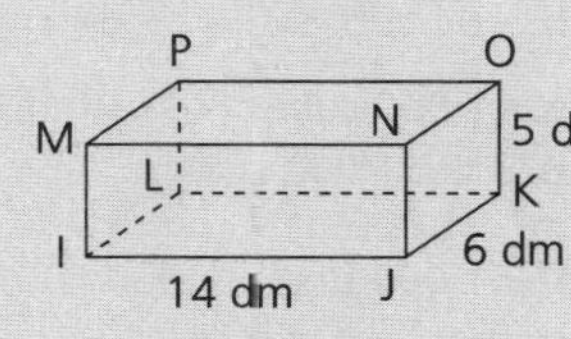

c. RSTUVW est un prisme droit de hauteur 4 dm et dont la base est le triangle RST représenté ci-contre.

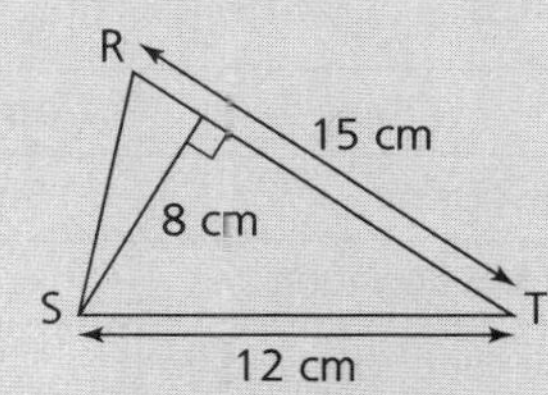

Exercice 3

Un cylindre de révolution a un rayon égal à 5 cm et une hauteur égale à 12 cm.
Calculer la valeur exacte puis l'arrondi au dixième de son volume en cm^3.

Exercice 4

Un hangar a la forme du prisme droit représenté ci-dessous.

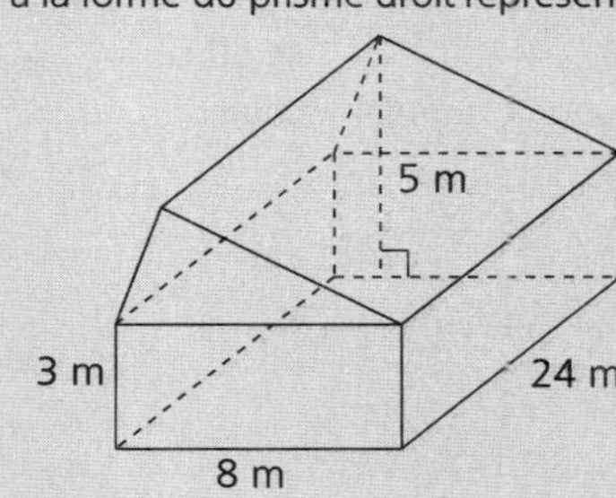

Calculer son volume.

Exercice 5

Un verre de hauteur 9 cm en forme de cylindre de révolution a une capacité de 24 cL.

a. On verse 20 cL d'eau dans ce verre.
Calculer la hauteur d'eau.

b. On verse un liquide dans ce verre. La hauteur du liquide est 6 cm.
Quelle quantité de liquide a-t-on versée dans ce verre ?

4. Corrigés

Revoir les acquis

1 c. **2** b. **3** c. **4** b. **5** b.

Sciences en construction

1 gin = 0,014 L = 1,4 cL
1 ban = 0,14 L = 14 cL
1 ban-es = 0,42 L = 42 cL
1 gur-lugal = 4,2 L = 420 cL

Activités

1. **a.** • 6 cm^3 • 15 cm^3 • 27 cm^3.
b. • 64 cubes • 64 cm^3.

2. **a.** • 1 000 cubes. • 1 mm^3. • 1 cm^3 = 1 000 mm^3.
b. Il faut 1 000 cubes.
1 dm^3 = 1 000 cm^3.
1 m^3 = 1 000 dm^3 = 1 000 000 cm^3.

3. **a. b.**

Objet	Contenance	Volume
Une piscine	56 000 L	56 m^3
Un pot de yaourt	20 cL	0,2 dm^3
Une cartouche d'encre	5 mL	5 cm^3
Un réservoir de voiture	5 daL	50 dm^3
Un lac	2 000 000 kL	2 hm^3
Une bouteille d'eau	1,5 L	1,5 dm^3

c. 1 000 mm^3 = 1 cm^3 = 0,001 dm^3 = 0,001 L = 1 mL

4. **a.** $5 \times 4 \times 3$. **b.** 60 cm^3
c. V = longueur × largeur × hauteur
d. 720 cm^3.

5. **a.** $\frac{3 \times 4 \times 7}{2} = 42$; $V_1 = 42$ cm^3.
$\frac{2 \times 3 \times 9}{2} + \frac{6 \times 3 \times 9}{2} = 27 + 81 = 108$; $V_2 = 108$ cm^3.
b. $\mathcal{B}_1 \times h_1 = \frac{3 \times 4}{2} \times 7 = 42$.
$\mathcal{B}_2 \times h_2 = \frac{8 \times 3}{2} \times 9 = 108$.

6. Le volume des prismes « tend » vers le volume du cylindre. Le volume des prismes s'obtient en calculant le produit de l'aire de base par la hauteur. L'aire de la base « tend » vers πR^2.
Le volume du cylindre est donc $\pi R^2 h$.

7. **a.** $3{,}1^2 \times 11\pi$ cm^3 $= 105{,}71\pi$ cm^3
b. $V \approx 332$ cm^3 **c.** $V \approx 33$ cL

8. On peut utiliser un tableau de proportionnalité :

Hauteur en dm	8	16	30	40
Volume en dm^3	210	420	787,5	1 050

a. $V_2 = 420$ dm^3 ; $V_3 = 787{,}5$ dm^3.
b. $h = 40$ dm.
c. Oui, le coefficient de proportionnalité est l'aire de la base ou πR^2.

Travail personnel

A. **a.** 0,045 6. **b.** 3 240. **c.** 534,7.
d. 0,386 1. **e.** 70. **f.** 0,06.

B. 2 L = 200 cL et $\frac{200}{25} = 8$.
On peut remplir 8 verres.

C. 40 cubes.

D. **a.** 36 cm^2. **b.** 17,5 cm^2.

E. **a.** $\mathcal{A} = 7^2 \times \pi$ cm^2 $= 49\pi$ cm^2 soit environ 153,9 cm^2.
b. $\mathcal{A} = 12^2 \times \pi$ cm^2 $= 144\pi$ cm^2 soit environ 452,4 cm^2.

Exercices d'application

1. **a.** 0,017. **b.** 22 400. **c.** 0,000 17.
d. 4 350. **e.** 4 000 000 000. **f.** 0,005.

2. **a.** m^3. **b.** cm^3. **c.** cm^3. **d.** dm^3.

3. **a.** 2 000 dm^3 = 0,002 dam^3.
b. 0,234 5 dm^3 = 0,000 000 234 5 dam^3.
c. 170 000 000 dm^3 = 170 dam^3.
d. 34 210 dm^3 = 0,034 21 dam^3.
e. 4 000 000 000 000 dm^3 = 4 000 000 dam^3.
f. 0,005 dm^3 = 0,000 000 005 dam^3.

4. **a.** 0,004 3. **b.** 0,000 071. **c.** 7 300 dm^3.
d. 0,000 64. **e.** 28 430. **f.** 0,000 034 6.

5. 27 800 mm^3 < 0,28 dm^3 < 2 910 cm^3 < 0,2 m^3.

6. **a.** $0{,}206 \times 365 = 75{,}19$.
Un habitant utilise 75,19 m^3 d'eau par an.
b. $441\,000 \times 75{,}19 = 33\,158\,790$.
L'ensemble des habitants utilise 33 millions de m^3 d'eau par an.

7. $0{,}003\,5 \times 24 \times 6\,000\,000\,000 = 504\,000\,000$
6 milliards d'êtres humains rejettent 504 000 000 m^3 de CO_2.

8. **a.** 64 cm^3. **b.** 216 dm^3. **c.** 15,625 cm^3.

9. **a.** $V = 21{,}42$ m^3. **b.** 21 420 L.

10. $7 \times 40 \times 3 = 840$; $V = 840$ dm^3.
L'aquarium peut contenir 840 L

11. **a.** $\mathcal{A} = 6 \times 4{,}5 = 27$; $\mathcal{A} = 27$ m^2.
$\mathcal{A} \times h = V$ d'où $2 \times h = 81$ soit $27h = 81$.
b. $h = \frac{81}{27} = 3$; $h = 3$ m.

12.

Largeur	3 dm	4 cm	3,2 m	**2,5** dm
Longueur	40 cm	3,5 cm	**7,5** m	6,5 dm
Hauteur	1,2 m	**7,5** cm	0,9 dam	80 cm
Volume	**144** dm^3	105 cm^3	216 m^3	0,13 m^3

13. $\mathcal{A} = 5 \times 3 - 2 \times 1 = 13$; $\mathcal{A} = 13$ cm^2.
$V = \mathcal{A} \times h = 13 \times 2{,}3 = 29{,}9$; $V = 29{,}9$ m^3.

14. **a.** Les triangles ABC et DEF
b. $\mathcal{A} = 17{,}5$ cm^3. **c.** 16 cm. **d.** 280 cm^3.

15. **a.** $V_1 = 49$ cm^3. **b.** $V_2 = 156$ cm^3.

16. a. 378 cm³. **b.** 270 cm³. **c.** 288 cm³.

17. a. 0,8 m. **b.** 1,9 m. **c.** $0{,}912 \text{ m}^3 = 912$ L.

18. a.

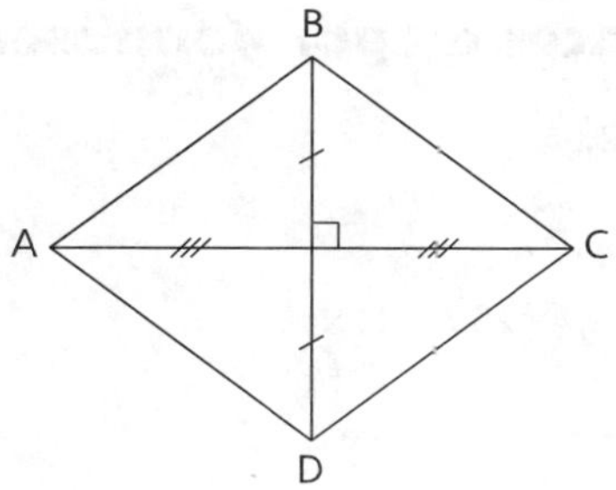

b. $\mathscr{A} = 24 \text{ cm}^2$. **c.** $V = 384 \text{ cm}^3$.

19. $\mathscr{A} = \dfrac{5 \times 3}{2} = 7{,}5$. $\mathscr{A} = 7{,}5 \text{ cm}^2$.
$V = 7{,}5 \times 7 = 52{,}5$; $V = 52{,}5 \text{ cm}^3$.

20. $\mathscr{A} = 8 \times 6 - \dfrac{7 \times 1{,}5}{2} = 42{,}75$
$\mathscr{A} = 42{,}75 \text{ cm}^2$.
$V = 42{,}75 \times 20 = 855$.
Le volume du coffret est 855 cm³.

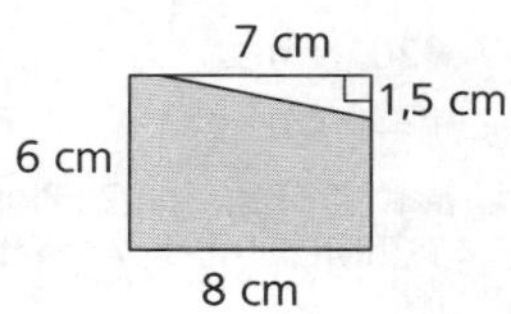

21. $\mathscr{A} = 1{,}9 \times 0{,}85 - \dfrac{0{,}3 \times 0{,}85}{2} = 1{,}487\,5$;
$\mathscr{A} = 1{,}487\,5 \text{ m}^2$.
$V = 1{,}487\,5 \times 1{,}4 = 2{,}082\,5$.
Le volume du placard est 2,082 5 m³.

22. $\mathscr{A} = 3 \times 0{,}8 - \dfrac{1 \times 0{,}8}{2} = 2$; $\mathscr{A} = 2 \text{ m}^2$.
$V = 2 \times 1{,}5 = 3$; $V = 3 \text{ m}^3$.

23. $\mathscr{A} = 32 \times 18 - \dfrac{18 \times 18}{2} = 414$; $\mathscr{A} = 414 \text{ mm}^2$.
$V = 414 \times 50 = 20\,700$; $V = 20\,700 \text{ mm}^3$.

24. a. 80 cm²
b. $\mathscr{A} \times h = V$ d'où $80 \times h = 1\,200$.
c. $h = \dfrac{1\,200}{80} = 15$; $h = 15$ cm.

25.

Aire de la base	58 cm	76 cm	**26,875** cm	128 cm
Hauteur	17 cm	1,2 dm	24 cm	**1,25** dm
Volume	**986** cm³	**0,912** dm³	645 cm³	1,6 dm³

26. a. Le périmètre de la base est 12 cm.
$h = \dfrac{96}{12} = 8$ $h = 8$ cm. **b.** $V = 48 \text{ cm}^3$.

27.

Hauteur en m	1,4	2,1	1,75	1,05
Volume en m³	60	90	75	45

28.

Hauteur en m	12	4	18	**21,5**
Volume en m³	3 840	**1 280**	**5 760**	6 880

29. a.

Aire de la base en cm	15	30	3	**100**
Volume du prisme en cm³	**240**	**480**	**48**	1 600

b. Le volume d'un prisme droit et proportionnel à l'aire de sa base lorsque la hauteur est constante.
c. $V = 12\mathscr{B}$.

30. a. $V = 144\pi \text{ cm}^3$ $V \approx 452{,}4 \text{ cm}^3$.
b. $V = 80{,}92\pi \text{ dm}^3$ $V \approx 254{,}2 \text{ dm}^3$.
c. $V = 1\,862\pi \text{ cm}^3$ $V \approx 5\,849{,}6 \text{ cm}^3$.

31. $V = 1{,}5^2 \times 5\pi = 11{,}25\pi$ $V \approx 35 \text{ dm}^3$.
Sa contenance est 35 L environ.

32. $V = 6^2 \times 20\pi$ $V \approx 2\,261{,}9 \text{ m}^3$.
Il peut contenir 22 619 hL.

33. $V = \dfrac{0{,}15^2 \times 0{,}8 \times \pi}{2}$. Son volume est environ 0,03 m³

34. $14 : 2 = 7$. Le rayon mesure 7 cm.
15 mm = 1,5 cm
$\pi \times 7^2 \times 1{,}5 = 73{,}5\,\pi$. Le volume de ce cylindre est $73{,}5\pi \text{ cm}^3$.

35. a. $V = 0{,}5^2 \times 1\,768\,000 \times \pi$
$V \approx 1\,388\,584 \text{ m}^3$.
b. $\dfrac{1\,388\,584}{0{,}159} \approx 8\,733\,232$.
Il peut contenir 8 733 232 barils.

36. a. $V_1 \approx 0{,}565 \text{ dm}^3$, $V_2 \approx 0{,}924 \text{ dm}^3$, $V_3 \approx 1{,}589 \text{ dm}^3$.
Seule la casserole n° 3 convient.
b. $0{,}565 + 0{,}924 = 1{,}489$. Oui.

37. a. $V_1 = \pi \times 6^2 \times 75 = 2\,700\pi$.
$V_2 = \pi \times 7{,}5^2 \times 48 = 2\,700\pi$.
Les deux cylindres ont le même volume.
b. $12\pi \times 75 - 15\pi \times 48 \approx 565$
La différence des aires latérales est 565 cm² environ.

38. a. $\mathscr{A} = 1{,}5^2\pi = 2{,}25\pi$ $\mathscr{A} = 2{,}25\pi \text{ dm}^2$
$V = 2{,}25\pi \times 4 = 9\pi$ $V = 9\pi \text{ dm}^3$.
Sa capacité est $0{,}9\pi$ L soit environ 28 L.
b. $2{,}25\pi \times h = 10$ $h = \dfrac{10}{2{,}25\pi}$
$h \approx 1{,}4$ La hauteur est 1,4 dm environ.

39. a. $648\pi \text{ cm}^3$. **b.** 8 cm.

40.

Hauteur en cm	28	4	35	**70**
Volume en cm³	3 500	**500**	**4 375**	8 750

41. $V = 1{,}287\,5^2 \times 0{,}22 \times \pi \times 15$.
Le volume de cette pile est 17 cm³ environ.

42.

Hauteur en cm	24	16
Capacité en L	1,5	1

La hauteur d'eau est de 16 cm.

43. $V = 4^2 \times 0{,}3 \times \pi + 8 \times 18 \times 0{,}3$.
Le volume de la table est 58 dm³ environ.

44. $V = \dfrac{20^2 \times 85 \times \pi}{2} + 40 \times 40 \times 85$
$V \approx 189\,407 \text{ cm}^3$ ou $V \approx 189 \text{ dm}^3$.

45. $V = (0{,}42^2 - 0{,}35^2)\pi \times 14 = 0{,}754\,6\pi$
$V \approx 2{,}4 \text{ dm}^3$.

46. a. Aire latérale $= 24\pi h$ d'où $h = \dfrac{300}{24}$.
$h = 12{,}5$ cm.

b. $V = 12^2 \times 12{,}5\pi = 1\,800\pi \quad V = 1\,800\pi$ cm³.

47. $V = 2^2 \times 0{,}6 - 0{,}5^2 \times 0{,}6\pi$
$V \approx 1{,}9$ cm³.

48. $1\,084 \times 0{,}020\,4 = 22{,}113\,6$.
Le volume de ce lac sera 22,1 km³ environ.

49. $\frac{30}{357} \approx 0{,}084$.
Les océans s'élèveraient de 0,084 km ou 84 m.

50.

Résultat et unité corrects	Mauvais choix de l'unité	Trop de décimales	Résultat sûrement faux
4 – 3 – 7	1	2 – 5	6

51. a. 0,365 2 L = 0,003 652 hL.

b. 71 250 cm³ = 0,071 25 m³.

c. 17 500 mL = 1,75 daL.

52. a. 76 240 mm³ = 0,076 24 dm³.

b. 0,861 5 m³ = 861 500 cm³.

c. 0,086 54 cm³ = 0,000 000 086 54 m³.

53. a. 30 cm³. **b.** 12 cm³.
c. 792 cm³. **d.** 693 cm³.

54. 1. 144π cm³.
2. a. 288π cm³. **b.** 72π cm³.
c. $1\,440\pi$ cm³. **d.** 32π cm³.
3. 36π cm³.

■ Faire le point

55. c. **56.** c. **57.** b. **58.** b. **59.** b.
60. b. **61.** b. **62.** c. **63.** b.

■ Exercices de consolidation

64. $4 \times \frac{14 \times 12}{2} \times 16 = 5\,376$.
Le volume des chutes est 5 376 cm³.
$24 \times 42 \times 16 - 5\,376 = 10\,752$.
Le volume du prisme IJKLMN est 10 752 cm³.

65. $6 \times 14 \times 8 : 9 \approx 74{,}7$.
Il faudra remplir 75 seaux.

66. a. 10 cm. **b.** 20 cL.

67. $R = 3$ cm et $h = 6$ cm
$V = 54\pi$ cm³.

68. $(8{,}5^2 - 5{,}5^2)\pi \times 21 = 882\pi$.
Le volume des murs est 882π m³ ou environ 2 771 m³.

69. a.

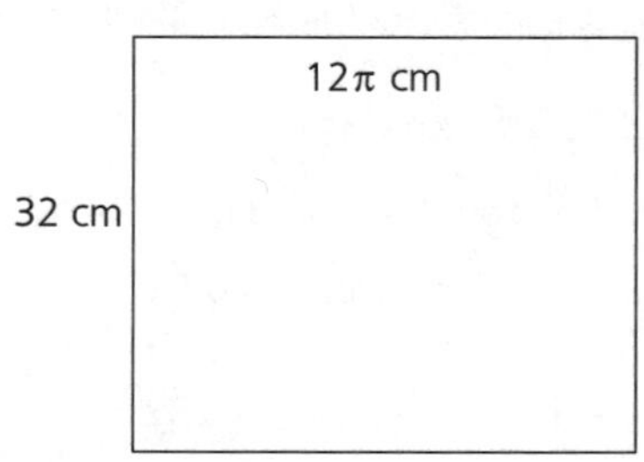

b. $\mathcal{A} = 12 \times 32 \times \pi = 384\pi \quad \mathcal{A} = 384\pi$ cm².

c. $V = 384\pi \times 0{,}3 = 115{,}2\pi$
$V = 115{,}2\pi$ cm².

■ Exercices d'approfondissement

70. a. $R_1 = \frac{29{,}7}{2\pi}$,

$V_1 = \left(\frac{29{,}7}{2\pi}\right)^2 \times 21 \times \pi$,

$V_1 = \frac{1}{4\pi^2} \times 29{,}7 \times 29{,}7 \times 21 \times \pi$,

$R_2 = \frac{21}{2\pi}$,

$V_2 = \left(\frac{21}{2\pi}\right)^2 \times 29{,}7 \times \pi$,

$V_2 = \frac{1}{4\pi^2} \times 21 \times 21 \times 29{,}7 \times \pi$.

b. $V_1 > V_2$.

71. a. $V_1 \approx 141$ cm³, $V_2 \approx 75$ cm³,
$V_3 \approx 201$ cm³, $V_4 \approx 22$ cm³,
$V_5 \approx 236$ cm³.

b. n° 1 : Fer, n° 2 : Plomb, n° 3 : Aluminium,
n° 4 : Cuivre, n° 5 : Argent.

72. a. $V = (30^2 \times 12 + 20^2 \times 8 + 10^2 \times 4)\pi$
$V = 14\,400\pi$ cm³.

b. $30^2 \times 3x \times \pi + 20^2 \times 2x \times \pi + 10^2 \times x \times \pi$
$= 2\,700\pi x + 800\pi x + 100\pi x = 3\,600\pi x$.

c. 36 dm³ = 36 000 cm³
$3\,600\pi x = 36\,000\pi$ donc $x = 36\,000 : 3\,600$; $x = 10$.

73. 1. a. $8 - x$. **b.** $5\frac{(8-x)}{2} = 20 - 2{,}5x$.
2. $V = 12 \times (20 - 2{,}5x) = 240 - 30x$.
3. Si $x = 3$, $V = 150$ cm³.
Si $x = 5$, $V = 90$ cm³.
4. $240 - 30x = 30$ donc $30x = 210$,
soit $x = \frac{210}{30}$; $x = 7$.

74. $\frac{8 \times 21}{2} = 84$.
L'aire du triangle ABC est 84 cm²
$h = \frac{1\,428}{84} = 17$.
La hauteur du prisme est 17 cm.
La face latérale qui a pour côté [AC] est un rectangle. Ce rectangle a deux côtés consécutifs de même longueur : c'est un carré.

75. 1 dm, 0,2 dm et 5 dm.

76. a. 18 cm². **b.** 270 cm³.

c. 1 cm³ d'or pèse 0,019 kg soit 19 g.
$270 \times 19 \times 10{,}7 = 54\,891$.
La valeur de ce lingot est 54 891 €.

77. $13 \times 9 - 4 \times \frac{1{,}5 \times 1}{2} = 114$.
L'aire de la base est 1 054 cm².
$114 \times 11 = 1\,254$. Le volume est 1 254 cm³.

78. $\frac{10}{0{,}7} \approx 14{,}29$
10 m³ correspondent à 14,29 stères.

79. a. $V_{cube} \approx 329$ cm³ ; $V_{cylindre} \approx 332$ cm³.

b. $\mathcal{A}_{cube} \approx 6{,}9^2 \times 6$;
$\mathcal{A}_{cube} \approx 286$ cm².

$\mathcal{A}_{\text{cylindre}} = 3{,}1 \times 2 \times 11 \times \pi + 3{,}1^2 \times \pi \times 2$;
$\mathcal{A}_{\text{cylindre}} \approx 275$ cm^2.

c. Pour un même volume on utilise moins de métal.

80. a. $\mathcal{A} = 5^2 \times \pi = 25\pi$.
L'aire de la base est 25π cm^2.
$V = 2 \times 25\pi$; $V \approx 157$ cm^3.

b. $V = 950$ cm^3 $h = \frac{950}{25\pi}$ soit environ 12,1.
La nouvelle hauteur d'eau est 12,1 cm environ.

81. $V_{\text{dé}} = 1{,}728$ cm^3 ;
$h = \frac{1{,}728}{3{,}5^2 \times \pi}$.
L'eau s'élèvera de 0,04 cm.

82. a. $V = (7^2 - 2^2)6\pi$; $V \approx 848$ cm^3.

b. $h = \frac{848}{30\,000}$.
L'épaisseur de la bande est 0,03 cm environ.

83. $V = 50 \times 30 \times 23 - 30 \times 5^2 \times 11{,}5\pi$
$V \approx 7\,404$ cm^3.

84. 1. $\mathcal{A} = 8 \times 7 - 2 \times \frac{3 \times 2}{2} = 50$; $\mathcal{A} = 50$ cm^2.
$V = 50 \times 24 = 1\,200$; $V = 1\,200$ cm^3.
Capacité du vase : 120 cL.

2. a.

Capacité en cL	120	30	40	60	90	100
Hauteur en cm	24	6	8	12	18	20

b. Oui.

85. Faux. En effet la valeur exacte du volume est π m^3. 3,14 m^3 est une valeur approchée.

86. Vrai.

87. Faux. Les volumes sont proportionnels au carré des rayons.

88. Faux, en effet le volume est 54 cm^3.

89. Vrai.

90. $\pi R^2 h = 4\pi R h$ soit $\pi \times R \times R \times h = 4 \times \pi \times R \times h$
d'où $R = 4$ cm.

91. Le volume est maximal si la diagonale du carré de la base mesure 40 cm.
$\frac{40 \times 40}{2} = 800$.
L'aire de ce carré est alors 800 cm^2.
800 cm^2 = 0,08 m^2 et $0{,}08 \times 6 = 0{,}48$.
Le volume maximal est 0,48 m^3.

■ Jeu

On remplit le bidon de 8 L que l'on verse entièrement dans le bidon de 10 L.
On remplit à nouveau le bidon de 8 L. Avec ce bidon, on finit de remplir le bidon de 10 L et on remplit le bidon de 5 L.
Il reste alors 1 L dans le bidon de 8 L.

Documents à photocopier

Reproductions de figures et de tableaux issus du manuel de l'élève, à découper ou à compléter pour animer en classe certaines activités ou certains exercices.

Chapitre 1

Exercice 7 page 16

$2 + 4 \times 3$	11
$2 \times 3 - 4$	1
$3 - 4 : 2$	14
$12 - 3 \times 2 + 5$	2

Exercice 61 page 21

Expression initiale	Action	Expression finale
$9(10 + 4)$ produit	développer	$9 \times 10 + 9 \times 4$ somme
$8 \times 13 - 8 \times 3$		
$14 \times 19 + 19 \times 6$		
$(100 - 3) \times 4$		

Exercice 92 page 25

Expression	Résultat
$3 - (2 + 1)$	0
	1
	2
	3
	4

Expression	Résultat
	5
	6
	7
	8
	9

Exercice 105 page 26

	+	8	:		=	7
×	■	−	■	+	■	−
4	−		×		=	1
:	■	×	■	−	■	×
	×	2	:		=	
=	■	=	■	=	■	=
	×	2	−		=	5

Chapitre 3

■ Activité 3 page 50

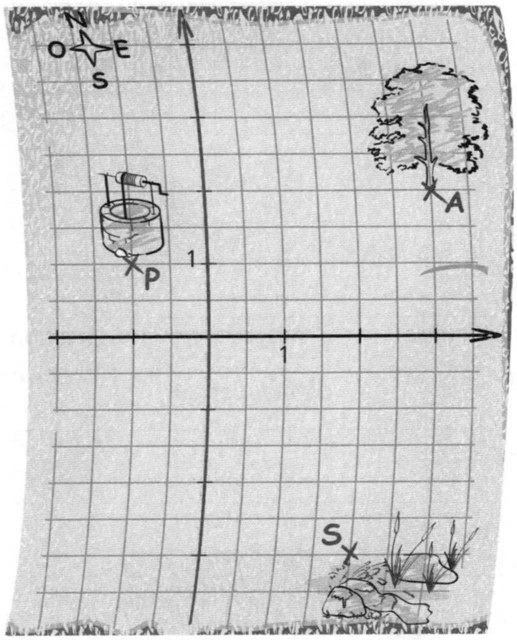

■ Activité 5 page 51

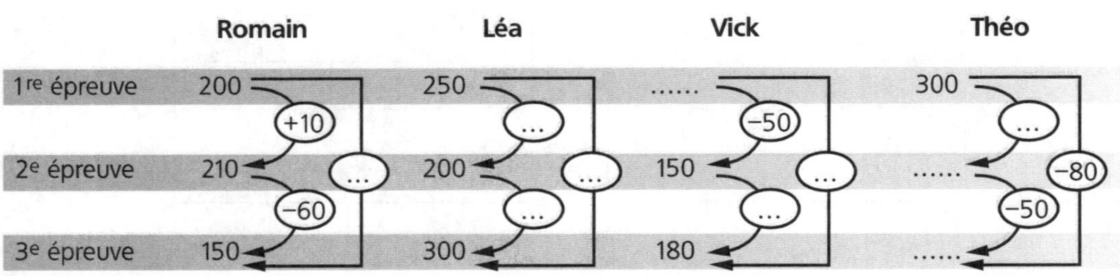

■ Exercice 3 page 58

429 – 440	+ 9
19,8 – 25	+ 3,75
230 – 221	– 11
4,1 – 0,35	– 5,2

■ Exercice 12 page 59

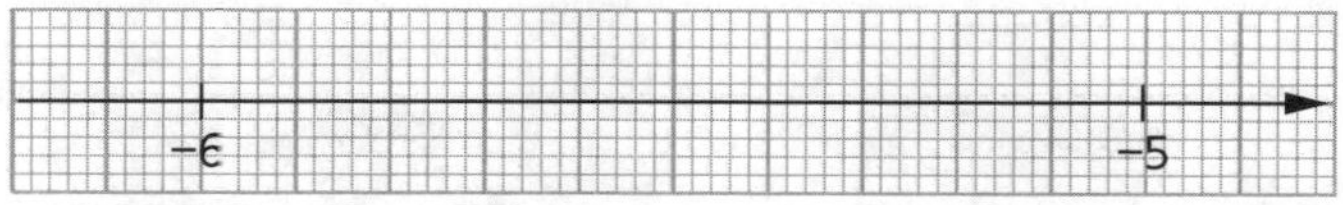

■ Exercice 18 page 59

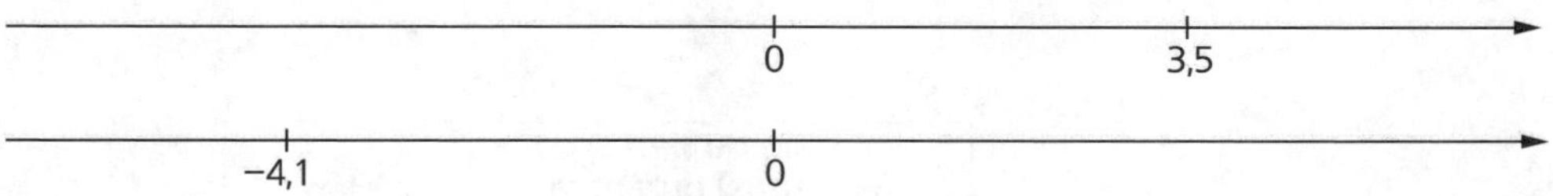

■ Exercice 20 page 59

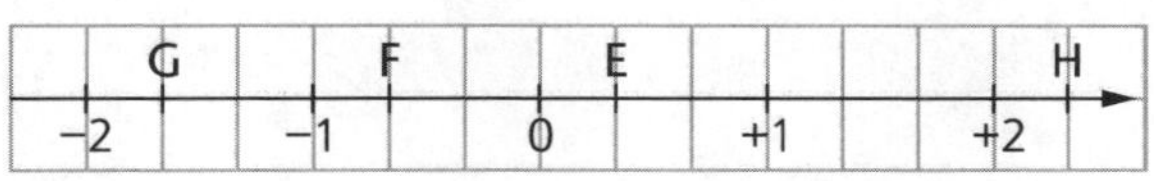

■ Exercice 43 page 61

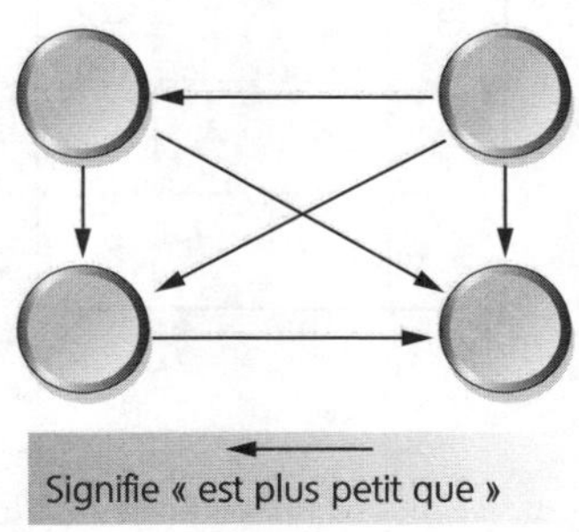

■ Exercice 51 page 62

(− 7) + (+ 3) •	• (+ 29) + (− 29)
(− 5,1) + (− 9) •	• (+ 8,1) + (+ 4,7)
(− 10,4) + (+ 10,4) •	• (− 2,6) + (− 1,4)
(− 2,5) + (+ 15,3) •	• (+ 4) + (− 18,1)
(− 7,9) + (− 8,1) •	• (+ 5,4) + (− 21,4)

■ Exercice 52 page 62

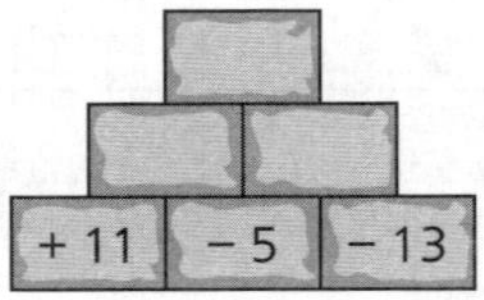

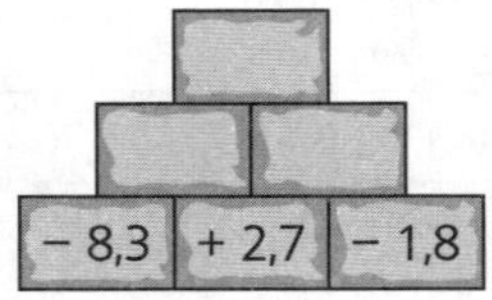

■ Exercice 55 page 62

	Gain ou perte (en euros) durant la		Bilan
	1re semaine	2e semaine	
Ben	+ 13,78	– 7,55	…
Axelle	– 2,87	+ 1,15	…
Erwan	– 5,30	– 8,25	…
Bilan du groupe	…	…	…

■ Exercice 117 page 69

−3			
3	2	7	−4
−6	−5	4	
		−2	

■ Jeu page 71

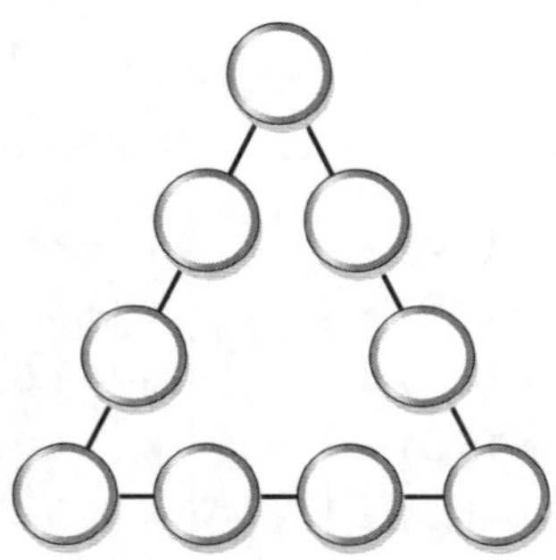

Chapitre 4

Exercice D page 77

Affirmation	Égalité
Le produit de x par 5 est 16.	$5x = 16$
La somme de 4 et de a est 18.	
Le quotient de 26 par b est 5.	
Le tiers de c est 16.	

Exercice 15 page 78

	$2x + 16$	$x + 2y$	$2x + 16 = x + 2y$
$x = 3$ $y = 0$	22	3	Faux
$x = 5$ $y = 10{,}5$			
$x = 1$ $y = 2$			
$x = 2{,}5$ $y = 5{,}5$			
$x = 120$ $y = 68$			

Exercice 20 page 79

x	2,5	3	3,5	4	4,5
$3 + 5x$					
L'inégalité $3 + 5x < 23$ est …					

Exercice 21 page 79

t	0	1	2	3	4	7,5	100
$1 + 4t$							
$3t + 5$							
L'inégalité $1 + 4t \geqslant 3t + 5$ est …							

Chapitre 5

Exercice 4 page 94

Côté d'un losange en cm	3	5	8
Périmètre du losange en cm			

Exercice 6 page 95

	A	B	C	D	E
Volume en L	200				
Prix en €	120				

Exercice 11 page 95

× … ↓	3	↑ × …
	9	

× … ↓	3	↑ × …
	7	

Exercice 14 page 96

a.

4	11	↓ × …
12		

b.

7		↑ × …
5	8	

Exercice 15 page 96

a.

4	7	↓ × …
	3	

b.

	6	↑ × …
15,4	11	

■ Activité 6 page 109

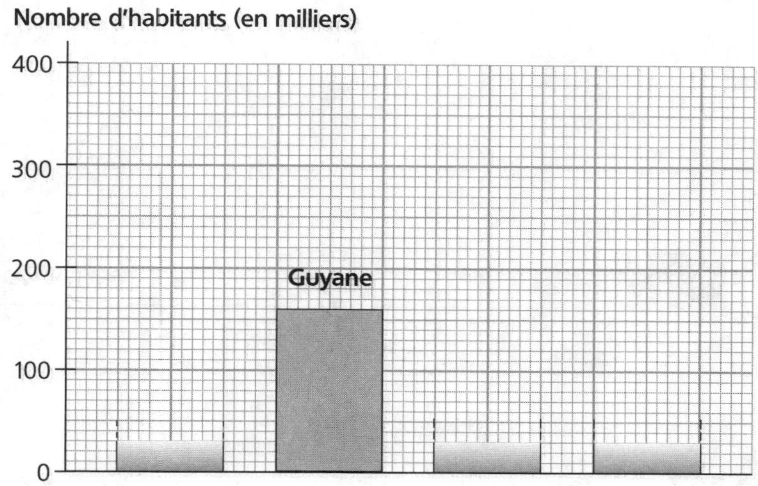

■ Activité 7 page 109

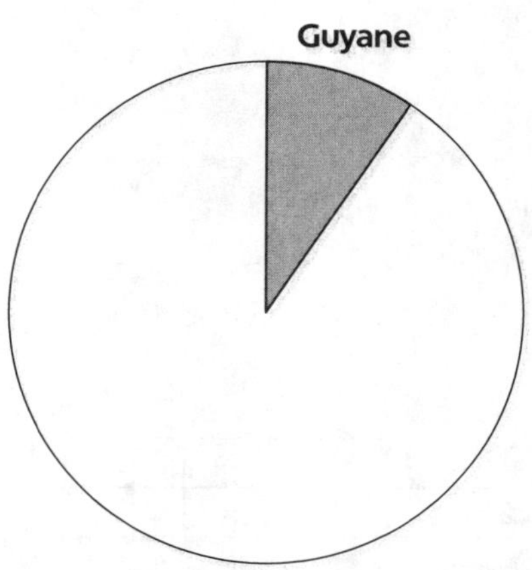

Activité 9 page 109

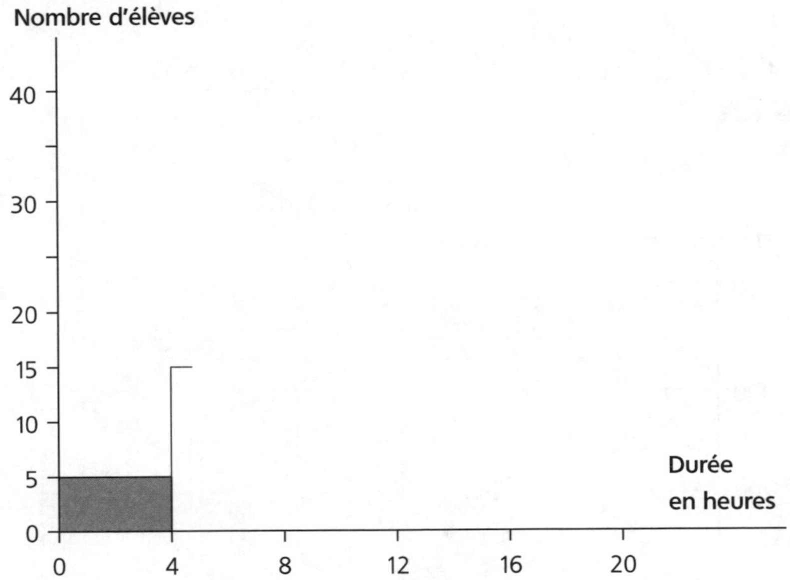

Exercice 14 page 117

Hauteur	Effectif
$40 \leq h < 60$	
$60 \leq h < 70$	220
$70 \leq h < 80$	
$80 \leq h < 100$	
$100 \leq h < 140$	

Hauteur	Effectif
$40 \leq h < 60$	
$60 \leq h < 80$	500
$80 \leq h < 100$	
$100 \leq h < 140$	

Hauteur	Effectif
$40 \leq h < 60$	
$60 \leq h < 80$	
$80 \leq h < 100$	440
$100 \leq h < 120$	340
$120 \leq h < 140$	160

Jeu page 125

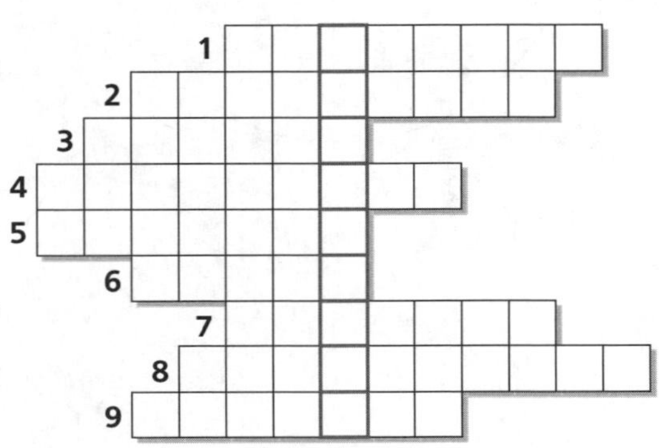

■ Activité 1 page 127

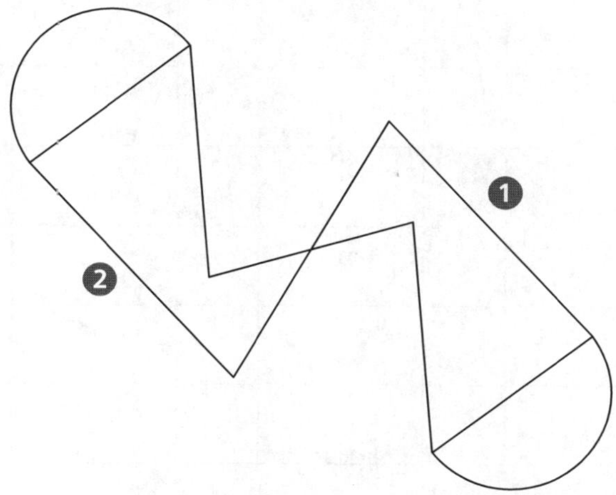

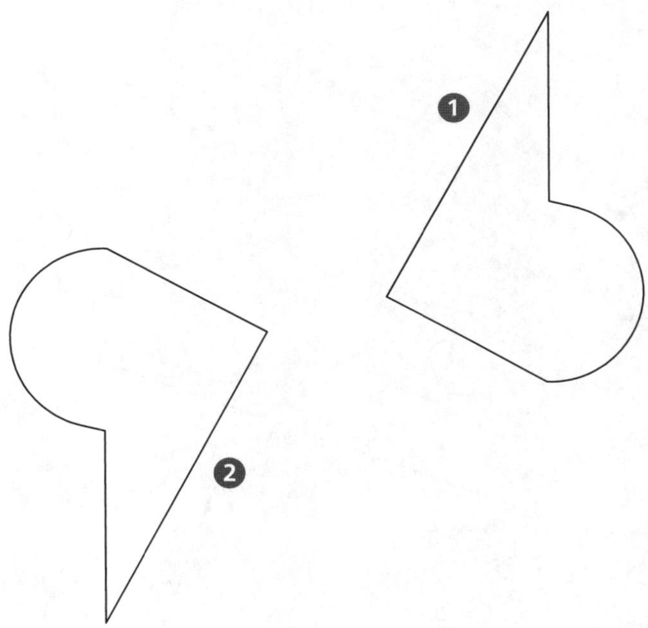

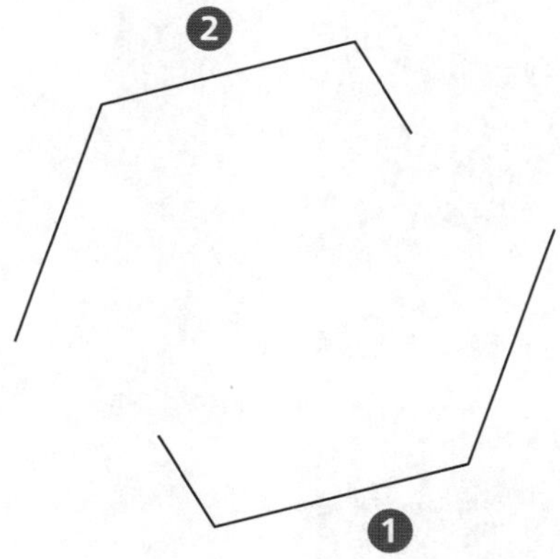

■ Activité 3 page 128

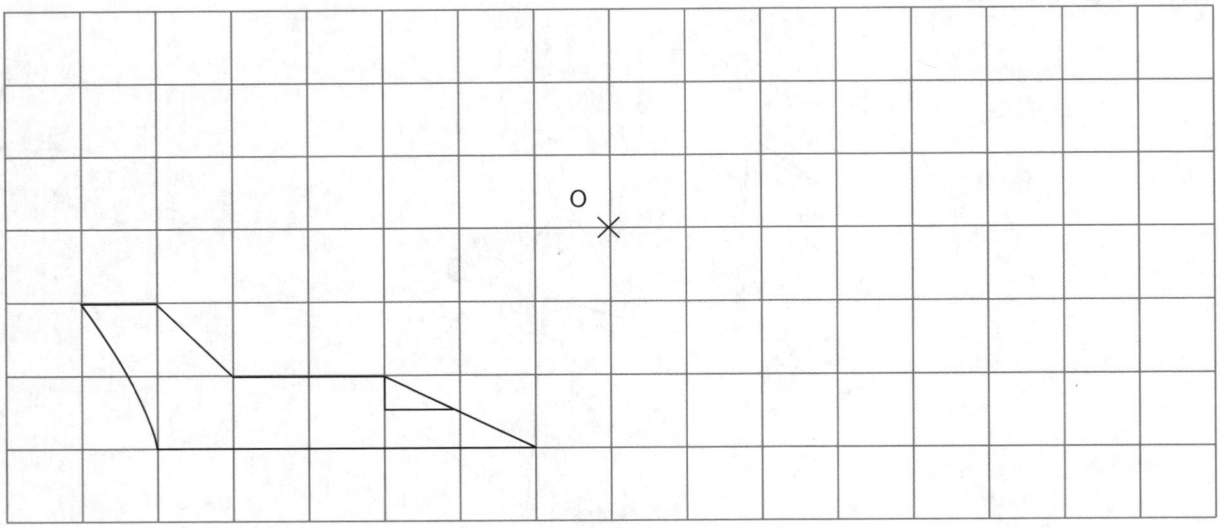

■ Activité 5 page 128

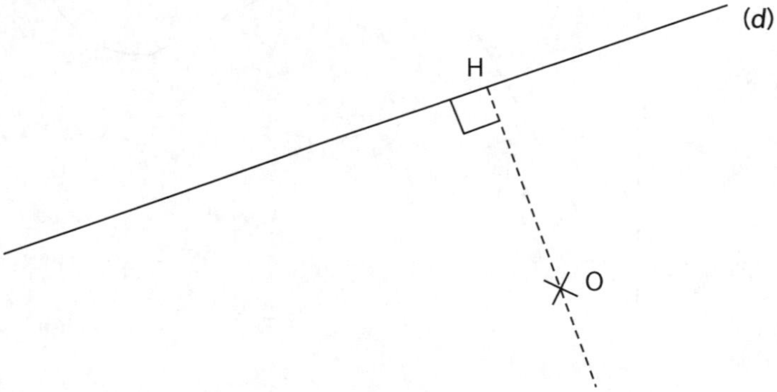

■ Activité 6 page 128

a.

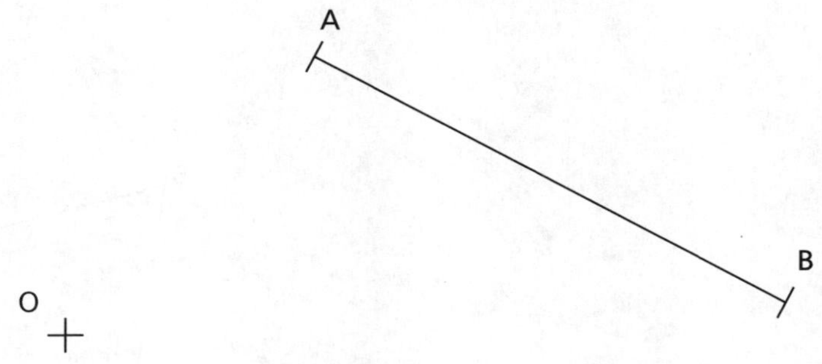

b.

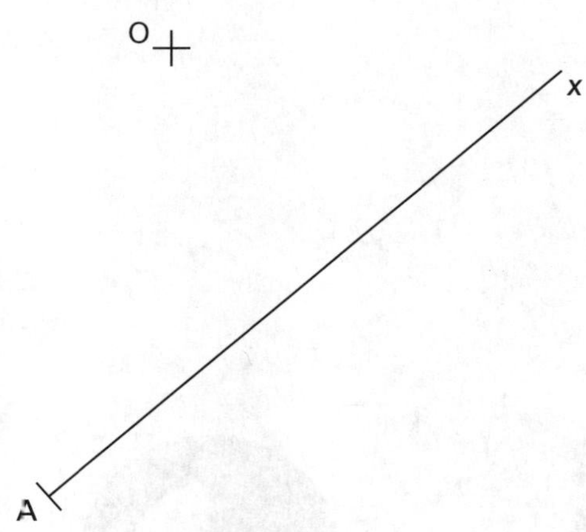

c.

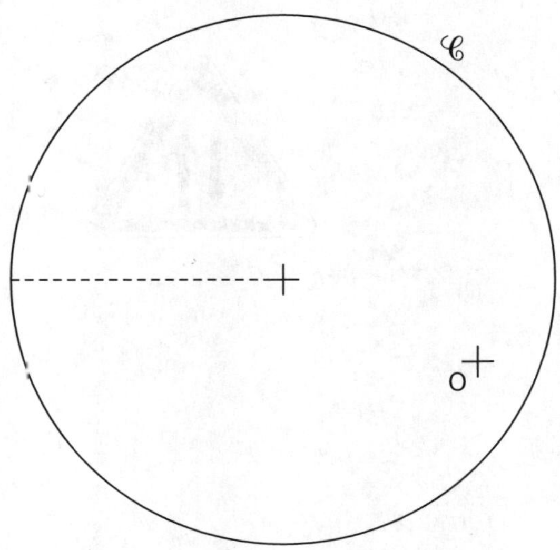

■ Activité 7 page 129

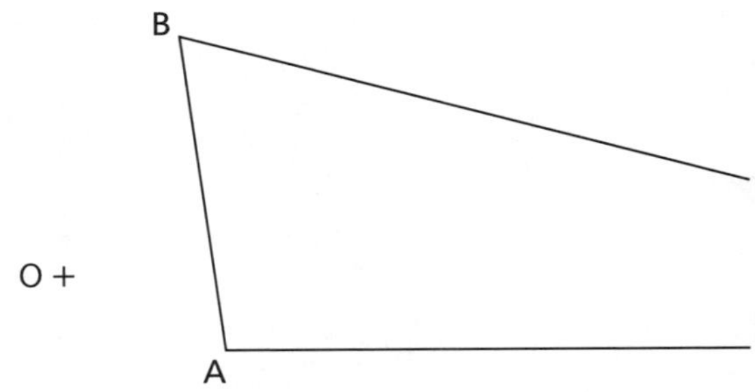

■ Activité 8 page 129

a.

b.

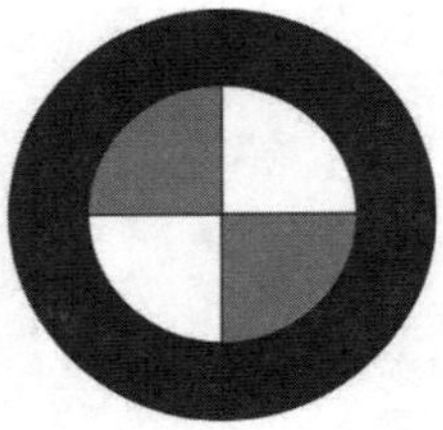

c.

d.

e.

f.

■ Activité 9 page 129

1 Triangle équilatéral

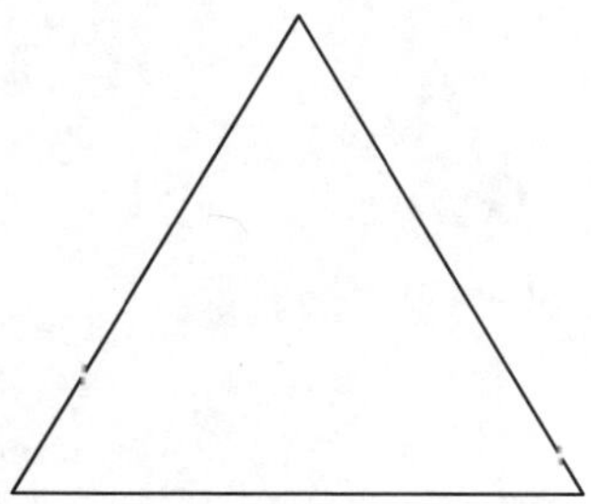

2 Cerf-volant

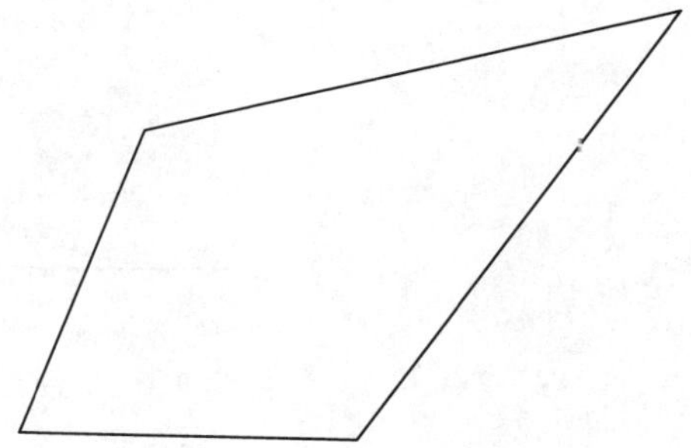

3 Rectangle

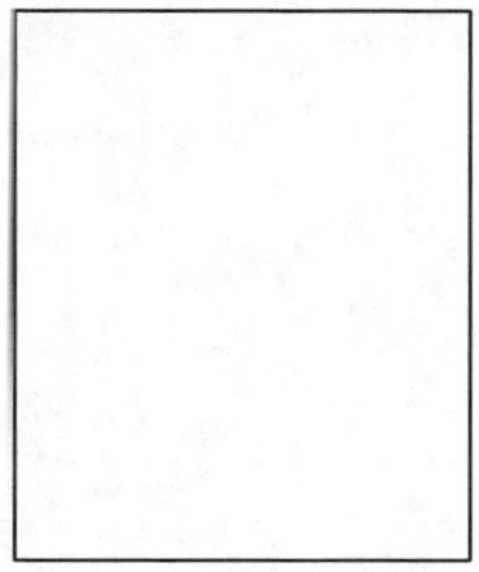

4 Losange

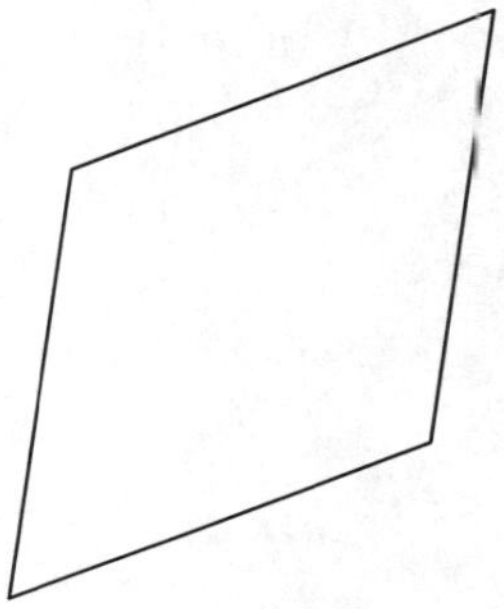

■ Exercices C page 134

a.

b.

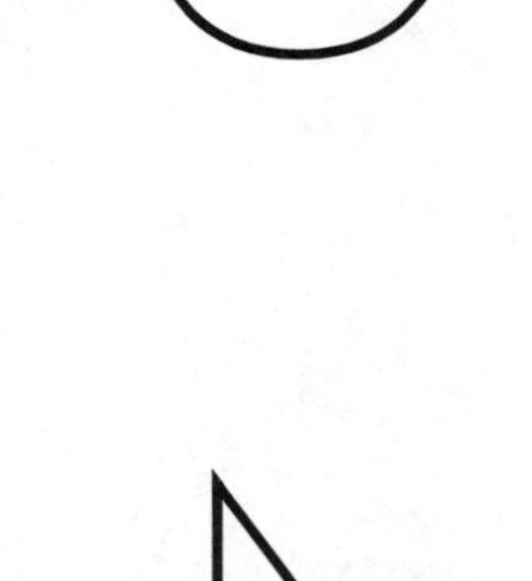

c.

■ Exercices D page 134

a.

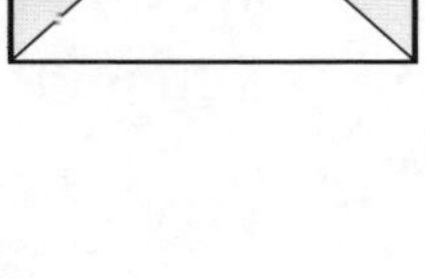

b.

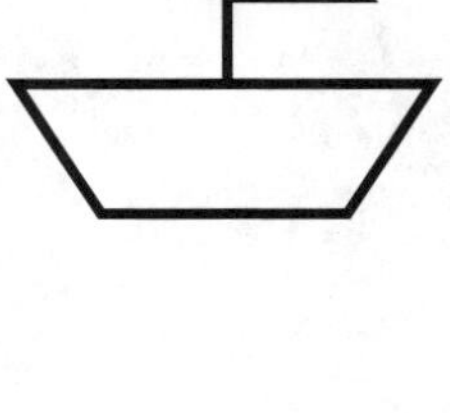

c.

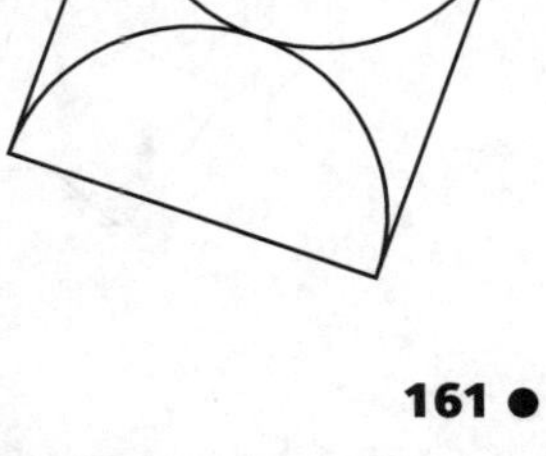

■ Exercices 2 page 134

a.

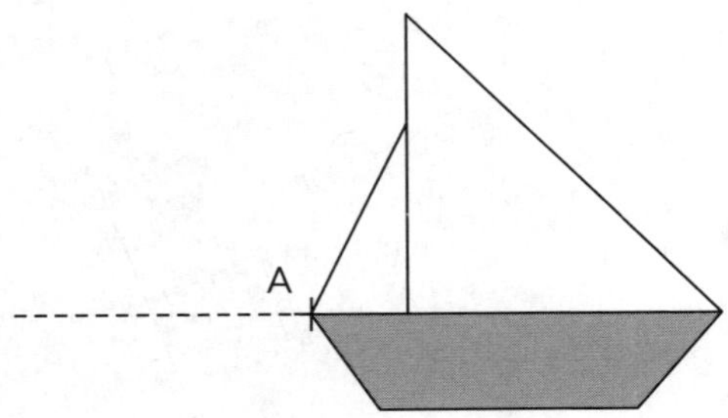

b.

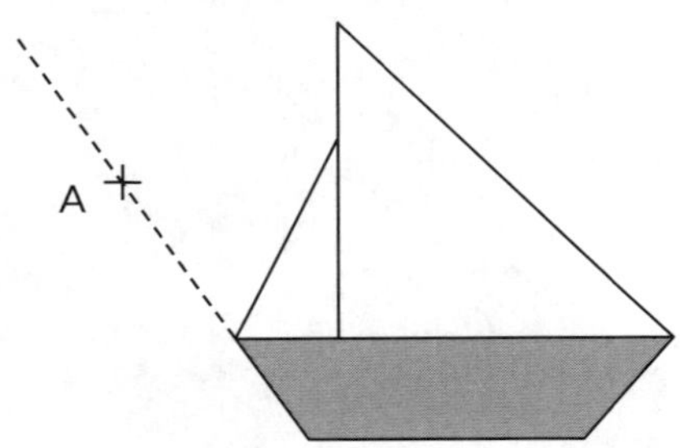

■ Exercices 5 page 135

a.

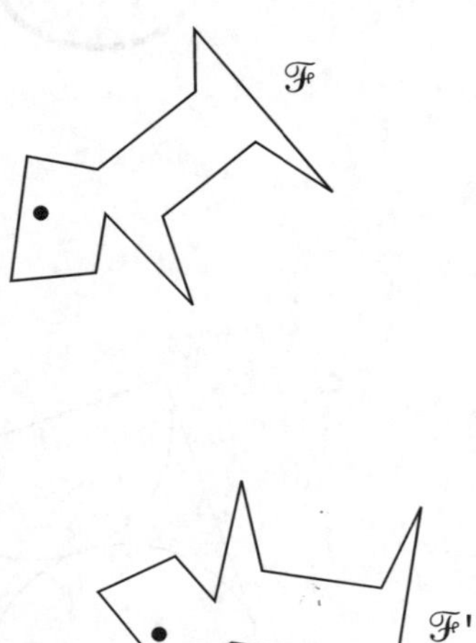

b.

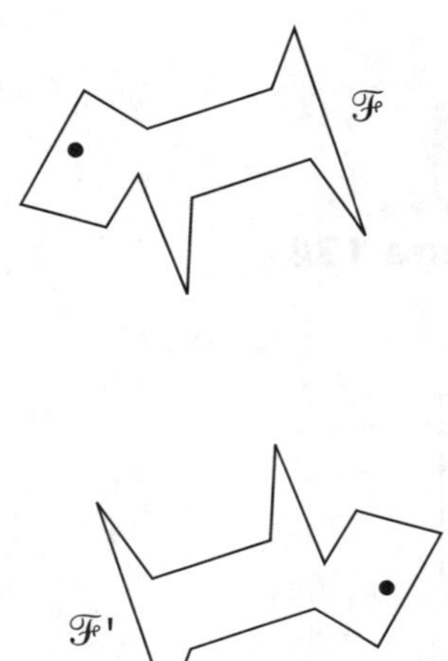

■ Exercices 26 page 137

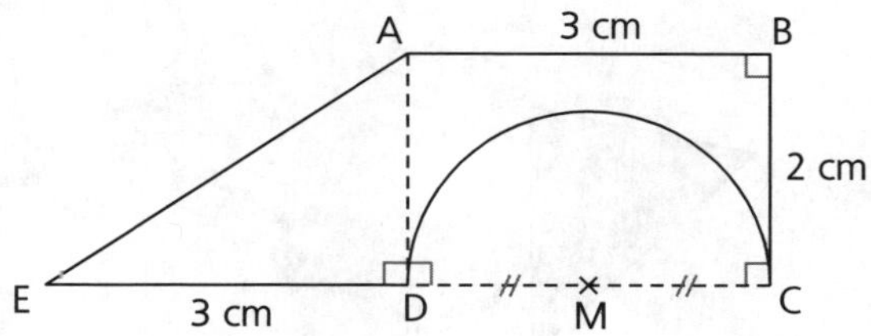

■ Exercice 30 page 138

a.

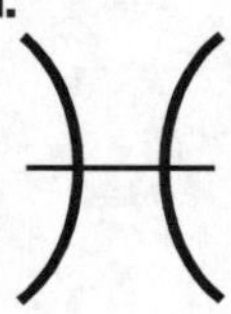

b.

c.

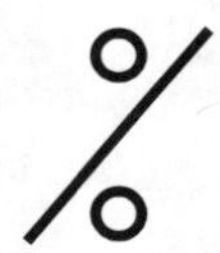

d.

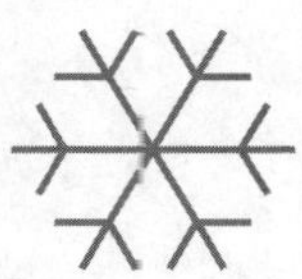

e.

f.

■ Exercice 32 page 138

a.

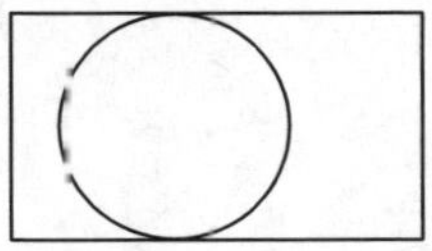

b.

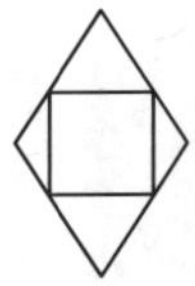

c.

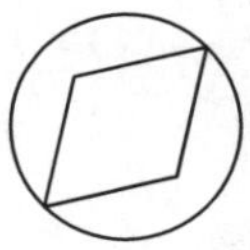

■ Exercice 33 page 138

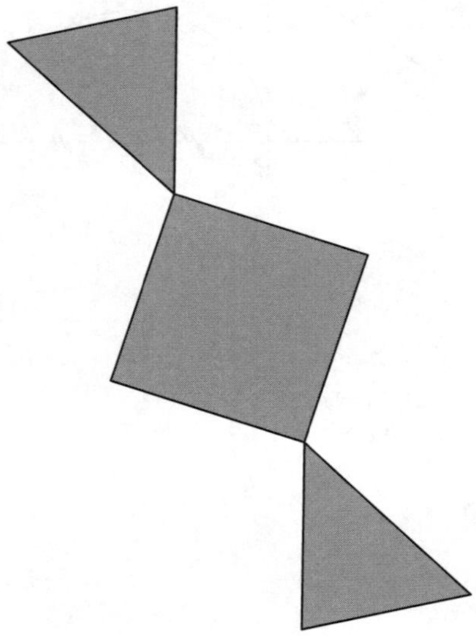

■ Exercice 57 page 143

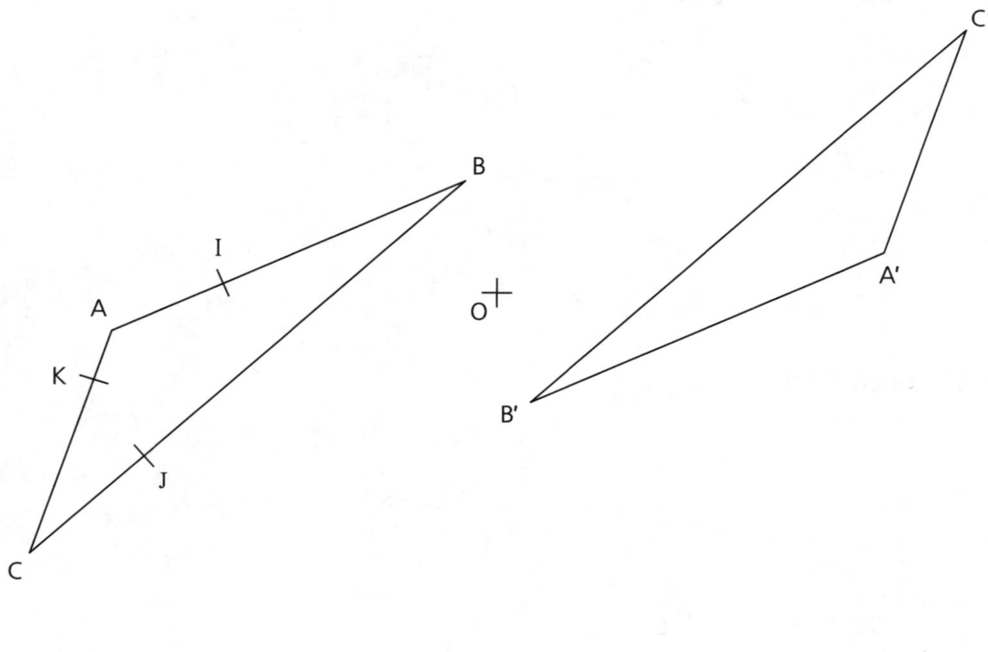

■ **Exercice 59 page 143**

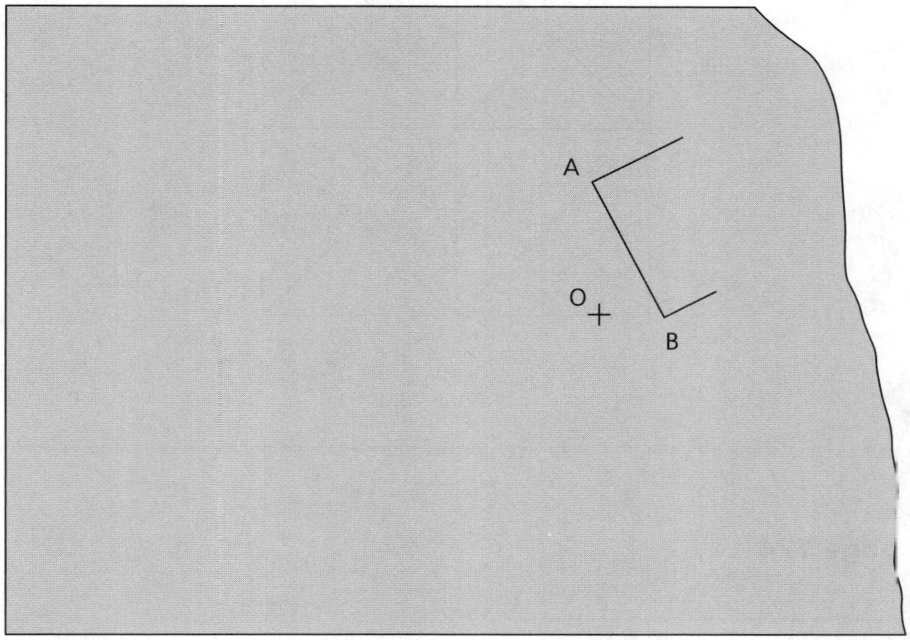

Chapitre 8

■ **Exercice 85 page 163**

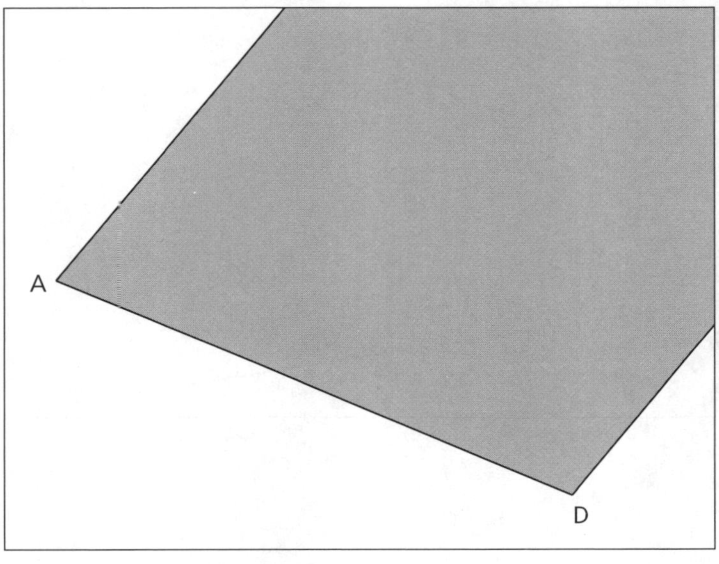

■ Jeu page 165

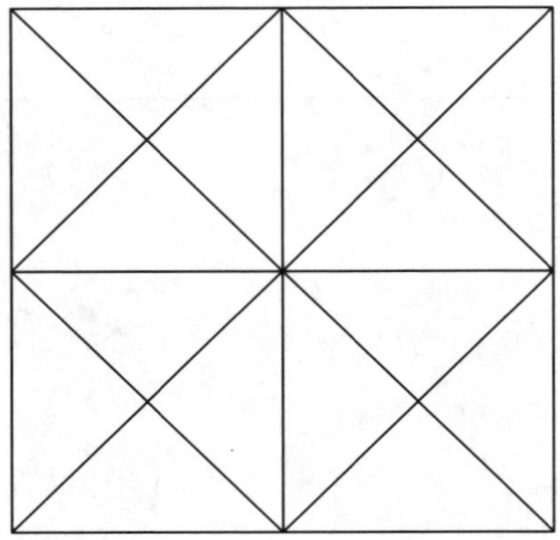

Chapitre 9

■ Exercice 1 page 174

$\hat{a}$	35°		73°		45°	
$\hat{b}$		27°		81°		7°

■ Exercice 2 page 174

$\hat{a}$	119°		52°		7°	
$\hat{b}$		23°		165°		90°

■ Exercice 57 page 181

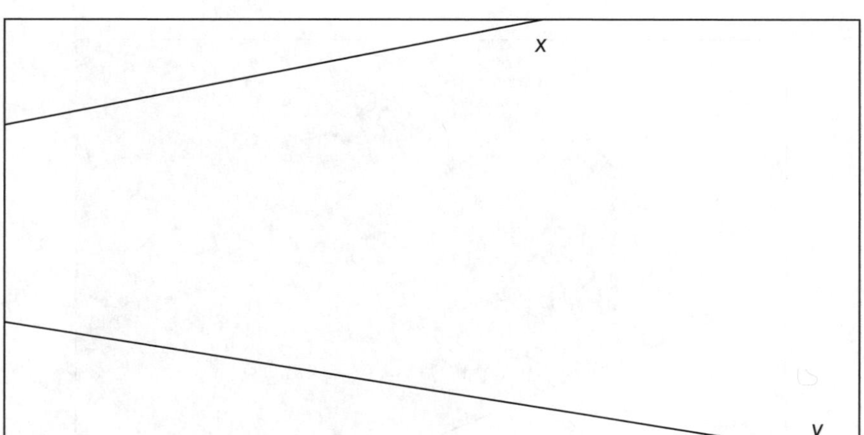

Chapitre 10

■ Exercice 35 page 194

a.

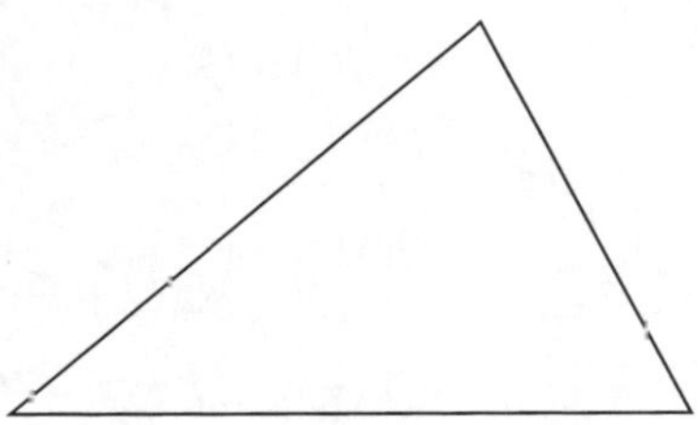

b.

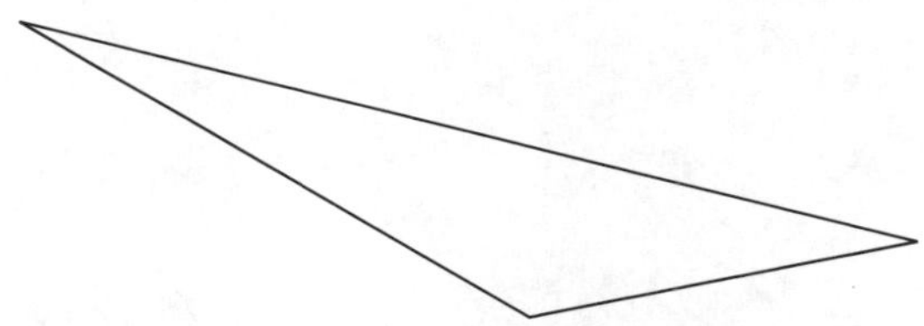

■ Exercice 39 page 195

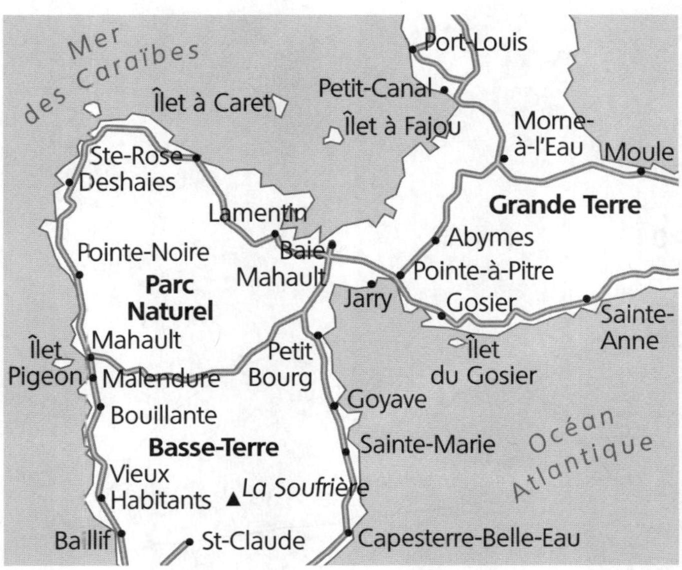

■ Exercice 40 page 195

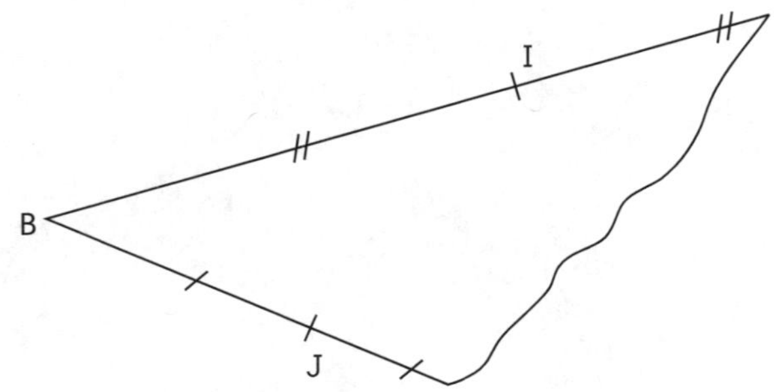

■ Exercice 44 page 195

a.

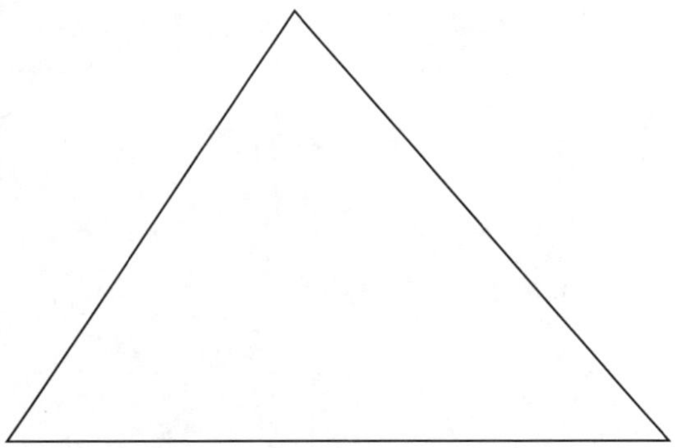

b.

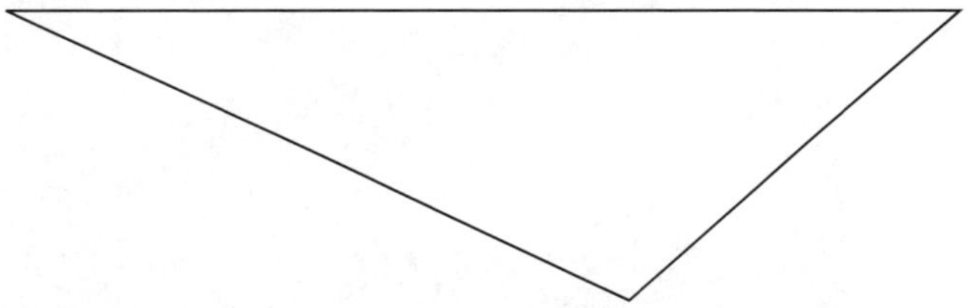

■ Exercice 86 page 201

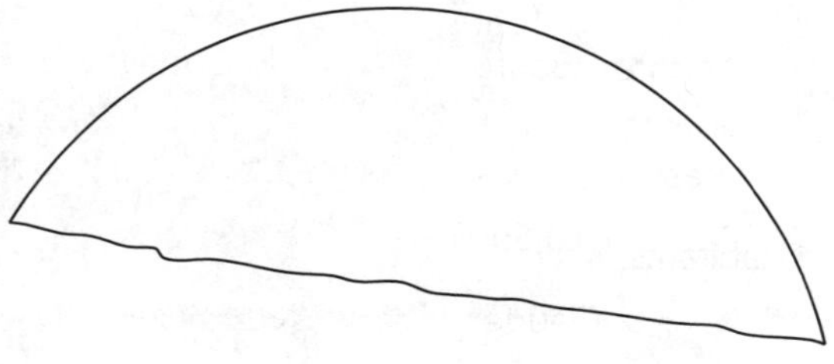

■ Exercice 93 page 202

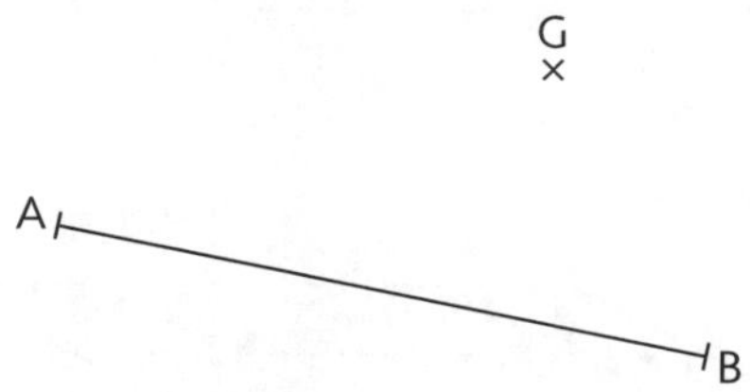

Chapitre 11

■ Sciences en construction page 205

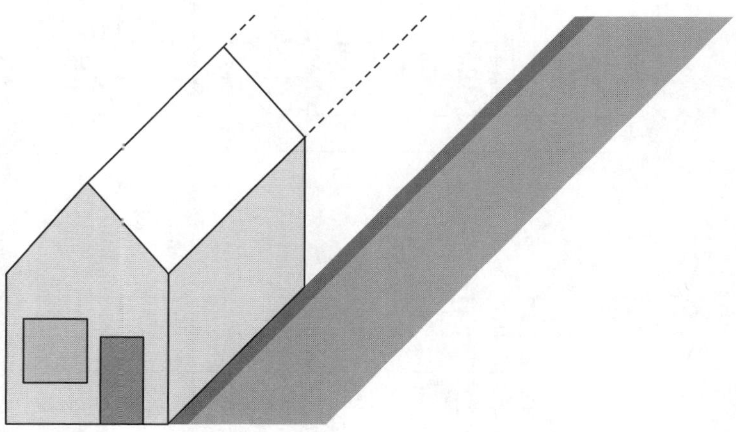

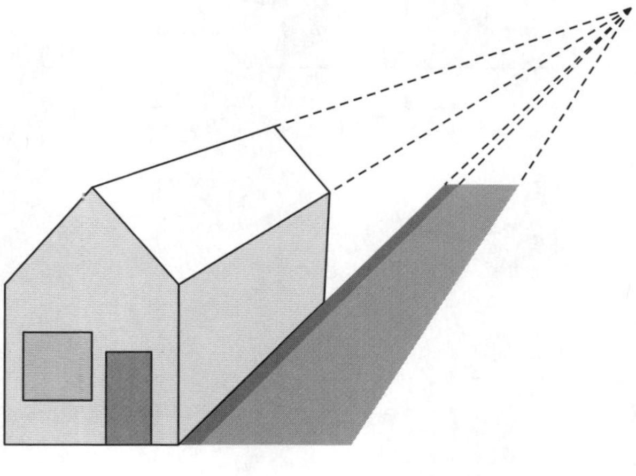

■ Activité 2 page 206

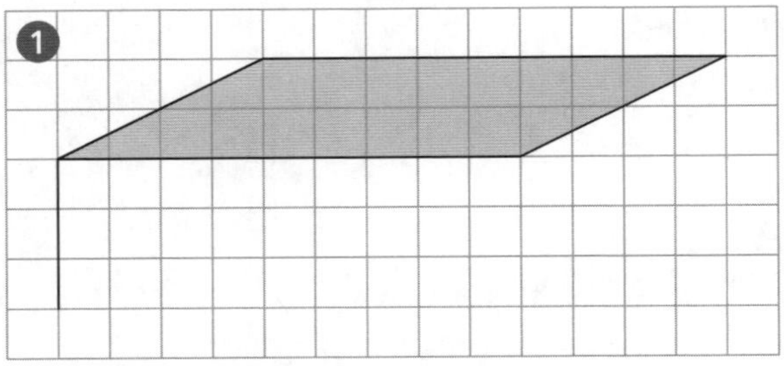

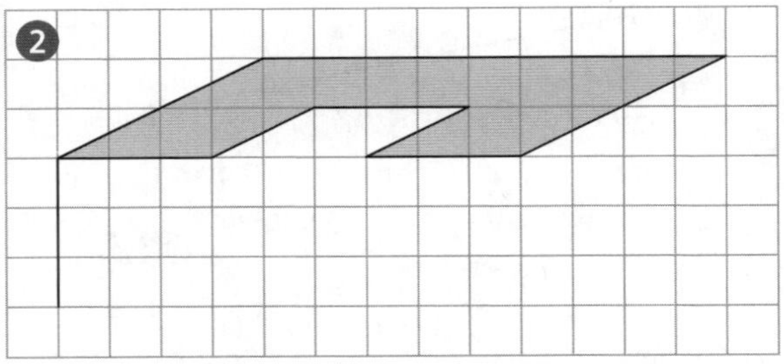

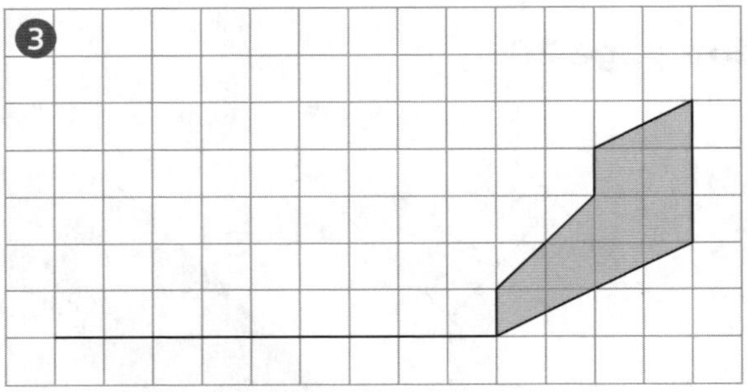

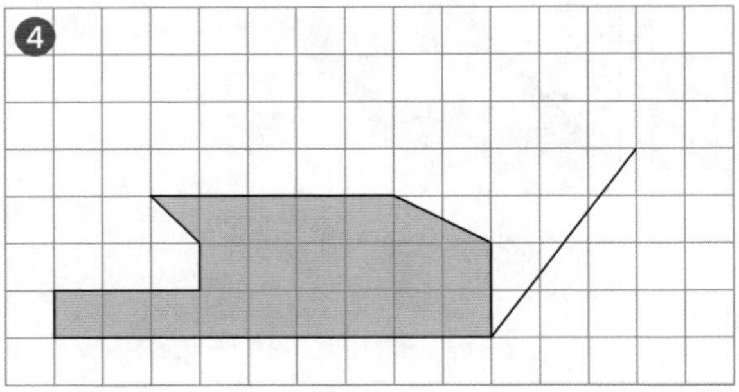

■ Activité 3 page 206

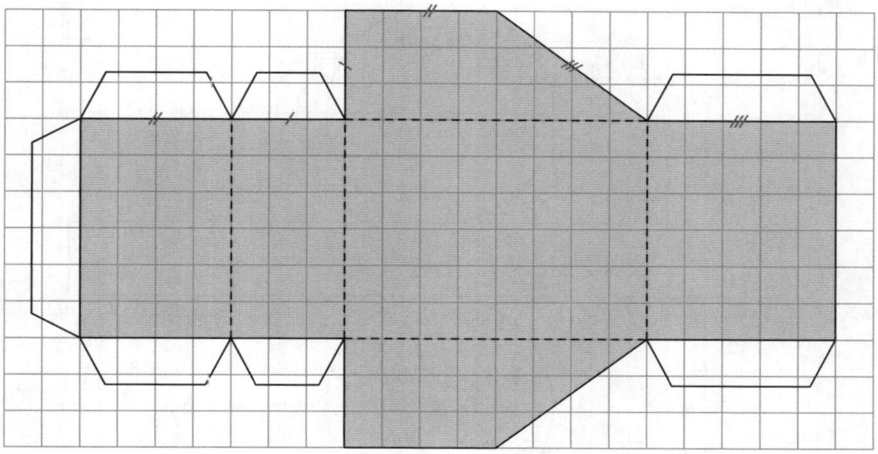

■ Activité 6 page 207

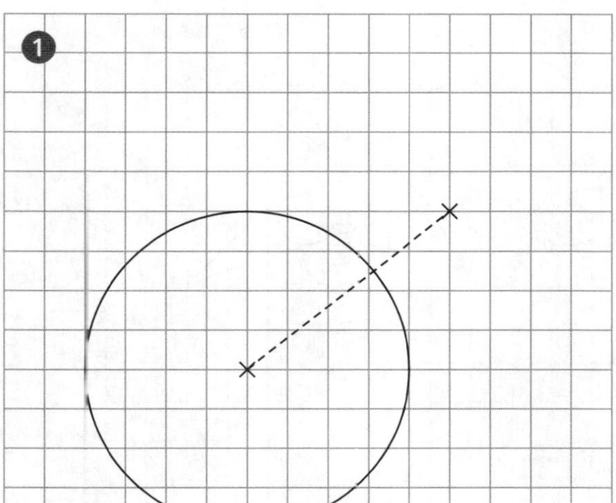

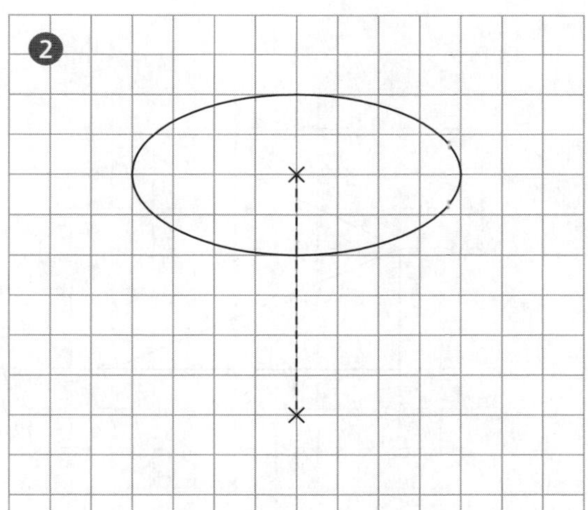

■ Activité 7 page 207

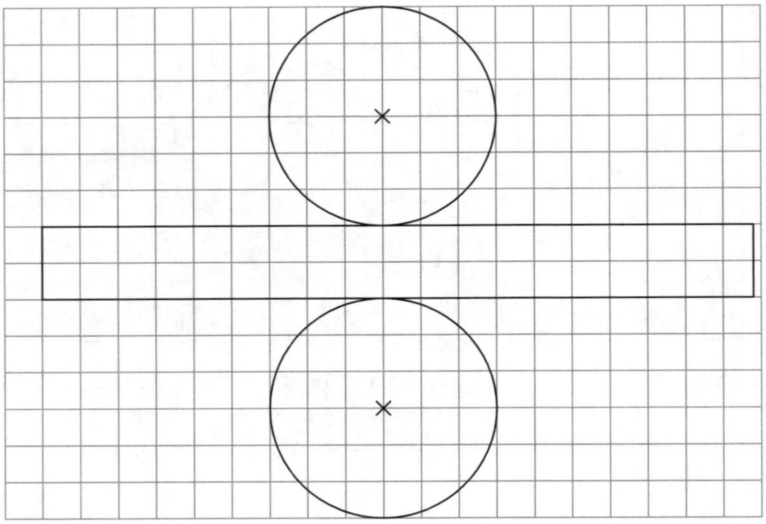

■ Exercice 3 page 213

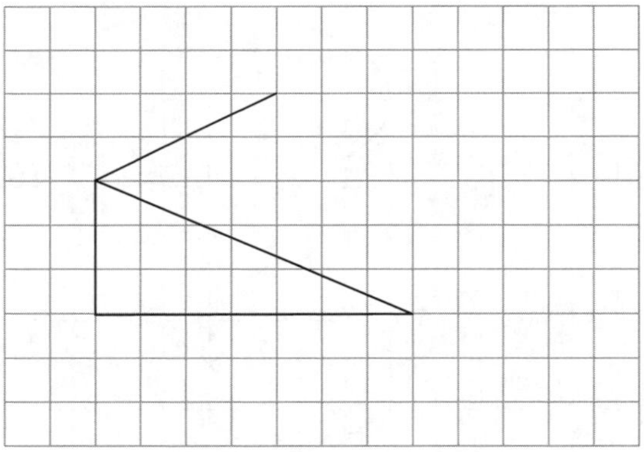

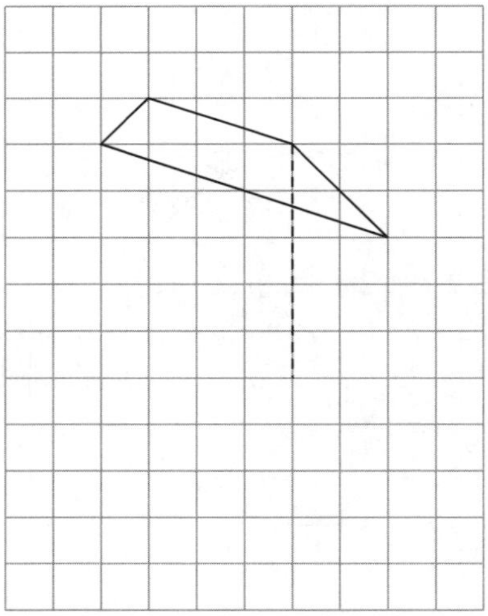

■ Exercice 4 page 213

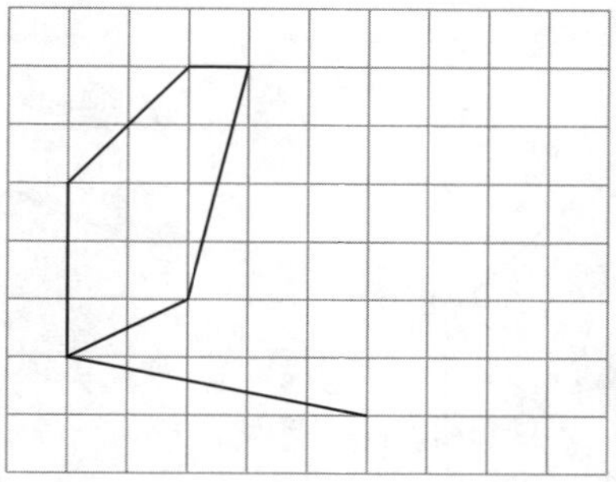

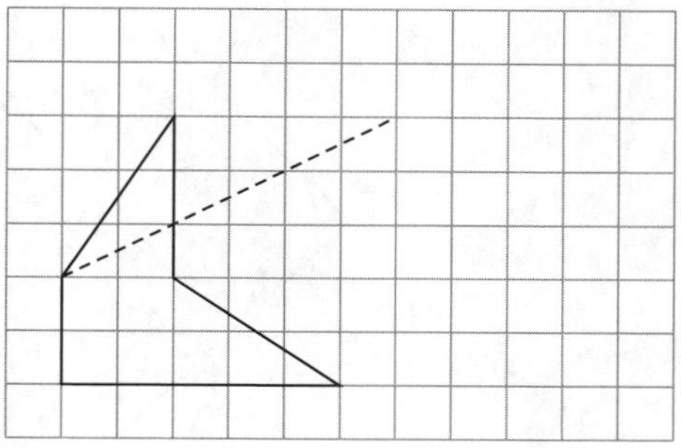

■ Exercice 13 page 214

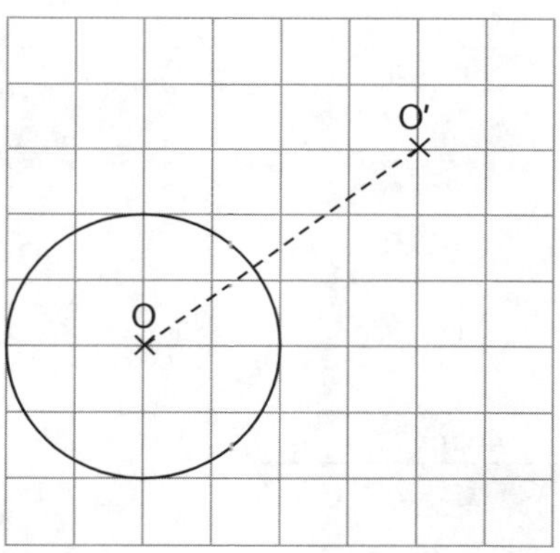

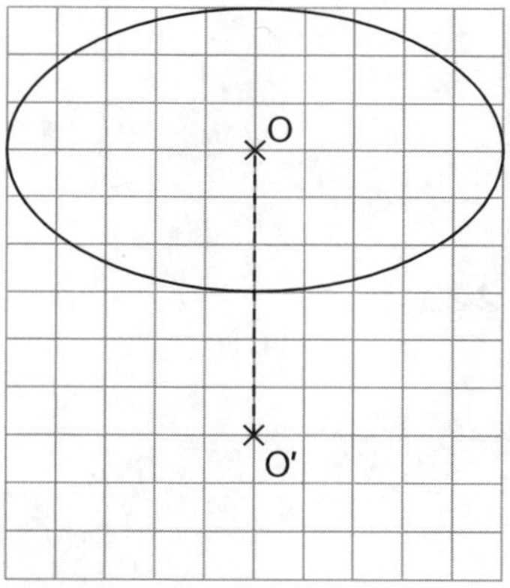

■ Exercice 57 page 219

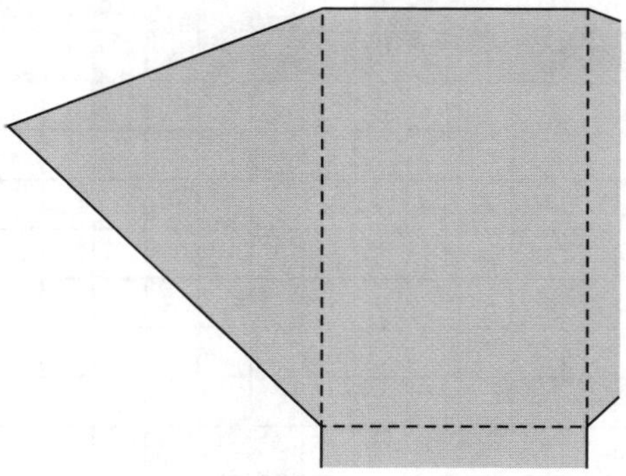

■ Exercice 58 page 219

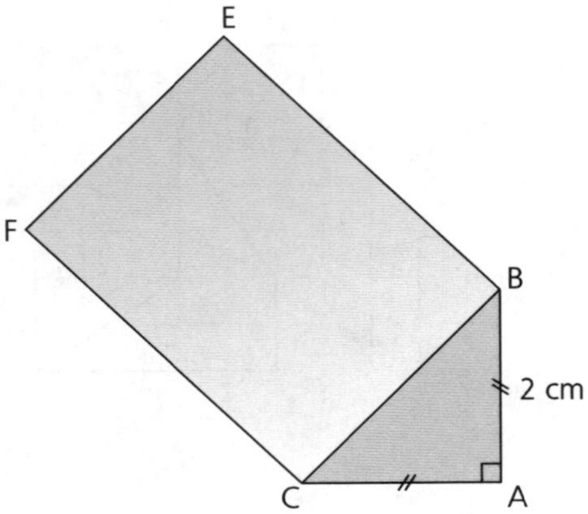

Chapitre 12

■ Activité 2 page 223

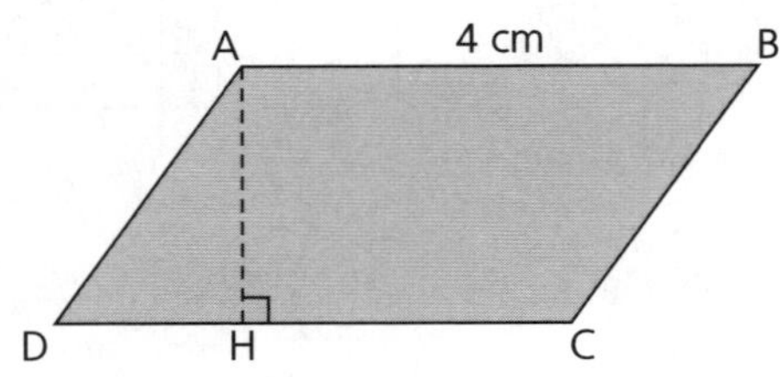

■ Jeu page 239

													3	4			
		2	1	1	3	5	5	5	5	4	5	5	1	1	4	2	1
	1																
	3																
	4																
	10																
1	10																
	12																
	8																
4	4																

Chapitre 13

■ Exercice 25 page 248

Aire de la base	58 cm^2	76 cm^2	… cm	128 cm^2
Hauteur	17 cm	1,2 dm	24 cm	… dm
Volume	… cm^3	… dm^3	645 cm^3	1,6 dm^3

■ Exercice 28 page 249

Hauteur en cm	12	4	18	
Volume en cm^3	3 840			6 880

■ Exercice 29 page 249

Aire de la base en cm^2	15	30	3	
Volume du prisme en cm^3				1 600

Pavages

■ Chapitre 1 page 26

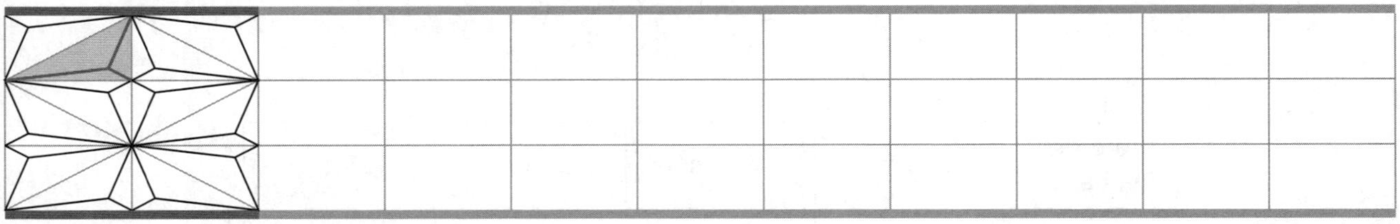

■ Chapitre 2 page 46

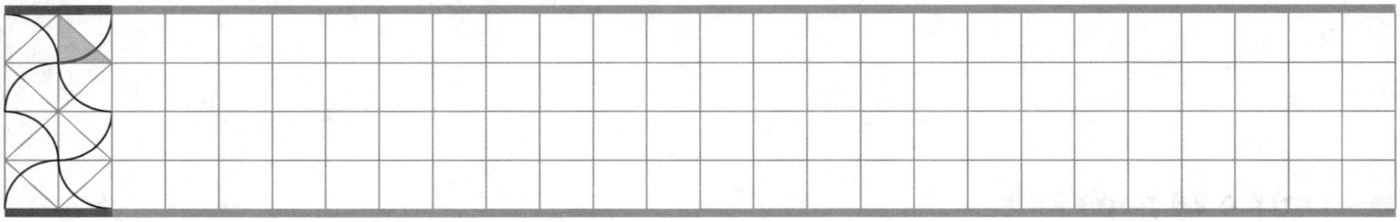

■ Chapitre 3 page 70

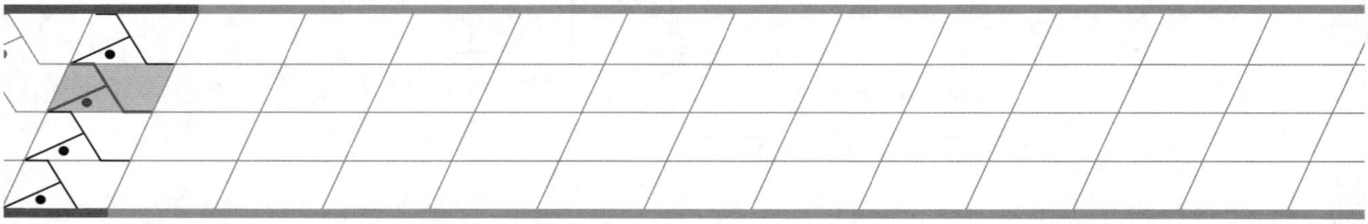

■ Chapitre 4 page 84

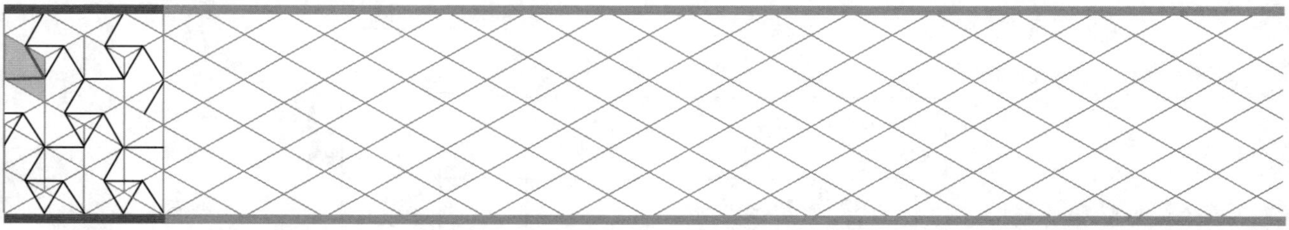

■ Chapitre 5 page 104

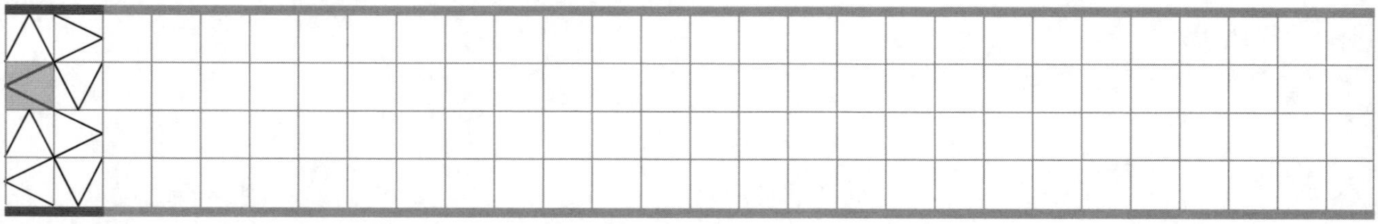

Chapitre 6 page 124

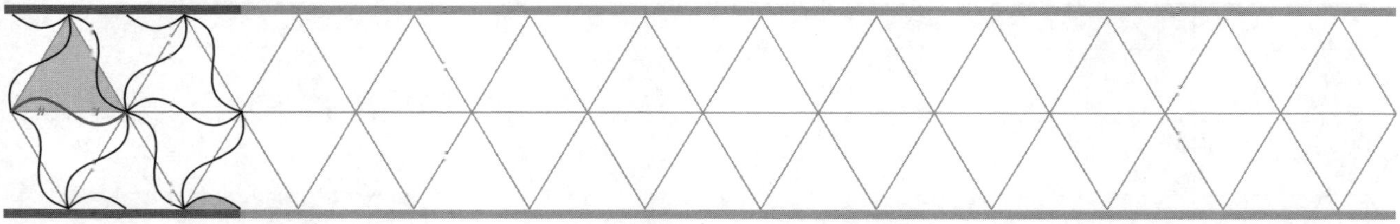

Chapitre 7 page 144

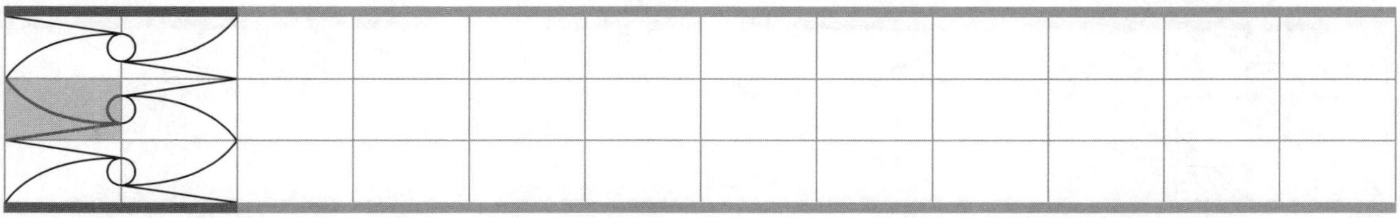

Chapitre 8 page 164

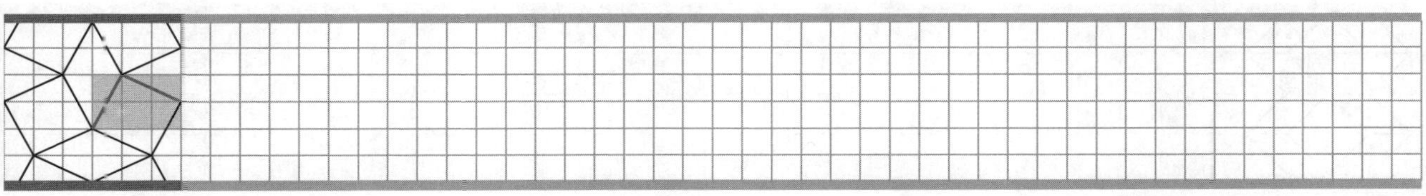

Chapitre 9 page 182

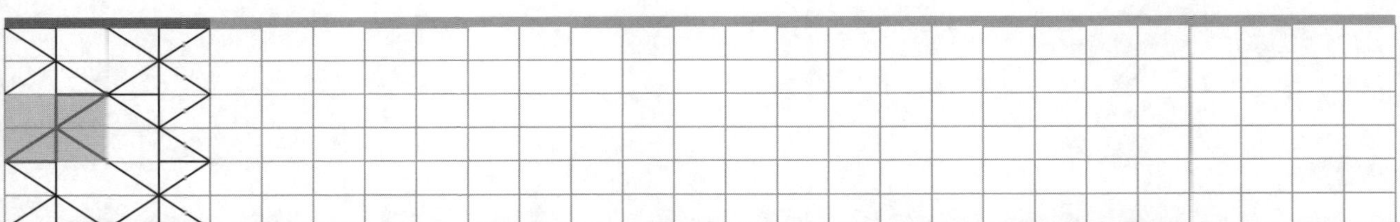

Chapitre 10 page 202

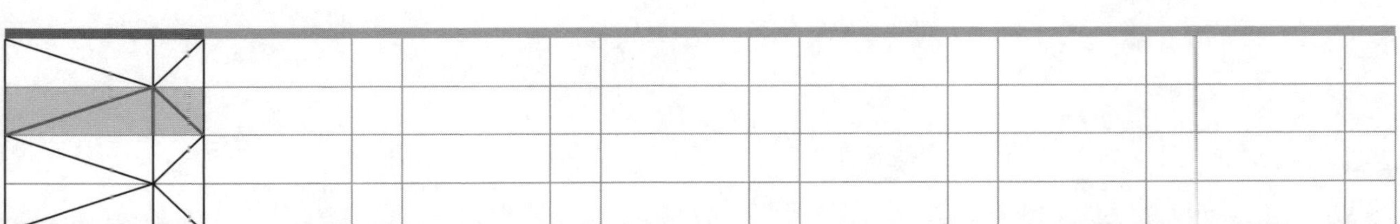

■ Chapitre 11 page 220

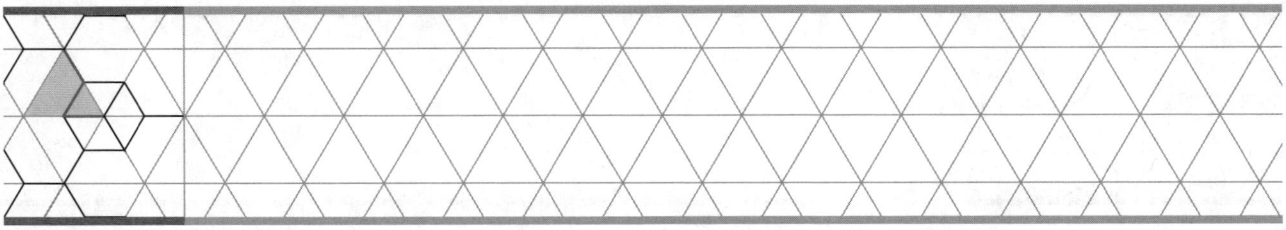

■ Chapitre 12 page 238

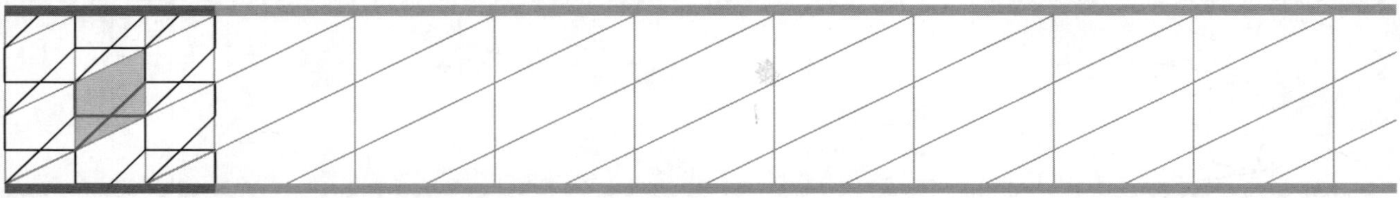

■ Chapitre 13 page 256

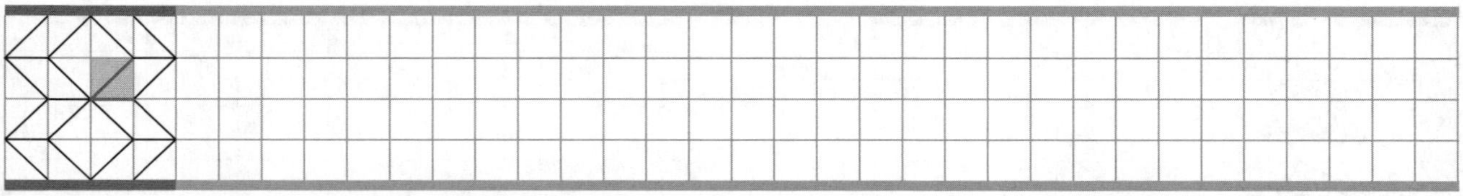

N° d'éditeur : 10130063 - MCP - ALPHA - Avril 2006
Imprimer en Italie par BONA